Auf den Spuren von Gottfried Silbermann

AUF DEN SPUREN VON

GOTTFRIED SILBERMANN

Ein Lebensbild des berühmten Orgelbauers

nach urkundlichen Quellen gezeichnet von

WERNER MÜLLER

EVANGELISCHE VERLAGSANSTALT

Die Deutsche Bibliothek – CIP-Einheitsaufnahme

Müller, Werner:
Auf den Spuren von Gottfried Silbermann : ein Lebensbild des berühmten Orgelbauers / nach urkundlichen Quellen gezeichn. von Werner Müller. – 8. Aufl. – Leipzig : Evang. Verl.-Anst., 1993
ISBN 3-374-01467-4

ISBN 3-374-01467-4
8. Auflage Leipzig 1993

Printed in Germany · H 3208
Gesamtherstellung: Druckerei zu Altenburg GmbH

Vorwort

Eine Silbermann-Orgel ist heute für viele ein Begriff, auch wenn sie der Kirchenmusik sonst fernstehen. Rund zwei Drittel der von Gottfried Silbermann in den Jahren 1710 bis 1753 geschaffenen Orgeln sind erhalten geblieben.

Wenn wir heute voller Bewunderung vor diesen Meisterwerken barocker Handwerkskunst stehen, ganz gleich, ob es sich um die prächtige Orgel im Dom der alten Bergstadt Freiberg oder um das bescheidene Werk in der Dorfkirche zu Niederschöna handelt, möchten wir über den Schöpfer dieser Instrumente, über sein Leben und Wirken, etwas wissen.

Über den „Orgelmacher" Gottfried Silbermann sind seit fast zwei Jahrhunderten viele Schriften verfaßt worden, aber nur wenige haben einen bleibenden wissenschaftlichen Wert. Leider haben viele Autoren gerade aus diesen Quellen geschöpft. Dabei wurde vieles ungeprüft und kritiklos übernommen. Manche Legenden und Erzählungen, die Mitte des vorigen Jahrhunderts nur der schriftstellerischen Phantasie entsprangen, werden gelegentlich auch heute noch als historische Wahrheit betrachtet.

Auf Grund dessen entschloß ich mich vor nunmehr fast vier Jahrzehnten, den Lebensspuren Gottfried Silbermanns, die er selbst oder seine Zeitgenossen uns in Gestalt von Akten und Dokumenten hinterließen, nachzugehen. Dieses Buch wurde also erst nach gewissenhaften und gründlichen Quellenstudien geschrieben. Trotzdem soll es keine wissenschaftliche Gottfried-Silbermann-Biographie sein. Aus diesem Grunde ist auch im einzelnen auf Quellenangaben verzichtet worden. Ich verweise aber auf die Quellen- und Literaturangaben am Schluß des Buches und insbesondere auf meine umfassende Dokumentation „Gottfried Silbermann – Persönlichkeit und Werk" (Leipzig 1982).

Ich habe mich bemüht, das Lebensbild Gottfried Silbermanns als eines Mannes, der in seiner Kunst Hervorragendes geleistet hat und der von einem seiner Zeitgenossen der „Sächsische Archimedes", der „Meißnische Daedalo" und der „Freybergische Bezaleel" genannt wurde, so gewissenhaft und anschaulich wie möglich zu zeichnen.

Dieses Lebensbild soll dazu dienen, den Orgelbauer Gottfried Silbermann, den berühmten Zeitgenossen von Johann Sebastian Bach, uns Heutigen nahezubringen und ihn als Menschen, Handwerker und Künstler kennenzulernen.
Gottfried Silbermann schuf, ohne für sich Lohn zu beanspruchen, sein erstes Werk für die Kirche seiner Heimatstadt Frauenstein. Nachdem diese Orgel aber einer Feuersbrunst zum Opfer gefallen war, baute er 1738 für nur fünfhundert Taler eine zweite; aber auch sie wurde bei einem Stadtbrand zerstört.
Das vorliegende Buch soll nicht nur ein später Dank an den großen Sohn von Frauenstein sein, sondern vor allem der Beweis dafür, daß sein Andenken in seiner Heimat nach wie vor lebendig ist. Unmittelbarer Anlaß zur Herausgabe der vorliegenden achten Auflage ist einmal der 310. Geburtstag, zum anderen der 240. Todestag des Orgelbauers und – last not least – das zehnjährige Bestehen des „Gottfried-Silbermann-Museums" im Schloß zu Frauenstein. Diese Gedenkstätte wurde zum 300. Geburtstag Silbermanns, am 14. Januar 1983, der Öffentlichkeit übergeben. Seitdem haben sich hier über eine halbe Million Besucher aus aller Welt mit dem Leben und Wirken des berühmten Orgelbauers bekannt machen können.
Das Gottfried-Silbermann-Museum" ist die Krönung aller bisherigen Ehrungen des Meisters. Diese Tatsache erfüllt mich immer wieder mit Freude und Genugtuung, aber auch mit tiefer Dankbarkeit. Es war mir, sozusagen als einem „Landsmann" Gottfried Silbermanns, vergönnt, durch viele Jahre währendes Forschen und Sammeln nicht nur die Voraussetzungen zur Gründung dieses Museums zu schaffen, sondern es auch noch über acht Jahre lang persönlich leiten zu dürfen. –
Ich schulde staatlichen, städtischen und kirchlichen Archiven und vielen anderen Institutionen, aber auch einzelnen Persönlichkeiten Dank für die verständnisvolle und bereitwillige Unterstützung bei meinen jahrzehntelangen Studien.
In ganz besonderer Weise durfte ich in all den Jahren den überaus reichen Segen Gottes verspüren: „Soli Deo Gloria".

Frauenstein im Erzgebirge, im Februar 1993 — Werner Müller

Das Heimatdorf und die Vorfahren

Die Lebensspur Gottfried Silbermanns begann in Kleinbobritzsch, wo er am 14. Januar 1683 geboren wurde. Kleinbobritzsch zählt heute reichlich dreihundert Einwohner und liegt im östlichen Erzgebirge, eingebettet in einen lieblichen Wiesengrund, nahe bei dem Städtchen Frauenstein, das wegen seiner mittelalterlichen Burgruine ein vielbesuchter Ausflugsort ist (Bild 1).

Das Heimatdorf Gottfried Silbermanns tritt in einer Urkunde der Gebrüder von Haugwitz vom 21. Februar 1335 als „die weninge bobricz" in das Licht der Heimatgeschichtsforschung.[1]

Nach dem „Erb-Register des Amptes Frawenstein", das der Burg- und spätere Schloßherr Heinrich von Schönberg[2] im Jahre 1581 von seinem Schösser Georg Sander anlegen ließ, waren in der „Bobritzschaw" damals einundzwanzig Bauern und sechs Häusler ansässig, die alle namentlich aufgeführt werden. Einen „Silbermann" finden wir aber noch nicht.

Da Kleinbobritzsch keine Kirche hat und nach Frauenstein eingepfarrt ist, suchen wir am besten in den Kirchenbüchern des Pfarramtes zu Frauenstein nach den Vorfahren des berühmten Orgelbauers.[3]

Die Taufbeurkundungen reichen zwar bis 1559 zurück, aber erst 1595 begegnet uns ein „Silbermann": Georg Silbermann zu Kleinbobritzsch ließ einen Sohn auf den Namen „Christophorus" taufen.[4] Über Herkunft und Beruf des Vaters erfahren wir leider nichts.[5] Bemerkenswert ist aber, daß bei der Taufe Balthasar Braun von Oberbobritzsch Pate stand und am 7. Mai 1593 ein Nicol Braun aus Oberbobritzsch die „Jungfer" Magdalena Silbermann, eine Tochter von Benedix Silbermann „außen Grunde", geheiratet hatte.[6] Es entsteht der Eindruck, daß hier verwandtschaftliche Beziehungen bestanden haben,[7] und dann würde die Spur der „Silbermänner" möglicherweise nach dem Dorf Grund führen.[8] Haben wir in Georg Silbermann, der 1595 „plötzlich" in Kleinbobritzsch auftaucht, einen Vorfahren des Orgelbauers Gottfried Silbermann gefunden? Ja, Georg Silbermann war, wie wir gleich lesen werden, Gottfrieds Urgroßvater.

Nach dem Dreißigjährigen Krieg zählte man in „Kleine Bobritzsch" nur noch sechs Bauern und vier Häusler.[9] Unter den Bauern entdecken wir einen Veit Silbermann. War er ein Sohn Georg Silbermanns? Leider ist Veit Silbermann im Taufregister nicht zu finden.[10] Aber das 1592 beginnende Trauregister kann uns weiterhelfen. Es berichtet, daß am 1. Juni 1619 „Vity“ Silbermann, ein Handarbeiter und Sohn Georg Silbermanns, weiland Häusler in Kleinbobritzsch, mit der Hüfnerstochter Anna Klemm getraut worden ist. Da haben wir den Beweis dafür, daß Veit ein Sohn Georg Silbermanns war. Außerdem wissen wir nun auch, daß Gottfried Silbermanns Urgroßvater Hausbesitzer gewesen ist,[11] aber 1619 schon nicht mehr lebte.[12]

Wir verfolgen nun den weiteren Lebensweg Veit Silbermanns. Da ihm seine Frau Anna durch einen frühen Tod entrissen wurde, schloß er 1623 mit Barbara Arnold, einer Kleinbobritzscher Handarbeiterstochter, einen neuen Lebensbund. Aus diesem sind vier Kinder (zwei Söhne und zwei Töchter) hervorgegangen, über deren Schicksal aber nichts bekannt ist. Die zweite Frau starb nach etwa zehnjähriger Ehe, so daß Veit Silbermann 1634 mit Justina Seifert aus Kleinbobritzsch einen dritten Lebensbund einging.[13] Aus dieser Ehe lassen sich vier Söhne nachweisen, wovon der erste aber nicht einmal drei Jahre alt wurde. Mit den Söhnen Abraham, Michael und Andreas, die 1637, 1640 und 1646 geboren wurden, werden wir uns noch beschäftigen. Wir wollen nur vorwegnehmen, daß Michael der Vater Gottfried Silbermanns war.

Veit Silbermann muß ein tatkräftiger Mann gewesen sein: 1619 war er noch ein schlichter „Handarbeiter“, drei Jahre später, am 25. März 1622, kaufte er in Kleinbobritzsch von Christoph Klemm ein Haus,[14] und im Jahre 1652 begegnet er uns als Besitzer eines Halbhufengutes.[15] Dasselbe gehörte zu den wenigen Gütern des Dorfes Kleinbobritzsch, die nach dem Dreißigjährigen Krieg noch bewohnt waren. Die beiden Nachbargüter und viele andere wurden dagegen als „caduc“ (= wüst, verfallen) bezeichnet.[16]

Im Jahre 1652 erwarb Veit Silbermann für vierzig Gulden das neben seinem Gut gelegene Halbhufengut, welches „viel geraume Jahre hehr wüste gelegen“ hatte. Infolgedessen waren „die Gebewde darbey abgangen und die Felder und Wiesen verpuschet, der Herrschafft Gefälle und Dienste aber außen geblieben und die anderen Kriegsabgaaben denen andern wenigen in dieser Gemeinde mit aufgebürdet worden“. Der Frauensteiner „Ambtt-Schößer“ Johann Bohse hatte das Gut in drei verschiedenen Gemeinden „subhastiren und feilbiethen“ lassen, aber ohne Erfolg. Er hatte auch die Witwe und die Kinder des ehemaligen Besitzers „hierzu citiret und beschieden, ob sie sich umb diß Guth nochmaln anzunehmen gemeinet weren“. Sie erklärten aber alle, daß sie das Gut „zu kauffen nicht ver-

möchten oder begehrten". Endlich entschloß sich Veit Silbermann, das wüste Gut zu erwerben. Es wurde ihm „erblich zugeschlagen" und er „auf zwey Jahr lang, dießes Guthes halber, aller Abgaaben, Dienste und Beschwerungen befreyhet".[17]
Um die Handlungsweise Veit Silbermanns würdigen zu können, muß man wissen, daß nach dem Dreißigjährigen Krieg viele Menschen bestrebt waren, die schwere Landarbeit zu meiden und auf leichte Art und Weise Geld zu verdienen.[18]
Am 4. August 1661 verkaufte Veit Silbermann das vor neun Jahren erworbene Gut an seinen 1640 geborenen Sohn Michael. In dem von Amtmann Gau „ratificirten" Kaufkontrakt wird erwähnt, daß auf dem Gut inzwischen „ein Wohngebäude und Scheune von Grund auf neu erbaut" worden sind. Der Kaufpreis betrug zweihundert Gulden, wovon Veit Silbermann seinem Sohn allerdings vierzig Gulden „als eine väterliche Heyraths-Mitgabe[19] alsobalden erlassen undt geschenket" hat.[20] Michael Silbermann dagegen versprach seinen Eltern, ihnen, „daferne sie es bedürfftig oder von nöthen sein würden, einen Scheffel Korn, einen Scheffel Hafer und ein Fuder Heu zu ihren desto bessern Unterhalt zu geben und zu entrichten".
An Veit Silbermanns „Stammgut" grenzte an der anderen Seite ein Dreiviertelhufengut, welches auch schon „sehr geraume Zeit" wüst lag, da der Frauensteiner Amtschösser keinen Interessenten dafür gefunden hatte. Schließlich hat sich Abraham Silbermann, der 1637 geborene Sohn Veit Silbermanns, als „emptore [= Käufer] offeriret". Ihm wurde das Gut am 5. März 1660 für nur dreißig Gulden „zugeschlagen".[21] Der dreiundzwanzigjährige Käufer versprach, „noch diesen Sommer zum Bauen einen Anfang zu machen", und sein Vater verbürgte sich dafür, „daß es auch gewiß erfolgt".[22] Abraham Silbermann wurde nur siebenundvierzig Jahre alt und starb am 7. Mai 1684.[23]
Veit Silbermanns Söhne waren keine solchen „Müßiggänger", wie sie in der kurfürstlichen Gesindeordnung von 1651 geschildert wurden. Der Vater erzog sie vielmehr zu strebsamen, tatkräftigen und fleißigen Menschen. Veit war sicher auch ein angesehener und geachteter Mann. Er bekleidete in Kleinbobritzsch von 1640 bis zu seinem Tode das „Schöppen"amt.[24] Veit Silbermann starb am 1. März 1666.[25] Wenige Tage vorher, am 22. Februar, war seine Frau Justina heimgegangen. Am 3. April 1666 verkauften die beiden ältesten Söhne Veit Silbermanns, der neunundzwanzigjährige Abraham und der sechsundzwanzigjährige Michael, das elterliche Gut für einhundertfünfundneunzig Gulden an ihren zwanzigjährigen Bruder Andreas, der es mit seiner jungen Frau Maria bewirtschaftete,[26] so daß damals

in Kleinbobritzsch drei nebeneinanderliegende Güter im Besitz von „Silbermännern" waren.[27]

1 Die Urkunde wurde geschrieben, als „man czalte noch gotis geburt Tusunt jar vnd dreyhundirt jar in dem fvmfvndrysichstin jare acht tage vor fasnacht". Sie berichtet, daß die Herren von Haugwitz „vm frouwinsteyn" verschiedene Besitzungen hatten, denn außer Kleinbobritzsch werden die Dörfer Burkersdorf (Burkartisdorf), Reichenau (Rychenouwe) und Dittersbach (Dytherichsbach) genannt.

2 Er wurde 1549 auf Schloß Purschenstein geboren, starb am 25. Oktober 1616 und fand in der Frauensteiner Stadtkirche seine letzte Ruhestätte. Das „kostbare Epitaphium von Marmor", welches ihm seine Erben setzen ließen, ist nicht mehr vorhanden. Außerdem ist das Grab im Dreißigjährigen Krieg (1632) „erbrochen" worden.

3 Der Verfasser ist Bringfried Richter zu besonderem Dank verpflichtet, weil er ihm jederzeit die Einsichtnahme in die Kirchenbücher gestattete, so daß eine weitgehende Auswertung dieser wichtigen Quellen möglich war.

4 Bis 1608 folgen noch drei Knaben und drei Mädchen, die ebenfalls in der Kirche zu Frauenstein die Taufe empfingen. Georg Silbermann muß gute Beziehungen zur Frauensteiner Schloßherrschaft gehabt haben, denn bei dem 1601 getauften Abraham waren der „Edle gestrenge ehrenveste Herr Heinrich von Schönberg" und Christina von Bünau Paten. Leider bleibt es ein Geheimnis, welcher Art die Beziehungen waren. Ebenso ist über das Schicksal der Kinder nichts bekannt. Ob der 1597 geborene Georg mit dem legendären sächsischen Reiteroffizier identisch ist, der im Dreißigjährigen Krieg nach dem Elsaß verschlagen worden sein soll, ist noch nicht geklärt.

5 Möglicherweise ist Georg Silbermann erst kurz vor 1595 in Kleinbobritzsch „zugezogen", denn es fällt auf, daß er im Landsteuerregister von 1589 nicht als „Hausgenosse" genannt wird, was man eigentlich erwarten könnte, wenn er schon einige Jahre in Kleinbobritzsch wohnhaft gewesen wäre.

6 Das letztere wurde dem Verfasser freundlicherweise von Dr. Schlechte, Dresden, mitgeteilt. Benedix Silbermann ist ein direkter Vorfahre von Dr. Schlechte.

7 Es wäre denkbar, daß Georg und Magdalena Geschwister gewesen sind. Dann wäre Benedix der Vater „unseres" Georg Silbermann. Leider stehen für weitere Forschungen keine Quellen (Kirchenbücher) zur Verfügung, so daß die Zusammenhänge nicht geklärt werden können.

8 Grund ist jetzt Ortsteil von Mohorn (Kreis Freital) und wurde 1569 urkundlich „im Grunde" genannt.

9 Das erfahren wir aus einer „Specification derer angeseßnen undt anitzo vorhandenen Mannschafften". Sie wurde 1655 auf Grund eines Befehls des Kurfürsten Johann Georg geschrieben.

10 Entweder fiel Veits Geburt in den Zeitraum von 1584 bis 1591, in dem die Taufbeurkundungen eine Lücke aufweisen, oder die Familie ist erst kurz vor 1595 nach Kleinbobritzsch gekommen, und Veit wurde noch in dem früheren (uns aber unbekannten) Wohnort des Vaters geboren.

11 In dem Frauensteiner Gerichtsbuch Nr. 112 finden wir die Beurkundung, wonach 1608 Hans Klemm „das Heußlein auf seinem Guthe beim Thore gelegen" an Georg Silbermann verkaufte. Nachdem Georg Silbermann Hausbesitzer geworden war, wurde er auch in das Amtserbregister von 1581 eingetragen. Bei der Durchsicht des Landsteuerregisters von 1612 finden wir unter den „Heußlern" von „Klein-Bobritzschaw" auch „unseren" Georg Silbermann.

12 Da Georg Silbermann im Jahre 1608 noch eine Tochter taufen ließ, müssen wir annehmen, daß er kein allzu hohes Alter erreicht hat.

13 Justina wurde 1600 geboren. Sie heiratete 1627 den verwitweten Halbhüfner Paul Seifert. Dieser starb schon nach wenigen Jahren, und seine Witwe schloß als Vierunddreißigjährige mit dem schon zweimal verwitweten Veit Silbermann eine neue Ehe.

14 Die entsprechende Kaufbeurkundung finden wir im Frauensteiner Gerichtsbuch Nr. 113.

15 Im Amtserbregister können wir nachlesen, daß der Vorbesitzer dieses Gutes Paul Seifert hieß. Nach dessen Tod hat Veit Silbermann 1634 in das Gut eingeheiratet und Landwirschaft betrieben.

16 Nach einer Bestandsaufnahme, die nach dem Dreißigjährigen Krieg erfolgte, mußte im Amtserbregister bei sechzehn Gütern der Vermerk „caduc" eingetragen werden, und nur bei sechs Gütern finden wir das Wort „bewohnt". Eine traurige Bilanz!

17 Das können wir alles in der am 1. Juni 1652 geschriebenen Beurkundung nachlesen. Wir finden sie im Frauensteiner Gerichtsbuch Nr. 59.

18 Das wird uns klar, wenn wir die von Kurfürst Johann Georg im Jahre 1651 erlassene Gesinde-, Tagelöhner- und Handwerks-Ordnung studieren. Darin heißt es: „Es soll jedes Orts Obrigkeit, in Städten und Dörffern, auf die Dienstlosen Haus-Genossen, Einkömmlinge und Müßiggänger (so zum theil bey denen Eltern oder Befreunden oder sonsten hin und her auf der Beerenhaut liegen, und die meiste Zeit mit Müßiggang zubringen, hernacher aber in der Heu- und Getreidig-Erndtezeit die Haus-Wirthe mit unbillichem Lohne übersetzen, und wol eben so viel, als sonsten ein Jahr-Lohn außträget, von ihnen erzwingen) fleißige Achtung geben, sie zur Arbeit und Dienst-Annehmung ernstlich ermahnen, entzwischen aber, und biß solches geschieht, mit einer monatlichen Steuer von sechse, achte bis zehen Groschen belegen, auch nach Gelegenheit, bey verspürter Halsstarrigkeit, erhöhen ... Nachdem unter andern Unordnungen auch diese eingeschlichen, daß an vielen Orten der Acker-Bau als das beste Kleinod eines Landes, nicht zum Nutz, am wenigsten aber die wüsten Güter zum Anbau gebracht werden können [!], indem viel Knechte bißher, so woln zu Hause, als auch über Land, Crämerey und andere Bewerbs-Händel ohne Abrichtung einiger Accis oder Steuer, zu treiben, und als eigene Herren, dienstfrey, und ungebunden zu leben, und sich aller Schuldigkeit zu entziehen, theils Mägde auch, so sonsten bey der Bauer- und Feld-Arbeit herkommen, sich aufs Wollspinnen, Klöppeln, Strümpffstrücken und andere Handthierungen zu legen, zu Haus innen zu sitzen, der wolfeilen Zeit mißzubrauchen, und alle Feld-Arbeit, so wol in als ausser der Erndtezeit zu meiden, sich anmaßlich unterstanden."

19 Michael hatte am 9. Juli 1660 geheiratet.

20 Im Kaufvertrag wurde festgehalten, daß „diese Gutwilligkeit seinen andern Kindern an ihrer Erbportion unnachteilig sein" soll.

21 Man gewährte Abraham Silbermann allerlei Vergünstigungen, zum Beispiel Erlaß der Geld- und Getreidezinsen auf drei Jahre, Befreiung von der Landsteuer und den „Diensten" auf fünf Jahre.

22 Abraham heiratete 1664 die Kleinbobritzscher Hüfnerstochter Rosina Beutel. Nach ihrem Tod (1678) schloß er mit Sabina Wießner, einer Hennersdorfer Bauerntochter, eine zweite Ehe.

23 Die Erben verkauften das Gut am 22. Juni des gleichen Jahres an Georg Lippmann von Burkersdorf. Abrahams Witwe schloß 1692 mit dem Frauensteiner Bürger und Tagearbeiter Caspar Fischer eine neue Ehe.

24 Veit Silbermann wird im Gerichtsbuch zehnmal als „Schöppe" und einmal als „Vice-Richter" erwähnt. Das letzte Mal amtierte er am 30. Januar 1666, nur vier Wochen vor seinem Tode.

25 Leider enthalten die Beurkundungen keine Angaben über das Alter der Verstorbenen, so daß auch Veit Silbermanns Geburtsjahr unbekannt bleibt.

26 Andreas Silbermann und Maria Lippmann aus Burkersdorf wurden am 5. November 1666 getraut, aber der Mann starb schon 1674. Die junge Witwe verkaufte das Gut an Jacob Zimmermann aus Burkersdorf, mit dem sie dann auch einen neuen Lebensbund einging. Bemerkenswert ist, daß sich Jacob Zimmermann verpflichtet hat, die beiden unmündigen Kinder aus der ersten Ehe seiner Frau bis zum zwölften Lebensjahr „ohne Entgeldt“ bei sich zu behalten, zu verpflegen und „zur Schulen zu halten“.

27 Das heutige Gut Nr. 5 in Kleinbobritzsch ist mit dem ehemaligen Stammgut Veit Silbermanns identisch. Die beiden anderen Güter tragen jetzt die Hausnummern 4 und 6. Die nachstehende Übersicht führt uns die Besitzverhältnisse noch einmal deutlich vor Augen:

Haus-Nr.	Zeitraum	Besitzer
4	1652–1661	Veit Silbermann
	1661–1686	Michael Silbermann sen.
	1686–1700	Michael Silbermann jun.
5	1634–1666	Veit Silbermann
	1666–1674	Andreas Silbermann
6	1660–1684	Abraham Silbermann

Die Eltern

Nachdem wir nicht nur Gottfried Silbermanns Urgroßvater, sondern vor allem den Großvater und seine Lebens- und Familienverhältnisse kennengelernt haben, wollen wir uns nun den Eltern des „Orgelmachers" zuwenden.

Wir verfolgen zunächst den Lebensweg des Vaters. Michael Silbermann wurde Ende August 1640 in Kleinbobritzsch geboren.[1] Er war somit noch nicht ganz zwanzig Jahre alt, als er am 9. Juli 1660 mit der Kleinbobritzscher Hüfnerstochter Christina Tröger den Lebensbund schloß.[2] Die Ehe war mit vier Kindern gesegnet.[3] Vater Michael war zunächst als Bauer tätig und bewirtschaftete mit seiner jungen Frau das Halbhufengut, welches er 1661 vom Vater erworben hatte.[4] Später übte er noch den Zimmermannsberuf aus.[5]

Nach knapp sechzehnjähriger Ehe starb am 6. März 1676 Michael Silbermanns Frau und wurde „am Freitag darauf" (= am 13. März) in Frauenstein beerdigt. Nun stand der Vater mit seinen erst zehn, sechs und drei Jahre alten Jungen allein da. Aber die Kinder sollten bald wieder eine gute Mutter bekommen.

Da Michael Silbermann sehr oft in Frauenstein als Zimmermann arbeitete und dabei auch mit dem damaligen Bürgermeister Gottfried Kaden zusammenkam, mag sein Auge bald auf die vierundzwanzigjährige Anna Maria Preußler gefallen sein, die beim Stadtoberhaupt „in Diensten" stand.[6] Und schon am 27. August 1676 wurden beide, Michael Silbermann und Anna Maria Preußler, in der Frauensteiner Stadtkirche „das erstemahl publici proklamirt" (= öffentlich aufgeboten). Die Trauung erfolgte drei Wochen später, am 17. September.[7] Aus der Ehe gingen drei Söhne hervor: Andreas (geboren 1678), Gottfried (geboren 1683) und Abraham (geboren 1696). Der letztere ist im Alter von nur einem reichlichen Jahr gestorben. Der Lebensweg von Andreas und Gottfried verlief dagegen unter besonderem göttlichem Segen. Beide erlernten den Orgelbauerberuf und brachten es darin zu Ruhm und Ansehen, Andreas im Elsaß und Gottfried in Sachsen.

Wir machen nun einen Besuch im Pfarrhaus zu Frauenstein. Unser Wunsch, das „Kirchenbuch" mit der Beurkundung von Gottfried Silbermanns Geburt und Taufe einsehen zu können, wird bereitwillig erfüllt. Aber die Handschrift von Diakonus Caspar Satler ist ziemlich schwer zu „entziffern".[8] Unter Nummer 4 des Jahres 1683 lesen wir:

„Den 16. [Januar] ist Gottfriedt, Michael Silbermanns, Einwohners in Kleinbobritzsch[9] u. Hofe-Zimmermanns eheleibl. Sohn öffentl. getäufft u. den 14. hs. [= desselben Monats] Morgents umb 5 Uhr gebohren worden. Uxor [= Ehefrau]: Anna Maria, Caspar Preußlers, Einwohners zu Groswaltersdorf eheleibl. Tochter. Off. [= Paten] 1) H. Gottfriedt Danneberck,[10] Rathsverwander, Bürger u. Leineweber alhier, 2) Michael Häber, Voigt auf dem Churfl. Schloße, 3) Sophia, Hanns Grimmers, Erb-Richters zu Kleinbobritzsch, Eheweib. Gott gebe dem Kinde Leben und Segen!"

Wir wissen schon, daß Michael Silbermann neben der Landwirtschaft noch den Zimmermannsberuf ausübte. Aber die Bezeichnung „Hofe-Zimmermann" bedarf noch einer näheren Erläuterung: Frauenstein war ab 1647 Sitz eines Amtes, denn die Herrschaft Frauenstein, die 1473 in die Hände der Herren von Schönberg gelangt war, ging 1647 wieder in kurfürstlichen Besitz über und wurde seitdem von Amtmännern verwaltet. Und der jeweilige Amtmann von Frauenstein war Michael Silbermanns „Vorgesetzter". Als „Hofe-Zimmermann" mußte Gottfrieds Vater „bey denen sämbtlichen Ambts- und Forwergs-Gebäuden" alle anfallenden Zimmererarbeiten ausführen.[11] Michael Silbermann hat auch viel für den Frauensteiner Rat gearbeitet. Die Ratsrechnung von 1669 enthält eine Quittung vom 28. Februar 1669, wonach der „Zimmermann" Michael Silbermann acht Groschen für zwei „neue waßer schleiffen" empfangen hat. Das dürfte der älteste, noch auf-

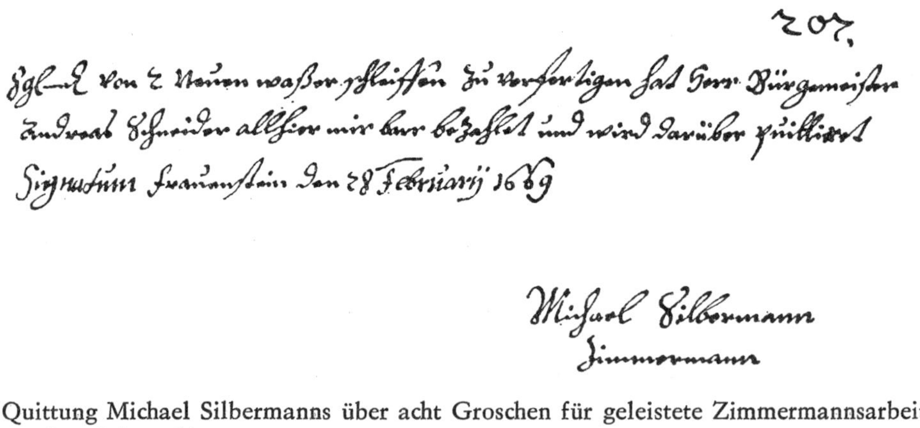
207.

8 gl. vor 2 Neuen waßer schleiffen zu verfertigen hat Herr Bürgemeister Andreas Schneider allhier mir baar bezahlet und wird darüber quittiret

Signatum Frauenstein den 28 Februarij 1669

Michael Silbermann
Zimmermann

Quittung Michael Silbermanns über acht Groschen für geleistete Zimmermannsarbeit aus dem Jahre 1669

findbare Beleg sein. Beim Studium der folgenden Ratsrechnungen finden wir, in Form vergilbter Quittungen, viele Zeugnisse von Michaels Arbeit.[12]
Meister Silbermann ließ sich seine Rechnungen und Quittungen allerdings von Leuten schreiben, die in dieser Kunst geübt waren.[13] Er bekräftigte die Belege aber meistens mit seinem Siegel[14] (Bild 2).

Unterschrift Michael Silbermanns, des Vaters des berühmten Orgelbauers, aus dem Jahre 1682 (Originalgröße)

In einem dünnen Aktenband des Stadtarchivs[15] entdeckten wir etwas Einmaliges: eine Unterschrift von Michael Silbermann.[16] Sie steht unter einem Schreiben vom 5. Dezember 1682, das sämtliche Frauensteiner Ratsmitglieder und die Lehnrichter nebst Schöffen der eingepfarrten Dörfer Reichenau und Kleinbobritzsch eigenhändig unterzeichneten. Und Michael Silbermann bekleidete in seinem Heimatdorf das Amt eines „Schöppen" von 1668 bis 1686,[17] das heißt so lange, bis er mit seiner Familie nach Frauenstein zog.[18]
Wir werden den Lebensweg Michael Silbermanns später noch weiter verfolgen. Aber schon jetzt steht Gottfrieds Vater vor uns als ein fleißiger und tüchtiger Mann.
Nun wollen wir auch die Mutter des berühmten Orgelbauers kennenlernen.[19] Sie wurde im Jahre 1652 geboren,[20] war also zwölf Jahre jünger als Michael Silbermann. Aus Gottfrieds Geburtsbeurkundung wissen wir, daß Anna Maria die Tochter von Caspar Preußler, einem Einwohner von Großwaltersdorf, gewesen ist. Die Familie Preußler muß aber erst kurz vor 1670 nach Großwaltersdorf gekommen sein. Ihr Heimatort war Böhmisch-Einsiedel.[21] Hier erblickte auch Anna Maria das Licht der Welt. Am 1. April 1652 wurde sie in der Kirche der böhmischen Gemeinde Katharinaberg getauft.[22] Anna Marias Eltern, „Caspar Preisler von Einsiedl" und „Jungfraw Margaretha, Christoph Glasners eheleibliche Tochter", sind am 24. Mai 1649 in Ober-Georgenthal (Böhmen) getraut worden.[23] Der Bräutigam war damals sechsundzwanzig Jahre alt,[24] und die Braut zählte noch nicht ganz einundzwanzig Lenze.[25]

Über die Jugendzeit von Gottfried Silbermanns Mutter ist leider nichts bekannt.[26] Ebenso wissen wir über das Leben ihrer Eltern in Großwaltersdorf nicht viel. Der Vater ist am 16. Mai 1682 dort gestorben, und die Mutter folgte ihm reichlich sechs Jahre später, am 13. August 1688, in die Ewigkeit nach.[27]

1 Er empfing am 28. August 1640 in der Kirche zu Frauenstein die heilige Taufe. Wir können annehmen, daß er am 26. August geboren wurde.

2 Als Michael Silbermanns Frau am 31. August 1660 bei der Taufe eines Sohnes des Kleinbobritzscher Häuslers Michael Schröter Pate stand, wurde sie als Eheweib des „Hausgenossen" Michael Silbermann bezeichnet. Daraus können wir schließen, daß Michael mit seiner Frau zunächst noch im elterlichen Gut wohnte.

3 Sabina (geboren 1661), Michael (geboren 1666), Georg (geboren 1670) und Christian (geboren 1673). Mit den drei Söhnen werden wir uns noch beschäftigen. Die Tochter Sabina starb schon wenige Wochen nach der Geburt. Es ist bemerkenswert, daß Michael Silbermann sie mit Figuralmusik beerdigen ließ. Diese Tatsache beweist, daß der Vater musikverständig und musikliebend gewesen sein muß. Er hatte sich auch „figuraliter" trauen lassen.

4 Als Beweismittel können wir das Taufregister heranziehen, in welchem Michael Silbermann bis 1672 mehrmals als Pate erscheint, und immer wird er als „Halbhüfner" bezeichnet.

5 Wann Michael Silbermann den Zimmermannsberuf erlernte, können wir nicht feststellen. Leider sind für den Zeitraum von 1660 bis 1668 die Ratsrechnungen nicht mehr vorhanden, in welchen wir eventuell die ersten Belege für Michaels Zimmerertätigkeit finden könnten.

6 „Kirchenbücher" sind eine unerschöpfliche Fundgrube! Sie geben uns auch Auskunft über Bürgermeister Kaden, in dessen Haushalt Gottfried Silbermanns Mutter vor ihrer Verehelichung tätig war: Gottfried Kaden wurde 1637 geboren und war – wie sein Vater – Bäcker von Beruf. 1665 heiratete er. Die Ehe war mit dreizehn Kindern gesegnet! Kaden war von 1674 bis 1685 Bürgermeister der Stadt Frauenstein und bekleidete später das Stadtrichteramt. Er starb im Jahre 1705. – Anna Maria Preußler hatte im bürgermeisterlichen Haushalt gewiß alle Hände voll zu tun. Dafür spricht die Tatsache, daß (im August 1675) fünf Kinder zu betreuen waren. Das älteste war neun Jahre und das jüngste erst fünf Monate alt.

7 Das Trauregister berichtet, daß auch Michael Silbermanns zweite Trauung „figuraliter" erfolgte. Wir können annehmen, daß der damalige Stadtmusikus Gabriel Müller für eine gute musikalische Umrahmung gesorgt hat, denn auf Grund seiner Bestallung war er verpflichtet, bei „Hochzeiten und sonsten, wenn in der Kirchen figuriret wird", mit seinen Gesellen „mit zu Chore zu gehen".

8 Nach der Kirchenmatrikel von 1617 war nicht der Pfarrer, sondern der „Diaconus" verpflichtet, die Taufen „zu verrichten". Caspar Satler, geboren 1651 in Torgau, bekleidete dieses Amt ab 1680 und wurde 1685 als Pastor nach Nassau „translociret".

9 Wenn Michael Silbermann ausdrücklich als „Einwohner in Kleinbobritzsch" bezeichnet wird, so ist damit bewiesen, daß Gottfried Silbermann auch in Kleinbobritzsch geboren wurde und nicht in Frauenstein, wie man in einigen älteren Veröffentlichungen lesen kann.

10 Dieser Name ist von verschiedenen Autoren irrtümlich mit „Dünnebier" wiedergegeben worden.

11 Leider sind bisher noch keine schriftlichen Zeugnisse über Silbermanns Tätigkeit als Hofzimmermann aufgefunden worden.

12 Der Verfasser hat in den Ratsrechnungen von 1669 bis 1695 insgesamt einhundertneununddreißig Belege über Zimmererarbeiten gefunden, welche Michael Silbermann ausgeführt hat. Die Belege

beweisen zugleich, daß Silbermann meistens ein bis zwei, manchmal sogar drei Gehilfen beschäftigt hat.

13 Zwei seiner „Schreiber" können wir auf Grund ihrer charakteristischen Handschriften leicht ermitteln: Gottfried Tanneberg und Andreas Schneider. Den ersteren werden wir als Paten Gottfried Silbermanns noch kennenlernen. Andreas Schneider stammte aus Langhennersdorf und ist ab 1658 über zwanzigmal Bürgermeister des Städtchens Frauenstein gewesen, denn die Wahl erfolgte jeweils auf ein Jahr. Außerdem bekleidete Schneider die Ämter eines Amts- und Stadtschreibers. Er starb 1699 und ist dreiundsiebzig Jahre alt geworden.

14 Dasselbe finden wir erstmalig auf Quittungen aus dem Jahre 1674. Hier wurde Michael auch zum erstenmal als „Zimmermeister" bezeichnet.

15 Die Akten betreffen „Herrn Caspar Sattlers, Diaconi alhier, gesuchte Forderung undt Begehrnüs an 4 Gulden wegen Haltung der Bethstunden".

16 Wenn wir den Namenszug betrachten, gewinnen wir den Eindruck, daß „Michel" eine schwere Hand hatte, die gut mit einer Zimmermannsaxt umzugehen verstand, der ein Federkiel aber ein wenig ungewohnt war. Vielleicht spricht aus den „kräftigen" Buchstaben aber gerade die Energie und Tatkraft des Schreibers?

17 Als „Schöppe" war Michael Silbermann – wie einst sein Vater – mit dabei, wenn vor dem Lehnrichter von Kleinbobritzsch Gutsverkäufe oder andere Rechtssachen beurkundet wurden. Im Jahre 1685 amtierte er zweimal als „Vice-Richter".

18 Über den Umzug der Familie Silbermann nach Frauenstein werden wir im Kapitel „Weil Frauenstein mein Vaterland ..." einiges erfahren.

19 Bisher hat sich noch niemand die Mühe gemacht, nach den Lebensspuren von Anna Maria und ihrer Vorfahren zu suchen. Wenn wir in der Lage sind, darüber genaue Angaben zu machen, dann haben wir das vor allem dem Staatsarchiv zu Litomerice (ČSSR) zu verdanken.

20 Das ergibt sich aus der Altersangabe „72 Jahre" in der Todesbeurkundung von 1724 (Pfarrarchiv Frauenstein).

21 Das beweist eine Urkunde im Gerichtsbuch von Brand-Erbisdorf. Hiernach kaufte Caspar Preußler „von Einsiedel" im März 1671 in Großwaltersdorf ein Haus „sambt dem von altersher darzu gehörigen Erbgartten und Teichel".

22 In der Taufbeurkundung ist ausdrücklich vermerkt worden: „Der Täuffling sambt dem Vater undt Paten von Einsiedel." Eigentlich war für die Taufe der in Einsiedel geborenen Kinder die Kirche zu Gebirgsneudorf zuständig. Es bleibt ein Geheimnis, warum Caspar Preußler sein Töchterchen nicht dort, sondern in der etwas weiter entfernten Kirche zu Katharinaberg taufen ließ.

23 Wir dürfen nicht daran Anstoß nehmen, wenn es einmal „Preußler" und „Glasner" und ein andermal „Preisler" und „Gläßer" heißt. Das ein und derselbe Name in früheren Zeiten verschieden geschrieben wurde, ist eine jedem Familien- und Heimatforscher bekannte Tatsache.

24 Caspar wurde am 16. August 1623 als Sohn von Hans Preußler in Gebirgsneudorf getauft.

25 Margaretha wurde am 18. Juli 1628 in Neuhausen als Tochter „Christoph Gläßers ufn Einsiedel" getauft. Pate stand damals Barbara Preißler, die Frau von Hans Preißler „ufn Einsiedel". Sie hat bestimmt nicht geahnt, daß ihr damals fünfjähriger Sohn Caspar einmal die „kleine" Margaretha heiraten wird.

26 Wir wissen auch nicht, wann sie nach Frauenstein kam. Das könnte durchaus geschehen sein, bevor ihre Eltern nach Großwaltersdorf zogen, denn Anna Maria war damals (1670) schon achtzehn Jahre alt.

27 Abschließend müssen wir Hans Preußler, Gottfried Silbermanns Urgroßvater mütterlicherseits,

noch einige Worte widmen. Er taucht 1622 im Kirchenbuch von Neuhausen als Pate auf und 1628 seine Frau Barbara. Wahrscheinlich ist letztere ein Opfer der Pest geworden, die 1633 Einsiedel heimsuchte. Am 17. September 1634 heiratete Hans Preußler in Seiffen die Jungfrau Maria Kaden. Nach ihrem Tode ließ er sich 1674 im Alter von dreiundachtzig Jahren noch mit Elisabeth Feidel aus Seiffen trauen. Hans Preußler überlebte seine dritte Frau noch um zehn Jahre und starb als „Inwohner und Hausgenosse" am 3. Mai 1685 in Oberseiffenbach im Alter von vierundneunzig Jahren.

Die Paten

Wir wollen nicht versäumen, auch die Menschen kennenzulernen, die Zeugen waren, als das zwei Tage alte Söhnlein des „Hofe-Zimmermanns" Michael Silbermann am 16. Januar 1683 in der Frauensteiner Stadtkirche die heilige Taufe empfing und den Vornamen „Gottfried" erhielt.

Weder die Eltern noch die Paten oder der Diakonus Satler konnten damals ahnen, daß das Knäblein einmal ein berühmter Mann wird und der Wunsch „Gott gebe dem Kinde Leben und Segen", den man damals allgemein den Taufbeurkundungen hinzufügte, voll und ganz in Erfüllung geht.

Michael Silbermann hatte recht ansehnliche Leute als Paten gewählt. Da ist zuerst Gottfried Tanneberg zu nennen, ein Leineweber und Mitglied des Frauensteiner Rates. Außerdem hatte er das Amt des Kirchenvorstehers inne. Gottfried Tanneberg wurde am 19. Oktober 1639 in Frauenstein getauft.[1] Er war zweimal verheiratet[2] und ist am 17. September 1702 in Frauenstein gestorben, also nicht ganz dreiundsechzig Jahre alt geworden.[3]

Als zweiter Taufzeuge wird Michael Häber (oder Hebert) genannt. Er wurde 1635 geboren.[4] Im Jahre 1669 erscheint er als „bestalter churfl. Forwergs-Voigt alhier" im Frauensteiner Gerichtsbuch.[5] Zweifellos war Michael Häber in der kleinen Stadt ein angesehener Mann.[6] Er starb am 29. Juli 1703 als „alter Bürger und gewesener Voigt alhier".[7]

Endlich wird noch eine „Patentante" namhaft gemacht: Sophia Grimmer aus Kleinbobritzsch. Sie war seit 1679 mit Hans Grimmer, dem Erbrichter[8] des kleinen Dorfes, verheiratet und stammte aus Wolkenstein.[9] Sophia Grimmer starb am 4. März 1702 in Kleinbobritzsch und ist siebenundsechzig Jahre alt geworden.

Alle drei Paten müssen noch erlebt haben, wie Gottfried Silbermann Frauenstein verließ und nach Straßburg ging, um bei seinem Bruder Andreas die Orgelbaukunst zu erlernen. Als der siebenundzwanzigjährige „Orgelmacher" im Frühjahr des Jahres 1710 in seine Heimatstadt Frauenstein zurückkehrte, fand er seine Paten nicht mehr unter den Lebenden.

1 Sein Vater Christoph Tannebergk war in Frauenstein „Rathsverwandter" und Kirchvater. Übrigens waren die Tannebergs in Frauenstein ein alteingesessenes Geschlecht. Ein Wolf Tanneberg war nach Bahns Chronik in der Zeit von 1573 bis 1598 achtmal Bürgermeister des Städtchens.

2 Am 7. November 1664 heiratete er Marie Tauscher, die Tochter des Frauensteiner Schwarzfärbers. Die Ehe war kinderlos und wurde 1690 durch den Tod der Frau gelöst. Im folgenden Jahr schloß Gottfried Tanneberg mit der Jungfrau Anna Rosina Tamme, Tochter eines in Burkersdorf wohnhaften Kunst- und Blumengärtners (!), eine zweite Ehe. Aus dieser gingen noch fünf Kinder hervor, aber drei starben schon sehr jung. Das letzte Kind wurde 1702 geboren, als der Vater schon dreiundsechzig Jahre zählte! –

3 Wie nahe Freud und Leid beieinander sein können, erfahren wir, wenn wir noch ein wenig in den Kirchenbüchern blättern. Am 14. September 1702 gebar Tannebergs Frau das fünfte Kind: Sophia Maria. Drei Tage später starb der Vater, und am nächsten Tag folgte ihm ein fünfjähriges Töchterchen „durch einen seeligen Todt" nach. Vater und Tochter wurden zusammen beerdigt. Und die Mutter und Gattin lag noch im Wochenbett! Reichlich sechs Wochen später wurde der leidgeprüften Frau durch den unerbittlichen Tod auch die kleine Sophia Maria entrissen.

4 Das Geburtsjahr konnten wir aus der Altersangabe in der Todesbeurkundung errechnen. Michaels Vater, Bartholomäus Häber, war in Hartmannsdorf bei Frauenstein als „Häusler" ansässig.

5 Er brachte es bis zum „Voigt auf dem Churfl. Schloß" zu Frauenstein. Da Michael Häber in den Taufregistern mehrmals erwähnt wird, können wir seine berufliche Laufbahn einigermaßen verfolgen:

1660: „itzo auf dem Hoffe zu Frauenstein in Diensten"
1662: „Voigt auffn Neubau" (Vorwerk bei Frauenstein)
1669: „bestalter churfl. Forwergs-Voigt alhier"
1672: „Churfl. Voigt allhier"
1674: „Voigt allhier aufn Schloß"
1677: „Ambts-Voigt"

6 Wir wollen noch über ein Ereignis berichten, an dem Michael Häber und Michael Silbermann gemeinsam beteiligt waren: Am 6. Oktober 1678 tobte in der Frauensteiner Gegend ein „grausamer Windt", der vom Turm des Schlosses u. a. „den Knopf heruntergeworffen" hat. Man entdeckte darin „eine länglich-rundte blecherne Büchße". Dieselbe wurde in Gegenwart von Amtmann Gau, Diakon Stolze, Stadtrichter Mäcke, Vogt Häber (!), Amtszimmermann Silbermann (!), seines Gesellen Caspar Grimmer und anderen Personen geöffnet. In der Büchse fand man neben einigen Münzen „eine Pergament-Haut" (= Urkunde) von 1588. Sie enthielt interessante und wichtige Nachrichten über den damals erfolgten Bau des Frauensteiner Schlosses. Amtmann Gau ließ von der Urkunde eine Abschrift anfertigen und sandte letztere an den Kurfürsten nach Dresden. Das Original der Urkunde ist längst verschollen, aber die Abschrift finden wir noch heute im Staatsarchiv zu Dresden vor.

7 Nach der Todesbeurkundung ist er „auf seinen Jesum sanft und selig" gestorben und achtundsechzig Jahre alt geworden.

8 In denselben Akten, in denen wir Michael Silbermanns Unterschrift entdeckten, fanden wir auch einen Namenszug von Sophias Ehemann.

9 Sophia wurde am 17. Dezember 1634 in Wolkenstein (Erzgebirge) geboren, wo ihr Vater, Christoph Heinrich, Bürger und „Borthen-Händler" war.

Die Stiefbrüder

Gottfried Silbermann hatte drei Stiefbrüder, die aus der ersten Ehe seines Vaters stammten: Michael (geboren 1666), Georg (geboren 1670) und Christian (geboren 1673).[1]

Die in den letzten Jahren betriebenen Forschungen haben über ihre Familienverhältnisse und Nachkommen sehr interessante Tatsachen ans Licht gebracht. Sie beweisen, daß der Frauensteiner „Hofe-Zimmermann" Michael Silbermann nicht nur der Vater zweier Künstler, des „weit und breit berühmten Ratsorgelbauers der Stadt Straßburg" (Andreas Silbermann) und des ebenso berühmten „Königlich-polnischen und kurfürstlich-sächsischen Hof- und Landorgelbauers" (Gottfried Silbermann), gewesen ist, sondern auch der Stammvater eines weitverzweigten Geschlechts, dessen letzter Sproß 1950 gestorben ist.

Wir wenden uns zunächst dem ältesten Sohn Michael Silbermanns zu. Er wurde am 23. September 1666 geboren und erhielt bei der Taufe denselben Vornamen wie der Vater: Michael. Am 23. November 1685 ging der erst Neunzehnjährige die Ehe mit der Hüfners- und Bauerntochter Rosina Köhler aus Kleinbobritzsch ein.[2] Reichlich sechs Jahre später war Michael Witwer.[3] Noch kürzer war die 1692 geschlossene zweite Ehe mit der Hartmannsdorfer Bauerntochter Christina Richter. Die junge Frau starb am 1. Dezember 1694, nachdem sie zwei Tage vorher einen toten Knaben zur Welt gebracht hatte.[4]

Am 13. Januar 1696 nahm sich Michael Silbermann in Christina Kirchner eine dritte Frau. Sie war die jüngste Tochter eines Gärtners in Röthenbach.[5] Michaels dritte Ehe war sehr kinderreich, denn sieben Knaben und zwei Mädchen finden wir von 1696 bis 1718 im Taufregister verzeichnet.[6]

Hinsichtlich des Berufes hat sich Gottfried Silbermanns ältester Stiefbruder den Vater zum Vorbild genommen, denn Michael war auch zunächst Bauer[7] und dann Zimmermann[8]. Er genoß in seinem Heimatdorf Ansehen und Vertrauen, sonst wäre ihm nicht das Amt des Gemeindevorstehers übertragen worden.[9]

Am 14. Mai 1696 hat Michael Silbermann „eine Hausbrandtstatt in der Freybergischen Gasse" zu Frauenstein erworben und ist wahrscheinlich gleich nach vollendetem Wiederaufbau dieses Hauses mit seiner Familie nach Frauenstein gezogen.[10] Hier brachte er es, wie einst sein Vater, bis zum „Amtszimmermann".[11]

Michael Silbermann, der offenbar mit seinem berühmten Stiefbruder Gottfried ein gutes Einvernehmen hatte,[12] starb, siebenundsechzig Jahre alt, am 11. September 1733 am „schwindsüchtigen Fieber". Bei seiner Beerdigung diente Psalm 88, 2 als „Leichentext".

Wir wollen nicht versäumen, eine Unterschrift dieses arbeitsamen Mannes wiederzugeben:

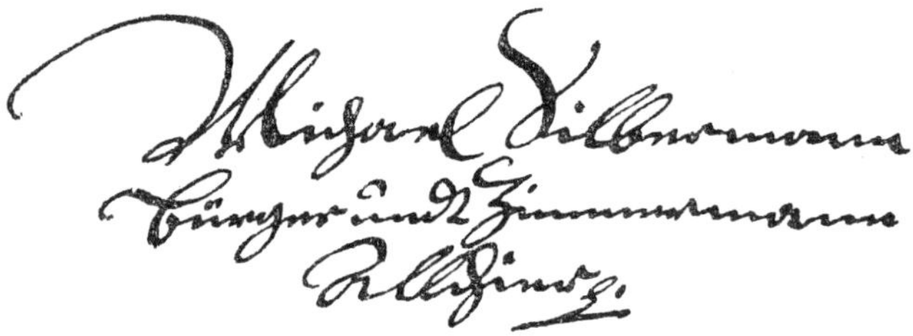

Unterschrift von Michael Silbermann junior, dem Stiefbruder Gottfried Silbermanns, aus dem Jahre 1697 (Originalgröße)

Gottfried Silbermanns zweiter Stiefbruder Georg, der am 11. November 1670 in Kleinbobritzsch geboren wurde, hat es ebenfalls verdient, daß wir uns mit ihm und seinen Nachkommen beschäftigen. Er war von Beruf „Bader und Wundarzt" und wirkte in Glashütte.[13] Im Jahre 1696 heiratete er Sophia Herrmann, deren Vater in Glashütte Fleischhauer war. Außerdem bekleidete er die Ämter eines Stadtrichters und Kirchenvorstehers.

Georg Silbermanns Frau ist 1726 im Alter von zweiundfünfzig Jahren gestorben. Zwei Jahre später hat sich der achtundfünfzigjährige Georg noch mit der Witwe Marie Kühn „mit einem Sermon copulieren" lassen, doch nach nur siebenjähriger Ehe starb er.[14] Nach Bahns Frauensteiner Chronik (1748) hat Georg Silbermann „mit eigener Hand ein großes Crucifix verfertiget und 1701 in die Kirche zu Glaßhütte geschencket".

Georg Silbermann war der Gründer einer Glashütter Linie des Silbermannschen Geschlechts.[15]

Nun ist endlich Christian Silbermann, der am 19. Juli 1673 in Kleinbobritzsch geborene jüngste Stiefbruder des „Orgelmachers" Gottfried Silbermann, an der Reihe. Er erlernte den Müllerberuf. Als Zweiundzwanzigjähriger heiratete er

1695 Anna Catharina Lange, die „nachgelassene" Tochter eines Lichtenberger Pachtmüllers.[16]

Auf Christian Silbermann scheint das bekannte Lied „Das Wandern ist des Müllers Lust" zuzutreffen. Seine erste „Station" war Reichenau bei Frauenstein.[17] Dann finden wir ihn in der „Steinbrückmühle".[18] Von dort aus ist Christian wahrscheinlich direkt nach Schönfeld „gewandert".[19] Anschließend scheint er dann in Hermsdorf bei Frauenstein als Pachtmüller eine Gastrolle gegeben zu haben.[20] Die letzte Station im Leben des wanderlustigen Müllers war Wilmsdorf (seit 1938 nach Possendorf eingemeindet), wo er als „herrschaftlicher Müller" tätig war.

Im Jahre 1727 starb in Wilmsdorf Christian Silbermanns Frau Anna Catharina.[21] Ein reichliches halbes Jahr später, am 27. November 1727, heiratete der vierundfünfzigjährige „herrschaftliche Müller" noch einmal, aber seine zweite Frau, Marie geborene Ihle aus „Klein-Carßdorf", war schon im April des folgenden Jahres Witwe. Christian Silbermann ist am 11. April 1728 in Possendorf „mit Gesang und Klang christlich zur Erden bestattet worden".[22]

Wir haben uns sehr eingehend mit der Familiengeschichte der „Silbermänner" beschäftigt und können abschließend feststellen, daß die Arbeit nicht umsonst war. Uns ist klargeworden, daß der Orgelbauer Gottfried Silbermann Sprößling und Glied eines Geschlechtes war, zu dem tüchtige, fleißige und ehrbare Menschen gehörten. Wie aufschlußreich müßte es sein, wenn wir mit Vater Michael Zwiesprache halten könnten, um uns von ihm erzählen zu lassen, wie er und seine Frau sich bemüht haben, die Söhne so zu erziehen, daß sie im Leben etwas leisten und ihren Eltern Ehre machen konnten. Das gilt insbesondere von Andreas und Gottfried, die Kunstwerke geschaffen haben, welche noch heute bewundert werden.

1 Vater Michael wird in der Geburtsbeurkundung seines dritten Sohnes Christian als „Hüfner undt Zimmermann" bezeichnet. Das ist ein weiterer Beweis dafür, daß Gottfried Silbermanns Vater zwei Berufe ausgeübt hat.

2 Der Bräutigam wurde in der Traubeurkundung einfach als „Junger Gesell" bezeichnet. Die Braut Rosina wurde am 7. Juni 1666 in Kleinbobritzsch geboren, war also ein wenig älter als Michael. Aus der Ehe gingen eine Tochter und ein Sohn hervor. Letzterer ist aber nicht einmal zwei Jahre alt geworden (gestorben 1692). Die Tochter Johanna Rosina (geboren 1688) heiratete 1709 den aus Rechenberg stammenden Böttcher Christian Dorn.

3 Rosina Silbermann, „Michael Silbermanns, Zimmermanns und Hüfners in Kleinbobritzsch, Eheweib", ist am 2. März 1692 gestorben.

4 Schon im August 1693 hatte Michaels zweite Frau einen toten Knaben geboren. Christina Silbermann wurde auf dem Frauensteiner Gottesacker „mit Leichenpredigt und Abdankung christlich beerdigt".

5 Christina wurde am 30. Mai 1672 in Pretzschendorf getauft. Sie war somit sechs Jahre jünger als ihr Mann.

6 Davon sind allerdings drei jung gestorben.

Wir wollen nun die Lebenswege der übrigen sechs Kinder verfolgen, soweit sie bisher erforscht werden konnten.

1. Michael (geboren am 16. Oktober 1696 in Kleinbobritzsch) war das erste Kind, das aus der dritten Ehe hervorging. Er erlernte den Tischlerberuf, und am 2. Januar 1727 wurde Michael Silbermann in das Bürgerbuch der Stadt Dresden eingetragen. Er wohnte damals vor dem Pirnaischen Tor „auf Berlichs Schenke". Im selben Jahr (1727) wurde Michael Silbermann mit Agneta Sophia Ströer aufgeboten, die in Rötha bei Leipzig „in Diensten adlicher Herrschafften" gestanden hatte. Ob aus der Ehe Kinder hervorgegangen sind, konnte noch nicht geklärt werden.

   Daß Michael Silbermann in seinem Beruf etwas geleistet hat, kann keinem Zweifel unterliegen, denn am 19. November 1742 stand er als Dresdner „Kunst- und Hoftischler" bei der Taufe einer Tochter von Georg Friedrich Silbermann, Bader und Chirurg in Glashütte, Pate. Michael Silbermann war später „Oberältester des Tischlerhandwerks" in Dresden.

   Michaels Frau Agneta Sophia muß vor 1748 gestorben sein, denn im Freiberger Gerichtsbuch Nr. 131 finden wir einen sehr interessanten Ehevertrag, der am 3. August 1748 vor dem Freiberger Stadtgericht abgeschlossen wurde. Als Zeugen waren gegenwärtig: Johann Gottfried Kraußе und Elias Dietze, die beiden Freunde Gottfried Silbermanns, die wir später noch kennenlernen werden. Wir lesen in dem Vertrag, daß Michael Silbermann auf Rebecca Elisabeth Haase, die zweiundfünfzigjährige Witwe eines Dresdner Goldarbeiters, „eine eheliche Affection geworffen" hatte und Frau Haase „auch eine große Gegenliebe zu ihm bey sich verspühret" hat. Michael Silbermann und Rebecca Elisabeth Haase ließen sich am 19. September 1748 in Dresden auf der Großen Brüdergasse „im eigenen Hause" durch Konsistorialrat und Superintendent Dr. Löscher „ehelich copulieren". Aus dem Ehevertrag entstand ein Rechtsstreit, worüber ein Aktenband im Stadtarchiv zu Dresden vorhanden ist. Die Frau weigerte sich, ihr Grundstück, ein großes Eckhaus auf der Großen Brüdergasse in Dresden, ihrem Ehemann zu übergeben, wie es in dem Ehevertrag vereinbart worden war. Beide Eheleute beschuldigten sich in sehr grober Weise, so daß man heute kaum mehr feststellen kann, wer eigentlich im Recht war. Die Frau warf ihrem Manne vor, er habe sie nicht aus Liebe geheiratet, sondern es nur auf das Haus abgesehen. Am 19. Dezember 1749 kam endlich eine Einigung zustande, und am 2. Januar des folgenden Jahres wurde ein Kaufvertrag über das Hausgrundstück abgeschlossen. Wie wir später erfahren werden, ist in diesem Hause die Leiche Gottfried Silbermanns aufgebahrt worden. Übrigens hat Michael Silbermann hinsichtlich des Testaments Gottfried Silbermanns eine Rolle gespielt. Wann Michael Silbermann gestorben ist, konnte noch nicht festgestellt werden.

2. Johann George wurde am 19. Mai 1698 in Frauenstein geboren, denn der Vater war inzwischen Frauensteiner Bürger geworden. Johann George erlernte bei Gottfried Silbermann die Orgelbaukunst. Darauf hat schon Christian August Bahn hingewiesen, der in Frauenstein ab 1736 als Diaconus wirkte und sich als zuverlässiger Chronist einen Namen gemacht hat. Johann George Silbermann war bis zum Tode (1749) bei Gottfried Silbermann als Gehilfe tätig.

3. Die 1704 geborene Anna Maria heiratete 1723 den dreiunddreißigjährigen Nassauer Bauernsohn Gottfried Göhler. Sie starb im Mai 1748 in Frauenstein, und rund neun Monate später folgte ihr Mann nach, der einem „schwindsüchtigen Fieber" erlag.

4. Am 15. Januar 1706 erblickte Johann Jacob das Licht der Welt. Als Siebzehnjähriger (!) schloß er am 18. Oktober 1723 mit der Kleinbobritzscher Hüfnerstochter Anna Rosina Lippmann die Ehe. Die Braut war vier Jahre älter. Johann Jacob folgte beruflich den Spuren von Vater und Großvater. Er arbeitete in Frauenstein als Zimmermann. Wir finden in den Ratsrechnungen urkundliche Zeugnisse seiner Tätigkeit. In einem Ratsaktenstück entdeckten wir einen von Amtmann Gensel unterschriebenen „Adjudicationsschein" vom 24. Februar 1724. Hiernach ist dem „Zimmergesellen" Johann Jacob Silbermann in Frauenstein eine seit dem Dreißigjährigen Krieg „wüstgelegene Baustadt vor dem Böhmischen Tor ohne einiges Kauffgeldt Ambtswegen erblich zugeschlagen worden", nachdem er zugesagt hatte, dieselbe aufzubauen. Das Frauensteiner Bürgerrecht hatte er schon als Neunzehnjähriger erworben. In der Ratsrechnung von 1725 sind ein Gulden, zehn Groschen und sechs Pfennig eingetragen, die er dafür gezahlt hat. Am 15. Dezember 1727 kaufte Johann Jacob in Kleinbobritzsch ein Dreiviertelhufengut, veräußerte es aber im Frühjahr 1734 wieder. Es handelte sich um das heutige Gut Nr. 6, das uns ja schon bekannt ist. In seinen letzten Lebensjahren scheint er Vater und Großvater in der Stellung als Amtszimmermann nachgefolgt zu sein, denn als zwei Jahre nach seinem Tod (1738) seine Witwe Taufzeugin war, wurde sie als hinterlassene Witwe von Johann Jacob Silbermann, „weiland Amtszimmermann in Frauenstein", bezeichnet. Dem arbeitssamen Mann waren nur dreißig Lebensjahre beschieden, und er starb am 25. Mai 1736. Seine Witwe starb zehn Jahre später.

George Friedrich (geboren 1724) war der einzige männliche Nachkomme von Johann Jacob Silbermann. Er heiratete 1746 zum ersten Male. Die Frau, Anna Maria Göhler, eine Zweihüfnerstochter aus Hartmannsdorf, ist 1762 im Alter von sechsunddreißig Jahren gestorben. Sie nahm gleich ein drei Wochen altes Töchterchen mit in die Ewigkeit. Im folgenden Jahr schloß George Friedrich mit Maria Dorothea Fleischer, Häuslers- und Maurerstochter aus Reichenau, einen neuen Lebensbund. Er währte nur vier Jahre, denn die Frau starb 1767 im Alter von neununddreißig Jahren. Im Jahre 1769 heiratete George Friedrich Silbermann ein drittes Mal. Die Frau, Johanna Sophia Horn, stammte aus Burkersdorf. Beiden Eheleuten wurden noch vier Söhne geschenkt. Einer erreichte nur ein Alter von einem reichlichen Jahr, und ein anderer starb mit sechzehn Jahren. Der Vater George Friedrich Silbermann ist am 21. Januar 1801 in Frauenstein gestorben und hinterließ seine Frau nebst zwei erwachsenen Söhnen, und zwar George Friedrich (geboren 1770) und Carl Gottlob (geboren 1773). Der erstere ist am 6. Mai 1817 in Frauenstein als Junggeselle (!) gestorben. Mit ihm starb auch das Silbermannsche Geschlecht in Frauenstein aus. Carl Gottlob war „Huf- und Waffenschmied" von Beruf und wurde am 21. November 1802 in Hennersdorf mit Johanna Rosina Franke getraut. Ihr Vater war in Ammelsdorf Huf- und Waffenschmied. Er hatte seinem Schwiegersohn „Erbhaus und Schmiede" schon ein Vierteljahr vor der Hochzeit verkauft. Aus dieser Ehe lassen sich nur zwei Töchter nachweisen. Die eine war „von Geburt an siech und elend" und ist deshalb bald gestorben. Die andere, Johanna Christiana Carolina (geboren 1805), heiratete 1829 Christian Friedrich Fischer, einen aus Dorfchemnitz stammenden Huf- und Waffenschmied. Dieser kaufte 1830 für vierhundert Taler von seinem Schwiegervater Haus und Schmiede und gewährte den Schwiegereltern freie Herberge auf Lebenszeit.

Carl Gottlob Silbermann hat – mindestens in der Zeit um 1829 – in Ammelsdorf die Ämter als „Geleits- und Accis-Einnehmer, Armenkassenvorsteher und Schulgeldeinnahmer" bekleidet. Er ist zweiundsiebzig Jahre alt geworden und am 3. Januar 1846 in Ammelsdorf an Altersschwäche gestorben. Seine Frau wurde genau ein Jahr später von dieser Welt abberufen. Sie hat ein Alter von reichlich dreiundsechzig Jahren erreicht. Übrigens ist Carl Gottlob Silbermanns Mutter von Frauenstein nach Ammelsdorf gezogen und dort 1821 im Alter von fast einundachtzig Jahren gestorben.

5. Der am 17. April 1708 geborene Abraham wurde Tischler und ließ sich in Freiberg nieder. Am 1. August 1736 erlangte er für fünf Taler das Bürgerrecht. Im Jahre 1737 heiratete er Dorothea Elisabeth Lau(e), die älteste Tochter von Christoph Lau(e), einem „gewesenen Bürger und Glasschneider in Berlin" (!). Die Ehe war anscheinend kinderlos. Am 7. Dezember 1749 ließ Abraham Silbermann, der in seiner Wohnung auf der „Petersgasse" krank zu Bett lag, das Freiberger Stadtgericht rufen, weil „er seinen Letzten Willen gerne aussprechen wollte". Abraham setzte seine Frau als Erbin ein. Seinem „Vetter" Immanuel Silbermann, „einem Waisen", vermachte er sämtliche Handwerkszeuge und einige Kleidungsstücke „zur Ausstattung". Immanuel hatte bei Abraham „bereits 4 1/4 Jahre das Tischlerhandwerk erlernet". Er wurde 1730 in Schönfeld geboren, wo sein 1738 verstorbener Vater Gottfried als Maurer tätig gewesen war. Immanuel war ein Enkel von Christian Silbermann, dem jüngsten Stiefbruder Gottfried Silbermanns. Abraham Silbermann ist am 29. Dezember 1753 in Freiberg gestorben. Offenbar hat seine Krankheit nicht so schnell zum Tode geführt, wie er befürchtete. Als die Witwe am 5. Februar 1754 vor dem Freiberger Stadtrichter erschien und um Publikation des Testaments bat, brachte sie zugleich vor, daß ihr Mann „in äußerster Dürfftigkeit verstorben" ist und sie, „damit derselbe unter die Erde gebracht werden können, das beste von seinem Handwerkszeug habe versetzen müssen". Außerdem wären noch „an die 40 Thaler Schulden vorhanden". Unter diesen Umständen scheint Immanuel nicht viel geerbt zu haben.

6. Christian wurde am 8. April 1710 geboren und war Schuhmacher von Beruf. Er ließ sich ebenfalls in Freiberg nieder. Am 28. Juli 1738 erwarb er für sechs Taler „inclus. des Meisterthalers" das Bürgerrecht. Im gleichen Jahr schloß er mit Anna Eleonora Neander die Ehe. Sein Schwiegervater war in Freiberg Zeug- und Leineweber wie auch Oberältester. Über Christians Familienverhältnisse wissen wir noch nichts. Es ist auch noch unbekannt, wann und wo er gestorben ist.
1753 hat er gemeinsam mit seinem Bruder Michael gegen Gottfried Silbermanns Testament protestiert.

7 Am 11. Mai 1686 erwarb er das väterliche Halbhufengut in Kleinbobritzsch. Wir finden ihn in den Jahren 1687 bis 1696 mehrmals als Taufzeugen, und immer wird er als „Bauer" bezeichnet.

8 Die erste Erwähnung finden wir in der Todesbeurkundung seiner ersten Frau (1692), wo er als „Zimmermann und Hüfner" bezeichnet wurde. Die Frauensteiner Ratsrechnungen enthalten über einen Zeitraum von etwa drei Jahrzehnten hinweg zahlreiche Belege von Michaels Zimmermannstätigkeit. Im Gegensatz zu seinem Vater hat er seine Rechnungen und Quittungen fast ausnahmslos eigenhändig geschrieben. Die vergilbten Dokumente sind wegen der damaligen „Handwerker-Orthographie" sehr interessant. Hier einige Beispiele: „Bredten (= Bretter), Dräpbe (= Treppe), in Härpste (= im Herbst), ßbarn Holtze (= Sparrenholz), näue Ladten (= neue Latten), Kirchtohrmme (= Kirchturm)." Sehr oft hat Michael Silbermann die Quittungen noch mit seinem Siegel bekräftigt. Dasselbe zeigt einen Zirkel und ein Winkeleisen und sein Monogramm „M S".

9 Die Kirchenbücher erwähnen ihn als solchen 1692, 1693, 1694 und 1696.

10 Als sein Sohn Michael geboren wurde (Oktober 1696), war er noch „Bauer" in Kleinbobritzsch. Am 12. Juli des folgenden Jahres, als seine Frau Christina Pate stand, war Michael bereits „Bürger allhier" (in Frauenstein), ein knappes Jahr später, als der Sohn Johann George getauft wurde, „Bürger und Zimmermann allhier". Im Jahre 1700 endlich finden wir ihn im Tauf-

buch als „Zimmermeister". In der Frauensteiner Ratsrechnung von 1698 finden wir schließlich unter dem 10. Mai zwei Gulden von Michael Silbermann, die er für das Bürgerrecht bezahlen mußte. Übrigens hat das von Michael wiederaufgebaute Haus dort gestanden, wo jetzt das Grundstück Freiberger Straße Nr. 95 steht. Hier erblickte Johann George, der spätere Mitarbeiter Gottfried Silbermanns, das Licht der Welt.

11 Die Beweise für seine Stellung als Amtszimmermann finden wir im Totenregister (1727, 1732 und 1733), wobei die beiden letzteren Beurkundungen den Tod seiner dritten Frau bzw. seinen eigenen Tod betreffen. Im Jahre 1727 wurde der neunjährige Sohn Johann Gottlieb beerdigt. Michaels dritte Frau Christina ist am 4. Dezember 1732 im Alter von sechzigeinhalb Jahren an „Geschwulst" (Krebs?) gestorben.

12 Als der Dresdner Rat im November 1732 von Gottfried Silbermann eine Kaution forderte, weil man ihm zweitausend Taler zur Anschaffung des Zinns für eine in der Frauenkirche zu bauende neue Orgel auszahlen wollte, hat Michael Silbermann für Gottfried „auf 1000 Thaler mit einem Grundstück Caution gemacht".

13 Bedauerlicherweise besitzt die Stadt Glashütte in ihrem Archiv keine älteren Akten, so daß wir über Georg Silbermanns Tätigkeit nichts mehr erfahren können. In kleineren Städten waren die „Bader" anscheinend ziemlich angesehene Leute. Als der Frauensteiner Bader Adam Jentzsch 1581 bzw. 1583 Kinder taufen ließ, standen „die gestrenge fraw von Schönbergk", Bürgermeister Rudolf bzw. „die schösserin" Pate. Die sogenannten „Badestuben" gehörten auch in kleinen Städten zu den ältesten öffentlichen Einrichtungen. Für Frauenstein ist eine solche schon 1493 urkundlich bezeugt. –

Es soll nicht unerwähnt bleiben, daß „George Silbermanns, Chirurgii [!], Bader und Bürger in Glashütte", Ehefrau Sophia Zeugin war, als (ihr Schwager) Michael Silbermann jun. 1710 in Frauenstein seinen Sohn Christian taufen ließ. Übrigens hatte Christian Silbermann (Gottfrieds jüngster Stiefbruder) im Jahre 1699 seine Glashütter Schwägerin eingeladen, der Taufe seiner Tochter Anna Sophia beizuwohnen. Wir können hieraus ersehen, daß die „Gebrüder Silbermann" ihre verwandtschaftlichen Beziehungen gepflegt haben.

14 Georg Silbermanns Todestag war der 9. September 1735. Aus der Todesbeurkundung geht hervor, daß er in Glashütte – wie einst sein Schwiegervater – auch die Ämter des Kirchenvorstehers und Stadtrichters bekleidet hat. Ein Stadtrichter übte die städtische Gerichtsbarkeit aus, je nach dem Umfang, wie sie der betreffenden Stadt zukam.

15 Diese Linie ist erst in jüngster Vergangenheit erloschen: Karl Bruno *Oswald* Silbermann (geboren am 19. Oktober 1879 in Dresden und gestorben am 8. Juli 1950 in Großhennersdorf) war das letzte Glied einer langen Kette. Seine im Jahre 1912 mit Maria Magdalena Zetzsche (geboren am 21. November 1885) geschlossene Ehe blieb kinderlos. – Maria verwitwete Silbermann starb am 6. August 1975 in Großhennersdorf (Kreis Löbau). Der Verfasser durfte am 16. Oktober 1968 noch ihr Gast sein.

Wir wollen nun die einzelnen Glieder der Glashütter Linie der „Silbermänner" kennenlernen und können uns dabei auf die Aufzeichnungen Oswald Silbermanns stützen, die seine Witwe freundlicherweise dem Verfasser zur Verfügung stellte.

Aus Georg Silbermanns Ehe mit Sophia Herrmann ist nur ein Sohn hervorgegangen: George Friedrich (geboren am 18. Juli 1699 in Glashütte). Bei seiner Taufe standen der Rektor, des Pfarrers „Eheweib" und der Stadtschreiber Pate. George Friedrich war in seiner Geburtsstadt als Bader und Wundarzt tätig, übte also denselben Beruf wie sein Vater aus. Außerdem war er Adjuvant beim „Choro musico" in Glashütte. Als Zweiunddreißigjähriger heiratete er die Jungfrau Johanna Magdalena Kühn, eine Tochter aus der ersten Ehe seiner Stiefmutter. Beide

Eheleute starben 1757. Und wieder war es nur ein Sohn, durch den das Geschlecht erhalten blieb: George Friedrich. Er wurde 1735 in Glashütte geboren. Als er vierundzwanzig Jahre zählte, war er beim Bergamt in Glashütte „bestallter Schichtmeister" und heiratete die Jungfrau Johanna Eleonore Börnert, eine Tochter des Tuchmachers Daniel Börnert in Dippoldiswalde. George Friedrich Silbermann wurde später Knappschaftsältester und starb im Jahre 1797 in Glashütte als „churfürstlicher sächsischer Bergamtmann"! Aus George Friedrichs Ehe sind zwei Töchter und zwei Knaben hervorgegangen. Der Sohn Friedrich Gottlieb (geboren 1763) war zunächst Soldat, wurde 1801 als „General-Accis-Einnehmer" in Bautzen angestellt und später nach Kamenz versetzt. Dort ist er 1827 gestorben. Er war zweimal verheiratet. Die erste Ehe blieb kinderlos. Aus der zweiten, 1806 geschlossenen Ehe mit einer Witwe ging noch ein Sohn namens Karl Friedrich Julius hervor, der am 7. Juli 1808 in Bautzen geboren wurde. Auch er war zunächst Soldat und wirkte dann auf dem „Sonnenstein" in Pirna als Krankenpfleger. Im Jahre 1836 wurde er mit Auguste Juliane Leinert aus Pirna in der Anstaltskirche getraut. Der Ehemann starb 1860 im Alter von zweiundfünfzig Jahren, während die Frau ein Alter von siebenundachtzig Jahren erreichte und „erst" 1897 starb. Der Ehe waren zwei Söhne und zwei Töchter entsprossen. Der älteste Sohn starb 1869 im Alter von einunddreißig Jahren, ohne Nachkommen zu hinterlassen. Der zweite Sohn, Karl Friedrich (geboren 1841 in Pirna), war Schuhmacher und wurde 1870 in Hosterwitz bei Dresden mit Clara Krömer, einer dortigen Bäckers- und Schankwirtstochter, getraut. Das Ehepaar hatte eine Tochter und einen Sohn. Der letztere, Karl Bruno Oswald Silbermann, ist der letzte Sproß dieses Zweiges am Silbermannschen Stammbaum gewesen.

So führt eine lückenlose Kette von jenem Georg Silbermann, der 1595 in Kleinbobritzsch auftauchte, bis zu diesem Oswald Silbermann, der 1950 starb. Diese Kette umfaßt zehn Generationen und zog sich durch über dreieinhalb Jahrhunderte.

16 Den Eheleuten wurden zwei Kinder geschenkt: ein Sohn Gottfried (geboren am 28. Januar 1696) und eine Tochter Anna Sophia (geboren am 17. April 1699).

17 Im Jahre 1695 finden wir Christian Silbermann als „Müller in Reichenau" unter den Zeugen einer Taufe. Und in Reichenau wurde (1696) auch der Sohn Gottfried geboren.

18 Das war im Jahre 1699, als Christian Silbermann seine Tochter Anna Sophia taufen ließ. – Die Mühle lag unweit von Frauenstein im Tal der Wilden Weißeritz. Sie wurde schon 1445 als Mühle „bey der steinen brukken" erwähnt und fiel im dritten Jahrzehnt des 20. Jahrhunderts dem Bau der Talsperre „Lehnmühle" zum Opfer.

19 Als sein Bruder Michael, der in Frauenstein Zimmermann war, 1710 einen Sohn taufen ließ, finden wir unter den Paten „unseren Christian" wieder, aber als „Pachtmüller zu Schönfeld".

20 Hier wurde 1721 sein Sohn Gottfried getraut, der Maurer von Beruf war. Über Vater Christian lesen wir im Traubuch: „weiland [= ehemals] Pachtmüller allhier, jetzt aber Pachtmüller in Possendorf".

21 Sie wurde am 17. April auf dem Possendorfer Gottesacker „mit Gesang und Klang" beerdigt.

22 Was wurde aus den beiden Kindern, die aus Christians erster Ehe hervorgegangen waren? Die Tochter Anna Sophia, die am 17. April 1699 in der Steinbrückmühle das Licht der Welt erblickt hatte, hat ihrem Vater wahrscheinlich etwas Kummer bereitet. Im Taufbuch der Kirche zu Possendorf lesen wir unter dem 20. November 1719 folgendes: „Anna Sophia Silbermann, Christian Silbermanns, Müllers in der Neuen [?] Mühle zu Wilmßdorf, eheleibliche Tochter, welche von getriebener Hurerey schwanger worden, hat hierauff einen unächten [!] Sohn zur Welt geboren, denselben taufen und mit Namen Johann Jacob heißen lassen. NB. Der Vater zu diesem Kinde soll ihrer selbst eigenen Aussage und Geständniße nach seyn und mit Namen heißen Johann

Jacob Böhme, ein Bierbrauer, der Geburt nach von Rechenberg, der sich annoch bey dem hiesigen Brauermeister in der Lehre befindet." Der weitere Lebensweg von Anna Sophia und ihrem „unächten" Sohn liegt noch im Dunkel.

Christian Silbermanns einziger Sohn, der 1696 in Reichenau geborene Gottfried, erlernte den Maurerberuf. Am 17. November 1721 ließ er sich in der Kirche zu Hermsdorf bei Frauenstein mit Susanne Walther trauen. Der Vater der Braut war in dem benachbarten Dorf Seyde Bauer und Gerichtsschöppe. Aus Gottfrieds Ehe lassen sich sieben Kinder (vier Söhne und drei Töchter) nachweisen. Vier wurden in Seyde und drei in Schönfeld geboren. Der Vater wohnte bis 1727 als „Hausgenosse" in Seyde und kaufte dann im Mai 1728 für dreißig Gulden in Schönfeld ein Haus. Zehn Jahre später erkrankte Gottfried Silbermann im Alter von zweiundvierzig Jahren an einem „hitzigen Fieber" und starb am 26. Februar 1738 in Schönfeld. Seine Witwe überlebte ihn um dreißig Jahre (!) und starb, über siebenundsiebzig Jahre alt, 1768 in Lichtenberg (Erzgebirge).

Wie verliefen die Lebenswege der Kinder Gottfried Silbermanns? Ein Sohn starb im Alter von fünf Jahren. Über das Schicksal der drei Töchter Anna Sophia (geboren 1722), Anna Regina (geboren 1725) und Johanna Gottpreise (geboren 1726) ist nichts bekannt.

Der 1728 geborene Sohn Gotthelf wird in dem Ehevertrag erwähnt, den der Dresdner Tischler Michael Silbermann mit der Witwe Haase im Jahre 1748 abgeschlossen hatte. Die letztere mußte sich verpflichten, wenn ihr zukünftiger Mann vor ihr stirbt, dessen „Vetter" Gotthelf Silbermann fünfhundert Taler „zu seinem künftigen Glück und Erlangung des Meister- und Bürgerrechts" auszuzahlen. Man hat den Eindruck, daß Michael Silbermann sehr um Gotthelfs Wohl besorgt war. Wahrscheinlich hat er keine eigenen Kinder gehabt.

Der am 6. August 1730 in Schönfeld geborene Sohn Emanuel lernte ab September 1745 bei Abraham Silbermann in Freiberg das Tischlerhandwerk. Später soll er Dresdner Bürger geworden sein und dort seinen Beruf ausgeübt haben.

Der jüngste Sohn Gottfried (geboren am 26. April 1734 in Schönfeld) war – wie sein Vater – als Maurer tätig. Im Jahre 1765 wurde er in Lichtenberg (Erzgebirge) mit Johanna Maria Braun, der Tochter eines dortigen Hüfners, getraut. Die Frau starb 1784 im Alter von dreiundsechzig Jahren. Gottfried Silbermann heiratete am 29. November 1786 ein zweites Mal. Die Trauung fand in Lichtenberg statt. Die Frau, Johanna Beata Müller, war die Witwe von Gottfried Müller, „gewesenen Bretschneiders und Musikanten [!] in Hermsdorf". Nach reichlich zehnjähriger Ehe starb auch diese Frau „unvermutet an Husten, Fieber und Schlagfluß" im Alter von reichlich achtundfünfzig Jahren. Gottfried Silbermann überlebte sie noch um elf Jahre. Am 25. Februar 1808 wurde er „tot im Bett gefunden" und vier Tage später in Lichtenberg beerdigt. In den Taufregistern der Kirche zu Lichtenberg sind aus beiden Ehen keine Kinder zu finden, so daß auch dieser Zweig am Silbermannschen Stammbaum abgestorben ist.

Das Geburtshaus

Von vielen berühmten Gelehrten, Künstlern und anderen Persönlichkeiten kennt man die Geburtshäuser. Gottfried Silbermann wurde von seinen Zeitgenossen zu den „Virtuosen Sachßens“ gezählt, und noch heute werden seine Orgeln „von der Welt bewundert“. Es ist deshalb nicht vermessen, wenn wir die Frage stellen, ob die Nachwelt Kenntnis von der Stätte seiner Geburt hat.

Wir wandern am besten einmal hinunter in die „Bobritzschau“, um dort nach Gottfried Silbermanns Geburtshaus zu suchen.

Über das sogenannte „Hofefeld“ erreichen wir Kleinbobritzsch schon nach einer knappen halben Stunde. Gleich am Dorfeingang fällt uns ein Haus, das dicht an der Straße steht, dadurch auf, weil es über der Tür eine Gedenktafel hat. Wir stehen vor dem Geburtshaus Gottfried Silbermanns (Bild 3) und – wollen es gar nicht recht glauben. Stammt der Mann, der viele „Tempel Gottes“ mit herrlichen Orgeln zierte, aus dieser schlichten „Hütte“?

Wir treten nahe an das Häuschen heran und lesen die Inschrift der Gedenktafel (Bild 4):

„Jes. 30, 30. Der Herr wird seine herrliche Stimme erschallen
lassen.

Geburtshaus
eines verdienstvollen, berühmten Brüderpaares

Gottfried Silbermann,
Kurf. Sächs. u. Kön. Poln. Hof- und Landorgelbauer,
geb. am 14. Januar 1683,
gest. zu Dresden am 4. August 1753.

Andreas Silbermann,
Orgelbaumeister zu Straßburg,
geb. am 16. Mai 1678,
gest. am 16. März 1734.
Sir. 9,22.
Zum Gedächtniss errichtet d. 4. Aug. 1861.“

Wir sind erstaunt, daß die Gedenktafel bereits vor über einem Jahrhundert angebracht wurde. Gab es damals schon Menschen, die das Andenken Silbermanns ehrten?

In einem Brief vom 13. März 1859 hat der Dresdner Orgelvirtuose August Fischer dem Frauensteiner Stadtrat vorgeschlagen, ein Denkmal für Silbermann zu errichten.[1] Aus irgendeinem, uns nicht bekannten Grunde ist der Plan leider nicht verwirklicht worden.

Genau acht Monate später, am 13. November 1859, veröffentlichte der Frauensteiner Schulrektor und Organist Eduard Ferdinand Köhler in der „Sächsischen Schulzeitung" den Kontrakt über die zweite Silbermann-Orgel zu Frauenstein.[2] In einem Nachwort schrieb Köhler: „So oft ich das in hiesiger Kirche befindliche Orgelwerk spiele[3] oder an dem Geburtshause Silbermanns im nahen und nach Frauenstein eingepfarrten Dorfe Kleinbobritzsch vorübergehe, gedenke ich dieses Künstlers und bedauere, daß unser denkmalliebendes Zeitalter ihn durch ein Denkmal noch nicht verewigt hat. Sein Geburtshaus steht noch und gehört einem gewissen Heinrich Köhler.[4] An einem Holzbalken in der Unterstube befinden sich die Buchstaben M. S. 1680 (das ist Michael Silbermann, der Vater des Orgelkünstlers)." Das scheint die älteste literarische Erwähnung des Geburtshauses von Gottfried Silbermann zu sein.

Der am 26. Mai 1957 in Plauen (Vogtland) verstorbene Silbermannforscher Ernst Flade schrieb 1952: „Lange Zeit hat man nicht genau die Stätte des Silbermannschen Geburtshauses gekannt. Erst dem unermüdlichen Nachforschen W. Hilfs gelang es, in der kleinen Wohnstube des fraglichen Hauses am Unterzuge der Holzdecke ein ‚M. S. 1680' unter Kalk und Putz versteckt aufzufinden und dieses Haus somit als die wirkliche Geburtsstätte des berühmten Brüderpaares zu erweisen."

Ernst Flade nannte als Quellen einige Artikel über Silbermann in der wissenschaftlichen Beilage der „Leipziger Zeitung" von 1882.[5] Darin wird aber mit keinem Wort erwähnt, daß Wolfgang Hilf, der (nach Flade) 1818 geboren wurde und 1912 in Bad Elster starb, der Entdecker des Silbermannschen Geburtshauses gewesen ist.[6]

Das Geburtshaus wurde auch von Ludwig Mooser in seiner Schrift „Das Brüderpaar, die Orgelbaumeister Andreas und Gottfried Silbermann" (Straßburg 1861) erwähnt.[7] Es heißt dort: „Noch steht das Haus, in dem die Wiege des trefflichen Brüderpaares schaukelte, in Kleinbobritzsch, dem kleinen Dörflein am Fuße des Schloßberges zu Frauenstein."

Nirgends findet sich ein Beweis dafür, daß das Silbermannsche Geburtshaus von Hilf entdeckt wurde. Ja, es ist überhaupt eine offene Frage, ob das Haus erst „entdeckt“ werden mußte oder ob es noch von früher her bekannt war.[8]
Der Frauensteiner Rektor und Organist Köhler ergriff jedenfalls die Initiative, um das Geburtshaus Gottfried Silbermanns mit einer Gedenktafel schmücken zu können.[9] Im August 1860 wurden Druckschriften „an die Stadträthe, in deren Städten sich Silbermannsche Orgeln befinden, an die Herren Lehrer und Organisten, welche Silbermannsche Orgeln spielen, und an die Herren Orgelbaumeister Sachsens, welchen diese Orgelwercke zum Muster dienen“, gesandt und Geldspenden für die Gedenktafel erbeten.[10] Der Aufruf fand einen starken Widerhall. Die Aufzeichnungen Köhlers über die eingegangenen Geldspenden sind noch vorhanden.[11]
Am 4. August 1861 konnte die Gedenktafel, die Bildhauer Groß aus Freiberg angefertigt hatte, „unter angemessener Feierlichkeit“ geweiht werden.[12]
Es ist erwähnenswert, was Köhler in einem Brief vom 20. November 1863 an den Frauensteiner Stadtrat geschrieben hat: „... aber thörigte Eitelkeitsgelüste haben mich nicht angetrieben zu Denkmal und Stiftung,[13] sondern eine Verehrung für den großen Meister, die ich schon als Schulknabe fühlte“.[14]
Zur gleichen Zeit, als das Geburtshaus mit der Gedenktafel geziert wurde, ist von ihm eine schöne Lithographie erschienen (Bild 5). Das Haus hatte bis zum zweiten Jahrzehnt unseres Jahrhunderts noch ein Strohdach.[15]
Es wird viele Silbermannfreunde interessieren, ob die Lithographie von 1861 die einzige künstlerische Darstellung von Gottfried Silbermanns Geburtshaus geblieben ist. Fast scheint es so. Und doch gibt es aus unserem Jahrhundert zwei Werke, die aber weithin noch unbekannt sind.[16]
Nach dem oben zitierten Artikel Köhlers in der „Sächsischen Schulzeitung“ scheint die Balkeninschrift der einzige „schriftliche“ Beweis gewesen zu sein, den man damals kannte, um das Haus als Silbermanns Geburtshaus bezeichnen zu können. Ein wissenschaftlich-exakter Beweis ist das natürlich nicht. Aber ob ein solcher überhaupt zu erbringen ist?
Wir wollen versuchen, die Geschichte des Häuschens zu erforschen. Als Quellen stehen uns die Grundbücher des ehemaligen Amtsgerichts Frauenstein und die Gerichts- oder Kaufbücher des Dorfes Kleinbobritzsch im Staatsarchiv Dresden zur Verfügung. Auf Grund dieser Unterlagen können wir die Besitzer des Hauses in lückenloser Reihe zurückverfolgen und gelangen bis zum Jahre 1691: Am 9. Juni

1691 verkaufte „Michael Silbermann sein Erblich Wohnhauß alhier" (zu Kleinbobritzsch) an Georg Fischer.

Damit scheint die verfolgte Spur aber auch zu Ende zu sein, denn es ist keine Beurkundung darüber zu finden, von wem Michael Silbermann das Haus erworben hat. Schon möchten wir resignieren, doch da entdecken wir in dem alten Gerichtsbuch[17] eine Urkunde vom 14. April 1680, und ihre Überschrift „Michael Silbermanns Adjudication umb Veit Silbermanns wüste Häusel-Baustadt" macht uns neugierig. Wir studieren das bisher unbekannte Dokument deshalb mit großem Interesse und erfahren folgendes:

Die „Häuselbaustadt" Veit Silbermanns in Kleinbobritzsch war seit 1632 wüst. Das heißt, das Haus von Gottfrieds Großvater war, wie viele andere Häuser und Güter, im Dreißigjährigen Krieg zerstört worden. Michael Silbermann war bereit, die Baustelle „wiederumb anzunehmen undt auffzubauen". Und da dem „Ambte mehr mit einem gewissen [= festen] Besitzer als einem öden Flecke gedienet" war, wurde „solche wüste Häusel-Baustadt von Ambtswegen ohne Entgeldt" an Michael Silbermann überlassen. In der Urkunde heißt es dann wörtlich: „Es soll undt will gemelter Michael Silbermann den bereits angefangenen Bau soviel möglich noch dieses instehende Jahr vollents vollführen undt das Häusel in völligen Standt bringen."

Der Frauensteiner Amtmann Johann Gottfried Gau, der die Urkunde eigenhändig unterzeichnete, befreite Michael Silbermann für drei Jahre von allen „erblichen Gefällen, Contributionen undt anderen Abgaben ... sowie sämbtlichen Lohn- undt andern Diensten ingleichen den Landt- undt Pfennigsteuern". Da der Bau des Hauses „viel baar Geldt kosten wird", brauchte Michael Silbermann drei Jahre lang auch keine „Lohndienste uffs Forwergk Heylsbergk oder Neubau" zu leisten.[18] Aber auch nach Ablauf dieser „Freyjahre" war er davon befreit, und zwar „gegen jährliche Erlegung eines Thalers Dienstgeldes, solange er undt die Seinigen leben undt dieses Häusel bewohnen".

Weiter heißt es in der Beurkundung: „... undt nachdem er [Michael Silbermann] als Hofe-Zimmermann bey denen sämbtlichen Ambts- und Forwergs-Gebäuden[19] viel Gefahr ausstehen muß, so ist in Betrachtung dessen ihm auch vom Ambte verwilliget worden, daß seine Kinder des Hofedienstes auff die Ambts-Forwerge befreyet seyn sollen."[20]

Die Urkunde gehört zu den wertvollsten Dokumenten, die wir bisher entdeckten. Es ist nur erstaunlich, daß sie so lange verborgen geblieben ist. Wir können nun mit Recht behaupten, den „Geburtsschein" von Gottfried Silbermanns Geburtshaus gefunden zu haben. Die Urkunde beweist, daß das Haus im Jahre 1680 gebaut worden ist. Und daß Michael Silbermann dabei außer den reinen Zimmermannsarbeiten noch manche „Eigenleistungen" vollbracht hat, bedarf gar keiner Frage. Außerdem hat die heute leider verdeckte Balkeninschrift sogar eine urkundliche Bestätigung gefunden.[21] Besonders bemerkenswert sind die weitgehenden Vergünstigungen, die der Frauensteiner Amtmann seinem „Hofe-Zimmermann" gewährte.[22]

Uns beschäftigt aber noch eine Frage: Warum mag Michael Silbermann sich ein neues Wohnhaus gebaut haben? Vielleicht hatte er die Absicht, das Gut, in welchem er wohnte, in absehbarer Zeit seinem 1666 geborenen Sohn Michael zu übergeben? Und wenn dieser eine eigene Familie gründen wollte, dann reichte das einst von Veit Silbermann erbaute Wohngebäude auf dem Halbhufengut nicht mehr aus.[23] Vielleicht haben Vater Michael auch ganz andere Gründe veranlaßt, mit dem einmal geplanten Wohnhausneubau nicht mehr lange zu warten.[24]

Bei der uns schon bekannten Tatkraft Michael Silbermanns ist das Haus bestimmt noch im Jahre 1680 vollendet worden. Nun ergibt sich aber eine überraschende Schlußfolgerung: Das „erst" 1680 errichtete Wohnhaus kann niemals das Geburtshaus von Andreas Silbermann gewesen sein.[25] Dieser hatte doch schon am 16. Mai 1678 das Licht der Welt erblickt, wie wir im Taufregister nachlesen können. Andreas' Wiege muß noch in dem Wohngebäude des von Michael Silbermann bewirtschafteten Halbhufengutes, heute Haus Nr. 4, gestanden haben. Andererseits kann es keinem Zweifel unterliegen, daß Michael Silbermann mit seiner Familie zu der Zeit, als Gottfried geboren wurde, schon in dem neuen Haus wohnte und das Haus Nr. 2 in Kleinbobritzsch wirklich das Geburtshaus des berühmten Orgelbauers ist.

Das Haus steht heute unter staatlichem Denkmalschutz.[26] Wenn wir gedenkend bei dem Häuschen verweilen und uns vergegenwärtigen, daß seine Balken von Michael Silbermann selbst gezimmert worden sind, dann haben wir das Gefühl, diesem schlichten, arbeitsamen Manne persönlich begegnet zu sein.

1 In dem Brief, den der Verfasser im Stadtarchiv Frauenstein fand, heißt es: „Schon lange nämlich mit der Idee beschäftigt, dem großen Orgelbaumeister Silbermann ... eine kleine Stätte zu bereiten, welche der dankbaren Nachwelt einen Namen nennt, welcher wohl würdig ist, mit unter die Reihen unserer größten sächsischen Volksmänner gestellt zu werden. Ein Beschluß nun des Dresdner Stadtraths heißt mich nun mit der Ausführung dieses Planes nicht mehr zu

warten. Darnach wird nämlich der Johanniskirchhof, auf welchem die Gebeine Silbermanns ruhen, aufgehoben und somit auch das letzte Andenken seiner Verehrer." Fischer fragt dann den Frauensteiner Stadtrat, ob er bereit ist, „einen Platz herzugeben in Frauenstein, auf welchem das bescheidene Monument, was vielleicht am besten in einem Obelisk bestünde, gesetzt würde". Bürgermeister Krause antwortete Fischer, daß er am besten selbst nach Frauenstein kommen möchte, um einen geeigneten Platz auszuwählen. Weitere Angaben enthalten die Akten leider nicht.

2 Köhler hatte das Dokument „im Rectorat unter dem Oberbodendache im Staube" gefunden!

3 Diese Orgel war im Jahre 1738 geweiht worden.

4 Hier liegt ein Irrtum vor, denn laut Grundbuch hat Heinrich Köhler das Haus schon 1831 an Christian Friedrich Köhler verkauft.

5 Die Artikel sind mit „W. H." signiert. Ernst Flade hat Wolfgang Hilf, Musikdirektor in Bad Elster, als Verfasser betrachtet.

6 Ganz am Ende des Beitrages „Aus Gottfried Silbermanns Jugendleben" heißt es: „An dem kleinen unscheinbaren Hause des Dörfchens Kleinbobritzsch, worin seine Wiege gestanden, ist seit dem Jahre 1861 eine Marmortafel angebracht worden, welche sein und seines Bruders Andreas Gedächtniß feiert." Sollte Hilf das Silbermannsche Geburtshaus entdeckt haben, so hätte er das wohl kaum verschwiegen. In dem Artikel wird auch mit keinem Wort die Balkeninschrift erwähnt, deren Entdecker Hilf gewesen sein soll.

7 Ludwig Mooser ist nur ein Pseudonym. Der Verfasser war Josef Krömer, geboren 1815 in Pillnitz, gestorben 1880 in Lugau (Erzgebirge). Er wirkte von 1851 bis 1862 als Knabenlehrer, Kantor und Organist in Brand bei Freiberg. Krömer verfaßte auch die Schrift „Gottfried Silbermann, der Orgelbauer", die 1857 erschien. Er stützte sich vor allem auf die „mündlichen Traditionen". Krömers Schriften haben keinen wissenschaftlichen Wert. Leider sind sie als Quellen benutzt worden, so daß heute noch manches als „historische Wahrheit" betrachtet wird, was damals lediglich der Phantasie Krömers entsprang.

8 Das letztere ist insofern wahrscheinlich, weil in der ersten Hälfte des 19. Jahrhunderts noch Glieder des Silbermannschen Geschlechts lebten: 1817 starb in Frauenstein George Friedrich Silbermann, ein Ururenkel von Gottfried Silbermanns Vater. Ein Bruder von ihm, Carl Gottlob Silbermann, hat bis 1845 in Ammelsdorf gelebt.

9 Das ist um so anerkennenswerter, weil Köhler kein gebürtiger Frauensteiner war, also nicht aus „Lokalpatriotismus" gehandelt hat. Er hatte das Rektoren- und Organistenamt im Juni 1859 übernommen, weilte also erst ein reichliches Jahr in Silbermanns Heimatstadt. Die Verdienste Köhlers um die heimische Silbermann-Ehrung sind bisher überhaupt noch nicht gewürdigt worden. Der Mann hat es aber verdient, daß wir ihn endlich der Vergessenheit entreißen.

10 Im Staatsarchiv Dresden befindet sich ein Aktenstück über die „Silbermann-Stiftung". Darin fand der Verfasser ein Exemplar des Spendenaufrufes vom 18. August 1860, worin es u. a. heißt: „Man hat in unserer Zeit so mancher hervorragenden Persönlichkeit Denkmäler errichtet. – Aber *der* Mann, welcher Kunstwerke liefert, welche Jahrhunderte lang unübertroffen bleiben, wie die Silbermannschen Orgeln, durch welche zur Ehre Gottes die höchste Empfindung des Christen, die religiöse Andacht erweckt und gefördert wird, hat nicht mindern Anspruch auf die Dankbarkeit der Nachwelt [!]. Und nun ist es doch bekannt, wie jede Gemeinde und jeder Organist sich jetzt noch Glück wünschen, eine Silbermannsche Orgel zu besitzen [!] ..."

11 Jeweils zehn Taler spendeten der „Cultusminister" in Dresden, die Stadträte zu Frauenstein, Freiberg und Chemnitz und die Orgelbauer Gebrüder Jehmlich in Zwickau und Dresden. Die Gemeinde Niederschöna spendete immerhin sechs Taler. Spenden von je fünf Talern kamen

vom Zittauer Rat und den Gemeinden Oberbobritzsch und Reichenau. Burkersdorf beteiligte sich mit drei Talern, und die Gemeinde Kleinbobritzsch zeichnete zwei Taler und zwölfeinhalb Neugroschen.

12 Ein Artikel in Nr. 186 des „Freiberger Anzeigers" vom 10. August 1861 berichtet darüber u. a.: Um 12.30 Uhr versammelte sich auf dem Marktplatz „das Bürgerschützencorps und hielt bei klingendem Spiel einen Umzug durch die Stadt". Es trat dann mit einer Abteilung Bergleute in Paradekleidung und der Schuljugend an die Spitze des Festzuges, welcher sich um 13 Uhr in die Stadtkirche zu einem Vespergottesdienst begab. Hier erklang die geistliche Kantate „Die Himmel rühmen des Ewigen Ehre". Nach dem Gottesdienst bewegte sich der Festzug mit Musikbegleitung nach Kleinbobritzsch „bis an das einigermaßen restaurirte und bekränzte Silbermannsche Geburtshaus, vor welchem eine Ehrenpforte errichtet war". Hier fand dann die Weihe der Gedenktafel mit Festreden und Gesang statt. Die Festteilnehmer wurden besonders von folgendem Kindergesang angesprochen: „Wir ehren Dich, o Silbermann, mit unserm kleinen Lied; greift doch des Orgeltones Macht auch Kindern ins Gemüt. Als Kind lagst Du in diesem Haus verborgen, schwach und klein; doch hatte Gott Dich ausersehn, dem Haus ein Glanz zu sein. Er trug Dich in die Welt hinaus, nahm Dich an seine Hand. Und ließ Dich bau'n zu seiner Ehr', wie man's noch nie verstand."

13 Nachdem die Geldspenden so reichlich ausgefallen waren, daß sich nach Errichtung der Gedenktafel noch ein Überschuß von achtzig Talern ergab, konnte eine „Silbermann-Stiftung" gegründet werden. Sie bezweckte, „Seminaristen oder angehende Lehrer aus Kleinbobritzsch oder Frauenstein, welche in der Kunst eines wahrhaft erbaulichen Orgelspiels sich auszuzeichnen bemüht sind, oder auch angehende Orgelbauer aus beiden Orten durch eine Geldprämie zu weiterem Fleiße zu ermuntern".

Nach dem Statut von 1864 sollte die Stiftung erst wirksam werden, wenn das Kapital auf dreihundert Taler bzw. neunhundert Mark angewachsen ist. Das war 1883, zum 200. Geburtstag Gottfried Silbermanns der Fall. Aus diesem Anlaß hat der Frauensteiner Gesangverein „Liedertafel" in Kleinbobritzsch ein Konzert veranstaltet, dessen Reinerlös der Stiftung zufloß. Den Akten können wir entnehmen, daß die Zinsen des Stiftungskapitals sehr oft zur Auszeichnung fleißiger Schulkinder verwendet wurden, denn nicht immer lagen Anträge von „Seminaristen" vor. Im Jahre 1888 wurden dem Bildhauer Gowasch in Nassau aus dem Zinserlös vierundzwanzig Mark für die Vergoldung der Schrift der Gedenktafel ausgezahlt. Gleichzeitig bewilligte man dem Besitzer des Silbermannschen Geburtshauses, Ernst Müller, eine Beihilfe von zehn Mark zum Abputzen des Hauses. In einem Gesuch hat Müller darauf hingewiesen, daß die Instandhaltung des Grundstücks schon viel gekostet habe. Er habe sich aber immer gesagt, „daß schon der angebrachten Gedenktafel wegen respective zu Würdigung des Andenkens des um die Orgelbaukunst verdienstvollen berühmten Brüderpaares Silbermann etwas mehr als sonst gethan werden müsse" (!).

Der Initiator der Silbermann-Stiftung hat 1883, drei Jahre vor seinem Tode, festgestellt, daß „laut der Klagen geschickter Orgelbauer sich nur selten ein Tischlergeselle zur Erlernung der Orgelbaukunst entschließt". Köhlers Wunsch: „Hoffentlich findet sich später auch einmal ein talentvoller junger Orgelbauer aus den beiden Heimathsorten Silbermanns" schien kurz vor dem ersten Weltkrieg in Erfüllung zu gehen. In den Jahren 1910 und 1912 kam Rudolf Wagner, ein Sohn des Frauensteiner Rektors, in den Genuß der Silbermann-Stiftung. Nach seinen eigenen Worten hatte er sich „als Vorstufe zum Orgelbau" bei Meister Bruno Starke „im Tischlern geübt" und war dann ab Februar 1910 in der Orgelbauanstalt Gebrüder Jehmlich in Dresden als Lehrling tätig. Schon im folgenden Jahr entwarf Wagner einen „Salonorgelprospekt", der in der

„Deutschen Tischler-Zeitung" veröffentlicht wurde. Als Wagner 1912 um eine Beihilfe aus der Silbermann-Stiftung nachsuchte, erwähnte er, daß er „im verflossenen Jahre dann und wann mal mit für das Wohl der Frauensteiner Orgel gesorgt habe". Es besteht kein Zweifel darüber, daß Rudolf Wagner ein tüchtiger Orgelbauer geworden wäre, aber er wurde eines der ungezählten Opfer, die der erste Weltkrieg forderte. – Das Kapital der Silbermann-Stiftung in Höhe von neunhundert Mark ist für Kriegsanleihen verwendet worden. Schließlich wurde die Stiftung ein Opfer der Inflation.

14 Köhler wurde 1814 in Püchau bei Wurzen als neuntes Kind des dortigen Kantors geboren. Er machte schon als Kind mit der Silbermann-Orgel seiner Heimatkirche Bekanntschaft. Am 31. Oktober 1879 wurde Köhler auf eigenen Wunsch in den Ruhestand versetzt. Er zog nach „Neustrießen bei Dresden" und starb dort am 9. September 1886.

15 Zwei fotografische Aufnahmen, die 1906 in der „Zeitschrift für Instrumentenbau" veröffentlicht wurden, lassen das Strohdach deutlich erkennen.

16 In den zwanziger Jahren schuf der 1892 in Frauenstein geborene Johannes Georg Neuber ein eindrucksvolles Ölgemälde. Nach Neubers Tod (21. Januar 1968) stellten seine Geschwister das Gemälde dem Heimatmuseum Frauenstein zur Verfügung, wo es einen würdigen Platz gefunden hat. – Im Oktober 1963 weilte der in Waldsteinberg bei Wurzen wohnhafte Bildhauer, Maler und Graphiker Johannes Brauer einige Tage in Frauenstein. Er zeichnete auch Silbermanns Geburtshaus. Ein Exemplar der von Johannes Brauer angefertigten Radierung befindet sich im Besitz des Frauensteiner Heimatmuseums. – In der vielbesuchten Schau „Kleinerzgebirge" in Oederan ist übrigens eine Nachbildung des Geburtshauses Gottfried Silbermanns zu sehen.

17 Es handelt sich um das Gerichtsbuch Frauenstein Nr. 59 im Staatsarchiv Dresden.

18 Die für die „Lohndienste" gezahlten Vergütungen waren sicher niedriger als die damals üblichen Löhne. Aus den Ratsrechnungen erfahren wir, daß Meister Silbermann für einen Arbeitstag fünf Groschen (= sechzig Pfennige) Lohn forderte. Dafür konnte man damals fünf Pfund Rindfleisch oder siebeneinhalb Pfund Kalbfleisch kaufen.

19 Das wichtigste und größte „Ambts-Gebäude" war das Schloß.

20 Die gesetzliche Grundlage für den „Hofe-Dienst" war die Gesindeordnung des Kurfürsten Johann Georg aus dem Jahre 1651. Hiernach durften sich die Kinder zu Fremden nicht eher „vermiethen", bis sie sich bei ihrem Gerichtsherrn angeboten hatten. Auf Begehren der Herrschaft mußten die Untertanenkinder ihr zwei Jahre lang dienen, und zwar „um das in dieser Ordnung gesetzte Lohn". Daß Amtmann Gau Michael Silbermanns Kinder von den „Hofe-Diensten" befreite, erlangte für den damals gerade vierzehn Jahre alten Sohn Michael gleich praktische Bedeutung. Er war seinem Vater bei der Bewirtschaftung des Halbhufengutes eine brauchbare Arbeitskraft. Wahrscheinlich hat Michael Silbermann seinen Sohn auch bald mit den Grundbegriffen der Zimmermannskunst vertraut gemacht.

21 Es bedarf keiner Frage, daß Michael Silbermann eigenhändig sein Monogramm und die Jahreszahl 1680 an dem Balken angebracht hat. Er konnte damals aber nicht ahnen, daß man sich nach drei Jahrhunderten mit dem Häuschen und seiner Geschichte beschäftigen wird.

22 Da er das Bauvorhaben so wohlwollend gefördert hat, dürfen wir annehmen, daß er Michael Silbermann als zuverlässigen, arbeitsamen und tüchtigen Handwerker schätzte. Gau bekleidete die Stellung als Amtmann von 1673 bis 1700. Sicher ist er es auch gewesen, der Michael Silbermann als Hofzimmermann anstellte.

23 Wir wir schon wissen, hat Michael Silbermann jun. fünf Jahre später (1685) geheiratet.

24 Offenbar hatte Michael Silbermann damals noch nicht die Absicht, nach Frauenstein zu ziehen, sonst hätte er kaum erst noch in Kleinbobritzsch ein Haus gebaut.

25 Wenn die Gedenktafel das Haus als Geburtshaus des „Brüderpaares“ Andreas und Gottfried Silbermann bezeichnet, müssen wir das heute als Irrtum betrachten.

26 Erfreulicherweise hat die Eigentümerin dringend notwendige Instandsetzungsarbeiten ausführen lassen, damit das Haus der Nachwelt erhalten bleibt.

„Weil Frauenstein mein Vaterland“

Diese Worte stehen in einem Aufsatz, den Gottfried Silbermann schreiben ließ, um ihn am 27. Juli 1711 bei der im Frauensteiner Pfarrhaus gehaltenen „Local-Kirch-Rechnung“ vorzulegen, nachdem tags zuvor in der Stadtkirche seine erste Orgel geweiht worden war.

Die Worte „Weil Frauenstein mein Vaterland“ waren die Begründung dafür, daß der junge Meister für die Frauensteiner Kirche eine neue Orgel gebaut hatte, ohne Lohn zu beanspruchen. Wir werden über diesen Orgelbau später noch interessante Einzelheiten erfahren. Jetzt beschäftigt uns die Frage: Warum hat Gottfried Silbermann Frauenstein sein „Vaterland“ genannt, obwohl er in Kleinbobritzsch geboren wurde? Alle Silbermann-Biographen sind sich zwar darüber einig, daß Michael Silbermann mit seiner Familie später nach Frauenstein gezogen ist. Aber von keinem können wir etwas Genaueres erfahren.

Ernst Flade schrieb, daß die Familie Silbermann 1693 nach Frauenstein zog. Er hat damit aber nur die unbewiesenen Behauptungen anderer wiederholt. Wir fragen uns: Sollte es wirklich nicht möglich sein, über den Umzug der Familie Silbermann und damit über ein wichtiges und für Gottfrieds Kindheit entscheidendes Ereignis etwas zu erfahren?

Kurz entschlossen lenken wir unsere Schritte zum Frauensteiner Rathaus, um uns im Stadtarchiv umzusehen. Da fällt unser Blick auf ein altes Buch. Es handelt sich um ein Stadtgerichtsbuch aus dem 17. Jahrhundert. Glücklicherweise hat es ein Namensregister, so daß wir nicht lange nach Michael Silbermann zu suchen brauchen. Im Handumdrehen haben wir eine Beurkundung vom 1. August 1685 gefunden, und da fangen die mit schwungvollen Schriftzügen bedeckten vergilbten Blätter an zu erzählen: Amtmann Gau hatte sich viel Mühe gegeben, um für Michael Fischers hinterlassenes Haus einen Käufer zu finden. So war dasselbe schon 1681 „feilgebothen“ worden, aber niemand fand sich, der es hätte „käufflichen annehmen wollen“, zumal das Haus „ganz eingegangen“ war und völlig neu aufgebaut werden mußte. Die Sache sah ziemlich trostlos aus, „biß entlich Michael Silbermann, Zimmermann zu Kleinbobritzsch, sich zum Käufer [dieses Hauses] beym Ambtte angegeben“. Er bot achtzehn Gulden als Kaufsumme, und dafür wurde ihm das Grundstück zugeschlagen.

Amtmann Gau mag aufgeatmet haben, daß nun bald ein wüster Fleck verschwinden wird.[1] Und wiederum befreite er Michael Silbermann von Steuern, „Gefällen" und Diensten. Auch die für das Haus seit 1680 „angelauffene Landt- undt Pfennigksteuer" wurde ihm wohlwollend erlassen, „damit er auch zu desto beßern auff- undt außbaw solchen ganz eingegangenen Haußes gelangen könne".

Wann mag das Haus fertig gewesen sein? Wann mag Michael Silbermann mit seiner Familie Einzug gehalten haben? Diese Fragen lassen sich beantworten, wenn wir die Kirchenbücher zu Hilfe nehmen.

Wir erinnern uns, daß Gottfried Silbermanns Stiefbruder Michael mit neunzehn Jahren heiratete. Es war am 23. November 1685, als er in der Frauensteiner Kirche getraut wurde. Im Traubuch wird er als „Junger Gesell zu Kleinbobritzsch und eheleiblicher Sohn Michael Silbermanns, Hüfners und Gerichtsschöppen daselbst", bezeichnet. Das letztere ist sehr wichtig: Ende November 1685 wohnte Gottfrieds Vater also noch in Kleinbobritzsch.

Wir nehmen nun die Ratsrechnung von 1686 zur Hand und finden darin ein Schreiben, mit welchem Michael Silbermann bestätigte, daß ihm „Sechßundtzwanzigk Gulden Tranckstеuer ... wegen annehm- undt beschehenen neuen Auffbau des Fischerischen wüsten Hauses erlaßen" worden sind.[2] Das Schreiben hat die Ortsangabe „Frauenstein" und das Datum „20. Aprilis Anno 1686". Von größter Wichtigkeit ist, daß dem Namen Michael Silbermanns die Worte „Bürger undt Zimmermann daselbst" hinzugefügt worden sind. Wir suchen in der gleichen Ratsrechnung unter den Einnahmen für Bürgerrecht. Tatsächlich finden wir dort zwei Gulden von „Michael Silbermann, Zimmermann".[3]

Nun können wir die oben gestellten Fragen beantworten: Spätestens im zeitigen Frühjahr 1686 muß der Neubau des Hauses vollendet gewesen sein und die Familie Silbermann in Frauenstein gewohnt haben.

Unser Besuch im Stadtarchiv hat sich gelohnt. Das Taufregister im Pfarramt führt uns aber noch einen Schritt weiter. Es berichtet nämlich, daß der Gastwirt Georg Zimmermann am 25. Januar 1686 einen Knaben taufen ließ. Und wer stand mit Pate? „Michael Silbermann, Zimmermann allhier"! Hiernach muß der Umzug der Familie Silbermann mindestens noch ein Vierteljahr früher erfolgt sein. Ja, wir können mit Sicherheit annehmen, daß Gottfried seinen dritten Geburtstag schon in Frauenstein „gefeiert" hat.[4]

Jetzt verstehen wir, warum für den „Orgelmacher" Frauenstein der Inbegriff der Heimat war. In seinem Bittschreiben vom 10. Juni 1723 an Kurfürst Friedrich

August ging Gottfried Silbermann sogar so weit, sich als „ein gebohrener Unterthan von Ew. Königl. Majestät aus Frauenstein gebürtig“ zu bezeichnen.[5] Wir brauchen uns dann nicht zu wundern, wenn es in einem Gedicht zur Weihe der zweiten Frauensteiner Orgel vom 2. Juli 1738 heißt: „Beglücktes Frauenstein, du kannst dich glücklich schätzen, daß sich Herr Silbermann in dir gebohren nennt.“[6] Nachdem Michael Silbermann im April 1686 schon Bürger der Stadt Frauenstein war, überrascht es uns nicht, wenn er im Gerichtsbuch seines Heimatdorfes nicht mehr als „Schöppe“ erscheint.[7]

Was wurde mit dem Wohnhaus in Kleinbobritzsch? Wir wissen darüber leider nichts Genaues. Vater Michael verkaufte das Haus 1691 an Georg Fischer.[8]

Auch in Frauenstein scheint Michael Silbermann Ackerbau betrieben zu haben.[9]

Uns bewegt noch eine interessante Frage: Wo mag in Frauenstein das Wohnhaus der Familie Silbermann gestanden haben? Auch darüber können uns Kaufbücher und Ratsrechnungen Auskunft geben.

Wir nehmen deshalb noch einmal das Stadtgerichtsbuch zur Hand. Nach einigem Suchen finden wir eine Urkunde vom 22. April 1686. Danach verkaufte Thomas Lohse „sein Wohnhauß alhier in der Stadt am Hayn-Thore[10] undt neben Michael Silbermann“ gelegen, an den Oberförster Peter Pohle. Damit ist unsere Frage schon beantwortet: Das Wohnhaus der Familie Silbermann stand in der Hayngasse. Wir wollen seine Geschichte aber noch etwas weiter verfolgen.

Zunächst erfahren wir aus dem Totenbuch, daß Michael Silbermann, „Bürger, Brau- und Zimmermeister“, am 24. Mai 1713 früh um fünf Uhr, im Alter von dreiundsiebzig Jahren gestorben ist. Ein arbeitsreiches Leben ging damit zu Ende. Gewiß haben viele Bürger dem allseits geachteten Mann das letzte Geleit gegeben, als er vier Tage später, es war ein Sonntag, auf dem Frauensteiner Gottesacker beerdigt wurde.[11] Gottfried Silbermann, der damals mit dem Bau der Orgel im Dom zu Freiberg beschäftigt war, mag herbeigeeilt sein, um vom Vater für immer Abschied zu nehmen. Gewiß standen auch Gottfrieds Stiefbrüder Michael, Georg und Christian mit am Grabe des Vaters. Andreas Silbermann in Straßburg kann es dagegen nicht vergönnt gewesen sein, dem toten Vater die letzte Ehre zu erweisen. Die Kunde von seinem Ableben kann Andreas erst erreicht haben, nachdem die Erde den Vater schon deckte.[12]

Nun war Anna Maria Silbermann Witwe. Bald vier Jahrzehnte lang hatte sie mit ihrem Mann Freud und Leid geteilt und ist ihm während dieser Zeit gewiß eine fleißige und treue Gehilfin gewesen.

Am 21. Januar 1714 verkaufte Anna Maria Silbermann „ihres seel. Ehemannes hinterlassenes Hauß undt daran gelegenen Garten“ für hundertundzwanzig Gulden an den Böttcher Christian Dorn. Beim Studium der Beurkundung im Stadtgerichtsbuch fällt uns ein Satz auf. Er lautet: „Der Wittben verspricht Käuffer auf ihre Lebenszeit freye Herberge, Raum in der Stuben und eine verschloßene Kammer.“[13] Die einundsechzigjährige Anna Maria Silbermann konnte ihre bescheidene Wohnung behalten, und es war ihr vergönnt, das ihr von Meister Dorn eingeräumte Recht noch zehn Jahre zu genießen. Am 20. Mai 1724, es war ein Sonnabend, schloß sie vormittags gegen neun Uhr ihre Augen für immer. Vier Tage später erhielt sie auf dem Frauensteiner Gottesacker ihre letzte Ruhestätte. Sie wurde mit einer Leichenpredigt über die bekannten Verse 10 und 11 des 90. Psalms beerdigt. Das Totenregister meldet, daß Anna Maria Silbermann „72 Jahre, 1 Monat, 1 Woche und 6 Tage“ alt geworden ist.[14] Wir dürfen annehmen, daß Gottfried Silbermann von Freiberg aus seine Mutter hin und wieder besucht hat. Vielleicht hat er ihr von seinen Orgeln erzählt. Und die Mutter mag stolz auf ihren „Jungen“ gewesen sein. Sie durfte noch erleben, daß Gottfried vom Landesherrn mit dem Prädikat „Hof- und Landorgelbauer“ ausgezeichnet wurde. Bei der Feuersbrunst am 12. März 1728 sank das ehemalige Wohnhaus der Familie Silbermann mit einundsechzig weiteren Bürgerhäusern in Schutt und Asche.[15]

Die Hayngasse war schon immer die kürzeste Gasse in Frauenstein. Gehen wir heute dort vorbei, finden wir an der linken Seite drei und rechts zwei Häuser. Das eine nimmt jetzt den Platz ein, wo einst das Wohnhaus der Familie Silbermann gestanden hat. Es beherbergt Wohnungen und eine Polstererwerkstatt und trägt eine Gedenktafel mit folgender Inschrift: „Der berühmte Orgelbaumeister Gottfried Silbermann verlebte hier von 1686–1699[16] seine Kindheit. Bei dem Stadtbrand im Jahre 1728 wurde das Haus zerstört. – Gottfried Silbermann baute 1710–11 für die hiesige Stadtkirche seine erste Orgel.“[17]

Durch die Gedenktafel haben viele tausend Gäste der Stadt Frauenstein, manche vielleicht zum erstenmal, etwas über die Beziehungen des großen Orgelbauers zu der kleinen Stadt erfahren.

1 Daß das von Michael Silbermann erworbene „Haus“ wirklich „ganz eingegangen“ war, beweist eine Beurkundung vom 1. November 1637 im Gerichtsbuch. Hiernach wurden „im wehrenden Kriegswesen etliche Häuser gantz unndt gar verwüstet, dannenhero vom Winde eingerissen undt eingefallen, damit nun solches Holtz nicht möchte verfaulen undt umbkommen, so ist das Holtz verkauffet worden“. Insgesamt wurden in Frauenstein elf „Häuser“ auf diese Weise verkauft,

darunter auch „Michael Fischers eingefallenes Haus“. Der „wüste Fleck“, den Michael Silbermann beseitigte, ist also noch ein „Andenken“ aus dem Dreißigjährigen Krieg gewesen. Allerdings erscheint uns die Kaufsumme ziemlich hoch, denn es handelte sich doch praktisch nur um den Grund und Boden und einen Garten. Wahrscheinlich ist Michael Silbermann die Baustelle aber achtzehn Gulden wert gewesen, denn er hatte den Betrag ja selbst geboten.

2 Bei dem Dokument handelt es sich um eine Abschrift. Das Original ist gewiß dem kurfürstlichen Amt übergeben worden.

3 Wenn wir lesen, daß Gottfrieds Vater zwei Gulden zahlte, um das Bürgerrecht zu erwerben, dann hat uns das wenig zu sagen. Anschaulich wird es erst, wenn wir erfahren, daß er mit diesem Betrag seinen Arbeitsverdienst von reichlich acht Tagen gegeben hat, denn aus seinen Quittungen in den Ratsrechnungen ersehen wir, daß er für einen Arbeitstag stets fünf Groschen forderte, und zweiundvierzig Groschen „machen“ zwei Gulden.

4 An diesem Beispiel sollte gezeigt werden, daß man mit Geduld und Entdeckerglück manches Problem lösen kann, das zunächst als unlösbar erscheint.

5 Gottfried Silbermann suchte damals um die Verleihung des Prädikats „Hof- und Landorgelbauer“ nach.

6 Es soll nicht unerwähnt bleiben, daß wir die Worte „gebürtig von Frauenstein in Meissen“ schon in einer 1721 gedruckten Beschreibung der von Gottfried Silbermann erbauten Orgel in der Georgenkirche zu Rötha finden. – Gewiß hat niemand Kleinbobritzsch den Ruhm rauben wollen, daß dort die Wiege des Orgelmachers stand. Aber Kleinbobritzsch wäre damals niemandem ein Begriff gewesen, während Frauenstein als Amtsstadt bekannt war.

7 Die letzte Beurkundung, in welcher er noch genannt wird, stammt vom 11. Mai 1686.

8 Vielleicht hat Georg Fischer nach Silbermanns Wegzug in dem Haus gewohnt, es aber erst einige Jahre später gekauft. In den Kirchenbüchern finden wir nur einen Georg Fischer. Er war vor 1689 „Vogt zu Neubau“. Später wohnte er in der Steinbrückmühle, wo er schließlich 1726 gestorben ist.

9 Am 28. April 1689 kaufte er von dem Bürger und Schuhmacher Johann Lippmann für zweiunddreißig Taler und zwölf Groschen ein Stück Acker.

10 Frauenstein hatte eine Stadtmauer mit vier Stadttoren. Von ersterer sind Reste erhalten geblieben. Die Stadttorhäuser hatten im Obergeschoß eine Stube und eine Kammer. Für eine solche Wohnung zahlte man Ende des 17. Jahrhunderts einen jährlichen Zins von vierundzwanzig Groschen. Das mag wenig erscheinen, aber man mußte auch die Rolle eines „Thorhüters“ mit übernehmen. Manchmal zahlten die in den Torhäusern wohnenden Bürger gar keinen Zins. Der Bürgermeister ließ es geschehen, „sintemahl man Gott gedancket, daß dieselben uff den Thorhäußern geblieben seynd und die Thore auff- und zugeschloßen haben“. – Mitte des 19. Jahrhunderts hatte nur noch die Wassergasse ein Stadttor, welches 1869 einem Stadtbrand zum Opfer fiel. Die Stadttore in der Freiberger Gasse und in der Hayngasse waren schon 1831 und das Torhaus in der Böhmischen Gasse 1834 abgetragen worden.

11 Das Totenbuch berichtet, daß Michael Silbermann „bey Leichenpredigt, Abdanckung und drey Pulßen“ (= Geläut) beerdigt worden ist.

12 Wenn wir heute über den Frauensteiner Gottesacker gehen, finden wir Michael Silbermanns Ruhestätte nicht mehr. Auch die Gräber aller anderen Vorfahren und Verwandten Gottfried Silbermanns sind längst verschollen.

13 Dorn war der Sohn eines „Hoff-Böttigers zum Rechenberg“ und hatte 1709 Johanna Rosina Silbermann, die am 14. November 1688 geborene Tochter von Michael Silbermann jun., geheiratet. Jetzt verstehen wir, warum Christian Dorn nach dem Tode des Großvaters seiner Frau

dessen Witwe freie Herberge auf Lebenszeit in seinem Hause gewährte. – Die Verhandlung über den Verkauf des Hauses fand vor dem Stadtgericht statt. Ihr wohnten u. a. bei: Anna Maria Silbermann, Michael Silbermann (Gottfrieds ältester Stiefbruder), „vor sich und in Vollmacht seines Bruders Georg Silbermann, wohlverordneten Stadtrichters zur Glashütte", Christian Silbermann (der Müller und Gottfrieds jüngster Stiefbruder), Gottfried Silbermann, „Orgelmacher zu Freybergk, vor sich und in Vollmacht seines Bruders Andreas Silbermann, Orgelmachers in Straßburg".

14 Auf Grund dieser Angaben können wir ihren Geburtstag berechnen: 7. April 1652. Aber dieses Datum stimmt nicht ganz, denn Gottfried Silbermanns Mutter hat schon am 1. April 1652 die Taufe empfangen.

15 Aus einer „Specification" des Bürgermeisters ersehen wir, daß das Haus „18 Ellen lang und 30 Ellen weit" gewesen ist. Es scheint demnach ziemlich geräumig gewesen zu sein, denn der früher gebräuchlichen Elle entsprächen heute etwa sechsundfünfzig Zentimeter.

16 Nach neuesten Forschungsergebnissen müssen wir annehmen, daß Gottfried bis 1701 in Frauenstein war und als etwa Achtzehnjähriger die Reise nach Straßburg angetreten hat, um bei seinem Bruder die Orgelbaukunst zu erlernen.

17 Die Anregung zur Errichtung der Gedenktafel gab der Verfasser dieses Buches. Ihre Enthüllung fand am 31. Juli 1955 im Rahmen einer Feierstunde statt, zu der sich über hundert Einwohner und Gäste eingefunden hatten. Die Feier wurde vom Posaunenchor der Kirche und vom Volkschor „Liedertafel" musikalisch umrahmt. Es soll nicht unerwähnt bleiben, daß die Mittel für die Gedenktafel – wie einst in Kleinbobritzsch – aus freiwilligen Spenden aufgebracht worden sind.

Die Jugendzeit

Wenn wir ein Lebensbild Gottfried Silbermanns nach urkundlichen Quellen zeichnen wollen, müßten wir die Jugendzeit eigentlich übergehen, denn darüber gibt es keine zuverlässigen Überlieferungen. Vielleicht haben sich phantasievolle Schriftsteller gerade deswegen mit diesem Thema besonders gern beschäftigt.

Im Jahre 1800 veröffentlichte der Freiberger Kantor Johann Gottfried Fischer [1] in den „Freyberger gemeinnützigen Nachrichten" eine kurze „Biographie" Gottfried Silbermanns.[2] Hier wird ihm nachgesagt, daß er in seiner Jugend „ein sehr lebhaftes Temperament" gehabt hätte, „so daß es ohne muthwillige Streiche nicht abging". Er soll „Selbstschüsse" auf dem alten Schloß zu Frauenstein angelegt haben und in eine „Schatzgräbergeschichte" verwickelt gewesen sein.

Wenn wir das lesen, dürfen wir nicht vergessen, daß Fischer über Dinge berichtet, die mindestens einhundert Jahre früher geschehen sein sollen. Wer kann sich bei einem so großen zeitlichen Abstand noch für die Wahrheit verbürgen? Kantor Fischer gibt leider nicht an, aus welchen Quellen er geschöpft hat.[3] Wir würden ihm glauben, wenn er über das, was wir an Hand von Dokumenten nachprüfen können, wahrheitsgemäß berichtet hätte. Aber da stoßen wir auf viele Irrtümer.[4]

Ein reichliches halbes Jahrhundert später, im Jahre 1857, brachte Josef Krömer unter dem Decknamen „Ludwig Mooser" seine Schrift „Gottfried Silbermann, der Orgelbauer" heraus und nannte sie „ein historisches Lebensbild". Aber das Büchlein enthält so viel Irrtümer und Fehler, daß es unmöglich ist, darauf im einzelnen einzugehen.

Da sich kein anderer die Mühe machte, ein wahrheitsgetreues Lebensbild des großen Orgelbauers zu zeichnen, wurde immer auf „Mooser" zurückgegriffen. Was damals der Phantasie dieses Mannes entsprang, ist bis heute kritiklos weitererzählt und als „historische Wahrheit" betrachtet worden. Und damit ist das eingetreten, was in einem Artikel über Silbermann im Jahre 1877 in der Zeitschrift „Saxonia" zum Ausdruck gebracht wurde: „Gewisse Schriftstellernaturen fühlen sich nun einmal nicht mit der nackten, ungeschminkten historischen Wahrheit befriedigt, sondern müssen der Lebensgeschichte ihres Helden irgendeine romanhafte oder romantische Zutat beifügen und finden leider viele, die ihre Angaben ungeprüft wiederholen und dadurch historische Irrtümer verbreiten helfen."

Diese Worte sind einem gewissenhaften Historiker aus dem Herzen gesprochen. Und deshalb dürfte es heute an der Zeit sein, alle Irrtümer über Gottfried Silbermanns Leben und Wirken zu berichtigen und der Wahrheit zum Siege zu verhelfen.
Wir haben auf Grund umfangreichen urkundlichen Materials einen Einblick in die Silbermannschen Familienverhältnisse erhalten. Dabei lernten wir die Glieder des weitverzweigten Geschlechts als rechtschaffene Menschen kennen. Wir halten es deshalb für unverantwortlich, wenn Gottfried Silbermann, dem Sohn des Frauensteiner „Hofe-Zimmermanns“, hundert Jahre nach seinem Tode und auch später noch die tollsten „Jugendstreiche“ und vieles andere angedichtet worden sind.
Offenbar geschah das, um Gottfried Silbermann interessant und volkstümlich zu machen. Es ist aber ein grundlegender Irrtum, wenn jemand meint, daß in eine volkstümliche Biographie auch „schöne Geschichten“ gehören. Damit wird weder der Sache noch dem Leser gedient, der Anspruch darauf hat, mit Tatsachen bekannt gemacht zu werden.
Über die Jugendzeit Gottfried Silbermanns gibt es verständlicherweise keine zeitgenössischen Berichte. Trotzdem können wir etwas über die damalige Zeit, über die damaligen Frauensteiner Verhältnisse und vor allem über die Persönlichkeiten erfahren, die auf den späteren „Orgelmacher“ hinsichtlich seiner Erziehung und Bildung – neben den Eltern – Einfluß hatten.
Da nicht genau bekannt war, wann die Familie Silbermann nach Frauenstein gezogen ist, ließ Ludwig Mooser Gottfried Silbermann noch in Kleinbobritzsch zur Schule gehen, und zwar „bei einem bejahrten Flickschneider, der als einen nothdürftigen Nebenverdienst die Schulmeisterei mit betrieb“. Inzwischen haben wir nachgewiesen, daß Gottfried schon als dreijähriger Knabe mit seinen Eltern nach Frauenstein kam, demnach muß er auch hier zur Schule gegangen sein.[5]
Bei den bisherigen Lebensbeschreibungen ist es als ganz selbstverständlich betrachtet worden, daß Gottfried Silbermann im Alter von sechs Jahren zur Schule kam und als Vierzehnjähriger aus ihr entlassen und konfirmiert wurde. Man hat völlig übersehen, daß es damals noch keine Schulpflicht gab. In einem kurfürstlichen Dekret von 1673 hieß es lediglich: „Hingegen vermahnen wir Unsere Unterthanen allerseits, daß sie ihre Kinder fleißig zur Schulen halten.“ Auf den Dörfern hat man es aber mit dem Schulbesuch der Kinder nicht so genau genommen. Für viele Bauern und Hüfner war es wichtiger, daß die Kinder bei der Feldarbeit mithal-

fen.[6] Ein Mann wie Michael Silbermann mag allerdings darauf geachtet haben, daß sich seine Kinder „zur Schule halten".

Da uns sowohl die Akten im älteren Frauensteiner Stadtarchiv als auch die Kirchenbücher zur Verfügung stehen, können wir über drei Persönlichkeiten, die während der Jugendzeit Gottfried Silbermanns in Frauenstein eine Rolle spielten und neben den Eltern und Paten auf ihn einen mehr oder weniger entscheidenden Einfluß hatten, manches erfahren.

Zunächst wollen wir Gottfried Silbermanns Lehrer kennenlernen. Das Amt des Schulrektors bekleidete ab Ende November 1690 Christian Leipoldt. Er wurde 1652 in Ortrand geboren, wo sein Vater „vornehmer Bürger, Handelsmann und Stadtältester" war. Als Vierzehnjähriger kam Christian Leipoldt „nach Dreßden in die Creutz-Schule, wo er als ein Alumnus [= Zögling] bis 1676 verblieb, sodann ging er nach Leipzig, nach 3 Jahren absolvirte er, übernahm unterschiedene Informationes in vornehmen Häusern, bis er 1690 als Rector und Organist nach Frauenstein vociret wurde".[7] Christian Leipoldt war in der kleinen Stadt ein angesehener und geachteter Mann.[8]

Wieviel Kinder mögen damals in Frauenstein die Schule besucht haben? Darüber ist heute kaum noch etwas zu erfahren.[9] Wie es in früheren Zeiten in der Schule zuging, erfahren wir dagegen sehr anschaulich, wenn wir das Schuldekret von Kurfürst August[10] aus dem Jahre 1580 studieren.[11]

Die zweite Persönlichkeit, die auf die Erziehung und Bildung Gottfried Silbermanns Einfluß gehabt haben muß, war der Kantor.[12] Dieses Amt bekleidete ab 1685 Gottfried Sigmund Nitzsche. Er wurde am 22. November 1654 in Dippoldiswalde geboren. Sein Vater war dort nicht nur Apotheker, sondern auch zeitweise Bürgermeister und Stadtrichter. Am 19. Januar 1686 machte Gottfried Sigmund Nitzsche, der einunddreißigjährige „wohlbestallte" Frauensteiner Kantor, Hochzeit. Er hatte sich Maria Elisabeth Hartmann, die einzige Tochter des Frauensteiner Schwarz- und Schönfärbers, erwählt. Gottfried Sigmund und Maria Elisabeth scheinen aber ein recht „ungleiches Paar" gewesen zu sein, denn die Braut zählte erst vierzehneinhalb Lenze![13] Kantor Nitzsche starb 1702.[14]

Als dritte „musikalische" Persönlichkeit lernen wir nun den „Kunst- und Stadtpfeifer"[15] Gabriel Müller kennen. Seine Heimat war Böhmen. Er wurde am 9. März 1647 in Bährigen (jetzt Pernink) geboren,[16] wo sein Vater „wohlverordneter Rathsverwandter" war. Gabriel Müller wurde Ostern 1672 in Frauenstein als Stadtpfeifer angestellt. Vorher war er in Scheibenberg (Erzgebirge) tätig.[17]

Ein Stadtpfeifer hatte sehr vielseitige Aufgaben zu erfüllen. Darüber geben uns die entsprechenden Akten im Stadtarchiv Auskunft.[18]
Gabriel Müller war dreimal verheiratet und hat in seinem Leben viel Leid erfahren müssen.[19] Dem Stadtmusikus mag oft gar nicht so „lustig" ums Herz gewesen sein, wie seine Musik klingen mußte. Der Amtmann hat manchmal hart durchgreifen müssen, um dem Stadtpfeifer zu seinem Recht zu verhelfen.[20]
Der „Kunstpfeifer und Selbstdichter" Gabriel Müller ist nicht ganz fünfzig Jahre alt geworden. Er starb am 7. Januar 1697 in Frauenstein, kurz vor seinem fünfundzwanzigjährigen Stadtpfeiferjubiläum. Sein Nachfolger war der „Stadtmusicus" Samuel Schuberth. Es soll nicht unerwähnt bleiben, daß Gabriel Müller und Gottfried Silbermanns Vater Hausnachbarn gewesen sind.[21]
Wir haben uns mit drei Männern beschäftigt, die während der Jugendzeit Gottfried Silbermanns in Frauenstein eine musikalische Rolle spielten. Wir dürfen davon überzeugt sein, daß der Organist, der Kantor und der Stadtpfeifer auch die Männer gewesen sind, von denen der spätere Orgelbauer die ersten musikalischen Eindrücke empfangen hat, die für sein späteres Wirken mit von Bedeutung gewesen sind.
Nun bewegt uns noch eine andere Frage: Wie lange mag Gottfried Silbermann zur Schule gegangen sein? Leider wissen wir darüber gar nichts. Bisher ist angenommen worden, daß er im Alter von vierzehn Jahren konfirmiert wurde. Aber niemand scheint daran gedacht zu haben, daß eine „Konfirmation" damals noch nicht üblich war. In der damaligen Zeit wurde, meist in Anwesenheit des Amtmannes, jedes Jahr in der Fastenzeit das „Schul-Examen" gehalten.[22] Anschließend fand dann das „Catechismus-Examen in der Kirchen" statt, an welchem die ganze Familie teilnahm.[23] Wir können uns gut vorstellen, daß Andreas und Gottfried Silbermann oftmals mit ihrem Vater zum „Catechismus-Examen" gegangen sind. Auf diese Weise wurden sie im Laufe der Jahre immer mehr mit den Grundlagen des christlichen Glaubens vertraut.[24]
Vergilbte Akten haben uns Interessantes und Wissenswertes aus der Zeit erzählt, die Gottfried Silbermann als Kind durchlebte. Aber über ihn selbst konnten wir nichts erfahren.
Christian Leipoldt wäre der richtige Mann, der uns über Gottfrieds Jugendzeit berichten könnte. Er ist es gewesen, der den Knaben im Lesen, Schreiben und Rechnen unterrichtete. Aber nicht nur das: Leipoldt sah seinen ehemaligen Schüler dann in die Fremde ziehen und wußte von seinem Entschluß, beim Bruder in

Straßburg die Orgelbaukunst zu erlernen. Christian Leipoldt erlebte Gottfried Silbermanns Rückkehr und war Zeuge, wie der junge Orgelbauer in der Frauensteiner Kirche die alte Orgel durch eine neue ersetzte. Da Leipoldt auch das Organistenamt innehatte, wurde ihm das Werk seines ehemaligen Schülers am 26. Juli 1711 übergeben. Christian Leipoldt mußte schließlich siebzehn Jahre später mit ansehen, wie „seine" Orgel bei der großen Feuersbrunst ein Raub der Flammen wurde. Gewiß hat der Schulrektor auch den Eltern Gottfried Silbermanns das letzte Geleit gegeben, als sie auf dem Frauensteiner Gottesacker ihre Ruhestätte fanden. Eine besondere Freude mag es für den alten Lehrer und Organisten gewesen sein, als er erfuhr, daß sein ehemaliger Schüler Gottfried Silbermann im Jahre 1723 vom Landesfürsten den Titel „Hof- und Landorgelbauer" erhalten hat. Daß Gottfried Silbermann seiner Heimatstadt zehn Jahre nach dem großen Brand eine zweite Orgel „schenkte", hat Christian Leipoldt nicht mehr erlebt. Er starb reichlich fünf Jahre „zu früh", am 8. Februar 1733. Der „wohlverdiente Rector und Organist" ist über achtzig Jahre alt geworden. Er wurde auf dem Frauensteiner Gottesacker „solleniter" (= feierlich) beerdigt.[25]
Christian Leipoldt hat der Stadt Frauenstein reichlich fünfunddreißig Jahre lang als Lehrer und Organist gedient. Er erhielt für seine Tätigkeit vom Rat eine Jahresbesoldung von sechsunddreißig Gulden.[26] In den Ratsrechnungen finden wir seine mit kräftiger Hand geschriebenen Quittungen über seine Besoldung.[27] Danach können wir auch seine Unterschrift hier wiedergeben:

Unterschrift von Christian Leipoldt, dem Lehrer Gottfried Silbermanns, aus dem Jahre 1699 (Originalgröße)

Gewiß hat die Hand, die diesen Namenszug formte, auch die Hand Gottfried Silbermanns geführt, als sie versuchte, die ersten Buchstaben zu schreiben.
Könnten wir mit Christian Leipoldt nur ein Stündchen sprechen, dann wäre es möglich, die „unbeschriebenen Blätter" über Gottfried Silbermanns Jugendzeit zu füllen.

1 Fischer wurde 1751 in Naundorf bei Freiberg geboren. Nach Ernst Müllers „Musikgeschichte von Freiberg" (1939) erwies er sich während seiner Amtszeit als Domkantor „als gediegener und tüchtiger Musiker". Und als er 1821 starb, „betrauerte die Stadt einen fleißigen, tüchtigen und beliebten Kantor".

2 Das scheint überhaupt der erste Versuch gewesen zu sein, das Leben dieses Künstlers darzustellen. Ernst Ludwig Gerber hat zwar schon zehn Jahre früher in seinem „Historisch-Biographischen Lexikon der Tonkünstler" Gottfried Silbermann vier Spalten gewidmet, doch er berichtete nur über Silbermanns Werke und nicht über sein Leben.

3 Jeder Heimatforscher muß die Erfahrung machen, daß fast alle Chronisten früherer Zeiten „vergessen" haben, die benutzten Quellen anzugeben.

4 Dafür drei Beispiele:

1. Gottfried Silbermann soll für seine erste Orgel in Frauenstein siebenhundert Taler bekommen haben. Tatsache ist aber, daß man ihm nur seine baren Auslagen erstattete und er für seine Person keinerlei Lohn beansprucht hat.
2. Nach Fischers Angaben hat Silbermann nach der Frauensteiner Orgel die zu St. Jakobi in Freiberg gebaut. Tatsache ist aber, daß über dieses Werk erst im April 1716 ein Kontrakt geschlossen wurde. Silbermanns zweites Werk war vielmehr die große Orgel im Freiberger Dom.
3. Fischer stellte in Abrede, daß Silbermann den Titel eines „Hof- und Landorgelbauers" hatte. Tatsache ist aber, daß ihm August der Starke am 30. Juni 1723 dieses „Prädicat" verliehen hat.

Trotz dieser und anderer Irrtümer verdient es anerkannt zu werden, daß Fischer überhaupt versucht hat, seinen Zeitgenossen Silbermanns Leben und Werk nahezubringen.

5 Ein „Schulmeyster" tritt in Frauenstein bereits 1494 urkundlich auf.

6 In dem Bericht über eine 1673 im Frauensteiner Gebiet durchgeführte Kirchenvisitation wurde hinsichtlich des Schulbesuches festgestellt: „Wenn böse Wetter weren oder der Sommer anhebt, bleiben die Kinder außen."

7 Diese interessanten Mitteilungen macht uns Diakon C. A. Bahn in seiner Frauensteiner Chronik von 1748. Im Jahre 1691 wurde Christian Leipoldt in Frauenstein mit Anna Marie Zacharias, der Tochter eines vornehmen Frauensteiner Ratsmitgliedes und Kirchenvorstehers, getraut. Leipoldts Frau muß zwanzig Jahre jünger als er gewesen sein, denn ihr Alter wird 1702 in der Todesbeurkundung mit neunundzwanzig Jahren angegeben. Leipoldt schloß 1704 mit Christiana Margarita Liebe aus Freiberg eine zweite Ehe. Sein Schwiegervater, Tobias Liebe, war Mittagsprediger am Dom zu Freiberg.

8 Das mußte schon in seiner Kleidung zum Ausdruck kommen, denn in einem kurfürstlichen Dekret von 1673 lesen wir im Kapitel „Kirchen- und Schul-Sachen" folgendes: „Damit auch zwischen denen Praeceptoribus [= Vorstehern] in der Schulen und einem Handwercksmann in seiner Werckstadt ein Unterschied sey, so sollen die Schul-Diener in denen Städten nicht nur in Hosen und Wamms, sondern in ihren Mänteln, wenn sie ihre Lectiones zu verrichten haben, wie auch ausser Schulen, auf der Gassen, in einem erbaren und ihrem Stande gemessen Habit [= Kleidung] gehen."

9 Einem Bericht über eine im Jahre 1673 abgehaltene Kirchenvisitation können wir entnehmen, daß man damals in der hiesigen Schule siebzig „Knäblein und Mägdlein", bisweilen aber auch achtzig Kinder zählte.

10 Er wurde 1526 in Freiberg geboren und starb 1586 in Dresden. Von 1568 bis 1573 ließ er das Schloß „Augustusburg" bauen. Im Sommer (Ende Juni/Anfang Juli) des Jahres 1565 weilte Kur-

fürst August mindestens eine Woche in der Burg Frauenstein, weil er „auß vnserm Hofflager [in Dresden] nach dem Gebyrg auff die Hirschjagt“ gezogen war.

11 Hier einige Auszüge: „So der Schulmeister die Schul-Kinder mit Nutz lehren will, so soll er die in drey Häuflein theilen. Das eine, darinnen diejenigen gesetzet, so erst anfahen [= anfangen] Buchstaben zu lernen. Das Andere, die so anfahen zu Syllabiren [=Silben zu lernen]. Das Dritte, welche anfahen zu Lesen und Schreiben. Desgleichen unter jedem Häufflein sondere Rotten [=besondere Gruppen] machen, also, daß diejenigen, so einander in jedem Häufflein am gleichsten, zusammen gesetzet, damit werden die Kinder zum Fleiß angereitzet, und dem Schulmeister die Arbeit geringert. Die Schulmeister sollen auch die Kinder nicht übereilen, oder mit ihnen fortfahren, sie haben denn zuvorn dasjenige, was ihnen der Ordnung nach fürgegeben, wohl und eigentlich gelernet. Auch mit Fleiß darauf sehen, daß sie anfangs die Buchstaben recht lernen kennen; derohalben die Ordnung des Alphabets zuweilen brechen, und mit Übersehung derer andern, unterschiedlich etlicher Buchstaben halben, wie die heißen, das Kind fragen; und daran seyn, daß sie in allewege die Buchstaben recht nennen, die Syllaben [= Silben] deutlich, und im Lesen die Wörter syllabatim, unterschiedlich und verständlich aussprechen, auch die letzten Syllaben im Munde nicht verschlagen. So das Kind ziemlich wohl lesen kan, alsdenn dasselbe im Schreiben unterrichten, und die Vorschrifften [= Buchstabenmuster] in ein besonder Büchlein, so das Kind darzu haben soll, ihme verzeichnen [= vorschreiben] und sich befleissen, gute Deutsche Buchstaben zu machen. Und darob halten [= darauf achten], daß die Kinder zu ihren Schrifften auch sondere [= besondere] Büchlein haben, und dieselben ihnen mit Fleiß examiniren, was für Mangel an der Form der Buchstaben, Zusammensetzung und Anhängung dererselben und dergleichen befunden, ihnen mit Bescheidenheit untersagen, und freundlich dessen berichten, und wie es sich darinnen bessern soll, anzeigen und in solchem unterweilen [beim Schreiben] die Hand führen. – Die Schulmeister sollen von ihren Schul-Kindern nicht leiden oder dulden Gotteslästerung, schändliche leichtfertige Reden, vielweniger ärgerliche Sachen und Handlungen ... Ihnen gar nicht gestatten, in der Schule hin und wieder umbzulauffen, oder ohne ihr Erlauben heimzugehen, sondern darob seyn, daß sie jede Stunde zu rechter Zeit kommen, und biß zu gemeinsamem Heimgehen verharren, auch ob [= über] ihrem Catechismo oder Büchlein stille sitzen. Derohalben sie ihnen kein Geschrey oder Geschwätze gestatten, sondern sie darvon abhalten sollen. Und nachdem der Schulmeister die Kinder aus der Schule gelassen, die Verordnung thun, und deshalb heimliche Aufmercker [= Aufpasser] unter ihnen bestellen, damit sie stracks auch züchtiglich heimgehen, und ihnen kein unordentlich Wesen, so er das erfährt, nachgeben. Es sollen aber die Schulmeister in dem Züchtigen die Ruthe gebührlichen gebrauchen, die Kinder nicht übel anfahren, bey dem Haar oder denen Ohren ziehen, umb den Kopff schlagen, oder dergleichen; sondern in dem Straffen ziemliche Maß, zu Besserung derer Kinder, halten, und sie von der Schule nicht abschrecken ...“

Wegen der Schulverhältnisse in den letzten Jahrzehnten des 17. Jahrhunderts können wir noch auf ein von Kurfürst Johann Georg am 15. September 1673 erlassenes „General-Decret“ verweisen. Hiermit wurden alle „Schuldiener“ angewiesen, daß sie „mit der Disziplin eine solche Moderation [= Mäßigung] gebrauchen, daß denen Sachen weder zu wenig noch zu viel geschehe, fürnehmlich des allzugroßen und stätigen Schmeissens und Schlagens auf die Köpffe und ins Angesicht, so wohl andere unmäßiger und allzuhefftiger Züchtigung, sich enthalten“. Die Lehrer sollten den Kindern „mit gutem exemplarischen Leben und Wandel vorgehen und sie zur Nachfolge ermahnen“. Übrigens war es nach dem landesherrlichen Dekret niemandem gestattet, „in denen Schulen zu lehren, er sey denn von Unsern Consistoriis, auf der Kirchen Unkosten, vorher examiniret und confirmiret [= geprüft und bestätigt] worden“.

12 In kirchenmusikalischer Hinsicht ist erwähnenswert, daß Martin Rechenberg der erste urkundlich nachweisbare Frauensteiner Kantor war.

13 Sie wurde am 6. August 1671 in Frauenstein geboren. Vierzehn Monate nach der Trauung gebar sie das erste Kind, dem bis zum Tode des Mannes (1702) noch sechs folgten. Aber nur zwei blieben am Leben, die anderen starben sehr jung.

14 Im Jahre 1704 vermählte sich seine dreiunddreißigjährige Witwe mit dem etwa gleichaltrigen und ebenfalls verwitweten Johann Jeremias Mäcke. Dieser bekleidete in Frauenstein drei Ämter: „Generalacciseinnehmer", Stadtschreiber und Gerichtsaktuar. Die Ehe währte nur dreieinhalb Jahre, denn 1708 wurde sie durch den Tod der Frau aufgelöst.

15 In Frauenstein hat es relativ zeitig einen Stadtpfeifer gegeben, denn ein solcher wurde schon zu Heinrich von Schönbergs Zeiten (1612) angestellt. Die damals ausgefertigte Bestallung ist noch vorhanden. Hiernach ist Simon Saher der erste nachweisbare Stadtpfeifer gewesen. Im Taufregister von 1623 finden wir dann den „Stadtpfeifer" Georg Alberti und (seinen Gehilfen?) den „Musicant" Christoff Englich.

16 Das teilte das Staatsarchiv zu Kadan (ČSSR) dem Verfasser auf Anfrage mit. Die Gemeinde Bähringen (in hiesigen Urkunden auch „Bärnichen" oder „Bernigen" geschrieben) gehörte zum ehemaligen Fürstentum Schlackenwerth.

17 In der Bestallungsurkunde von 1672 heißt es: „Gabriel Müller ... von Scheibenbergk ..."

18 In der Bestallung von Gabriel Müller aus dem Jahre 1672 heißt es u. a.: „Er soll zeit seiner Bestallung seine wesentliche Wohnung nirgend anders als auf dem hierzu verordneten Stadt-Thurm [= Kirchturm] haben und behalten und alle Tage auff vier Stimmen, frühe im Sommer umb 3 Uhr undt Wintherszeit umb 4 Uhr, zu Mittage aber allezeit umb 10 [!] undt des Abendts im Sommer umb 5 und Wintherszeit umb 4 Uhr, das Abblasen gebräuchlichermaßen vorrichten. An Sonn-, Fest- undt Feyertagen, auch Hochzeiten ist er schuldigk undt verbunden nebenst seinen Gesellen mit zu Chore zu gehen undt den Gottesdienst mit seinen Instrumenten stercken und zieren zu helffen, zu welchem ende er sich dann jederzeit auf gute düchtige undt der Musik wohlerfahrne Gesellen befleißigen soll ... Am Tage soll er alle Stunden mit der Posaune oder Trompeten, des Nachts aber alle Vierdtelstunden mit dem gebräuchlichen Hörnel uff allen vier Orthen [= Himmelsrichtungen] der Stadt heraußen uf dem Gange [des Kirchturmes] blaßen und melden, damitt man vernehmen könne, daß die Wache richtig bestellt sey ... So offt er die Wache veschlaffen oder versäumen würde, soll er jede Stunde [die er nicht mit Blasen anzeigt] umb ein halb Wochenlohn, jede Vierdtelstunde aber umb 5 Groschen gestrafft und an seiner Besoldung innebehalten werden." Für seine Dienstleistungen erhielt Gabriel Müller vom Rat eine wöchentliche Besoldung von einem Gulden oder einundzwanzig Groschen. Die gesamte Jahresbesoldung betrug sechsundzwanzig Gulden, weil der Stadtpfeifer noch ein Deputat an Korn, Holz und „Unzelt" (= Unschlitt für Kerzen) zu beanspruchen hatte.

Eine zusätzliche Einnahmequelle hatte der Stadtpfeifer durch „Aufwarten" bei Hochzeiten, Verlöbnissen, Kindtaufen „und anderen Zusammenkünften", denn im ganzen Amt Frauenstein durften ohne Wissen und Willen des Stadtpfeifers keine fremden Musiker ausgerichtet werden. Diese Bestimmung wurde aber oft nicht beachtet. Am 27. September 1689 beschwerte sich Gabriel Müller beim Kurfürsten, daß auf den „Ambtts-Dorffschafften" andere Musikanten „und zwar Pfuscher und Stöhrer" tätig wären, er aber „zurückgelaßen" werde. Nach einem kurfürstlichen Befehl vom 30. Oktober 1693 mußte der Stadtpfeifer mit jeweils zwölf Groschen entschädigt werden, wenn man bei einer Hochzeit an seiner Stelle „frembde Musicanten" spielen ließ.

19 Gabriel Müllers erste, 1673 in Marienberg mit der dortigen Bäckerstochter Anna Christina Kiel geschlossene Ehe endete schon nach drei Jahren, denn die Frau starb knapp drei Wochen nach

der Geburt des ersten Kindes. Im Jahre 1677 heiratete Müller in Frauenstein zum zweiten Mal. Die Frau, Anna Justina, war ebenfalls verwitwet. Fünf Kinder sind aus Müllers zweiter Ehe hervorgegangen. Am 18. November 1683, zwei Stunden nach der Geburt des fünften Kindes, starb die Mutter. Gabriel Müller ging dann 1688 eine dritte Ehe mit der einundzwanzigjährigen Anna Magdalena Barth ein. Ihr Vater ist in Frauenstein Stadtpfeifer, also ein Amtsvorgänger von Gabriel Müller gewesen. Müllers dritte Frau schenkte einem Mädchen und vier Knaben das Leben. Drei Söhne des Stadtpfeifers haben später ansehnliche Stellungen bekleidet.

20 Am 28. März 1664 wurde Jacob Hermann, der Müller von Randeck, „ins Ambt erfordert und vernommen", warum er bei der Hochzeit seiner Tochter den Frauensteiner Stadtpfeifer nicht bestellt habe. Hermann verteidigte sich mit der Erklärung, seine Nachbarn und die jungen Leute, die zur Hochzeit geladen waren, hätten selbst Spielleute ausgerichtet und ihm „über seinen Willen ins Hauß gebracht". Diese Entschuldigung ließ Amtmann Martin Schüler nicht gelten, da er „schandhafft verwegene Spielleuthe vnnd Poßenreißer abgeschafft wissen wolle". Dem Randecker Müller wurde klargemacht, daß er „wegen solcher seiner wider des Ambts Geboth vnnd Anordnung beschehenen Widersezlichkeit" zwei Schock Groschen (!) Strafe „erlegen" und er, „biß solche gezahlet nicht eher von dannen gelassen" wird, sondern „alsobald [!] in die Frohnfeste in Arest" gehen muß. Nach fünftägiger Haft wurde Hermann wieder freigelassen, nachdem sich der Richter von Weigmannsdorf für die Bezahlung der Strafe verbürgt hatte.

21 Gabriel Müller gehörte das Eckhaus an der Hayngasse, was man eigentlich schon zum Marktplatz rechnete.

22 Unter den Ausgaben für „Verehrungen" in der Ratsrechnung von 1697 finden wir verzeichnet: „8 Groschen dem Herrn Rectori und 8 Groschen dem Herrn Cantori umb künfftigen besten Fleißes verehret." Aber auch an die Kinder hat der Rat gedacht. In der Ratsrechnung erscheinen nämlich „13 Groschen und 6 Pfennig vor Fasten-Brezeln u. 12 Groschen vor Pappier, so dieses Jahr am 10. Marty [= März] bei dem gehaltenen Schul-Examen denen Schülern an Knaben und Mägdtlein ausgetheilet".

23 Ein Bericht des Pastors Jacob Süß von 1670 besagt, daß dieses Examen an zwei Sonntagen abgehalten wurde, und zwar „erstlich mit denen Hausvätern, ihren Söhnen, Knechten und Jungen und den Sonntag hernach mit denen Hausmüttern, Töchtern und Mägden allein, damit sie sich nicht vor denen Manns-Personen scheuen".

24 Welcher Wert darauf gelegt wurde, daß die Kinder während der Schulzeit den Katechismus kennenlernten, können wir aus dem Schuldekret des Kurfürsten August von 1580 entnehmen. Nach einem Bericht von 1670, den Pastor Süß niedergeschrieben hat, wurden „junge Leute nicht proclamirt [= aufgeboten], biß sie zuvor aus dem Catechismo examiniret [= geprüft] worden oder Gewißheit da ist, daß sie solchen in der Schule wohl gelernet und hernach bey dem Fasten-Examine noch im frischen Gedächtnüß behalten haben".

25 Als Text für die „Leichen-Predigt" diente Psalm 55, 17.

26 Dieser Betrag war nur ein Teil der Einkünfte, die der Schulrektor und Organist damals hatte. Ein Vorgänger Leipoldts, Christian Jacobi, der von 1652 bis 1684 in Frauenstein wirkte, hat ein Verzeichnis seiner Besoldung hinterlassen, „welche er vor seine vielfältige Mühe und Verrichtungen zu genüssen" hatte. Hiernach betrug sein Jahreseinkommen neunundachtzig Gulden und achtzehn Groschen.

Außer diesen festen Einnahmen hatte der Rektor und Organist noch einige „Accidentia" (= Gelegenheitseinnahmen) für Orgelspiel u. a. bei Beerdigungen und Hochzeiten.

Von dieser „vorhero angedeuteten Besoldung muß sich der Schulmeister nebst seinem Weib und Kindern in Nahrung und Kleidung verpflegen", schrieb Christian Jacobi 1673. Er bemängelte, daß „bey dem engen Schulgebäudel weder Keller, Stall noch Scheuer vorhanden, da man ein Stücklein Vieh halten könnte, als muß alles, was man zur Noth bedarff, umb den baaren Pfennig erkaufft werden, da denn öffters einen Tag kaum 6 Groschen zulangen wollen".

27 Die letzte ist vom 18. Mai 1726, denn Ostern 1726 ist Christian Leipoldt in den wohlverdienten Ruhestand getreten.

Die Lehrzeit

Die Legende hat sich nicht nur der Jugendzeit, sondern auch der Lehrzeit Gottfried Silbermanns bemächtigt. Der Freiberger Kantor Fischer schrieb im Jahre 1800: „Unser junger Silbermann aber sollte ein Buchbinder werden und wurde in die Lehre gegeben." Seitdem gehört die „Buchbinderlehre" zum festen Bestandteil jeder Silbermann-Biographie.

Leider gab Fischer nicht an, von wem er seine Informationen erhalten hat. Es ist möglich, daß er sie dem Freiberger Orgelbauer Johann Christian Knöbel[1] zu verdanken hatte. In einem 1882 veröffentlichten Artikel[2] „Gottfried Silbermanns erste Orgel in Sachsen" hieß es: „Die Schilderung dieses Ereignisses[3] war in späteren Jahren Meister Silbermanns Lieblingsthema. Obgleich er in seiner Werkstatt ein strenges Regiment führte, erzählte er doch, wenn er bei guter Laune war, gar gern manche interessante Thatsache und heitere Anekdote aus seinem Leben und kam mit Vorliebe auf die Prüfung der Frauensteiner Orgel zurück. Auf diese Weise prägten sich seine Schüler, die bekannten Orgelbauer Schöne und Oehme, die Geschichte ein und überlieferten sie dann wieder ihren eigenen Schülern. So hat sie sich von Mund zu Mund fortgepflanzt, und wie sie hier folgt, ist sie zuletzt auf den verstorbenen Orgelbauer Knöbel in Freiberg übergegangen, der sie dem Schreiber dieser Zeilen mittheilte."[4]

Nach dem zitierten Artikel soll Silbermanns erste Frauensteiner Orgel im September 1710 von Domorganist Menzer aus Freiberg[5] und Thomaskantor Kuhnau aus Leipzig geprüft worden sein. Das ist aber ein Irrtum.[6] Um das zu beweisen, müssen wir aus dem übernächsten Kapitel etwas vorwegnehmen.

Nach dem noch vorhandenen amtlichen Protokoll ist Silbermanns erste Orgel am 26. Juli 1711 von Dr. Immanuel Lehmann aus Freiberg geprüft worden.

Wir sehen an diesem Beispiel, was bei der Überlieferung von Mund zu Mund zum Schluß herauskommt. Um nicht auf Abwege zu geraten und Irrtümern zu verfallen, können wir uns nur an die urkundlichen zeitgenössischen Quellen halten.

Hinsichtlich der legendären „Buchbinderlehre" ist bemerkenswert, daß spätere „Biographen" Gottfried Silbermanns sogar über den Namen des Buchbinders informiert waren, dem Gottfried mit seinem „Schabernack" viel Ärger und Kummer bereitet haben soll. Ja, der Buchbinder hatte sogar zwei Namen: Lehmann und

Fröbel.[7] In Wirklichkeit hat es weder den einen noch den anderen gegeben. Gehen wir der Sache auf den Grund, machen wir eine überraschende Feststellung: Bis weit in das 18. Jahrhundert hinein gab es in Frauenstein überhaupt keinen Buchbinder. Das beweisen die Ratsrechnungen, die der Bürgermeister regelmäßig in Freiberg einbinden ließ.[8] Das verursachte mehrtägige „Dienstreisen". Die Kosten von über einem Gulden für „Zehrung, Miethpferd" usw. wären gewiß nicht aufgewendet worden, wenn es in Frauenstein einen Buchbinder gegeben hätte. Erst ab 1730 ist der Buchbinder Christian Gottfried Collmann nachweisbar. Er hat dann auch das Einbinden der Ratsrechnungen besorgt. Mit diesen Feststellungen sind alle Erzählungen über Gottfried Silbermanns angebliche „Buchbinderlehre" unglaubwürdig geworden.

Aber der Buchbinderberuf war ja schon der zweite, den Gottfried Silbermann „ausprobierte". Hören wir, was Vater Michael einst sprach: „Ich hab's gefunden: nach Seiffen will ich den Burschen thun zum Gevatter Jobst, dort kann er Hunde und Katzen und allerlei zahmes und wildes Vieh schnitzen." Damit kein Irrtum entsteht: Das ist ein Zitat aus „Ludwig Moosers" Silbermann-Büchlein von 1857. Wir wollen über diesen Mann nicht den Stab brechen, denn er hat bestimmt nicht die Absicht gehabt, eine Silbermann-Biographie zu schreiben, die wissenschaftlichen Ansprüchen genügt.[9] Wir müssen auch berücksichtigen, daß im vorigen Jahrhundert nur wenige die Möglichkeit hatten, in Archiven zu forschen und dort Akten einzusehen. Aus diesem Grunde können damals über Silbermann nur sehr wenig Tatsachen bekannt gewesen sein.[10]

Josef Krömer konnte auch nicht ahnen, daß seine Schrift einmal als „historische Quelle" benutzt wird. Wir können heute aber niemandem, der Krömers Büchlein benutzt und sich darauf berufen hat, den Vorwurf ersparen, nicht erkannt zu haben, daß es sich hier lediglich um eine phantasievolle Erzählung handelt.

So ist der „Spielzeugmacherlehrling" Gottfried Silbermann unbestritten Krömers Erfindung, denn in seiner Schrift taucht er zum ersten Male auf. Es ist allerdings sehr bedauerlich, daß die „Seiffner Episode" auch Eingang in Veröffentlichungen fand, die sonst Anspruch auf Wissenschaftlichkeit erheben können.[11]

Nach all dem müssen wir fragen: Gibt es denn keine zeitgenössischen Berichte über Gottfried Silbermanns Lehrzeit?

Wir besitzen Briefe des Meisters, in welchen er, wenn auch nur kurz, auf seine Lehrzeit eingegangen ist. Besonders interessant und wichtig sind die ersten Worte eines Schreibens vom 9. Juni 1733.[12] Sie lauten: „Nachdem ich in meiner Jugend besondern Trieb zur Orgelbau-Kunst gehabt und solche in Straßburg behörig gelernet ..." Hiernach ist klar, daß Gottfried Silbermann sich zur Orgelbaukunst hingezogen und berufen gefühlt hat. Gewiß ist es der Organist und Schulrektor Christian Leipoldt gewesen, der Gottfried das erstemal mit einer Orgel bekannt gemacht hat, nachdem er sein Interesse an einem solchen Werk bemerkte.

Bei wem erlernte Gottfried Silbermann die Orgelbaukunst? Diese Frage lassen wir uns von ihm selbst beantworten. In seiner Bittschrift vom 10. Juni 1723 an Kurfürst August den Starken heißt es wörtlich[13]: „Welchergestalt ich ... von dem weit und breit berühmten Rathsorgelbauer der Stadt Straßburg, meinem leiblichen Bruder, die Orgelbauerkunst erlernet ..."

Wer Gottfrieds Lehrmeister war, ist somit völlig klar. Stellen wir aber die Frage, bei welchem Meister Andreas die Orgelbaukunst erlernte, müssen wir die Antwort schuldig bleiben. Es gehört zwar seit über einem Jahrhundert zu einer gewissen Tradition, daß der Görlitzer Orgelbauer Eugen Casparini Andreas' Lehrmeister gewesen sein soll. Aber der Beweis steht noch aus.[14]

Wir wollen nun Gottfrieds Bruder und Lehrmeister näher kennenlernen .Wir wissen schon, daß Andreas Silbermann am 16. Mai 1678 in Kleinbobritzsch geboren wurde.[15] Er war somit nur fünf Jahre älter als Gottfried. Um 1699 tauchte Andreas Silbermann im Elsaß auf.[16] Am 13. Juni 1708 heiratete er die Straßburger Bürgerstochter Anna Maria Schmidt.[17] Andreas ist nicht ganz sechsundfünfzig Jahre alt geworden und am 16. März 1734 gestorben. Der älteste Sohn Johann Andreas setzte das Werk des Vaters fort, während der zweite Sohn Johann Daniel 1752 nach Sachsen auswanderte und von seinem Onkel Gottfried als Universalerbe eingesetzt wurde.

Leider gibt es von Andreas Silbermann kein Bild. Aber vielleicht vermittelt uns das nachstehende Faksimile einer eigenhändigen Quittung eine gewisse „persönliche Vorstellung" von dem ebenfalls berühmten „Orgelmacher".[18]

Wann mag Gottfried Silbermann Frauenstein verlassen haben, um zu seinem Bruder zu gehen? Leider können wir das heute nicht mehr genau feststellen. In den Akten über das Frauensteiner Erstlingswerk finden wir einen Brief des Rates vom 8. August 1711. Darin heißt es wörtlich: „Als Gottfriedt Silbermann, des alhiesigen Ambts-Zimmermanns Michael Silbermanns Sohn, bereits vor 1¼ Jahren von Straßburg (bey deßen Bruder,[19] einem berühmten Orgelmacher daselbst er diese Profeßion an die 10 Jahr lang exerciret), hinwiederumb in Patriam anhero revertiret ..." (= in sein Vaterland zurückgekehrt).

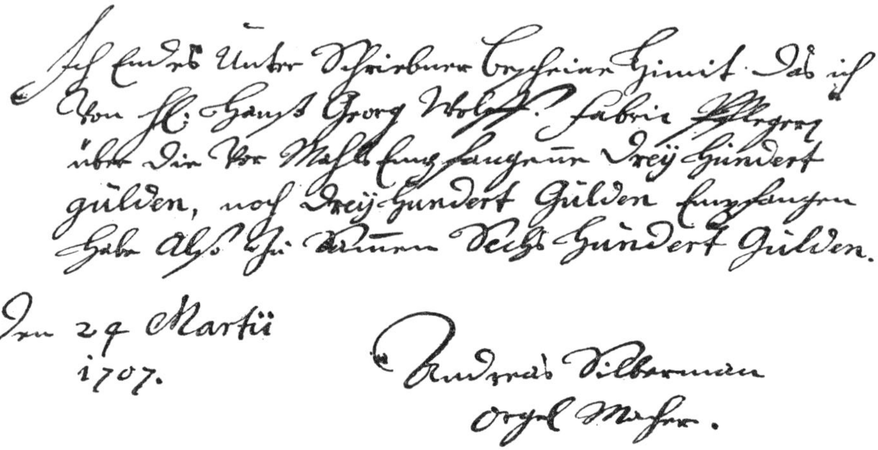

Quittung Andreas Silbermanns, des Bruders und Lehrmeisters Gottfried Silbermanns, aus dem Jahre 1707. Das Original wurde von Andreas Silbermann eigenhändig geschrieben.

Dieser Brief gestattet uns folgendes festzustellen: 1. Gottfried Silbermanns Rückkehr in die Heimat erfolgte im Frühjahr (Ende April oder Anfang Mai) 1710. 2. Etwa zehn Jahre hat er sich in Straßburg bzw. Frankreich aufgehalten.

In diesem Zusammenhang ergibt sich aber noch eine andere Frage: Wann hat Andreas Silbermann in Straßburg Fuß gefaßt? Darüber gibt uns ein Brief Gottfried Silbermanns vom 7. Februar 1747 an seinen Straßburger Neffen Johann Andreas Auskunft.[20] Hiernach hat Andreas zunächst kurze Zeit bei dem Orgelbauer Friedrich Ringck „in Instrumenten-Arbeiten gearbeitet" und dann „nachgehends aber hin und wieder im Elsaß sich mit Reparirung einiger Orgeln in Klöstern abgegeben". Der Orgelbauer Ringck arbeitete damals an einer Orgel für die „Neue Kirche" zu Straßburg, starb aber am 16. März 1701 im Alter von vierunddreißig Jahren,[21] bevor das Werk vollendet war.

In Gottfried Silbermanns Brief heißt es weiter: „Es machte sich zwar mein seel. Bruder, als er den Tod des H. Rincks erfahren, nach Strasburg, etwa in der Absicht, diese Orgel auszuführen. Weil er aber die Courage nicht gehabt, und man es ihm auch nicht anvertrauen wollen, so war doch dieses zufällig die erste Gelegenheit vor ihn in Strasburg zu bleiben, wie geschehen ist. Denn er mietete bei

einem Schreiner in der Barbele Gaße ein und arbeitete gemächlich in Instrumenten."[22]
Andreas Silbermann muß sich im Frühjahr 1701 in Straßburg niedergelassen haben. Ein Jahr später, am 15. März 1702, wurde er Straßburger Bürger.[23]
Wir haben Gottfried Silbermanns Brief an seinen Neffen zunächst nur soweit zitiert, wie er uns über Andreas' erste Tätigkeit im Elsaß und seine Niederlassung in Straßburg Aufschluß geben konnte. Er berichtet aber auch noch über Ereignisse, die sein Schreiber selbst erlebt hat. So erfahren wir, daß der Orgelbauer Legros aus Metz den Orgelbau in der „Neuen Kirche" zu Straßburg fortsetzte und das Werk schließlich vollendete. Gottfried Silbermann schrieb seinem Neffen: „Bei der Einweihung bin ich selbst persönlich gewesen, sie geschah an einem Johannisfest." Hierzu ist zu bemerken, daß der Vertrag mit Legros am 15. Oktober 1701 abgeschlossen wurde.[24] Die Orgelweihe hat demnach zweifellos am Johannisfest (24. Juni) des Jahres 1702 stattgefunden.
Damit haben wir den ersten Anhaltspunkt für Gottfrieds Anwesenheit in Straßburg gefunden. Trotzdem muß die Frage, ob Gottfried Silbermann erst im Frühjahr 1702 oder schon im vorhergehenden Jahr bei seinem Bruder eintraf, offenbleiben. Vielleicht ist das letztere wahrscheinlicher. Denn bis zur Rückkehr in die Heimat (Frühjahr 1710) ergibt sich ein Zeitraum von etwa neun Jahren. Und das würde ungefähr mit der Angabe „an die 10 Jahr lang", die wir im Brief des Frauensteiner Rates fanden, übereinstimmen.[25]
Wir kehren nochmals zu Gottfried Silbermanns Brief an Johann Andreas zurück. Als bei der Orgelweihe in der „Neuen Kirche" zu Straßburg „der erste Choral gesungen wurde, hörte man fast keine Orgel, so schwach war sie. Dahero entstunden Klagen über Klagen ...", schrieb Gottfried Silbermann. Der Orgelbauer Legros erhielt den Auftrag, noch ein Pedal anzufertigen. Als dieses fertig war und der Organist auf der Orgel spielen sollte, „so hörte man nur das Pedal, das Manual aber nicht". Man hielt wiederum „Deliberation, ob nicht einigermaßen dieses Übel zu verbessern sei und man hat mit meinem seel. Bruder deswegen gesprochen." Gottfried Silbermann fuhr fort: „Dieser hat aber nichts thun können, als daß er ein anderes Pedal machte, welches ich habe helfen mit verfertigen"! Diese Worte sind von größtem Wert. Wir spüren, wie sich die Erlebnisse tief in Gottfrieds Gedächtnis einprägten, so daß er sich nach über vier Jahrzehnten noch lebhaft und genau daran erinnerte.
Wenn wir annehmen, daß Gottfried Silbermann im Jahre 1701 Frauenstein ver-

lassen hat, um die Reise nach Straßburg anzutreten, müssen wir auch bedenken, daß er damals schon achtzehn Jahre alt war.

Es ist sehr naheliegend, daß Gottfried, nachdem er die Schule verlassen hatte, in Frauenstein das Tischlerhandwerk erlernte. Genaugenommen war eine abgeschlossene Tischlerlehre die Grundvoraussetzung, um Orgelbauer werden zu können.[26]

Auf alle Fälle muß Gottfried schon über handwerkliche Kenntnisse und Fertigkeiten verfügt haben, als er zu seinem Bruder kam. Sonst hätte er in wenigen Jahren kein Orgelbauer werden können, denn spätestens Ende des Jahres 1706 muß Gottfried Silbermanns Lehre bei Andreas abgeschlossen gewesen sein.[27] Das beweist der Kontrakt über den Orgelbau in der Sankt-Nikolaus-Kirche zu Straßburg. Der Vertrag wurde am 18. Januar 1707 mit „Herren Andres und Gottfrid Silbermann, beeden Gebrüdern und Orgelmachern" abgeschlossen.[28] Das Dokument ist unterschrieben:

„Andreas Silbermann
Gottfried Silbermann
Beyde Orgel Macher."[29]

Gottfried Silbermann stand also wenige Tage nach seinem vierundzwanzigsten Geburtstag gleichberechtigt neben seinem Bruder und Lehrmeister. Und so konnte er später rückschauend mit Stolz sagen: „Welchergestalt ich ... die Orgelbauerkunst erlernet und mich darinnen dergestalt perfectioniret, daß ich nicht nur nach ausgestandenen Lehrjahren in Straßburg und Elsaß hin und wieder, sondern auch überall in der Fremde große Capital-Orgeln mit allgemeinem Beyfall der Kunstverständigen erbauet."

Gottfried Silbermanns Worte, die wir seiner Bittschrift von 1723 an August den Starken entnahmen, veranlassen uns, noch einen Augenblick bei seiner Tätigkeit „in der Fremde" zu verweilen. Ein unparteiischer Zeuge, Thomaskantor Kuhnau in Leipzig, teilte dem Hamburger Musikschriftsteller und Komponisten Johann Mattheson in einem Brief vom 8. Dezember 1717 mit, daß Silbermann „nicht nur in Straßburg, sondern auch an unterschiedlichen Orten in Franckreich herrliche Orgelwercke und Clavicins verfertiget" hat.[30] Kuhnau wußte das aus den Attesten, die ihm Silbermann persönlich vorgelegt hatte. Wir kommen hierauf noch einmal zurück.

Bild 6 gibt uns einen Eindruck von Straßburg, wo Andreas Silbermann bis zum Tode wirkte und wo Gottfried Silbermann einige Jahre seines Lebens verbrachte.

Die Stadt wird überragt und beherrscht von dem berühmten Münster. Hier vollendete Andreas Silbermann 1716 eine herrliche Orgel, die aber nicht mehr existiert.[31]

Nachdem wir Gottfried Silbermanns Vorfahren kennengelernt haben, können wir nur staunen, daß der Sprößling dieser einfachen Arbeiter, Bauern und Handwerker solche künstlerischen Fähigkeiten entwickelt hat. Der Meister sprach in seiner 1723 an August den Starken gerichteten Bittschrift schlicht und bescheiden von seinem „von Gott verliehenen Talent". Der Verfasser eines Gedichtes zur Weihe der Ponitzer Orgel im Jahre 1737 hat dasselbe gemeint, wenn er sagte: „Hochwerther Silbermann, dein unvergleichlich Wissen, so Gottes weise Hand in dich geleget hat ..."

Gottes Gnadengabe neben Fleiß, Tatkraft und Energie sind in der Person Gottfried Silbermanns unlöslich miteinander verbunden gewesen.

Uns bewegt noch eine Frage: Ob Andreas Silbermann von seinem Bruder eine Orgel als Meisterstück bauen ließ? Wir wissen darüber nichts Genaues. Ernst Flade schrieb zwar, daß die Orgel zu Alt-Sankt-Peter in Straßburg Gottfrieds Meisterstück gewesen sei. Dafür wird sich aber kein Beweis erbringen lassen.[32]

Über Einzelheiten der Lehrzeit Gottfried Silbermanns bei seinem Bruder ist uns leider auch nichts überliefert.[33] Etwas ist aber erwähnenswert. In dem Rechtsstreit mit seinem Schüler Zacharias Hildebrandt ging Gottfried Silbermann in einer Eingabe an den Kurfürsten kurz auf die Straßburger Lehrzeit ein. Der Meister schrieb, er habe Hildebrandt die Orgelbaukunst „mit weit mehrerer avantage" (= Vorteil) gelehrt, als „mein leiblicher Bruder gegen mir gethan". Gottfried Silbermann betonte, er habe während seiner Lehrzeit keinerlei Lohn bekommen und sich dennoch verpflichten müssen, dort nichts zu arbeiten, wo sich Andreas aufhält.

Gottfried Silbermann hatte keine Möglichkeit, sich im Elsaß selbständig zu machen. Es ist deshalb verständlich, daß der junge Meister in die Heimat zurückkehrte. Seine Heimatstadt Frauenstein gab ihm auch gleich Gelegenheit, sein Können unter Beweis zu stellen.

1 Knöbel wurde 1743 geboren und hat bei Adam Gottfried Oehme, einem ehemaligen Gehilfen Gottfried Silbermanns, „viele Jahre als Geselle gearbeitet". Er besaß in der Orgelbaukunst „bekanntermasen gute Geschicklichkeit". Das erfahren wir aus dem Freiberger Ratsprotokoll vom 2. Dezember 1789. Nach Oehmes Tod (1789) machte sich Knöbel in Freiberg selbständig, und der Rat übertrug ihm „die Stimm- und Reparirung der beyden [Silbermann-]Orgeln im Dom und St. Petri".

2 Derselbe erschien in Nr. 64/1882 der wissenschaftlichen Beilage der „Leipziger Zeitung".

3 Gemeint war die Prüfung bzw. die Weihe der 1710/11 erbauten Frauensteiner Orgel.

4 Nach Ernst Flade soll dieser Artikel von Wolfgang Hilf stammen, der in Bad Elster als Musikdirektor wirkte. Wir haben schon darauf hingewiesen, daß sich der Verfasser der Artikelreihe nicht mehr mit Sicherheit feststellen läßt. Hilf wurde im Jahre 1818 geboren. Der Orgelbauer Knöbel ist 1822 in Freiberg gestorben.
Es gab in Freiberg aber noch einen zweiten Orgelbauer namens Knöbel: Wilhelm Gottlob. Er stammte aus Polkwitz (Niederschlesien), wurde um 1775 geboren und starb 1859 in Freiberg. Der Verfasser verdankt diesen Hinweis Hanns-Dieter Stoll in Augsburg, einem Ururenkel Knöbels. Vermutlich war Wilhelm Gottlob ein Neffe von Johann Christian Knöbel, denn letzterer ist als „ledige Mannsperson" gestorben. Das genaue Verwandtschaftsverhältnis konnte leider noch nicht geklärt werden. Falls Hilf den Artikel wirklich verfaßt hat, könnte er seine Informationen von Wilhelm Gottlob Knöbel erhalten haben.

5 George Menzer war in Freiberg zunächst Nikolai-Organist und wurde 1694 zum Domorganisten befördert. Er ist am 19. Januar 1711 im Alter von neunundfünfzig Jahren in Freiberg gestorben. Übrigens war Menzer auch Orgelbauer. Er hatte 1678 die alte Orgel in der Frauensteiner Stadtkirche untersucht und Vorschläge zu ihrer „Renovirung" gemacht.

6 Er taucht in diesem Artikel zum ersten Male auf und hat sich dann fortgepflanzt. So erschien er zum Beispiel in der 1. Auflage von Ernst Flades Silbermannbuch (1926), in einem Beitrag über Silbermann von Dr. Hentschel in den Mitteilungen des „Sächsischen Heimatschutzes" (1932) und schließlich auch in einer Kurzbiographie Silbermanns in dem Buch „Das Bild des evangelischen Menschen" (1955).

7 Den ersteren hat Gottfried Zschaler in seiner Schrift „Gottfried Silbermann, Hof- und Landorgelbauer in Sachsen" (Dresden, 1858) erfunden. Drei Jahre später erzählte dann „Ludwig Mooser", daß der Buchbinder Fröbel hieß und ein Freund Michael Silbermanns gewesen sei.

8 Die Ratsrechnung von 1697 wurde zum Beispiel von dem Freiberger Buchbinder Christian Richter gebunden. Wir können uns die entsprechenden Belege im Frauensteiner Stadtarchiv heute noch ansehen.

9 Im Vorwort seines Büchleins hat „Mooser" den Wunsch ausgesprochen, daß es den Lesern „Unterhaltung" und „Ermunterung" gewähren möge.

10 Das wird deutlich, wenn wir die einschlägigen Veröffentlichungen aus dem 19. Jahrhundert lesen und dabei beobachten, wie sich die Irrtümer wiederholen.

11 Drei Beispiele mögen das beweisen: „Als die Schulzeit beendet war, gab ihn der Vater, der seit 1693 [?] in Frauenstein wohnte, beim Paten Jobst [?] in Seiffen in die Lehre. Als Spielzeugmacher begann der spätere Orgelbauer!" (Dr. Walter Hentschel, 1932.)
„Nachdem Gottfried die Schule verlassen hatte, gab man ihn zuerst zu seinem Paten [?], dem Spielwarendrechsler Jobst in Seiffen in die Lehre." (Ernst Flade, 1952.)
„Gottfried Silbermann lernte anfangs Spielzeugmacher in Seiffen, später Buchbinder in Frauenstein." („Werte der Deutschen Heimat", Band 10, Östliches Erzgebirge, 1966.) Der Vollständigkeit wegen sei noch erwähnt, daß der Name „Jobst" in Seiffen überhaupt nicht vorkommt!

12 Gottfried Silbermann richtete es wegen eines Rechtsstreites mit dem Orgelbauer Johann Ernst Hähnel an den Kurfürsten. Dieser wichtige Brief ist völlig unbekannt gewesen oder nicht beachtet worden.

13 Auch dieses Dokument ist bisher nirgends zitiert worden. Gottfried Silbermann suchte damals um die Verleihung des Prädikats „Hof- und Landorgelbauer" und um ein Privilegium für ein neu erfundenes Musikinstrument nach.

14 Ernst Flade schrieb, daß Andreas Silbermann nur von 1697 bis 1699 bei Casparini tätig gewesen sein kann, und zwar aus folgenden Gründen:

1. Eugen Casparini wurde (nach Flade) am 14. Februar 1623 in Sorau (Niederlausitz) geboren, ging auf Wanderschaft und arbeitete später in Italien. Nach dem Görlitzer Ratsprotokoll ist Casparini im Mai 1697 in Görlitz „aus Italien" kommend eingetroffen. Aber erst am 12. Oktober 1697 sei der Kontrakt über die St.-Peter-und-Pauls-Orgel geschlossen worden.

2. Um 1699 war Andreas schon in Buchsweiler (Elsaß) tätig. Ernst Flade bemerkte in einer Fußnote: „Daß Andreas Silbermann tatsächlich bei Casparini gearbeitet hat, bezeugte bereits J. F. Lobstein in seinen ‚Beiträgen zur Geschichte der Musik im Elsaß' (1840)." In diesem Buch heißt es aber lediglich: „Andreas Silbermann, geboren zu Gravenstein [soll Frauenstein, muß aber Kleinbobritzsch heißen!] in Sachsen, am 19. [?] Mai 1678, war der Sohn von Michael Silbermann, Zimmerwerkmeister daselbst. Er widmete sich der Orgelbaukunst [!] und ging im Jahr 1700 [?] auf Reisen; er kam am 18. Januar 1701 in Hagenau an, wo er sich einige Zeit aufhielt. Von da begab er sich nach Straßburg ..." Wir finden kein Wort über eine Tätigkeit von Andreas bei Casparini. Wer erbringt den Beweis, daß Casparini der Lehrmeister von Andreas Silbermann war? Wenn wir nachforschen, wo dies zuerst erwähnt wird, dann stoßen wir auf „Ludwig Mooser"! Er hat Andreas' Begegnung mit Casparini sehr farbig in seiner Schrift „Das Brüderpaar, die Orgelbaumeister Andreas und Gottfried Silbermann" (1861) geschildert. Diese Quelle hat aber keinerlei Beweiskraft. Wir müssen annehmen, daß „Mooser" den „Lehrmeister Casparini" genauso erfunden hat wie den „Buchbinder Fröbel" und den „Spielzeugmacher Jobst".

15 Schon am nächsten Tag (17. Mai) wurde Andreas in der Kirche zu Frauenstein getauft. Seine Paten waren: 1. Michael Wünsche, Bauer in Kleinbobritzsch, 2. Martin Wiesener, „Churfl. Voigt zu Neubau", und 3. Salome Tröger, die Frau des Bauern Christoph Tröger „daselbst".

16 Nach Ernst Flade soll „auf einem Brett der alten Orgel zu Buchsweiler" gestanden haben: „Andreas Silbermann von Freiberg aus Sachsen hat diese Orgel 1699 renovieret."

17 Über die Familienverhältnisse von Andreas Silbermann unterrichtet uns Lobstein in seinen „Beiträgen zur Geschichte der Musik im Elsaß" (1840). Hiernach sind aus der Ehe mit Anna Maria Schmidt drei Mädchen und neun Knaben hervorgegangen, aber die meisten starben im Kindesalter. Nur vier Söhne blieben am Leben: Johann Andreas (1712–1783), Johann Daniel (1717 bis 1766), Gottfried (1722–1762) und Johann Heinrich (1727–1789). Drei waren als Orgel- bzw. Klavierbauer tätig.

18 Für die Fotokopie ist der Verfasser dem Stadtarchiv zu Straßburg zu Dank verpflichtet.

19 Die Worte „bey deßen Bruder" sind irreführend. Man müßte daraus schließen, daß Gottfried bei einem Bruder seines Vaters gelernt hat. Es wundert uns nicht, wenn der Freiberger Kantor Fischer (1800) geschrieben hat: „Nun ging die Reise nach Straßburg zu seines Vaters Bruder, dem Orgelbauer Silbermann." So entstehen Irrtümer, die spätere Schriftsteller übernommen haben. Das ist erstaunlich, weil Hohlfeldt schon 1837 (!) sehr richtig Gottfrieds älteren Bruder Andreas als Lehrmeister genannt hatte. Die früheste Erwähnung von Gottfrieds Lehrmeister stammt aus dem Jahre 1720. In einer Beschreibung der von Gottfried Silbermann erbauten Dresdner Sophienkirchenorgel heißt es: „Nachdem er diese Kunst von seinem ältern Bruder, Herrn Andreas Silbermann, als einem weit und breit berühmten Raths-Orgelbauer gemeldter Stadt Straßburg, ordentlich erlernet ..." Wahrscheinlich hat Kantor Fischer diese Quelle nicht gekannt. Und alle anderen haben einfach abgeschrieben – mit Ausnahme von Hohlfeldt, dem die genannte Quelle bekannt gewesen sein dürfte.

20 Das Schriftstück ist 1938 von Ernst Flade veröffentlicht worden. Er hatte von Professor Dr.

Mathias, Straßburg, eine Abschrift erhalten. Das Original soll (nach Flade) in einen der von Johann Andreas Silbermann verfaßten fünf „Manuskriptbände" eingeklebt worden sein. Ernst Flade hat auch die entsprechende Stelle angegeben. Die Bände, das sogenannte „Silbermann-Archiv", befinden sich im Besitz von in Paris lebenden Nachkommen des Andreas bzw. des Johann Andreas Silbermann, und die Nationalbibliothek zu Paris besitzt Mikrofilmaufnahmen des gesamten Werkes. Der Brief konnte aber leider nicht gefunden werden. Auch Professor Marc Schaefer, Straßburg, der an der Auswertung und Veröffentlichung des „Silbermann-Archivs" arbeitet, mußte feststellen, daß sich der wertvolle Brief Gottfried Silbermanns nicht (oder nicht mehr) in dem bezeichneten Band befindet. Wir müssen annehmen, daß das Dokument verlorengegangen ist, und können uns nur an Flades Wiedergabe halten.

21 Das teilte das Straßburger Stadtarchiv dem Verfasser auf Anfrage mit.

22 Es ist völlig unwahrscheinlich, daß Gottfried Silbermann das alles selbst miterlebt hat. Er hat offenbar alles so wiedergegeben, wie er es aus Erzählungen seines Bruders wußte und im Gedächtnis behalten hatte.

23 Die Eintragung im Bürgerbuch lautet: „Andreas Silbermann, der Schreiner [!] von Freyberg auss Meissen, Michael Silbermanns ehelicher Sohn empfangt das Bürgerrecht durchaus gratis und wird bey E. E. Zunfft der Zimmerleuth dienen. Juravit den 15. Martii [= März] 1702."

24 Das teilte das Stadtarchiv Straßburg dem Verfasser auf Anfrage mit.

25 Wir müssen berücksichtigen daß die Angabe „an die 10 Jahr lang" nicht exakt ist. Das machen die Worte „an die" deutlich, die im Sinne von „ungefähr" aufzufassen sind.

26 Es ergibt sich eine wichtige Frage: Wie lange dauerte damals die Ausbildung eines Tischlergesellen? Hier kann uns das 1749 errichtete Testament eines Verwandten Gottfried Silbermanns, des Freiberger Tischlers Abraham Silbermann, Aufschluß geben. Der letztere hatte erklärt, daß „sein Vetter Immanuel Silbermann bereits $4^1/_4$ Jahre das Tischlerhandwerk erlernet" hat, so daß er „alle Tage könnte losgesprochen werden", aber „ordentlicherweise" könne dies „erst in $^7/_4$ Jahren geschehen". Wir können festhalten, daß die Berufsausbildung als Tischler maximal sechs Jahre dauerte. War ein Lehrling besonders tüchtig, konnte seine Lossprechung aber auch vorzeitig erfolgen. Wenden wir nun unsere Erkenntnisse auf Gottfried Silbermann an: Wenn er als Vierzehnjähriger (1697) eine Tischlerlehre aufgenommen hat, wäre diese „ordentlicherweise" 1703 beendet gewesen. Wir wissen aber, daß er spätestens im Juni 1702 schon in Straßburg war, um Orgelbauer zu lernen. Plötzlich reicht die verfügbare Zeit gar nicht mehr aus! Und für die mißlungenen „Spielzeugmacher- und Buchbinderlehren" bleibt überhaupt keine Zeit mehr übrig. Wahrscheinlich ist Gottfried Silbermann vorzeitig losgesprochen worden, denn daß er begabt und tüchtig war, wird von niemandem bezweifelt.

27 In diesem Zusammenhang müssen wir uns mit einer weiteren wichtigen Frage beschäftigen: Wieviel Jahre Lehrzeit waren nötig, um einen Tischlergesellen zum Orgelbauer auszubilden? Die Antwort gibt uns Gottfried Silbermann selbst. Am 5. Oktober 1724 schloß er mit Johann Jacob Graichen, „Tischlergeselle [!] aus Waldenburg in der Grafschaft Schönburg gebürtig", einen Lehrvertrag ab, der in ein Freiberger Gerichtsbuch eingetragen wurde. Gottfried Silbermann versprach, Graichen „in der Orgel- und Instrumentenmacherkunst treulich und fleißig zu informieren und ihm in solcher Wissenschaft gute Manuduction [= Handreichung] zu geben". Graichen versprach dagegen, „von Ostern dieses 1724. Jahres an bis dahin 1728 auf vier Jahre [!] seinem Prinzipal in allen ihm obliegenden Verrichtungen fromm, getreu, gehorsam, fleißig und unverdrossen sich zu erweisen, die erlernte Wissenschaft verschwiegen zu halten [!], auch solche Zeit über, wie einem rechtschaffenen und ehrliebenden Gesellen eignet und gebühret, sich aufzuführen". Gottfried Silbermann versicherte seinem neuen Gesellen, daß er ihm nach beendeter

Lehrzeit „wegen seines Wohlverhaltens und Information in der Orgel- und Instrumentenmacherkunst ein beglaubtes Attestat erteilen will". Das ist auch geschehen. Am 29. Juli 1728 erschien Graichen vor dem Freiberger Stadtgericht, zeigte sein Zeugnis vor und bat, davon eine beglaubigte Abschrift „den gerichtlichen Dokumenten beizulegen", damit er jederzeit wieder ein Abschrift bekommen kann, falls er „etwa bey seiner vorhabenden Reise das Original verlieren möchte". – Das ist alles sehr interessant. Für uns ist im Augenblick nur das eine wichtig, daß für einen Tischlergesellen noch vier Jahre Ausbildung nötig waren, bevor er sich „Orgelmacher" nennen konnte. Übertragen wir diese Feststellung auf Gottfried Silbermann selbst: Er war (spätestens) Ende des Jahres 1706 „Orgelmacher". Seine Ausbildung muß demnach etwa im Jahre 1702 begonnen haben, wenn wir eine abgeschlossene Tischlerlehre voraussetzen. Das stimmt mit unseren obigen Angaben, daß Gottfried im Frühjahr 1702 zu seinem Bruder kam, bestens überein. Es erscheint uns nur ein wenig eigenartig, daß sein Bruder und Lehrmeister Andreas um diese Zeit im Straßburger Bürgerbuch noch als „Schreiner" bezeichnet wurde.

28 Diese wertvolle Mitteilung machte dem Verfasser Professor Marc Schaefer, Straßburg.

29 Professor Schaefer, Straßburg, übersandte dem Verfasser freundlicherweise eine Fotokopie der letzten Kontraktseite. Daraus ist zu ersehen, daß Andreas und Gottfried Silbermann den Kontrakt eigenhändig unterschrieben haben. Die Worte „Beyde Orgel Macher" stammen unzweifelhaft von Gottfrieds Hand.

30 Johann Mattheson (geboren 1681 in Hamburg, gestorben daselbst im Jahre 1764) hat den Brief 1725 in „Critica musica" veröffentlicht.

31 Sehr interessant ist, was Emile Rupp in seiner „Entwicklungsgeschichte der Orgelbaukunst" (1929) über die Orgel zu berichten hat. Hiernach spiegelte dieses Werk „die künstlerischen Prinzipien Andreas Silbermanns am reinsten und großzügigsten wider". Es wurde im 18. Jahrhundert „mehrmals gereinigt und aufgefrischt". Rupp schrieb: „Der edle musikalische Ton der Silbermannschen Grundstimmen und der silberhelle Glanz, den die ausgezeichneten gemischten Stimmen über das volle Werk verbreiteten, kamen bei der herrlichen Akustik der Kathedrale zu großartiger Geltung ..." In der Nacht des 24. August 1870 wurde „infolge des Bombardements der Zivilstadt u. a. auch die ‚Neue Kirche' mit ihrer großen Silbermann-Orgel völlig zerstört". Auch die Münsterorgel „litt besonders durch eine Granate, die einige der größten 32'-Prospektpfeifen aus der enormen Höhe herabstürzte". Andreas Silbermanns Werk wurde nach dem Krieg 1870/71 von dem Straßburger Orgelbauer Wetzel wieder instand gesetzt. „Infolge der Erstellung einer modernen Chororgel (1873) ließ die alte Silbermann-Orgel ihre seelenvolle Stimme immer seltener ertönen", schrieb Rupp. Und im Jahre 1891 wurde das Werk abgebrochen!

32 Der Kontrakt wurde am 10. August 1708 mit Andreas Silbermann, „Bürger und Orgelmacher allhier", geschlossen. Der Name Gottfried Silbermanns taucht nicht auf. Auf eine Anfrage beim Stadtarchiv zu Straßburg erhielt der Verfasser die Mitteilung: „Es konnte nicht festgestellt werden, ob der Bau dieser Orgel als Silbermanns Meisterstück angesehen wurde." In einer 1720 (!) gedruckten Beschreibung der Dresdner Sophienorgel ist dagegen behauptet worden, die Orgel „bey St. Peter" sei von Gottfried Silbermann verfertigt worden. Es ist sehr wahrscheinlich, daß Gottfried nach Vollendung der Orgel zu Sankt Nikolaus seinen Bruder verlassen hat, weil die Ausbildungszeit beendet war.

Es ist weiter sicher, daß Gottfried Silbermann vor der Rückkehr in die Heimat noch „im Inneren" von Frankreich gearbeitet hat. In seinem Brief vom 8. Dezember 1717 an Mattheson, Hamburg, bestätigte Thomaskantor Kuhnau, Leipzig, auf Grund der von Gottfried Silbermann vorgezeigten Zeugnisse ausdrücklich, daß Silbermann „nicht nur in Straßburg, sondern auch an unterschiedenen Orthen in Franckreich herrliche Orgelwercke und Clavicins verfertiget" hat. Leider sind diese Angaben ganz allgemein gehalten, so daß man wenig damit anfangen kann. Ganz sicher ist, daß Gottfried Silbermann wesentlichen Anteil am Bau der Orgel zu St. Nikolaus in Straßburg hatte. Das beweist die Tatsache, daß er den Kontrakt mit unterschrieben hat. Allzu umfangreich kann Silbermanns Tätigkeit „in der Fremde" nicht gewesen sein, denn zwischen dem mutmaßlichen Zeitpunkt, an dem er seinen Bruder verlassen hat (Herbst 1707), und der Ankunft in seiner Heimat (spätestens Mai 1710) lag ja nur ein Zeitraum von etwa zweieinhalb Jahren. Daß der junge Orgelbauer sich nicht nur in Straßburg und im Elsaß, sondern auch in Frankreich zumindest umgesehen, Studien betrieben und Orgeln besichtigt hat, beweist ein Bericht in den Zittauer Orgelbauakten. Man wollte das Werk wie Marmor bemalen. Gottfried Silbermann wandte sich aber ganz entschieden dagegen und erklärte: „Ich habe auch weder in Elsaß noch in Frankreich [!] ein marmorirtes Orgel-Gehäuße gefunden ..." Gottfried Silbermann erinnerte sich also noch nach vierzig Jahren lebhaft an das in Frankreich Gesehene.

33 Es ist deshalb nicht verwunderlich, daß Silbermanns „Biographen" im vorigen Jahrhundert Beginn und Ende der Lehrzeit mit Legenden und Erzählungen ausgeschmückt haben. So soll Gottfried Silbermann in Frauenstein wegen seiner „Jugendstreiche" eingesperrt worden sein. Aber er entfloh „aus dem Gefängnis" und erreichte nach „abenteuerlicher Wanderung" endlich Straßburg. Sein dortiger Aufenthalt soll wiederum mit einer Flucht „bei Nacht und Nebel" geendet haben. Eine mißglückte „Nonnenentführung" sei der Anlaß gewesen. Da diese Erzählungen aus denselben unglaubwürdigen Quellen stammen, die wir zur Genüge kennen, sind sie es nicht wert, hier behandelt zu werden.

Die Rückkehr in die Heimat

Im Frühjahr 1710 dürfte Gottfried Silbermann Frankreich verlassen haben, denn auf Grund des im vorigen Kapitel zitierten Schreibens des Frauensteiner Rates konnten wir ausrechnen, daß der junge Meister etwa Ende April oder Anfang Mai 1710 wieder in Frauenstein eingetroffen sein muß.

Wir werden im folgenden Kapitel erfahren, unter welchen Umständen und Bedingungen Gottfried Silbermann für die Kirche seiner Heimatstadt eine neue Orgel gebaut hat. Trotzdem sei es gestattet, den Dingen ein wenig vorzugreifen und schon jetzt einen Blick in die über diesen Orgelbau noch vorhandenen Akten zu werfen. Wir können daraus ersehen, daß der junge Meister zunächst eine Reparatur der „Orgelbalgen" (= Blasebälge) ausführte[1] und dann das alte Orgelwerk abgetragen hat. Mit dem eigentlichen Orgelbau scheint er spätestens Mitte Juni 1710 begonnen zu haben. Das beweist die Rechnung des Seifensieders David Kleinpaul. Er hat Gottfried Silbermann „bey Verfertigung des hiesigen Orgelwercks" die benötigten „Lichte überliefert". Regelmäßig jede Woche lieferte er ein Pfund und das erstemal „den 20. Juny 1710".

Damit dürfte – unabhängig von dem Schreiben des Rates – bewiesen sein, daß der junge Orgelbauer mindestens schon im Mai 1710 in Frauenstein weilte und der von uns errechnete Zeitpunkt seiner Rückkehr in die Heimat richtig sein muß.[2]

„Ludwig Mooser" hat Gottfried Silbermann auf seiner Reise in die Heimat genau verfolgt. Er schrieb: „Von Offenburg gelangte er ohne alle Gefährdung[3] nach Stuttgart, von da nach Nürnberg, Bamberg, Gera und Altenburg nach Leipzig."[4] Es ist durchaus möglich, daß der junge „Orgelmacher" diese Route benutzt hat. Beweise gibt es nicht.

Eines steht allerdings fest: Gottfried Silbermann muß auf seiner Reise Leipzig berührt und dort Thomaskantor Kuhnau aufgesucht haben.[5] Um das zu beweisen, müssen wir die im vorigen Kapitel nur kurz zitierte Stelle aus dem Brief Kuhnaus an Mattheson im vollen Wortlaut wiedergeben. Kuhnau schrieb am 8. Dezember 1717: „Unter vielen guten Meistern, sonderlich der Orgeln, kenne ich ihrer zween [= zwei]. Einer heisset Silbermann, aus unserm Meißner-Lande gebürtig, der andere ist ein Thüringer von Mühlhausen, namentlich Wender. Jener [Silbermann] kam vor etlichen Jahren aus Straßburg mit guten Attestatis [= Zeugnissen], daß er nicht nur in Straßburg, sondern auch an unterschiedenen Orten in Franckreich herrliche Orgelwercke und Clavicins verfertiget. Daher ich ihm auch damahls eine Recommendation [= Empfehlung] nach Freyberg mitgab, wo ihm gleich der Bau eines großen Orgelwerckes anvertraut wurde, das er mit großem Ruhme verfertiget, und eine ganz ungemein saubere und accurate Arbeit geliefert."[6] Diese Worte sind in verschiedener Hinsicht von größtem Wert. Wir werden auf sie zurückkommen, wenn wir uns mit Silbermanns Orgel im Dom zu Freiberg beschäftigen. Jetzt wollen wir nur festhalten, daß aus dem Wort „damahls" unzweifelhaft hervorgeht, daß Silbermann den Empfehlungsbrief erhielt, als er aus Frankreich in die Heimat zurückkehrte.

Wahrscheinlich ist der junge Orgelbauer von Leipzig direkt nach Freiberg gereist, um sich persönlich um den Domorgelbau zu bewerben. Dabei legte er gewiß mit berechtigtem Stolz das Empfehlungsschreiben vor, welches ihm Johann Kuhnau mitgegeben hatte.

Weiter ist es sehr wahrscheinlich, daß sich Gottfried Silbermann bei dieser Gelegenheit mit den räumlichen und akustischen Verhältnissen des Doms vertraut machte.[7] Unter dem 24. Juni 1710 und der Ortsangabe „Frauenstein" reichte Silbermann dann einen schriftlichen Dispositionsentwurf für die Freiberger Orgel ein.

Wenn der junge Meister, bevor er sich selbständig machte, Thomaskantor Kuhnau in Leipzig aufsuchte, ist das ein sehr bemerkenswerter Beweis dafür, daß Gottfried Silbermann von Anfang an zielbewußt gehandelt hat. Er war sich bestimmt darüber klar, daß er als unbekannter Orgelbauer zunächst die Empfehlung eines Experten braucht, bis seine Werke ihn selbst empfehlen. Andererseits muß Johann Kuhnau auf Grund der von Silbermann vorgelegten Zeugnisse und durch das Gespräch mit ihm die Überzeugung gewonnen haben, daß der siebenundzwanzigjährige „Orgelmacher" ganz außergewöhnliche Kenntnisse und Fähigkeiten besitzt.[8]

Welche Gedanken und Gefühle mögen den jungen Orgelbaumeister beschäftigt und bewegt haben, als er nach mehrjähriger Abwesenheit seine Heimatstadt Frauenstein wiedersah? Bild 7 zeigt uns, wie die kleine „hochgebaute" Stadt damals ausgesehen hat.[9]

Wenn Gottfried Silbermann von Freiberg kam, muß er durch das Stadttor in der „Freybergischen Gasse" in die Stadt gelangt sein.[10] Beim Passieren des Stadttores grüßte ihn das aus Sandstein gearbeitete Stadtwappen, das beim Neubau des Torhauses im Jahre 1694 „außwendig über das Thor eingemauert" worden war[11] (Bild 8).

Die „Freybergische Gasse" hatte zu beiden Seiten nur fünf Häuser. Gottfried Silbermann erreichte so rasch den Marktplatz. Hier standen damals noch die Stadtkirche und das große Rathaus mit seinem hohen runden Turm friedlich nebeneinander.[12] Als der junge Orgelbauer das alte, vertraute Gotteshaus erblickte, mag er noch nicht geahnt haben, daß ihn schon wenige Tage später Pfarrer Christian Weber bitten wird, „die Orgel zu repariren". Nur noch wenige Schritte, vorbei an der „Fronveste" (Amtsgefängnis) mit ihrer „Marterstube",[13] hatte Gottfried zu gehen, und dann stand er in der Hayngasse vor dem Haus seiner Eltern. Wie groß mag seine Freude gewesen sein, den fast siebzigjährigen Vater und die Mutter, die vor kurzem ihr achtundfünfzigstes Lebensjahr vollendet hatte, wiederzusehen. Und wie stolz werden Michael und Anna Maria Silbermann auf ihren Gottfried gewesen sein, als er ihnen seine Zeugnisse und das Empfehlungsschreiben des Leipziger Thomaskantors zeigte[14] und ihnen erzählte, daß er sich um den Orgelbau im Freiberger Dom bewerben will. Und im Städtchen mag es sich rasch herumgesprochen haben: Michael Silbermanns Gottfried ist aus der Fremde wieder heimgekehrt. Außer den Eltern mag sich auch Christian Leipoldt, der Organist, besonders über die Ankunft des jungen Orgelbauers gefreut haben. Nun war endlich jemand da, der die alte „miserable" Orgel der Stadtkirche reparieren konnte.

Aber viele, die Gottfried als Kind gekannt hatten oder ihn als jungen Tischlergesellen in die Fremde ziehen sahen, erlebten seine Rückkehr als „Orgelmacher" nicht. Die Paten Gottfried Tanneberg und Michael Häber, der Kantor Gottfried Nitzsche und der Bürgermeister Gottfried Kaden, bei dem die Mutter einst „in Diensten" gestanden hatte, ruhten schon auf dem Gottesacker.

1 Wahrscheinlich waren die Bälge der alten Orgel noch gebrauchsfähig.

2 Was soll man dazu sagen, wenn „Ludwig Mooser" in seinem 1861 erschienenen Buch „Das Brüderpaar, die Orgelbaumeister Andreas und Gottfried Silbermann" schreibt: „Als Schiffer verkleidet, verließ er [Gottfried Silbermann] beim Anbruch eines nebligen Septembermorgens im Jahre 1711 [?] die schöne Stadt Straßburg ..." Nach dem im vorigen Kapitel zitierten „Leipziger Artikel" von 1882 soll aber zur gleichen Jahreszeit, nur ein Jahr früher, Silbermanns erste Frauensteiner Orgel geprüft worden sein. In seiner 1857 veröffentlichten Schrift hatte „Ludwig Mooser" dagegen versichert: „Es war im Jahre 1707 [?], als die bewährten Stammgäste im Gasthofe zu Frauenstein in einer halbdunklen Ecke der Gaststube einen jungen Mann [nämlich Gottfried Silbermann] in einem graubraunen Rocke wahrnahmen ..." Ist damit nicht zur Genüge bewiesen, welchen „Wert" diese Schriften haben?

3 Hierzu ist zu bemerken, daß sich nach Moosers Phantasie Gottfried Silbermann auf der Flucht

befand, weil er mit der versuchten „Nonnenentführung“ ein todeswürdiges Verbrechen begangen hatte.

4 Die von „Ludwig Mooser“ (1857) angegebene Reiseroute Gottfried Silbermanns hat Rupp in seiner „Entwicklungsgeschichte der Orgelbaukunst“ (1929) „kopiert“. Man stützte sich eben gern auf Vorgänger. Daß Rupp auch Moosers Irrtum, Silbermanns zweite Orgel wäre die zu St. Jakobi in Freiberg gewesen, übernommen hat, ist sehr erstaunlich.

5 Kuhnau war als Thomaskantor der unmittelbare Vorgänger von Johann Sebastian Bach. Er wurde am 6. April 1660 in „Neugeißing“ geboren. Nach der Beurkundung im Pfarramt zu Geising (Erzgebirge) hieß er eigentlich „Johannes Kuhn“. Kuhnau ist zweiundsechzig Jahre alt geworden und starb am 5. Juni 1722 in Leipzig. Er wird uns später als „Examinator“ Silbermannscher Orgeln begegnen. – Ernst Ludwig Gerber hat in seinem 1790 erschienenen „Historisch-Biographischen Lexikon der Tonkünstler“ Johann Kuhnau dreieinhalb Spalten gewidmet. Nach seinen Worten war Kuhnau „vielleicht der größte Gelehrte, den in diesem Jahrhundert die musikalische Geschichte aufzuweisen hat“. Gerber stellte fest, daß man „über die Thätigkeit, den Fleiß und das umfassende Genie dieses großen Mannes“ staunen muß.

6 Damit bestätigte Kuhnau mit wenigen Worten, was er in seinem Prüfungsbericht über die Freiberger Domorgel reichlich drei Jahre früher festgestellt hatte.

7 Wir wissen von Gottfried Silbermann, daß er vor einem Orgelbau, ja bevor er überhaupt eine Disposition entwarf, sich stets erst das betreffende Gotteshaus genau ansah, um die räumlichen und akustischen Bedingungen kennenzulernen. Dafür zwei Beispiele: Als der Amtmann von Rochlitz am 13. Januar 1724 Gottfried Silbermann und zwei andere Orgelbauer um ein Gutachten wegen Erbauung einer neuen Orgel in der Kirche zu St. Petri bat, antwortete Silbermann: „... melde Ihnen gehorsamst, daß auf die beygelegte Disposition ich nicht eher meine Gedanken und Pretium [= Preis der Orgel] notificiren kann, ehe und bevor ich den Platz, wo die Orgel hingesetzt werden soll, in Augenschein genommen.“ – Am 19. Februar 1730 schrieb Gottfried Silbermann an Pastor Degenkolb in Stolpen, der sich wegen eines neuen Orgelbaues an ihn gewandt hatte: „Ehe und bevor [ich] den Platz zu Ihrer künfftigen Orgel und die Kirche selbst in Augenschein genommen, kann ich weder Riß noch Disposition einschicken.“

8 Das hat er wenig später bei einem Gespräch mit Dr. Immanuel Lehmann aus Freiberg zum Ausdruck gebracht. Im Kapitel über die Freiberger Domorgel werden wir darüber mehr erfahren.

9 Beim Betrachten des Bildes fallen uns rechts auf dem Berge zwei eindrucksvolle Bauwerke auf: das Renaissance-Schloß und daneben die mittelalterliche Burg. Das Schloß hat Heinrich von Schönberg bauen lassen. Es wurde 1588 vollendet. Den Grundstein hatte man am 13. Mai 1585 gelegt. Nach 1647 diente das Schloß kurfürstlichen Amtmännern als Wohn- und Amtssitz. Die Burg ist in der Zeit um 1200 erbaut worden. Die Markgrafen von Meißen verlehnten und verpfändeten sie mit allen dazugehörigen Dörfern und Rechten den Burggrafen von Meißen und anderen „lieben Getreuen“, zuletzt den Herren von Schönberg. Nach Vollendung des Schlosses (1588) ist die Burg nicht mehr bewohnt worden. Erst 1728 verlor sie bei einer Feuersbrunst ihre Schindeldächer und wurde durch Witterungseinflüsse Ruine. – Wir erkennen auf dem Bild auch die Stadtkirche und daneben den Rathausturm. Der Ort lag einst am Fuße der Burg, in dem Talgrund am rechten Bildrand. Hier steht heute noch ein schindelgedecktes Kirchlein.

10 Dieses Torhaus war 1694 neu gebaut worden, nachdem das alte „ganz eingegangen und nicht mehr zu bewohnen gewesen“. Insgesamt hat der Torhausbau damals einhundertfünfunddreißig Gulden gekostet. Alle Zimmererarbeiten wurden von „Michael Silbermann“ ausgeführt. Er war zweiundfünfzig Tage tätig und sein Geselle siebenundvierzig Tage.

11 Dieses Wappen wurde von dem Freiberger Bildhauer Theodor Meyer angefertigt. Nach der

in der Ratsrechnung von 1694 befindlichen eigenhändigen Quittung Meyers hat er für das gelungene Werk vier Taler und sechs Groschen bekommen. Zum Vergleich: Ein Maurermeister forderte damals fünf Groschen Tagelohn. Und ein Pfund Kalbfleisch kostete einen Groschen (1 Taler = 24 Groschen).

12 Bei dem Stadtbrand im Jahre 1728 brannten beide Gebäude aus, wurden aber wieder aufgebaut. Im Jahre 1869 fielen Kirche und Rathaus wieder einer Feuersbrunst zum Opfer. Die Kirche wurde auf den alten Grundmauern wieder errichtet. Die Rathausruine dagegen trug man ab und baute ein neues, wesentlich kleineres Rathaus. Es wurde in die Häuserreihe an der Nordseite des Marktes eingefügt.

13 Im Jahre 1619 waren in der „Marterstube" auf Befehl Caspar von Schönbergs Bauern gefangengehalten worden, weil sie neue und zusätzliche Frondienste nicht leisten wollten. Die „Marterstube" wird auch in einem alten Ratsinventarverzeichnis von 1674 erwähnt.

14 Das letztere scheint Gottfried Silbermann nicht in Freiberg gelassen zu haben, denn in den Orgelbauakten ist es nicht zu finden.

Die erste Orgel für die Heimatstadt

Wenn wir heute, nach zweihundertundsiebzig Jahren, „nacherleben" können, wie Gottfried Silbermann in der Frauensteiner Stadtkirche seine erste Orgel schuf, dann haben wir das dem Umstand zu verdanken, daß trotz zweier Stadtbrände und vieler Kriegswirren die darüber ergangenen Akten erhalten geblieben sind.[1] Auf ihrer Titelseite steht geschrieben: „ACTA, Das von Hrn. Gottfried Silbermannen allhier zu Frauenstein verfertigte Orgel-Werck und was demselben allendthalben mehr anhängig betr. Ergangen im Ambt Frauenstein, Anno 1711." Die Akten lagen lange Zeit unbeachtet im Stadtarchiv.[2] Jetzt sind sie in der Silbermann-Abteilung des Heimatmuseums zu sehen.

Das wichtigste Dokument in dem Aktenband ist ein sogenannter „Aufsatz".[3] Dieses Schriftstück gibt Aufschluß über die Bedingungen, unter denen Silbermann sein Werk geschaffen hat.[4] Es wird deshalb das beste sein, wenn wir den Aufsatz Wort für Wort studieren. Er lautet:

„Praes. den 27. July 1711. Nachdem Tit. der Herr Pfarrer in Frauenstein,[5] nach meiner Ankunfft daselbst, mich ersuchet, ich möchte doch Ihre Orgell repariren und die Bälger an einen andern Orth bringen,[6] alß habe mir solches gefallen laßen, und vor meine Mühe ohne die Materialien 16 thl. [= Taler] verlanget, welche ich auch von den Kirch-Vater ausgezahlet bekommen.[7] Wie ich nun die reparatur vornehmen wollen, habe ich das Werck in einen so gar miserabeln Zustande befunden,[8] daß ungeachtet allen Fleißes, den man etwan darauf wenden möchte, dennoch nichts beständiges von solcher reparatur zu hoffen gewesen.[9] Dahero habe mich resolviret [= entschlossen], weil Frauenstein mein Vaterland, Gott zu Ehren und der Kirche zu Liebe, ein gantz neues Orgell-Werck zu verfertigen, wenn mir nur die darzu nöthigen Materialien, nebst der Kost vor mich und meine Leute geschaffet, und vor leztere der Lohn gereichet würde, welches sich denn die ganze Gemeine gefallen laßen, auch auf den Rathhauße, alß es der H. Stadt-Schreiber vorgetragen, angefangen Geld darzu zusammen zu legen. Habe mich also in Gottes Nahmen über den Bau gemachet, das alte Werck abgetragen und das Neue angefangen, worüber ich 33 völlige Wochen zugebracht, binnen welcher Zeit ich verleget:

	37 thl.	3 gr.	vor Kost vor mich, die Woche 27 gr.[10]
	32 thl.	–	Koste Geld vor den einen Gesellen, auf 32 Wochen, wöchentl. 1 thlr.[11]
	22 thl.	8 gr.	diesen Gesellen Lohn geben, auf 32 Wochen, die ersten 29 Wochen wöchentl. 16 gr. die leztern 3 aber wöchentl. 1 thlr.
	18 thl.	–	vor den andern Gesellen Kostegeld, auf 18 Wochen[12]
	12 thl.	–	diesen Gesellen Lohn geben, auf 18 Wochen, die Woche 16 gr.
	18 thl.	–	Kostegeld vor den Jungen, auf 27 Wochen, wöchentl. 16 gr.[13]
	4 thl.	–	den Calcanten geben auf 5 Wochen[14]
	6 thl.	–	Beym Bild-Hauer verleget, vor das Schnitz-Werck[15]
	10 thl.	–	vor Bargend, Drath, Meßingen Blech, WißMuth, Calvonium etc. verlegt[16]
	1 thl.	8 gr.	Reiße-Kosten, als ich das Holtz zur Windlade bestellet.
Summa	160 thl.	19 gr.	
			Vor Eben-Holtz und ElffenBein zum Clavir habe nichts verlanget.
			Hiervon gehet ab
	10 thl.	–	So ich von den Herrn Stadt-Schreiber bekommen
	6 thl.	–	So ich von den Hospittal-Pfleger Greiffen erhalten
	16 thl.		
	144 thl.	19 gr.	
	16		
	128 thl.	19 gr.[17]	Bleibt also noch zu zahlen
			Gottfried Silbermann[18]
			Orgel-Macher.“

Soweit der „Aufsatz“. Bild 9 zeigt die erste Seite desselben.

Halten wir fest: Gottfried Silbermann baute die Orgel, ohne für sich – außer Kostgeld – irgendeine Vergütung zu fordern. Seine Begründung war: „... weil Frauenstein mein Vaterland, Gott zu Ehren und der Kirche zu Liebe“. Der Rat hat in einem Schreiben vom 8. August 1711 an den Kurfürsten ausdrücklich erwähnt, daß Gottfried Silbermann dieses Angebot „ultro“, das heißt „aus freien Stücken“, gemacht habe.

Die Akten enthalten auch interessante Rechnungen verschiedener Handwerker, die an dem Orgelbau beteiligt waren: Schlosser Gabriel Fuhrmann, Tischler Daniel Übermann, Seifensieder David Kleinpaul und Hufschmied Christoph Ihle.
Besonders erwähnenswert ist die Rechnung des Tischlers Übermann. Er forderte vier Gulden[19] und achtzehn Groschen, weil er „uff 34 Wochen von 14. July 1710 biß den 14. Februar 1711" sein „Handtwergks-Zeugk" geliehen hatte. Er lieferte auch „1¼ ßo. [= Schock] Bretter zu dem Gehäuße undt Pfeiffen".[20] Außerdem hat der Tischler in dem Zeitraum vom 19. Juli bis 11. Oktober 1710 insgesamt sechsundsechzig Tage selbst mit „in der Kirche geholffen".
Die Rechnung des Seifensieders für die „überlieferten Lichte" belief sich auf sechs Taler und zwölf Groschen. Die erste Lieferung erfolgte am 20. Juni 1710 und die letzte am 1. Mai 1711. Nach der Rechnung hat der Orgelbau von Anfang Februar bis Mitte April 1711 anscheinend geruht,[21] denn in dieser Zeit sind keine Lichte geliefert worden.
Es ist erwähnenswert, daß Gottfried Silbermann das „Eichen-Holz" und „4 Eichene Brether" persönlich in Fördergersdorf (bei Freital) bzw. in Erbisdorf (bei Freiberg) gekauft hat. Daraus wurden die für die Orgel ungemein wichtigen Windladen hergestellt,[22] und deshalb mußte das Holz von guter Qualität sein.
Um das Zinn zur Anfertigung der Pfeifen anschaffen zu können, borgte der Bürgermeister von Lohgerbermeister Gottfried Schindtler sechsunddreißig Taler.[23] Aus den Aufzeichnungen des Stadtschreibers können wir ersehen, daß das Zinn aus Geising bezogen wurde.[24] Außerdem sind noch über zweieinhalb Zentner Blei in Freiberg „erkaufft" worden.
Nach der „Specification" des Stadtschreibers Johann Jeremias Mäcke[25] beliefen sich die Kosten für den Orgelbau auf insgesamt zweihundertundsiebzig Taler, sechs Groschen und neun Pfennige.[26]
Wie haben „der Rath und arme Bürgerschafft zu Frauenstein" diese Summe aufgebracht? Rund fünfundsechzig Taler kamen an „Collecten-Geldtern" ein, und rund sechzehn Taler trug die Kirche bei. Fünfzig Taler wurden als zinsloses Darlehen dem „Hospital-Vermögen" entnommen. Zwölf bzw. zehn Taler stifteten Hofjägermeister von Leubnitz und Amtmann Gensel. An weiteren Spenden gingen reichlich sieben Taler ein. Der verbleibende Rest von rund 108 Talern wurde auf die „Kirchfarth" umgelegt.[27] Die „Ambtsdorffschafften" beeilten sich mit der Bezahlung ihrer Anteile aber nicht. Unter allerlei Vorwänden wurde die Angelegenheit jahrelang „verschleppt".[28]

Für die Stadt Frauenstein war es nicht allzu schwierig, zunächst dreiundvierzig Taler aufzubringen. Nach den Aufzeichnungen des Stadtschreibers haben der Amtsschreiber vier Taler, der „Ambts-Actuariy“ zwei Taler und der „Diacony“ einen Taler und acht Groschen gespendet. Fünfunddreißig Taler und achtzehn Groschen sind „unter der Bürgerschafft durch Geschenke eingebracht“ bzw. gesammelt worden. Damit waren die Geldquellen aber offenbar erschöpft, denn ein Rest von elf Talern stand im Herbst des Jahres 1715 noch offen.

Wenn wir in den uns vorliegenden Akten blättern, finden wir auch das vollständige Verzeichnis aller Bürger und Einwohner von Frauenstein, die durch eine Geldspende zur Finanzierung des Orgelbaues beigetragen haben. Obwohl es auf den ersten Blick ganz nichtssagend aussieht, kann es uns doch manches erzählen. Das Verzeichnis bezeugt in einzigartiger Weise, daß der Orgelbau eine Angelegenheit war, die von der ganzen Gemeinde getragen wurde. Insgesamt werden einhunderteinunddreißig Personen, meistens namentlich, als Spender aufgeführt. Ist das nicht auch ein Beweis dafür, welcher Wertschätzung sich Gottfried Silbermann in seiner Heimatstadt erfreuen durfte? Es gab in der kleinen Stadt wohl keine Familie, die sich bei der Geldsammlung ausgeschlossen hat. Natürlich war die Höhe der einzelnen Spenden sehr unterschiedlich. Das geringste waren neun Pfennige von George Schneider.[29] Johann Gottlieb Gau, der Sohn des ehemaligen Amtmanns, zeichnete dagegen zwei Taler.[30] Unter den Spendern finden wir selbstredend auch Bürgermeister Johann Mäcke mit zwei Talern, seine Ehefrau mit einem Taler und die Magd mit zwei Groschen. Dann erscheinen der „Stadtmusikus“ Samuel Schubert mit einem Taler, die Witwe seines Vorgängers Gabriel Müller mit vier und ihre Tochter mit zwei Groschen. Die Ehefrau des Stadtschreibers trug sich mit einem Taler und acht Groschen in die Spendenliste ein. Ihre drei Mägde zeichneten gemeinsam acht Groschen. Georg Richter, der Knecht des Bürgermeisters, mit seinen vier Groschen sei auch nicht vergessen. Insgesamt werden in der Liste sechs Witwen und fünfzehn Mägde aufgeführt. Wenn jede einen oder zwei Groschen gab, dann war das damals ein Opfer.

Nicht unerwähnt darf bleiben, daß in der Liste auch die Namen von zwei Männern stehen, mit denen wir schon lange gut bekannt sind: Michael Silbermann sen. und Michael Silbermann jun. Der Vater und der Stiefbruder Gottfried Silbermanns zeichneten mit zwölf bzw. sechzehn Groschen ansehnliche Beträge.

Beim Studium des vergilbten Aktenbandes finden wir noch ein besonders aufschlußreiches Schriftstück: das von Amtsaktuar Georg Gottfried Hoffmann[31] geschriebene Protokoll über die Prüfung und die Weihe der Orgel. Beides fand am 26. Juli 1711 statt.[32] Dem im wahrsten Sinne des Wortes „amtlichen" Bericht können wir entnehmen, daß „die von Herrn Gottfried Silbermannen in der Stadt-Kirchen hiesiges Orths von neuem verfertigte Orgel solenni modo [= in feierlicher Weise] vermittelst einer Orgel-Predigt im Nahmen Gottes eingeweyhet" worden ist. Die Orgel-Predigt hielt Christian Lehmann, Doktor der Theologie und „hochverordneter Pastor und Superintendent zu Freybergk".[33] Er bekam dafür vier Taler.

Zur Prüfung der neuen Orgel wurde Immanuel Lehmann aus Freiberg,[34] als ein „dieses Wercks verständiger" Mann herangezogen. Er wird im Protokoll als „Medicina Doctori und Practico" bezeichnet. Er muß also neben seinem ärztlichen Beruf auch ein guter Musik- und Orgelkenner gewesen sein.[35] In dem Protokoll des Amtsaktuars wird bezeugt, daß Dr. Lehmann Silbermanns Orgel „examiniret und allendthalben vor tüchtig befunden" hat. Der Kirchenvorsteher Johann Christoph Greif zahlte Dr. Lehmann für seine Mühe zwei Taler aus.

Die Prüfung der Orgel erfolgte übrigens in Gegenwart des Amtmannes Johann Christian Gensel, des Superintendenten Lehmann, der beiden Frauensteiner Geistlichen, Pastor Weber und Diakonus Schultze, des Bürgermeisters Theodor Johann Mäcke und anderer „Rathsverwandter".

Nachdem die Prüfung zur allgemeinen Zufriedenheit ausgefallen war, wurde das Werk des jungen Meisters dem „ordentlichen Organisten, Herrn Christian Leupolden, Schul-Rectori alhier, anvertrauet". Dieser, Gottfried Silbermanns ehemaliger Lehrer, versicherte feierlich, „daß er solches neues Orgel-Werck nach seinem besten Verstande in acht nehmen wolle".

Es soll nicht unerwähnt bleiben, daß Kirchenvorsteher Greif sechzehn Groschen verlegt hat, um „Herrn Silbermannen bey Übergabe der Orgel hohlen zu laßen". Damit ist bewiesen, daß der Meister im Juli 1711 schon an der Freiberger Domorgel arbeitete.[36] „Kirchenvater" Greif verlegte weitere sechzehn Groschen, um „Herrn Doct. Lehmannen nach Freybergk fahren zu laßen".

Am Tage nach der Orgelweihe, am 27. Juli 1711, wurde in der „Pfarr-Wohnung" eine sogenannte „Local-Kirch-Rechnung" abgehalten.[37] Hier hat Gottfried Silbermann den erwähnten „Auffsaz" übergeben und um Bezahlung des „baaren Verlags" von insgesamt einhundertachtundzwanzig Talern und neunzehn Groschen „Ansuchung gethan". Nachdem man alle noch unbezahlten Belege zusammengerechnet hatte, erklärte der junge Orgelbaumeister, daß er „mit 100 Thlrn. zufrieden sein und 28 Thlr. 19 gr. remittiren wolle". Er hat das nicht zuletzt deswegen getan, „damit die Orgel desto eher gemahlet" werden konnte.[38] Hierauf versicherte man Silbermann, daß man ihm diese Summe binnen vier Wochen bezahlen wolle. Leider geben die Akten keine Auskunft darüber, ob dieses Versprechen eingehalten worden ist. In dem Brief des Rates vom 8. August 1711 an den Kurfürsten heißt es: „Gleichwohl aber eine große Undanckbarkeit wäre, wenn demselben [Silbermann] sein gethaner Vorschuß über seine umbsonst gethane Arbeith nicht bezahlet würde." Man brachte bei dieser Gelegenheit nochmals zum Ausdruck, daß die neue Orgel „mit sonderbahrem [= besonderem] Vergnügen sämbtlicher Kirchfarth eingeweihet" wurde. Man habe sie bei der „Examination nicht nur sehr angenehm und tüchtig befunden", sondern „vom Verfertiger sei auch die Gewähr uff zwei Jahr versprochen worden". In dem Brief wird nebenbei erwähnt, daß der Wert „dieses herrlichen Orgelwercks" auf achthundert Taler taxiert worden ist.[39]

Nach einer Abrechnung, die Stadtschreiber Mäcke am 16. Oktober 1713 vorlegte, hatten damals „noch zu fordern": „7 Thlr. H. Silbermann undt 36 Thlr. vor das Zien [= Zinn] H. Gottfried Schindtler." Hoffentlich hat man beide nicht mehr allzulange warten lassen.[40]

Am 12. März 1728 früh ¾7 Uhr entstand bei Johann Heinrich Homilius, „einem Weißbeckern vorm Böhmischen Thore", ein Brand. Durch „starcken Wind" wurde das Feuer so angefacht, daß innerhalb von fünf Stunden[41] zweiundsechzig Bürgerhäuser, das alte und das neue Schloß, sämtliche Amts- und Vorwerksgebäude, die Kirche, die Pfarr- und Diakonatwohnungen, die Schule, das Rathaus, die Brau- und Gärhäuser, die Fronfeste und die vier Stadttorhäuser „wegbrandten". Auch Gottfried Silbermanns Orgel, vor siebzehn Jahren „Gott zu Ehren und aus Liebe zu hiesiger Stadt undt Kirchfarth" erst erbaut, wurde ein Opfer der Flammen.[42]

1 Es ist ein besonderer Glücksumstand gewesen, daß die Akten bei dem großen Brand im Jahre 1728 nicht vernichtet worden sind. Sie befanden sich im Amtsarchiv. Dasselbe war in einem Gewölbe des Schlosses untergebracht, und deshalb ist es „unversehret conserviret" worden, obwohl das Schloß ausbrannte. Aber auch später sind die Akten in vielen Gefahren bewahrt geblieben. Und das ist gut so, andernfalls wären wir nur auf die uns schon bekannten „Biographen" aus dem vorigen Jahrhundert angewiesen. Und von ihnen könnten wir nicht einmal genau erfahren, wann die Orgel gebaut worden ist.

2 Erst 1928 hat Schulrektor Wagner die wichtigsten Schriftstücke im „Frauensteiner Anzeiger" veröffentlicht.

3 Gottfried Silbermann hat ihn Ende Juli 1711 vom Freiberger Domorganisten Elias Lindner schreiben lassen, wie der Verfasser durch Schriftvergleiche feststellen konnte.

4 Der junge Meister hat zwar – wie wir aus einigen Schriften schließen konnten – schon vor der Rückkehr in die Heimat „in der Fremde" gearbeitet. Trotzdem dürfte es erlaubt sein, die Frauensteiner Orgel als Gottfried Silbermanns Erstlingswerk zu bezeichnen. Zumindest war sie in Sachsen das erste Werk, das der junge Meister schuf.

5 Als Pfarrer amtierte damals (seit 1699) Christian Weber, geboren 1651 in Freiberg. Er hatte in Freiberg, Leipzig und Wittenberg studiert und starb 1714 in Frauenstein. Sein Epitaph (= Grabdenkmal) finden wir noch heute in der Friedhofskapelle.

6 Wenn wir das unvoreingenommen lesen, haben wir das Gefühl, daß man auf Gottfried Silbermann gewartet hat.

7 Der Betrag ist aus „Collectengeldern" bestritten worden. Insgesamt verursachten die Arbeiten einen Aufwand von fast fünfundvierzig Talern. Der Tischler Übermann hatte sechs Tage mitgearbeitet, aber auch Gottfried Silbermanns Stiefbruder Michael war mit beteiligt. Er bekam achtzehn Groschen für „eine Cammer an [den] Bälgen zu beschlagen". Für die Reparatur der „Orgel-Balgen" (= Blasebälge) wurden u. a. „25 pfundt Leim, 3 Bogen alte Mönchsschrift [!], 8 hundert Schindel-Nagel, 2 Schock Breth-Nagel, 3 Schock Spinde-Nagel, 3 Mandeln [= 45 Stück] Spinde-Breter, 1/2 Schock Schwarten-Brether, 2 Schock Schindeln und 33 weißgahre Schaffelle" benötigt. Die letzteren hatte ein Bote aus Dresden gebracht.

8 Die Orgel ist 1584 von Bartholomäus Zencker aus Eilenburg erbaut worden.

9 Aus einem Aktenstück („Die Orgel undt selbige reparirung alhier zu Frawenstein betreffende, Anno 1678") erfahren wir, daß das Werk schon damals „an den Pfeiffwerck, Windladen, Canal vnd Bälgen zimlich schadhafft" gewesen ist. Viele Pfeifen waren „mit sehr viel Staub verunreinigt, deßwegen die allermeisten stumm sind". Vom „Principal"-Register klangen „etliche Pfeifen sehr heiser", weil sich in ihnen ebenfalls Staub angesammelt hatte. – Am 29. Oktober 1678 schlossen Amtmann Gau, Pastor Wallrich und Diakon Stolze, nebst Bürgermeister Schneider, mit dem Dresdner Orgelbauer Christian Gräbner einen Kontrakt. Hiernach wollte dieser die Orgel für einhundertachtundvierzig Taler „ganz von Neuem repariren und standhafftigk machen". Diese „Generalreparatur" konnte aber das Leben der Orgel nur um reichlich drei Jahrzehnte verlängern.

10 „27 gr." = 27 Groschen oder ein Taler und 3 Groschen.
Ob Gottfried Silbermann bei seinen Eltern in Kost war und bei ihnen wohnte? Diese Frage beantwortet uns Diakon Schultze. Als er am 6. September 1710 ein Söhnlein des Bürgers Hiob Grimmer taufte, nannte er als „Zeugen" auch „H. Gottfried Silbermann, Orgelmacher, damahls bey seinem Vater Michael Silbermann, Bürger und Zimmermann in Frauenstein, sich aufhaltend". Übrigens stand Gottfried Silbermann am 4. Februar 1711 nochmals Pate, als der Böttcher Christian Dorn, der mit einer Tochter von Gottfrieds Stiefbruder Michael verheiratet war, einen Knaben taufen ließ. Diakon Schultze schrieb: „H. Gottfried Silbermann, wohl berühmter Künstler und Orgelmacher, damahls allhier sich aufhaltend". Der junge Meister erhielt somit schon reichlich fünf Monate vor der Weihe seines Erstlingswerkes das „Prädikat" eines berühmten Künstlers.

11 Der Geselle hat demnach nur drei Groschen weniger Kostgeld bekommen als der Meister.

12 Ob der zweite Geselle die ersten oder die letzten achtzehn Wochen der insgesamt dreiunddreißigwöchigen Bauzeit mitgearbeitet hat? Das letztere dürfte wahrscheinlicher sein.

13 Es ist leicht auszurechnen, daß der Meister bereits fünf oder sechs Wochen gearbeitet hatte, als er einen Lehrling annahm. Ob dieser „Junge" ein Frauensteiner war, der Lust bekommen hatte, Orgelbauer zu werden? Schade, daß Gottfried Silbermann uns den Namen seines Lehrlings nicht aufschreiben ließ.

14 Der „Calcant“ mußte die Blasebälge treten, wenn der Orgelbauer die Pfeifen intoniert und stimmt. Die Orgel soll nach einem Schreiben des Rates vom 8. August 1711 „in 1025 Pfeifen bestanden“ haben.
Hier liegt ein (nicht mehr aufklärbarer) Irrtum vor, da das Werk nur fünfzehn Stimmen gehabt haben kann.

15 Das Schnitzwerk diente zur Ausschmückung der Schauseite des Orgelgehäuses.

16 Wofür diese Materialien verwendet wurden, erfahren wir im übernächsten Kapitel, wenn wir Silbermanns Materialanforderung für den Bau der Freiberger Domorgel betrachten.

17 Von der an Silbermann noch zu bezahlenden Gesamtsumme von 144 Talern und 19 Groschen sind anscheinend die bereits abgezogenen 16 Taler Abschlagszahlung noch einmal abgezogen worden.

18 Als der Verfasser (etwa 1954) die Akten zum erstenmal in die Hand bekam, mußte er feststellen, daß aus dem Aufsatz Gottfried Silbermanns Unterschrift herausgeschnitten worden ist! Als das Dokument 1928 veröffentlicht wurde, war es offenbar noch „unverletzt“.

19 Ein Gulden = 21 Groschen.

20 Nur ein verhältnismäßig kleiner Teil der Pfeifen wird aus Holz angefertigt, die meisten werden dagegen aus Zinn bzw. aus Zinn und Blei (mit Wismutzusatz) hergestellt.

21 Gottfried Silbermann hat sich damals mit dem Freiberger Domorgelbau beschäftigt.

22 In der Barockzeit hat man die Orgel mit einem lebendigen Organismus verglichen. Ein Zeitgenosse Silbermanns, der Erfurter Organist Jakob Adlung, sprach von den „Eingeweiden der Orgel“ und verglich die Windlade mit dem Herz und den Wind mit dem Blut. Und der Hamburger Musikgelehrte Johann Mattheson hat die Blasebälge der Orgel mit der Lunge eines lebenden Organismus verglichen. So ist es auch nicht verwunderlich, wenn man in alten Orgelkontrakten die Orgelfassade als „Gesicht“ bezeichnet hat.

23 Ein Zentner Zinn kostete damals vierundzwanzig Taler.

24 Johann Fritzsche und Johann Arnold erhielten je drei Groschen Botenlohn, weil sie zweimal nach Geising gegangen waren, um das Zinn zu bestellen.

25 Er wurde 1672 in Frauenstein geboren. Sein Vater war Stadtrichter und wurde außerdem insgesamt zweiundzwanzigmal zum Bürgermeister gewählt. Johann Jeremias ging nach Leipzig, konnte das Studium aber nicht fortsetzen, „wegen eines unglücklichen Falles, den er in seiner Jugend von seines Vaters Hause herab gethan hatte“. Im Jahre 1700 wurde er in Frauenstein als Stadtschreiber angestellt. Außerdem war er öffentlicher Notar und Gerichtsaktuar. Von 1711 bis 1713 war Mäcke Bürgermeister seiner Heimatstadt. Er hat in seinem Leben viel Leid erfahren müssen. Mäcke ist am 28. Juli 1744 „nach schwer ausgestandener Krankheit“ gestorben.

26 Hierbei wurden für Gottfried Silbermann nur runde einhundert Taler gerechnet.

27 Die Anteile betrugen: Frauenstein 54 Taler, Reichenau 36 Taler und Kleinbobritzsch 18 Taler.

28 Am 30. Januar 1713 hat Bürgermeister Mäcke anläßlich der Ratskonfirmation „erinnert“, daß die Gemeinden Reichenau und Kleinbobritzsch noch insgesamt über sechsunddreißig Taler zu den Orgelbaukosten zu bezahlen haben. Am 26. April 1713 wandten sich die beiden Gemeinden in einer Eingabe an den Amtmann. Sie behaupteten, die Rechnung über die zum Orgelbau aufgewendeten Kosten „nie gesehen“ zu haben. Am 18. Oktober 1713 legte Bürgermeister Johann Jeremias Mäcke daraufhin beim Amt die Orgelbaurechnung nebst Belegen vor. Am 30. November übersandte der Amtmann den Gemeinden Reichenau und Kleinbobritzsch eine Abschrift der Rechnung. Die beiden Dörfer erhoben aber wiederum Einwendungen, vor allem wegen der angeblich nicht anteilig verrechneten Geschenke. Mäcke betonte, daß die „gethanen Erinnerungen unerheblich und nur zur Verzögerung dienlich“ seien.

29 Wer war dieser Mann? Wir brauchen im Totenbuch nicht lange zu suchen, um zu erfahren, daß George Schneider, „ein alter Bürger und Drechsler", wenige Jahre später, am 18. September 1717, „ungefehr etliche 80 Jahre alt, in Armuth [!] und Schwachheit" gestorben ist. Jetzt können wir ermessen, daß die neun Pfennige für ihn ein Opfer gewesen sind. Sie wogen vielleicht schwerer als die zwei Taler des Bürgermeisters.

30 Er wurde 1678 geboren, hatte Rechtswissenschaft studiert und starb 1733 in Dresden.

31 Er wurde 1674 geboren und hatte in Freiberg, Torgau und Wittenberg studiert. Hoffmann war insbesondere juristisch gebildet und bekleidete seit 1701 in Frauenstein beim kurfürstlichen Amt die Stelle des „Actuarius".

32 Eigenartigerweise wird dieses Ereignis weder in der Chronik von C. A. Bahn (1748) noch in der Ratschronik von Kliemann (gestorben 1855) erwähnt.

33 Er wurde 1678 in Scheibenberg (Erzgebirge) geboren und starb 1723 in Freiberg.

34 Er war ein Neffe des Superintendenten.

35 Er hat bei der Vorgeschichte des Freiberger Domorgelbaues eine Rolle gespielt. Immanuel Lehmann wurde am 2. Februar 1676 in Annaberg getauft. Er entstammte einer Gelehrtenfamilie. Sein Großvater war der berühmte Scheibenberger Pfarrer Christian Lehmann, der die „Kriegschronik der Deutschen" und den „Historischen Schauplatz" verfaßte. Lehmanns Vater wurde in „Scheibenberg in Meißen" geboren und hat in Annaberg als „Rector" und in „Wiesenthal" als „Diaconus" gewirkt. Er starb 1698 in Görlitz, wo er dreieinhalb Jahre „Diacony gewesen". Dr. Immanuel Lehmann soll im Juli 1719 gestorben sein. In Freiberg ist sein Tod aber nicht beurkundet.

36 Daß man Gottfried Silbermann „holen" mußte, ist nicht der einzige Beweis dafür, daß er im Juli 1711 schon mit dem Domorgelbau zu Freiberg beschäftigt war.

37 Auch darüber schrieb Amtsaktuar Hoffmann ein Protokoll, das wir in den Akten finden.

38 Gottfried Silbermann dürfte kein zweites Mal erlebt haben, daß eine Orgel geweiht wurde, die „farblos" war.

39 Einige „Biographen" Silbermanns haben das anscheinend falsch verstanden. Zwei Beispiele: „Als sie fertig und sehr schön gerathen war, erhielt er [Silbermann] über 700 Taler ..." (Kantor Fischer, Freiberg; 1800). „Silbermann forderte [?] auf Befragen des Rathes für das erste Werk mit einem Klavier bescheiden und uneigennützig nur 700 Thaler [?], welche ihm auch ohne Widerrede ausgezahlt wurden" (?) (Ludwig Mooser, 1857).

40 Noch im Herbst 1715 (!) schuldete man Gottfried Silbermann die sieben Taler. Zur gleichen Zeit wartete der Lohgerber Schindtler auch noch auf die Erstattung von sechsunddreißig Talern „bahres geldt". Bürgermeister Mäcke hatte sie ihm im Juli 1710 (!) „abgeborgt", um das zur Herstellung der Orgelpfeifen nötige Zinn kaufen zu können.

Die Orgelbauakten schließen mit folgendem Vermerk: „Den 16. Xbr. [= Dezember] 1715 seynd die Uncosten von Mr. Johann Georg Keyser alhier bezahlet und Ihm die Bescheinigung darüber ertheilet worden." Mit den „Uncosten" sind die Amtsgebühren gemeint, die „in Sachen des neu verfertigten Orgelwercks" entstanden waren. Sie betrugen siebeneinhalb Taler, wurden aber „Ambtswegen auf 6 Thaler moderiret".

41 Das geht aus einem Bericht des Frauensteiner Amtmannes hervor, den er nach Dresden schickte.

42 Über die Feuersbrunst von 1728 erfahren wir sehr interessante Einzelheiten, wenn wir den betreffenden Amtsaktenband studieren, der sich jahrzehntelang in Privatbesitz befand und kürzlich wieder auftauchte.

Hiernach hat Amtmann Gensel den Bäcker Homilius und dessen „Eheweib" und auch die Nachbarn „vorfordern laßen", um die Brandursache zu klären. Aber trotz „aller angewendeten Mühe ist weiter nichts zu erfahren“ gewesen, als daß das Feuer im Stall entstanden ist. Darin hatte Holz gelegen, weil kein Vieh gehalten wurde. Homilius und seine Frau haben bei der Vernehmung „separatim [= einzeln] beständig darbey verharret, daß sie nicht wüßten, wie und woher das Unglück entstanden“ ist. Homilius war „auch die Nacht über nicht zu Hause gewesen, sondern erst heimgekommen, als das Feuer schon angegangen“. Infolge des „hefftigen Windes“ hat sich „die Flamme alsbald ausgebreitet“. Obwohl „sämtliche Bürger und Einwohner zur Rettung herzugelauffen waren und mit denen vorhandenen Pferden Waßer herzugeführet wurde, so hat doch solches nicht geholffen“. Und ehe die Einwohner „von denen herumliegenden Dörfern herzu kommen können, hat schon das meistetheil des Städtgens in vollen Flammen gestanden“. Mit Erschütterung lesen wir, daß die Frauensteiner „am allermeisten bejammern, daß auch ihr Gotteshauß nicht erhalten werden können, sondern mit Glocken und Zierrath [!] draufgegangen ist“. Nach einer Spezifikation, die der Rat aufstellte, haben die Bürger und Einwohner insgesamt einen Schaden von 34552 Talern erlitten, und zwar 20857 Taler an Häusern, 10062 Taler an Mobilien und Hausrat und 3633 Taler an Getreide und Futter.

Der Ruf nach Leipzig

Es ist nicht allgemein bekannt, daß sich Gottfried Silbermann im November 1710 um den Bau einer dreimanualigen Orgel mit dreiundvierzig Stimmen[1] in der Universitätskirche St. Pauli zu Leipzig beworben hat. Aber leider erhielt nicht er, sondern der einheimische Orgelbauer Johann Scheibe diesen Auftrag.

In einer Biographie Gottfried Silbermanns darf die „Leipziger Episode" nicht fehlen. Es gibt darüber zwar nicht viel urkundliche Unterlagen, aber sie genügen, um das Selbstbewußtsein deutlich werden zu lassen, das Silbermann schon zu Beginn seiner Tätigkeit hatte.

Sehen wir von dem kleinen Frauensteiner Werk ab, standen am Anfang der Wirksamkeit Gottfried Silbermanns zwei große Orgelprojekte: St. Pauli zu Leipzig und Dom zu Freiberg. Leider ist das erstere nur „auf dem Papier" entstanden. Aber das zweite hat in solcher Vollkommenheit Gestalt gewonnen, daß man die Freiberger Orgel zu den „besten Orgelwerken der Welt zählt".[2]

Wer rief Gottfried Silbermann nach Leipzig? Wir werden im nächsten Kapitel mehr darüber hören, wie der spätere „Examinator" der kleinen Frauensteiner Orgel, Dr. Immanuel Lehmann, am 29. September 1710 in einem Brief dem Freiberger Rat ans Herz gelegt hat, „diesen Künstler nicht aus den Händen zu lassen" und die Orgel im Dom von Gottfried Silbermann bauen zu lassen. In diesem Brief erwähnte Dr. Lehmann, daß er von Thomaskantor Kuhnau „in seinem vorgestern an mich abgelassenen Schreiben ersuchet wurde, Mons. Silbermann wissend zu machen, daß er unverzüglich nach Leipzig kommen und das Pauliner neue Orgel-Werck übernehmen soll". Weiter war, nach den Worten Dr. Lehmanns, fast zur gleichen Zeit ein „dergleichen Schreiben von Herrn Doct. Rechenberg, Prof. Theolog. Primario" zu Leipzig, an Pastor Beyer zu St. Nikolai in Freiberg ergangen, „darinnen Er auff eben dieses Subjectum [Silbermann] besondere Reflexion machet". Aber auch „vom Organisten zu St. Nicolai in Leipzig, Herrn Vettern, könnte ein Brieff vorgezeigt werden", schrieb Dr. Lehmann, „da eben dieser Mensch [Silbermann] ein ander Orgel-Werck zu fertigen recommendiret [= empfohlen] worden und von ihm [Organist Vetter] requiriret [= angefordert] wird".[3]

Kaum hatte Gottfried Silbermann Heimatboden betreten, wurde er „wegen seiner sonderbahren [= besonderen] Geschicklichkeit von unterschiedenen Orthen allbereit gesuchet", heißt es in Dr. Lehmanns Brief. Der junge Meister sollte zum Beispiel auch nach Graupen (Böhmen) kommen.[4]

Silbermann ging der beste Ruf voraus, obwohl er in seiner sächsischen Heimat noch gar keine Orgel gebaut hatte. Der fünfzigjährige Leipziger Thomaskantor und Universitätsmusikdirektor Johann Kuhnau muß von dem jungen Mann so beeindruckt gewesen sein, daß er, wie wir im nächsten Kapitel noch erfahren werden, überall von ihm erzählte. Ohne Zweifel war Gottfried Silbermann schon in jungen Jahren eine Persönlichkeit. Wir können es heute nur als „Tragik" bezeichnen, daß der Einfluß und die Begeisterung Kuhnaus offenbar nicht ausgereicht haben, um eine Silbermann-Orgel nach Leipzig zu bekommen.

Den Akten im Archiv der Karl-Marx-Universität Leipzig ist zu entnehmen, daß Gottfried Silbermann im November 1710 persönlich in Leipzig war. In dem Protokoll über das Professoren-„Concilium" vom 20. November 1710 heißt es unter Punkt 1: „Es wäre der Orgelmacher Silbermann von Freyberg, nachdem er durch ein Schreiben anhero verlanget worden,[5] nunmehro allhier ankommen." Es wurde darüber beraten, „ob er solte vorgelaßen werden und ob man mit ihm selbst sprechen wolte". Wir lesen dann weiter: „Hierauff wurde beliebet, denselben vorzulaßen, da denn derselbe wegen des Orgelbaues einen Anschlag zu machen und das Werck in Augenschein zu nehmen, sich erkläret." Gottfried Silbermann ist also in Leipzig an höchster zuständiger Stelle „vorgelassen" worden. Welchen Eindruck mag der junge „Orgelmacher" aus Frauenstein auf die „Hochwürdigen, Hochedlen und Hochgelehrten" Herren der Universität gemacht haben?

Silbermann scheint sich über eine Woche in Leipzig aufgehalten zu haben. Unter dem 27. November 1710 und der Ortsangabe „Leipzigk" erstattete er einen ausführlichen Bericht „an die Hochlöbliche Universität zu Leipzigk". Derselbe ist ein einzigartiges Zeugnis für das Selbstbewußtsein des Meisters.

Gottfried Silbermann bedankte sich zunächst dafür, daß man „bey der vorhabenden Reparatur des Orgelwercks in der Kirche zu St. Pauli die gute Confidence [= das Vertrauen] zu mir getragen, und mich umb mein Bedencken darüber ersuchet". Mit großer Sachkenntnis und Gewissenhaftigkeit hat er das alte Orgelwerk untersucht und kam zu folgendem Schluß: „So bethaure ich von Grunde meines Herzens, daß ich die Sache nicht so befunden, daß ich mich durch einigen Beytrag meiner Arbeit oder meines Rates ohne Nachteil für mein Gewissen und für meinen Ruf und mein Ansehen damit befassen könnte."[6] Welch ein Selbstbewußtsein und welch ein Vertrauen in das eigene Können spricht aus diesen Worten!

Gottfried Silbermann zählte dann die Mängel der Orgel auf. Hier einige Auszüge aus seinem Bericht: „... ist das Werck nach alter Art disponiret und intoniret ... tauget keine einzige Stimme absonderlich nach heutiger manier und ist keine Freundlichkeit oder Anmuth zu hoffen ... hat der Salpeter, da die Pfeiffen meistentheils aus Bley, und noch dazu die Blätter nicht nach jetziger herrlichen Methode geschlagen und compact gemacht sind,[7] und sonderlich die Füße [der Pfeifen] anfreßen müßen ... Im übrigen ist durchgehends an dem Wercke nichts zu befinden, das nach der jetzigen manier und Delicatesse schmecken könnte ..."

Wenn wir Silbermanns Bericht aufmerksam lesen, wird uns klar, daß der junge Orgelbauer über neue Erkenntnisse verfügte und von neuen Ideen erfüllt war und deshalb nichts sehnlicher wünschte, als diese in die Tat umsetzen zu können. Lesen wir deshalb weiter:

„Jetzo aber erfordert der neue Gottes-Dienst, theils die Gemeinde unter den Choral-Liedern in Ordnung zu halten, theils auch zur besondern Vergnügung der Einheimischen und so vielen ankommenden Frembden, ein stärckeres, angenehmeres, vollkommeneres, und der Glorie der so weltberühmten Universität gemäßeres Werck.[8] Dannenhero, und da von der Flickerey des alten Werckes nichts anders als die zu späte Reue aller vergeblich darauff verwendeten vielen Unkosten, erfolgen kann, so wäre dieses mein unmaßgeblicher und treuer Rath, es entschlöße sich die Hochlöbliche Universität zur Aufführung eines ganz neuen Orgel-Werckes ... Ich wollte aus Liebe zu diesem berühmten Orthe und da ich das Academische Bürger-Recht, nebenst der sonsten dem Orgelmacher ausgemachten Bestallung, zumahl da er [der berühmte Ort Leipzig] meiner Geburtsstadt[9] am nächsten ist, bey Ihnen, Hochverehrteste Herren, suchen werde,[10] ein übriges thun, und ein vollkommenes neues Werck von 43 und zum Theil in diesem Lande noch nicht, aber wohl in Franckreich mit größter Admiration [= Bewunderung] gehörten charmanten Stimmen ... mit Gottes Willen zu aller Verständigen und jedermanns Vergnügen liefern."

Welche Begeisterung für seinen Beruf spricht doch aus Gottfried Silbermanns Worten. Hier kommt zum Ausdruck, daß er während seiner Straßburger Ausbildungszeit und durch seine Studien in Frankreich viele Anregungen und Eindrücke empfangen hatte, die nun praktische Gestalt gewinnen sollten.

Der junge Meister wollte die Orgel für die Leipziger Universitätskirche binnen einer Frist von nur zwei bis zweieinhalb Jahren liefern, obwohl er mit dem Freiberger Rat erst wenige Wochen vorher, am 8. Oktober 1710, einen Kontrakt über die Erbauung eines fast ebenso großen Werkes für den Dom geschlossen hatte,[11] welches bis Weihnachten 1712 fertig sein sollte. Wahrscheinlich ist das in Leipzig bekannt gewesen. Der Meister zerstreute deshalb schon im voraus etwaige Bedenken, indem er schrieb: „... da ich denn bey dem mir obliegenden Freybergischen Orgel-Bau gedoppelt stärcker arbeiten würde". Wieviel Arbeitsfreude, Energie und Selbstvertrauen offenbaren sich doch in diesen wenigen Worten! Hier lernen wir Gottfried Silbermann als „Kind" seiner – auf ihre Weise – ebenso tatkräftigen und fleißigen Vorfahren kennen.

Nun interessiert uns noch, was die Leipziger Orgel kosten sollte. Gottfried Silbermann schreibt: „Solches aus lauter schönen Principal-Stimmen (welche alle, biß auf drei, aus dem besten Zinn und Metall zu verfertigen) bestehende Werck würde in Franckreich und hier zu Lande unter 6 biß 8 tausend thlr. sonsten kaum geschaffet. Hier aber bin ich erböthig, solches aus Begierde mich in meinem Vaterlande bekannt zu machen,[12] und aus Liebe zu diesem berühmten Orte, vor 3000 thlr. und die Materialien von Zinn und Metall aus dem alten Wercke[13] binnen 2½ Jahren zu liefern. Tausend Thaler verlange ich anfangs zu Anschaffung der Materialien, zur Kost und Wochen- und Lied-Lohn,[14] 1000 nach und nach und das übrige bey Übernehmung und befundener Richtigkeit des Werckes." Gottfried Silbermann betonte abschließend: „... mit denen Kosten vor das Gehäuse aber und Bildhauer-Arbeit, ingleichen vor die endliche Abfuhre ... hätte ich nichts zu schaffen."

Die „hochwürdigen" und „hochgelehrten" Herren der Leipziger Universität ließen damals die Gelegenheit, in „ihre" Kirche ein Silbermannsches Meisterwerk zu bekommen, vorübergehen. Kurz vor Weihnachten des Jahres 1710 wurde „zwischen E. Hochlöbl. Universität" und dem Leipziger Orgelbauer Johann Scheibe ein Vertrag über die Erbauung einer Orgel zu St. Pauli abgeschlossen.[15]

Was mag Johann Kuhnau dazu gesagt haben? Welch ein Anziehungspunkt für Kunstsachverständige und Kunstliebhaber aus aller Welt wäre eine Silbermann-Orgel in der Messestadt Leipzig gewesen!

Gottfried Silbermann arbeitete trotz dieses „Mißerfolges" unverdrossen weiter, um das kleine Werk für seine Heimatstadt Frauenstein zu vollenden. Und wenig später entstand im Freiberger Dom ein Prachtwerk, wie er es auch Leipzig zugedacht hatte, wenn „man" nur gewollt hätte. –

Der Fall Leipzig ist nicht der einzige, bei dem das Projekt einer Silbermann-Orgel nicht verwirklicht worden ist. Bis jetzt sind noch vier ähnliche Fälle bekannt geworden: Stolpen,[16] Nossen,[17] Dresden-Friedrichstadt[18] und Zwickau.[19] Oft kommen die Unterlagen über solche Orgelbauprojekte nur durch Zufall ans Tageslicht.[20]

1 Zum Vergleich: Die Silbermann-Orgel im Dom zu Freiberg hat fünfundvierzig Stimmen.

2 Das wurde 1964, anläßlich ihres 250. „Geburtstages", festgestellt.

3 Dr. Lehmanns Brief beweist, daß außer Thomaskantor Kuhnau noch zwei weitere Leipziger Persönlichkeiten auf Gottfried Silbermann „reflektierten". Man muß deshalb vermuten, daß der junge Orgelbauer bei seinem Aufenthalt in Leipzig nicht nur Kuhnau, sondern auch noch andere Experten aufgesucht und sich ihnen vorgestellt hat.

4 Das geht ebenfalls aus Dr. Lehmanns Brief hervor. Er schrieb: „... weil er [Silbermann] nach seinem an mich abgelassenen Bericht abermahls nach Graupen zum Orgelbau eyligst citieret worden ..." Leider konnte der Verfasser auf seine Anfrage bei dem zuständigen Staatsarchiv der ČSSR keine Auskunft darüber erhalten, ob Silbermann tatsächlich in Graupen gearbeitet hat.

5 Ob mit dem Schreiben der Brief Kuhnaus an Dr. Lehmann gemeint war? Oder hat sich die Universität direkt mit Silbermann in Verbindung gesetzt?

6 Um diesen Satz dem Leser verständlicher zu machen, wurden die in den Originaltext eingestreuten lateinischen Ausdrücke verdeutscht.

7 Das Hämmern der gegossenen Zinnplatten gehörte zu den Spezialitäten Silbermanns. Es ist erwähnenswert, daß Dr. Walther Herrmann, Freiberg, in seinem 1962 erschienenen Buch über Bergrat Henckel, einen Freiberger Zeitgenossen Silbermanns, geschrieben hat: „Der Klang der Orgeln hängt auch von der Güte der Metalle ab, die Silbermann reichlicher als andere verwendete. Der Orgelbauer goß das Zinn für die Pfeifen in Platten und hämmerte es dann, wodurch sich das spezifische Gewicht und damit die Klangfarbe veränderte." – Als Thomaskantor Kuhnau und Hoforganist Bestel (aus Altenburg) knapp vier Jahre später Silbermanns Freiberger Domorgel prüften, haben sie gleich bemerkt, daß der Meister „die Blätter zu denen Pfeiffen ... hernach geschlagen" hatte, „welches bey uns sonsten ungewöhnlich".

8 Und der siebenundzwanzigjährige „Orgelmacher" Gottfried Silbermann traute sich zu, ein *solches* Werk zu bauen!

9 Es ist sehr bemerkenswert, daß Silbermann von seiner Geburtsstadt sprach, obwohl er in dem Dorf Kleinbobritzsch geboren wurde. Aber wer hätte in Leipzig gewußt, wo Kleinbobritzsch liegt?

10 Daß Gottfried Silbermann die Absicht hatte, das akademische Bürgerrecht bei der Universität Leipzig und damit das Recht zur Teilnahme an Vorlesungen usw. zu erwerben, ist bisher nirgends erwähnt worden. Wir haben den Eindruck, daß Silbermann nicht abgeneigt war, sich in Leipzig niederzulassen. Nachdem er aber den Orgelbauauftrag nicht bekam, war für ihn Leipzig offenbar „erledigt".

11 Die Freiberger Orgel sollte nach dem Kontrakt nur einundvierzig Stimmen erhalten, bekam aber fünfundvierzig. Für das Leipziger Werk hatte Silbermann eine Disposition mit dreiundvierzig Stimmen entworfen.

12 Aus diesen Worten geht hervor, daß Silbermann mit Ungeduld darauf wartete, endlich zeigen zu können, was er kann.

13 Gottfried Silbermann hat nur in Ausnahmefällen das Pfeifenmaterial einer alten Orgel eingeschmolzen und wieder verarbeitet.

14 Unter „Liedlohn" verstand man Gesindelohn.

15 Ob Scheibe den Auftrag erhielt, weil er „nur" zweitausendneunhundertsechsundzwanzig Taler, also vierundsiebzig weniger als Silbermann, forderte?

16 Nach einem „totalen Brand" im Jahre 1723 hatte die Stadt Stolpen die Absicht, in der wiedererrichteten Kirche eine Orgel bauen zu lassen. Der Stolpener Pastor Carl Friedrich Degenkolb hat sich am 8. Februar 1730 schriftlich an Gottfried Silbermann gewandt und ihm eine Disposition geschickt, um deutlich zu machen, wie man sich die neue Orgel vorstellte. Der Meister war damals in Glauchau beschäftigt und antwortete am 19. Februar 1730 u. a.: „Dero werthe Zuschrifft vom 8. hujus [= dieses Monats] habe ... wohl erhalten und daraus ersehen, was maßen dieselben Ihre neu auferbaute Kirche auch hinwiederumb mit einem neuen Orgelwerck auszuzieren gesonnen seyn, und hierzu auff meine Wenigkeit besondere Reflexion gemachet haben. Nachdem aber mit hiesigen Orgelbau biß künfftige Johannis zu tun habe, die überschickte Disposition aber ... mir allzu simpel [!] vorkommt und ich mich darauf nicht einlassen, auch, ehe und bevor den Platz zu ihrer künfftigen Orgel und die Kirche selbst in Augenschein genommen, weder Riß noch Disposition einschicken kann. Als werden Ew. HochEhrwürden, ... bis zu gemeldter Zeit annoch in Ruhe zu stehen belieben ..." Der Stolpener Pastor sandte Silbermanns Brief an die Superintendentur in Bischofswerda und erhielt ihn mit der Bemerkung zurück, daß man Silbermann „vor den besten Meister seiner Kunst halte" und „die Zeit erwarten müsse, die er selbst anberaumt".

In einem Brief, den Silbermann am 30. März 1730 von Glauchau aus dem Stolpener Pastor sandte, ging er nochmals auf die Angelegenheit ein: „Also wollte wünschen, daß auch dem übrigen Verlangen, wegen des Preißes von der überschickten Orgel-Disposition, ein Genüge leisten könnte. Nachdem aber gedachte Disposition gar nicht zusammen quadriret [= paßt] ..., so kann mich auch darauff gar nicht herauslaßen [!] ..., denn in eine dergleichen Kirche ... räumet sich ein 4füßig Principal gar nicht, sondern muß billig ein 8füßig Principal ... gemacht werden, und wenn dieses beliebet wird, so können hernach die anderen Stimmen bald darzu choisiret [= ausgewählt] und eine wohlproportionierte Disposition zusammengesetzet und der Preis derselben angegeben werden."

Gottfried Silbermann hat den Brief von dem Glauchauer Organisten Meischner schreiben lassen. Dieser fügte noch ein Postskriptum hinzu und empfahl dem Stolpener Pastor, „den werthesten Herrn Silbermann künfftig ja nicht ohne geschlossenen Orgelcontract wieder von sich zu lassen, denn seine unvergleichliche Arbeit lobet sich und ihren Meister selber".

Silbermann ist Ende Oktober von Reinhardtsgrimma aus nach Stolpen gereist, um mit Pastor Degenkolb persönlich zu sprechen.

In seinem Brief vom 20. Dezember 1730 teilte Silbermann dem Pastor in Stolpen mit, „... daß ich in wenig Tagen mit Gott hoffe", die Reinhardtsgrimmaer Orgel „in völligen Stand zu setzen und sie auf den 1. Sonntag post Epiphan. [= 7. Januar 1731] in Gegenwart des Organistens Herr Pönischen aus Dreßden überzugeben und mich dann hierauf Dienstags wiederum nacher Freyberg zu begeben, resolviret [= entschlossen] bin". Gottfried Silbermann schrieb weiter: „Wollten nun Ew. WohlEhrWürden sich die Mühe geben, dieses neue Werk bey meinem Hiersein in Augenschein zu nehmen ..., so würde es mir sehr lieb und angenehm sein." Wir wissen nicht, ob Pastor Degenkolb die Unannehmlichkeiten einer Winterreise von Stolpen nach Reinhardtsgrimma auf sich genommen hat.

Am 9. Februar 1731 ließ Silbermann von seinem Freund Johann Gottfried Kraußе einen Brief an Pastor Degenkolb schreiben und übersandte „den verlangten Riß zu einer neuen Orgel". Silbermann bat, „sobald es sein kann, mir gewiße Antwort zu ertheilen, damit ich nun mich wegen anderer vorfallenden Arbeit darnach zu richten weiß". Damit ist der Briefwechsel zu

Ende! Offensichtlich ist in Stolpen ein Orgelbau durch Gottfried Silbermann an der Geldfrage gescheitert.

17 Über das Nossener Projekt ist in den Kirchenakten nicht viel zu finden. Alfred Berger, der bis 1960 Leiter des Heimatmuseums war, teilte dem Verfasser freundlicherweise die Ergebnisse seiner Nachforschungen mit. Hiernach ist bei einem Stadtbrand am 27. Oktober 1719 die Nossener Stadtkirche bis auf die Grundmauern eingeäschert worden. Im Jahre 1734 ist Gottfried Silbermann persönlich in Nossen gewesen. Das beweist die Kirchenrechnung: „16 Gr. vor 4 Kannen Frankenwein, als der H. Orgelmacher Silbermann das Chor in der Kirche zu Erbauung einer neuen Orgel ... in Augenschein genommen." Nach einem nicht mehr vorhandenen Anschlag Silbermanns sollte die Orgel achthundert Taler kosten. Die Kirchenväter beschlossen aber, die Orgel erst „später" anzuschaffen. Am 15. Januar 1742 faßten die Kirchenväter den Beschluß: „Über Erbauung einer Orgel soll mit dem Orgelmacher Silbermann zu Freiberg contrahirt werden." Ehe es soweit kam, bot sich die „vorteilhafte" Gelegenheit, für 170 Taler die alte Orgel der Oschatzer Ägidienkirche zu erwerben. Nach den von Alfred Berger aufgefundenen Belegen haben die Anfuhr, der Aufbau der Orgel und der Chorbau über eintausendzweihundert Taler gekostet. Als 1751 endlich die Abnahme der Orgel erfolgen konnte, veranstaltete man eine „Schmauserei", die sechzig Taler kostete, wozu man aber „das Geld erborgen mußte". Später erforderte die alte Orgel „viel kostspielige Reparaturen", die aber niemals die alten Fehler beseitigen konnten.

18 Hier wandte sich Superintendent Löscher mit einem Brief vom 17. Januar 1737 an den „Ehrenvesten, Kunsterfahrnen, vielgeehrten Herrn" Gottfried Silbermann: „Nachdem bey bisherigem Anwachsen derer Zuhörer in der Kirche zu Friedrichstadt nötig sein will, daß eine neue Orgel, statt des bisherigen dasigen Positivs, erbaut werde, und wir, wie dieses Werk am besten einzurichten sein möchte, dessen [Silbermanns] Gedanken zu vernehmen und mit demselben nach Befinden ferner Abrede zu treffen, gesonnen sind, als ersuchen wir denselben hiermit, er wolle sich bey guter Gelegenheit allhier einfinden." In Silbermanns Antwort vom 19. Februar 1737 heißt es: „Gleich wie nun, sobald meine gegenwärtig mir vorfallenden Verrichtungen einigermassen reguliret sind, ich auch meine Schuldigkeit durch persönliche Aufwartung, ingleichen Überreichung einer Disposition und des nöthigen Risses ... zu beobachten nicht ermangeln will, auch sowohl die Ehre Gottes, als das Gemein Beste, nach meinem geringen Vermögen mit befördern zu helffen, mir ein Vergnügen sein lassen werde." Dann vergingen bald zehn Monate, und Gottfried Silbermann meldete sich erst am 9. Dezember 1737 wieder mit einem Brief an den Aktuar beim Amt in Dresden. Der Brief ist sehr interessant: „Ob ich zwar bißhero öffters speculiret, wie eine neue Orgel in Friedrichstadt auf das leichteste angebracht werden könne, so habe dennoch mit der Nachricht anstehen müssen, indem nach meiner Rechnung die Summa so hoch ausgefallen, der Herr Commissionsrat aber mir anbefohlen, alles aufs genaueste anzugeben, über dieses ich auch von den Friedrichstädtern vernommen, wie sie gerne sehen, daß die neue Orgel nach dem Cammertone möchte eingerichtet werden. Weiln aber wegen Tiefe des Cammertones mehr Zinn und andere Materialien als beym Chorton erfordert werden, so habe keine firme [= feste] Resolution fassen können, über dieses habe ich künfftigen Sommer eine neue Orgel in Graitz aufzusetzen versprochen, und werde allen Fleiß anzuwenden haben, daß ich noch vor künfftigen Winter damit zustande kommen werde." Man hat das Gefühl, daß der Meister keinen inneren Trieb zu dem Friedrichstädter Orgelbau hatte. Das wird noch klarer, wenn wir lesen, daß er „mit Vergnügen" vernommen hat, daß „Ihro königl. Majestät" sich entschlossen haben, die bisherige Schloßorgel in die Kirche zu Friedrichstadt „zu verehren".

19 Der erste Kontakt mit Gottfried Silbermann scheint im Sommer 1737 aufgenommen worden

zu sein, als er in Ponitz eine Orgel baute. In einem Brief vom 28. Juli 1737 hat Silbermann darauf hingewiesen, daß ihm jetzt „wieder einige Orgel-Wercke angetragen" worden seien, und unter anderen solle er „mit dem Rath zu Zwickau einen Accord schließen". Wahrscheinlich hat sich Johann Ludwig Krebs (geboren 1713, gestorben 1780), der einer der besten Schüler von Johann Sebastian Bach war und kurz vorher das Organistenamt in Zwickau übernommen hatte, damals mit Gottfried Silbermann in Verbindung gesetzt. Aber erst am 23. Oktober 1742 richtete Krebs einen ausführlichen Brief an den Zwickauer Rat bzw. an die Kircheninspektion. Er wies auf den „höchst deplorablen" (= beklagenswerten) Zustand der in der Marienkirche befindlichen Orgel hin. Nach Krebs' Worten wäre es „hertzlich zu bedauern", wenn ein Orgelneubau erst dann erfolgen würde, „wenn der allergrößte Künstler im Orgelbau [!] H. Silbermann, welcher ietzund [= jetzt] in der Nähe und mit keinem anderweitigen Orgel-Bau als in Fraureuth beschäfftiget ist, entweder weggezogen oder gar verstorben wäre, in welchem Fall die so herrliche und vortreffliche Kunst unwidersprechlich mit ihm absterben würde".
Wahrscheinlich hat Krebs Silbermann in Fraureuth aufgesucht und mit ihm persönlich gesprochen. Krebs schrieb nämlich: „Wie aber gedachter Herr Silbermann längst gewünschet [!], in der schönen und überaus herrlich thönenden Zwickauischen Ober-Kirche seines Namens Gedächtniß zu stifften." Johann Ludwig Krebs ging sogar so weit, daß er Silbermann zutraute, wenn der Kostenanschlag des Werkes „auf 1800 bis 2000 Thaler kommen möchte, er selbiges gewiß um etliche hundert Thaler beßer und herrlicher setzen, also der Kirche ein ansehnliches dazu schencken" würde. Krebs empfahl dem Rat, mit Silbermann „selber persöhnlich Abrede zu nehmen". Auch war Krebs davon überzeugt, auf einer Silbermann-Orgel „mein Talent, so ich von der gütigen Hand meines lieben Gottes bekommen, um so viel beßer zeigen" zu können.
Am 30. Oktober 1742 legte der Zwickauer „Obervorsteher" Adam Gottlieb Wagner einige „ohnmaßgebliche Gedancken" über die Vorschläge von Krebs schriftlich nieder. Er brachte u. a. zum Ausdruck, daß Zwickau „kein so vornehmer Ort ist und die wenigsten verstehen, was zu einer delicaten Music gehöret". Wagner mußte aber zugeben, daß es gut wäre, von Silbermann als dem „derzeit beruffenen Künstler", ein Werk zu haben, wenn man das Geld dafür aufbringen könne. Wagner war der Ansicht, daß von der Bürgerschaft kaum hundert Taler an freiwilligen Beiträgen zu erwarten sind. Der Obervorsteher war – ebenso wie Krebs – der Meinung, daß Silbermann bei dem Orgelbau keinen großen Gewinn suchen würde, da er „es eben zur Noth nicht brauchet". In der Ratssitzung am 31. Oktober 1742 wurden das Schreiben von Krebs und und die schriftlich fixierten Gedanken Wagners verlesen. Man beriet darüber, aus welchen Quellen die Kosten bestritten werden können. Im November 1742 ist Gottfried Silbermann persönlich in Zwickau gewesen. In Gegenwart des Superintendenten und anderer Herren wurde der Platz ausgemessen, der für die Orgel vorgesehen war. Am 29. November 1742 sandte Gottfried Silbermann von „Frauenreuth" aus eine Disposition für eine Orgel mit zwei Manualen und insgesamt dreiunddreißig Stimmen. Am Schluß der von Silbermann unterschriebenen Disposition heißt es: „Wenn das Werck nach der vorher projectirten Disposition überhaupt in guten tüchtigen Stand dergestalt verferttiget wird, daß daran kein Nagel ermangelt [!], So ist der allergenaueste Preiß 2500 Thaler."
Am 11. März 1743 erstatteten Superintendent und Rat einen ausführlichen Bericht an den Landesherrn. Darin brachte man zum Ausdruck, daß sich Gottfried Silbermann an „andern Orthen bereits zur Genüge legitimirt" und auch in Zwickau das Vertrauen erlangt hat, „daß wir ein solches Werck von seiner Hand bekommen werden, daß es uns, die Kosten daran gewendet zu haben, nicht gereuen dürffte". Silbermann habe „in den Stimmen vor anderen Orgelbauern einen mächtigen Vorzug".

Am 17. Juni 1743 teilte der Rat dem „WohlEdlen, Kunsterfahrnen, Hochgeehrten Herrn“ Gottfried Silbermann mit, daß „der hiesige Orgel-Bau endlich approbiret“ (= genehmigt) worden ist. Und trotzdem kam das Projekt nicht zur Ausführung, weil man beim Oberkonsistorium „Bedenken hatte“, wie das Geld aufgebracht werden soll. Dr. Ulrich Dähnert, Dresden, schrieb (1961) hierzu: „Bedauerlicherweise scheiterte die Ausführung des vortrefflichen Zwickauer Entwurfes sowohl aus Mangel an den erforderlichen Mitteln wie auch an der Verständnislosigkeit der maßgebenden übergeordneten Stellen.“

20 Auf die Stolpener Akten wurde der Verfasser von Dr. Dähnert, Dresden, aufmerksam gemacht. – Man möchte allen, die für ein Kirchenarchiv verantwortlich sind, empfehlen, sich für etwa vorhandene Orgelbauakten aus der ersten Hälfte des 18. Jahrhunderts zu interessieren. Es ist durchaus möglich, daß irgendwo noch Akten „schlummern“, in denen Gottfried Silbermanns Name auftaucht. Wir möchten doch gern alle Spuren seines Wirkens aufdecken.

Das erste große Werk

Der Dom der Bergstadt Freiberg hat neben der berühmten „Goldenen Pforte“[1] und der einzigartigen „Tulpenkanzel“[2] noch viele andere Kunstwerke aufzuweisen. Zu ihnen gehört auch die große Silbermann-Orgel.[3] Die über ihre Erbauung vorhandenen Akten sind nicht allzu umfangreich. Wir finden sie im Stadtarchiv zu Freiberg.

Wir haben die Vorgeschichte des Freiberger Domorgelbaues schon im Kapitel über Silbermanns Rückkehr in die Heimat gestreift. Außer Gottfried Silbermann hatten sich noch die Hoforgelbauer Gräbner aus Dresden und Donati aus Altenburg um diesen Orgelbau beworben.[4] Ihnen gegenüber war Gottfried Silbermann ein unbekannter „Orgelmacher“. Und trotzdem erhielt er den Auftrag.[5]

Für die Wahl Silbermanns sind ohne Zweifel entscheidend gewesen: einmal die Empfehlung durch Thomaskantor Kuhnau und zum anderen der Brief Dr. Lehmanns. Wir haben beide Dokumente – allerdings in einem anderen Zusammenhang – schon zitiert. Wir wollen uns die Ereignisse ins Gedächtnis zurückrufen: Gottfried Silbermann befand sich nach beendeter Ausbildung auf der Reise in die Heimat. In Leipzig suchte er Thomaskantor Kuhnau auf und legte ihm seine Zeugnisse vor. Gewiß war Kuhnau über den in Freiberg geplanten Orgelbau unterrichtet.[6] Es ist deshalb sehr wahrscheinlich, daß er Gottfried Silbermann nahegelegt hat, sich um diesen Orgelbau zu bewerben. Damit der junge „Orgelmacher“ aber nicht mit leeren Händen nach Freiberg kommt, gab Kuhnau ihm eine „Recommendation“ (= Empfehlung) mit.[7]

Johann Kuhnau tat aber noch ein übriges. Im Sommer des Jahres 1710 traf er in Meißen mit Dr. Immanuel Lehmann aus Freiberg zusammen und äußerte sich ihm gegenüber ganz begeistert über Gottfried Silbermann. Dr. Lehmann hat das in seinem Brief vom 29. September 1710 an den Freiberger Rat mit folgenden Worten ausgedrückt: „Ich bin in Erfahrung kommen, daß ein hiesig-hochlöbliches Senatus-Collegium den vorhabenden neuen Dom-Orgelbau Mons. Silbermann von Frauenstein anzuvertrauen beliebet haben, wiewohl Sie deßwegen noch keinen firmen [= festen] Entschluß oder Contract zur Zeit verfasset.[8] Weil denn nun dieser Mensch wegen seiner sonderbahren Geschicklichkeit von unterschiedenen Orthen allbereit gesuchet wird, und Herr Kuhnau, Director Chori Musici in Leipzig, unlängst bey meiner Gegenwart in der Stadt Meissen hoch contestirte [= bezeugte], seinesgleichen an fundamentaler mathematisch-mechanischer Scientz in Organopoeia nicht angetroffen zu haben ..."

Wir halten fest: Universitätsmusikdirektor und Thomaskantor Johann Kuhnau in Leipzig hatte noch keinen Menschen kennengelernt, der solche gründlichen mathematischen und mechanischen Kenntnisse in der Orgelbaukunst aufzuweisen gehabt hätte wie Gottfried Silbermann.[9] Obwohl dieser zweifellos eine besondere Begabung hierfür hatte, muß er die Lehrjahre in Straßburg gut genutzt haben, um sich alles anzueignen, was ein Orgelbauer braucht: rein handwerkliche Kenntnisse und Fertigkeiten in der Holz- und Metallbearbeitung, aber auch umfangreiche praktische und theoretische Kenntnisse in der Mechanik, Physik, Mathematik und natürlich auch in der Musik.[10]

Dr. Lehmann setzte mit seinem Brief den Freiberger Rat davon in Kenntnis, daß Gottfried Silbermann „nach seinem an mich abgelassenen Bericht vorgiebt, in Verlängerung der resolution hiesigen Orths, anderwärts lädiret [= geschädigt] und an seiner Fortun [= seinem Glück] gehindert zu werden". Silbermann hatte Dr. Lehmann außerdem mitgeteilt, daß er „morgendes Tages [= am 30. September 1710] persöhnlich gehorsamst letzlichen anhalten und ein Hoch-Löbl. Raths-Collegium ersuchen will", damit „wegen hiesigen Orgel-Baues categorischer Entschluß erfolgen möchte".

Es mag dem jungen tatkräftigen Meister nicht angenehm gewesen sein, so lange in Ungewißheit zu schweben, denn er hatte doch schon vor einem Vierteljahr, unter dem 24. Juni, eine Disposition eingereicht.[11]

Die Bedingungen, zu welchen Gottfried Silbermann die Orgel bauen wollte, sind sehr interessant. Deshalb teilen wir sie hier auszugsweise mit, bevor wir den Brief Dr. Lehmanns zu Ende lesen. Zunächst überreichte Gottfried Silbermann eine Aufstellung über das benötigte Material. Sie ist im Original vorhanden[12] und lautet wörtlich:

„An Materialien bekomme ich von Einem Hoch-Edlen Hochweisen Rath
20 Centner Zinn
18 Centner Bley
100 Schaff-Felle[13]
1½ Centner Kreide[14]
8 Pfund Wiß Muth[15]
12 Pfund Calvonium[16]

300 Eichne Rahm-Schenkel zur Windladen, 4 Ellen lang, 7 Zoll Breit und 3 Zoll Dick, von milden gespaltenem Holtz [17]
150 Tännene Dielen [18]
50 Eichne Dielen [19]
2 Centner Leim
12 Pfund Eben-Holtz zu 3 Claviren [20]
3 Pfund Elffen-Bein zum Semitoniis [21]
41 Pfosten zum Blase-Bälgen [22]
20 Pfund Meßingen Blech [23]
24 Pfund Meßingen Drath [24]
36 Ellen Bargend zum Blätter Güßen [25]
1 Fuder Kohlen zum Löthen.

Gottfried Silbermann Orgel Machger." [26]

Und nun Silbermanns Bedingungen: „Wenn ich nun gedachte Materialien, wozu schon ein guter Vorrath von Metall aus dem alten Werck vorhanden, [27] von einem Hoch-Edlen Hochweisen Rath angeschaffet bekomme, auch vor mich und drei Personen [28] auf zwei Jahr (binnen welcher Zeit ich mit göttlicher Hülffe dieses Werck gut und tüchtig zu liefern verspreche) Kost, Logiament und Lager erhalte, so verlange ich vor meine Arbeit und die drei Gesellen zu bezahlen, 1200 Thaler und zwar zwey biß dreihundert Thaler bey Schließung des Contracts, damit ich ein und anderes an nötigem Werckzeug anschaffen kann, [29] das übrige aber begehre nicht eher, als biß das Werck fertig und vor gut und tüchtig erkannt worden ..."

Wenn wir Silbermanns Angebot betrachten, kommen wir zu folgendem Ergebnis: Von der geforderten Gesamtsumme waren mindestens neunhundert Taler „reine Löhne" für den Meister und seine drei Mitarbeiter, denn Gottfried Silbermann hatte ja ausdrücklich freie Kost, freie Wohnung und Beschaffung des Materials auf Kosten des Freiberger Rates verlangt. Nehmen wir an, der Meister hat seinen Gehilfen je Woche einen Taler Lohn gezahlt,[30] dann ergibt das bei drei Gehilfen in zwei Jahren rund dreihundertundzehn Taler. Für den Meister selbst wären hiernach fast sechshundert Taler als „Gewinn" verblieben. Das mag zunächst etwas hoch erscheinen. Wir müssen aber bedenken, daß Gottfried Silbermann als Orgelbauer kein einfacher Handwerker, sondern mindestens ein Kunsthandwerker war.[31] Wir sollten auch berücksichtigen, daß Gottfried Silbermann möglicherweise die Löhne für seine Gehilfen auf zwei Jahre verlegen mußte.[32]

In seinen Bedingungen hatte Gottfried Silbermann besonders betont, daß er alles in Freiberg verfertigen wolle, „damit die Herren Patronen selbst mit ab- und zugehen können und sehen, daß alles durch meine eigne Hand gehen wird".

Das Schriftstück schließt mit den Worten: „So geschehen in Frauenstein, den 24. Juny 1710. Gottfried Silbermann, Orgelmacher."[33] Die Akten enthalten noch einen zweiten, späteren Vorschlag Silbermanns, der gegenüber dem eben besprochenen etwas modifiziert ist.[34] Silbermann forderte nämlich dreihundert Taler mehr, wollte dafür aber die Verpflegung für sich und seine Gesellen selbst bestreiten.[35] Die Zahlung des Gesamtbetrages von eintausendfünfhundert Talern wünschte der Meister in folgenden Raten: hundert Taler bei Abschluß des Kontrakts, hundert Taler bei Beginn der Arbeit, vierhundert Taler „unter wehrender Arbeit nach und nach" und die restlichen neunhundert Taler, wenn das Werk fertig „und vor gut und tüchtig erkannt" worden ist.[36]

Wir wollen nun auf das Empfehlungsschreiben Dr. Lehmanns zurückkommen.[37] Sein Verfasser hat ausdrücklich betont, daß er aus „unpartheyischem Gemüthe, nur um die Wahrheit zu entdecken", dazu raten wollte, „diesen Künstler nicht aus den Händen zu lassen, da man hiesiger Lande dergleichen nicht finden werde". Dr. Lehmann hat nicht vergessen zu erwähnen, daß Silbermann „auch mit einem solchen Contract zufrieden seyn wird, welchen weder Donath von Altenburg, noch ein anderer, unmöglich bey so netter vortrefflicher Arbeit ohne Betrug eingehen könnte".

In seiner Sitzung vom 6. Oktober 1710 hat sich der Freiberger Rat mit dem Orgelbauprojekt beschäftigt,[38] und zwei Tage später konnte Gottfried Silbermann dann seinen Namen unter einen ausführlichen Vertrag schreiben[39] und seinen ersten großen Auftrag übernehmen.[40] Er versprach, im Dom der Stadt Freiberg „nach einem vorgezeigten und übergebenen geschnitzten Modell ein ganz neues Orgelwerck kunstmäßig, zierlich[41] und beständig zu verfertigen". Gleichzeitig verpflichtete sich der junge Meister, „mit denen Materialien, welche ihm zur Verfertigung des Werckes anvertrauet werden, aufrichtig umbzugehen" und darauf zu achten, „daß davon nichts muthwillig verderbet oder entwendet werden möge".

Die „Vorsteher und Syndici des geistlichen Einkommens" versprachen Gottfried Silbermann

a) die „zur Verfertigung dieses Orgelwercks benöthigten Materialien" zur Verfügung zu stellen,

b) ihm „in dem sogenannten Regiments-Hauße frey Logiament" zu geben,[42]

c) „auch ihm vor sich, auch seine Gesellen, Arbeiter und Gesinde vor alle und jede ihre Arbeit, Mühe und Verrichtungen wie auch vor Kost, Lager und alles andere Bedürfnüß, Eintausend-Fünffhundert Thaler“ zu zahlen und im übrigen
d) das „Gehäuße zur Orgel, wie auch zu deren Ausstaffirung und Befestigung benöthigte Bildhauer-, Mahler-, Tischler- und Schloßerarbeit, sowohl das Chor umb die Orgel herumb, auf ihre Kosten fertigen zu laßen ...“

Als Erbauungs- bzw. Lieferzeit wurde der Zeitraum vom „nächstbevorstehenden Weihnachten 1710 an binnen zweyen Jahren“ festgelegt. Der Termin konnte allerdings nicht eingehalten werden.[43] In einem Schreiben vom 4. Dezember 1713 hat Gottfried Silbermann die Verzögerung mit folgenden Worten begründet: „Wie gerne nun dem Contract hierinnen nachkommen wollen, so hat es doch unmöglich seyn können, indem nicht nur eine und andere Stimme mehr, als contrahiret worden, verfertiget,[44] sondern dasjenige, was erstlich hat sollen von Holtz und Blech werden, von lauter Zinn gearbeitet,[45] welches aber mir nebst meinen Leuten in die 32 Wochen mehr Zeit gekostet, zu geschweigen, daß die Materialien auch nicht allemahl sogleich bey der Hand gewesen und ich also auch manchmal drauf warten müßen ...“[46]

Die Verzögerung hatte für Gottfried Silbermann in finanzieller Hinsicht unangenehme Folgen: Er hatte sich nämlich „sowohl schrifft- als auch mündlich“ verpflichtet, neunhundert Taler „biß nach Verfertigung“ der Orgel „stehen zu lassen“. Der Meister bekannte deshalb in seinem Brief vom 4. Dezember 1713 ganz offen: „... indeßen aber doch nebst meinen Leuthen nöthigen Unterhalt gebraucht, dahero ich denn wider Willen das bedungene Geld gutentheils vor der Zeit wegnehmen müßen.“[47]

Nach Gottfried Silbermanns Bericht konnte Anfang Dezember 1713 das Hauptmanual „guthentheils zum Klange gebracht werden“. Obwohl das übrige „biß zu Einsetzung, Intonirung und Stimmung derer Pfeiffen und etlicher anderer Arbeit“ fertig sei, erfordere die Vollendung des Werkes aber noch ein Dreivierteljahr. In seiner schwierigen Lage schrieb Silbermann: „... und ich gleichwohl nicht sehe, wie mit dem, was noch zu fordern, auskommen will.“ Er bat deshalb den Freiberger Rat: „Sie wollen mir und meinen Leuten nur noch die wenige Zeit über den Unterhalt verschaffen, damit ich das Werck, von welchem Sie selbst glori [= Ruhm] haben werden, mit solchem Fleiß, wie ichs angefangen zur Ehre Gottes und Rettung meiner Renomee [= meines Ansehens] gegen so viele Verläumbder, ausführen kann.“[48]

Wir müssen besonders betonen, daß Gottfried Silbermann schuldlos in die bedrängte Lage geraten war, weil er auf das Material warten mußte, mehr Stimmen als vorgesehen lieferte und die Pfeifen zum Teil aus besserem Material anfertigte, als ursprünglich vereinbart worden war.

Um alle bösen Zungen zum Schweigen zu bringen, versicherte Gottfried Silbermann, daß er „nicht den allergeringsten Profit darbey suche", sondern nur bestrebt sei, „was tüchtiges und sonderliches [= etwas Besonderes] zu verfertigen".

Auch in seiner nicht beneidenswerten Lage blieb Gottfried Silbermann ein selbstbewußter Mann. In bezug auf die im Bau befindliche Orgel schrieb er in demselben Brief, daß ein Werk von solcher Güte „in Sachßen und weit und breit nicht seyn wird". Es entsteht der Eindruck, daß Gottfried Silbermann überheblich gewesen ist. Aber alle, die seine Orgel im Dom zu Freiberg gesehen und gehört haben, können, ja müssen bestätigen, daß Silbermann mit seiner Behauptung recht hatte.

Ernst Flade veröffentlichte 1932 in der „Zeitschrift für Kirchenmusiker" einen interessanten Artikel: „Die Silbermann-Orgel des Freiberger Doms und die bei ihrer Erbauung beschäftigten Künstler, Handwerker, Kaufleute und Händler."[49] Wir wollen uns an Hand dieses Artikels einen Überblick darüber verschaffen, wieviel Handwerker neben dem Orgelbauer nötig waren, um ein solches Werk erstehen zu lassen.

Für die Ausführung der Bildhauerarbeiten am Orgelprospekt, einschließlich der vier musizierenden Engel, hatte man Johann Adam Georgi verpflichtet. Er erhielt rund zweihundertundvierzig Taler. Die Bemalung der Orgel besorgte vermutlich der „Jagdmahler" Johann Christian Butzäus.[50] Er hat sie allerdings nur „mit Metall ausgelegt", das heißt bronziert. An eine „Ausstaffierung mit gutem Golde" dachte man erst über zwanzig Jahre später, nachdem man feststellen mußte, daß „die vormals daran gemachte Auszierung das Werk ganz unscheinbar gemachet".[51] Das stattliche Gehäuse der Freiberger Domorgel wurde von dem Tischler Georg Lampertius angefertigt. Er mußte alles „nach dem ihm vorgezeichneten Risse Eliae Lindners[52] wie auch Herrn Gottfried Silbermanns Anweisung" machen. Lampertius erhielt für seine Arbeiten insgesamt zweihundertundfünfzig Taler. Von allen Handwerkern ist der Zimmermeister Adam Haupt mit seinen Gesellen und Handlangern am längsten beschäftigt worden. Er trug im März 1710 das alte Orgelwerk ab und erbaute den Orgelchor und die „Balgenkammer".[53] Mit dem Zimmerer arbeitete das ganze Jahr 1711 der Maurermeister Georg Enderlein zusammen. Nebenbei mußte er auch „beim Orgelmacher die Oberstube ausweißen und die Fenster um und um verstopfen".[54] Ein vielbeschäftigter Meister war auch der Schlosser Hans Christoph Köhler. Weiter benötigte man die Mitarbeit von Drechslern, Huf-, Nagel- und Zirkelschmieden. Wir müssen auch den Klempner Simon Beutner, den Gürtler Martin Tauber, den Nadler Arnold und den Seiler Frantze nennen. Über zweihundertachtzehn Schaffelle und elf Zickelfelle (für die Blasebälge)[55] lieferten die Weißgerber Kühne und Trautzoldt. Gottfried Fritzsche, ebenfalls ein Gerber, forderte fünfzig Taler für zwei Zentner Leim.

Besonders bemerkenswert ist, daß man die Beschaffung von neunzehn Zentnern „englischem Zinn" und vier Zentnern „Goslarischem Blei" der Leipziger Firma Daniel und Hartmann Winkler übertragen hatte.[56] Weitere fünf Zentner englisches Zinn bezog man dagegen von Johann Samuel Pfeil in Freiberg. Als Belag für die Tasten der drei Manuale mußten neun Pfund Elfenbein und über vierunddreißig Pfund Ebenholz beschafft werden.[57] Bild 10 zeigt den geöffneten Spielschrank der Orgel.

Ernst Flade hat nicht vergessen, den Kalkanten zu erwähnen. Er wurde dreiundzwanzig Wochen beschäftigt und ist verhältnismäßig gut bezahlt worden. Da die Orgel insgesamt 2674 Pfeifen besitzt,[58] können wir leicht ausrechnen, daß der Meister wöchentlich rund einhundertundfünfzehn Pfeifen intoniert und gestimmt hat.[59] Bild 11 zeigt einen Teil des Pfeifenwerkes der Orgel.

Die Gesamtkosten der Orgel einschließlich der Vergütung für Gottfried Silbermann betrugen rund viertausendeinhundertundsechzig Taler.

Ende Juli 1714 ging das Werk seiner Vollendung entgegen. Am 26. Juli 1714 teilte der Freiberger Rat Thomaskantor Johann Kuhnau in Leipzig und Hoforganist Bestel in Altenburg schriftlich mit, daß beabsichtigt ist, die Orgel am 13. August zu übernehmen. Die beiden Experten wurden ersucht, „sich etliche Tage zuvor auf der Post anhero zu begeben",[60] so daß sie „Freytags oder Sonnabends zuvor, als den 10. oder 11. August allhier seyn und sodann nechstfolgenden Montag darauff der Examination und Übernahme beywohnen und selbige verrichten können".

Johann Kuhnau und Gottfried Ernst Bestel[61] kamen pünktlich nach Freiberg, so daß die Orgelprüfung am 13. und 14. August 1714 in Gegenwart des Superintendenten, des Bürgermeisters und anderer „Vornehmen des Raths" stattfinden konnte.[62] Kuhnau und Bestel erfüllten ihre Aufgabe sehr gewissenhaft, indem sie das Orgelwerk an den beiden genannten Tagen „vor- und nachmittags mit allem

Fleiße" untersuchten. Die beiden Prüfer erstatteten auch ein ausführliches Gutachten.[63] In demselben heißt es: „Gleichwie aber an Materialien und Ziene [= Zinn] nichts geschonet [= nicht gespart] worden, also sind die Blätter zu denen Pfeiffen in gehöriger Stärcke gegoßen, hernach (welches bey uns sonsten ungewöhnlich) geschlagen[64] und fleißig ausgearbeitet worden, dergestalt, daß jedermann an deren Facon [= Form], accuraten Löthung und Polierung, sonderlich in denen Principalen, sein Vergnügen findet ... Bey welcher Bewandtniß denn die Pfeiffen, zumahl sie ihre nach denen Geometrischen und Mechanischen Principiis richtige Proportion haben, auch recht intoniret sind, allerdings ihren reinen silbernen Klang haben müssen ... Damit aber auch endlich das vornehmste bey diesem Wercke nicht hat vergeßen werden sollen, so hat man, umb zu erfahren, ob es im richtigen Cornet- oder Chor-Tono stehe,[65] einige von denen Stadt-Pfeiffern mit ihren Hautsbois[66] und Trompeten kommen und etliche Lieder blasen lassen, da man denn befunden, daß, alß man mit dem Wercke accompagniret [= begleitet], solches mit denen Instrumenten vollkommen eingestimmet ... Also ist nun dieses Examen, welches sonsten gar selten zu geschehen pfleget, mit gutem Vergnügen und zu des Meisters dieses herrlichen Wercks sonderbaren Ruhme gehalten und beschloßen worden ..."[67]

Nachdem Johann Kuhnau Gottfried Silbermann bisher nur auf Grund seiner vorgezeigten Zeugnisse beurteilen konnte, hatte er in Freiberg erstmalig Gelegenheit, ein Werk dieses jungen und hochgeschätzten Meisters zu sehen, zu hören, zu spielen und genauestens zu untersuchen. Wie muß das Ergebnis der Prüfung ihn in seiner Meinung über Silbermanns Können bestärkt haben! Aber gerade deswegen mag der Leipziger Universitätsmusikdirektor etwas wehmütig an seine Wirkungsstätte zurückgekehrt sein; denn sein Wunsch, auch ein solches Meisterwerk zu erhalten, ist nicht in Erfüllung gegangen.

In den Orgelbauakten finden wir ein aufschlußreiches „Attest", das der Freiberger Rat am 1. Dezember 1719 ausstellte. Er begründete einleitend, warum gerade Gottfried Silbermann den Auftrag zum Bau der Orgel bekommen hat: „Nachdem wir anstatt der in besagter Kirche befindlichen alten, gantz eingegangenen und fast unbrauchbaren Orgel ein ganz neues Orgelwerk verfertigen zu lassen und uns denn hierauff Herr Gottfried Silbermann, Orgelmacher, wegen seiner sonderbahren Erfahrenheit, Kunst und guten Geschicklichkeit vor andern gerühmet worden [!], so haben wir resolviret, vor allen andern selbiges durch ihn verfertigen zu lassen ..."

Weil Gottfried Silbermann vor anderen Orgelbauern gerühmt worden ist, bekam er den Auftrag zum Bau der Freiberger Domorgel. Wir denken dabei an die Empfehlungsbriefe von Johann Kuhnau und Dr. Immanuel Lehmann.
Das Zeugnis des Rates besagt weiter, daß Gottfried Silbermann auf die Orgel fünf Jahre Garantie gegeben hat, obwohl er im Kontrakt nur eine zweijährige „Gewährszeit" versprochen hatte. Der Rat bestätigte ferner, daß der Meister das Werk jetzt, nach Ablauf der Garantiezeit, „nach allen und jeden Stücken aufs fleißigste durchgegangen" ist. Er habe die Orgel in einen solchen Stand versetzt, daß sie „viele Jahre" ohne Reparatur unverändert bleiben könne, wenn sie „jederzeit wohl in acht genommen und nicht etwa aus Unachtsamkeit oder gewaltthätigerweise etwas daran verletzt wird". Knapp zwei Jahrzehnte später machte sich eine Reparatur notwendig, die Gottfried Silbermann selbst ausführte.[68]
Wenn wir die große Silbermann-Orgel im Freiberger Dom heute noch in alter Schönheit bewundern können, dürfen wir zwei Männer nicht vergessen, die sich nach dem Tode Gottfried Silbermanns uneigennützig um die Pflege des kostbaren Werkes bemüht haben: Johann Georg Schön und Adam Gottfried Oehme. Beide waren Schüler und Gehilfen des berühmten Meisters. Wie sehr ihnen die Erhaltung und Pflege der Orgel am Herzen gelegen hat, schilderte Oehme mit bewegten Worten in einem aufschlußreichen Brief vom 23. Juni 1774 an den Freiberger Rat. Es heißt darin: „Weltbekannt ist, daß jedwede Maschinen ... ohne menschliche Beyhülffe niemals bestehen können, ingleichen, daß Orgelwerke unter allen Maschinen, wegen ihrer vielen Theile, Gelenken, Subtilheiten [= Feinheiten] und mechanischer Bewegung derselben, die größten und künstlichsten [= kunstvollsten] sind. Nicht minder ist auch ganz wohl bekannt, daß ich jederzeit ohne Ausnahme bey den hiesigen Orgeln eine beständige treue Obsicht [= Aufsicht], Verbeßerung der kleinen Mängel und was bey der Intonirung nöthig gewesen, ohnweigerlich verrichtet habe, so daß es niemals geschehen ist, daß diese kostbaren Werke durch Verwahrlosung in die geringste Abnahme gefallen wären und von ihrem Glanze und Schönheit etwas verlohren hätten, sondern immer noch bey allen Kennern, sowohl in unsern als fremden Landen, bewundernd in größten Ruhme sind, deßen sich andere Orte Sachsenlandes nicht so wie Freyberg zu rühmen vermögen. Nicht sage ich, daß in andern berühmten Städten nicht auch kostbare Orgelwerke zu finden wären, dergleichen sich denn in Sachsen schon einige finden, die von großen Meistern erbauet worden, alleine der mehresten [= meisten] Glanz ist dahin [!] ... Die Frage: Woher dieses entstanden? ist leichte zu beant-

worten: denn diese Werke sind hernach andern Meistern, denen das Talent des Baumeisters unbekannt geblieben, oder wohl gar solchen anvertrauet worden, die ohnwißend was oder wohl gar gewinnsüchtig darinnen herumgepfuschet und solchermaßen den größten Schaden verursachet haben, davon sich viele Beweise anführen ließen. Freyberg aber kann sich rühmen, daß seine fürtrefflichen Orgelwerke immer noch die nehmlichen [= dieselben] sind, wie sie bey der Erbauung gewesen [!], obgleich besonders im Dom die Orgel schon auf die 60 Jahre her stehet. Sie ist aber auch niemals einem Fremden in die Hände gerathen, das Intent [= die Absicht] ihres Baumeisters, der mein Lehrherr und bis zu seinem Todt mein Meister war [!], war mir bekannt, stets ließ ich mir es zum Augenmerk seyn ... auch niemals ist mir in den Sinn gekommen, mit diesen Werken[69] gewinnsüchtig umzugehen, sondern ich habe jederzeit alles mögliche beygetragen, sie in ihrem völligen Glanze zu erhalten ..." Oehme betonte, daß er „diese Bemühung" neun Jahre lang gemeinsam mit Schön verrichtet habe, ohne „einzige Vergütung dafür zu erhalten". Die Kircheninspektion habe Schön „von Zeit zu Zeit vertröstet, daß er ein gewisses jährliches Wartegeld erhalten sollte". Oehme stellte dann betrübt fest: „Allein auch dieser starb darüber, ohne daß er was empfangen ..."[70]

Adam Gottfried Oehme beklagte sich bitter darüber, daß er die Pflege der Freiberger Orgelwerke schon seit zehn Jahren, das heißt seit Schönes Tod, allein verrichtet, aber „vor alle Bemühungen, die bey so großen Werken gewiß nicht geringe sind, noch nichts erhalten" habe, obwohl er „schon vielmals deswegen Vorstellung gethan".

Aus Oehmes Schreiben müssen wir schließen, daß sich schon Gottfried Silbermann selbst vergeblich bemüht hat, vom Rat eine Vergütung für die laufende Instandhaltung der Freiberger Orgeln zu bekommen; denn Oehme, Silbermanns ehemaliger Gehilfe, schrieb wörtlich: „Schon der seel. Silbermann eiferte stark, daß es zu keinem Schluß gelangen konnte (ob er deshalb Ansuchung gethan, kann ich nicht sagen) und verbot uns, seinen Gesellen, zuweilen sehr hart, nicht einen Schritt nach der Dom-Orgel fortzusetzen, denn es müßte ihm bezahlet werden." Oehme schrieb weiter: „... und dennoch wurden wir sehr oft dahin verlanget, welches seiten unserer nach dem Feyerabend zum Vergnügen geschah, da wir wußten, daß er [Silbermann] ohnediß schon ein großer Capitaliste war ..."[71]

Fast entsteht der Eindruck, daß Silbermanns Gehilfen mehr Interesse an der Pflege der Domorgel hatten als der Schöpfer selbst. Gewiß hat der Meister seine Gründe gehabt, wenn er sich ohne entsprechende Bezahlung nicht um „seine“ Orgel kümmerte.[72] Schließlich ist ja jeder Arbeiter seines Lohnes wert. Am 23. November 1774 nahm August Friedrich Schultze, „Syndicus und Vorsteher des Geistlichen Einkommens“, zu Oehmes Gesuch Stellung.[73]

Wir können aus Oehmes Brief erkennen, daß Silbermanns ehemalige Gehilfen den Meister geschätzt und verehrt haben, indem sie noch lange nach seinem Tode uneigennützig bereit gewesen sind, seine Werke zu pflegen und zu erhalten. In einem weiteren Gesuch vom 24. Januar 1778 an den Freiberger Rat schrieb Oehme, gewissermaßen zur Begründung seiner Handlungsweise: „Die Wichtigkeit mehrbesagter beyden Orgelwerke und die für deren Erbauer, den berühmten Silbermann, meinen noch im Grabe verehrenden Lehrmeister getragene Liebe, haben bey mir zeithero die Entschlüßung angefeuert, gegen die mäßigste Vergütung alles mögliche zu deren Conservation beyzutragen und in Rücksicht deßen versichere ich auch fernerhin hieran nichts, auch mit Zurücksetzung meiner eigenen Vortheile, erwinden zu lassen ...“

Erst auf Grund dieses neuerlichen Gesuches wurden Adam Gottfried Oehme am 2. Dezember 1778 endlich sechzehn Taler jährliches „Gedingegeld“ für die Pflege der Silbermann-Orgeln im Dom und zu St. Petri bewilligt.[74] Ein knappes Jahr später ist Oehme gestorben. Was er von Schön sagte, hätte auch auf ihn selbst zutreffen können: „Er starb darüber, ohne daß er was empfangen ...“ Daß der Freiberger Rat die doch zweifellos berechtigten Forderungen der beiden Orgelbauer so lange ignorierte, können wir heute nicht mehr verstehen. –

Seit der Vollendung der großen Silbermann-Orgel im Dom der alten Bergstadt Freiberg ist über ein Vierteljahrtausend vergangen. Wenn wir heute mit Freude und Genugtuung sagen können: „Wie der Meister sie schuf, so steht sie heute noch da“,[75] dann müssen wir feststellen, daß Gottfried Silbermann sein Versprechen in einer Weise erfüllt hat, die wohl weit über seine eigene Vorstellung hinausging. Nach dem Kontrakt wollte er ein „beständiges“ Orgelwerk verfertigen. Das ist ihm gelungen. Aber nicht nur Gottfried Silbermann, dem genialen Schöpfer, gebührt Dank und Bewunderung, sondern auch allen denen, die bei der Erbauung der Orgel mitwirkten. Außerdem haben alle, die sie im Laufe der langen Zeit pflegten und schützten, die uneingeschränkte Anerkennung der Nachwelt verdient. Und uns heute erwächst die Aufgabe und die Verpflichtung, ihnen nachzueifern und dafür zu sorgen, daß das herrliche Werk noch vielen Generationen von dem „gottverliehenen Talent“ Gottfried Silbermanns kündet.

1 Sie ist um 1230 entstanden und „ein Höhepunkt der spätromanischen Portalkunst".

2 Sie wurde 1508/10 von Hans Witten geschaffen und ist „ungewöhnlich in Form und Inhalt, großartig in der künstlerischen Lösung" (vgl. Georg Dehios Handbuch der deutschen Kunstdenkmäler, Berlin 1965, S. 106).

3 Das Gotteshaus besitzt noch eine zweite, „kleine" Silbermann-Orgel. Dieses Werk schuf der Meister 1718/19 für die Freiberger Johanniskirche. Wegen der Baufälligkeit der Kirche war die Orgel gefährdet und wurde 1939 in den Dom übergeführt, wo sie einen würdigen Platz erhalten hat.

4 Der erstere schon 1704 und der letztere fast gleichzeitig mit Silbermann.

5 Wir müssen hier auf einen Irrtum aufmerksam machen. Hiernach soll „das uneingeschränkte Lob", das der Meister für seine Frauensteiner Orgel geerntet hatte, für die Auftragserteilung ausschlaggebend gewesen sein. Der Freiberger Kontrakt ist am 8. Oktober 1710 geschlossen worden. Zu diesem Zeitpunkt war die Frauensteiner Orgel aber noch nicht fertig.

6 Daß der Orgelbau seit Jahren geplant wurde, wird u. a. dadurch bewiesen, daß Hoforgelbauer Gräbner, Dresden, bereits 1704 eine Disposition für ein neues Werk vorgelegt hatte.

7 Bedauerlicherweise ist uns der Wortlaut dieses Briefes nicht überliefert. Wenn der Brief in den Akten nicht erwähnt wird, darf uns das nicht wundern. Es wurde ja nicht jede Kleinigkeit schriftlich festgehalten.

8 Da man annehmen konnte, daß sich der Rat im Sommer 1710 mit dem Orgelbauprojekt beschäftigte, hat der Verfasser die Ratsprotokolle (ab April 1710) durchgesehen. Das Ergebnis war aber negativ, denn nicht ein einziges Mal stand der Domorgelbau auf der Tagesordnung. Am 22. September hat Domorganist George Menzer auf den „miserablen" Zustand der alten Domorgel aufmerksam gemacht. Hierauf beschloß der Rat, „wegen der sehr ruinirten Orgel im Dom Sorge zu tragen, dasjenige Zienn und Metall, so zur Verfertigung einer neuen von denen beyden alten Orgeln nicht sufficient [= ausreichend] sein möchte, ex fisco [= aus städtischen Mitteln] beyzutragen". Der Rat wollte sich auch bemühen, „ob etwan durch Collecten etwas eingebracht werden könnte". Der Superintendent hat deshalb ein „Patent wegen einiger Collecten zum Orgelbau im Dom" entworfen, welches in der Ratssitzung vom 26. Januar 1711 verlesen wurde. Man beschloß, daß dasselbe auch vom Rat mit unterzeichnet werden soll. Offenbar gab es später einige finanzielle Schwierigkeiten. – Dr. Lehmann hat zwar in seinem Brief vom 29. September 1710 zum Ausdruck gebracht, daß das Ratskollegium die Absicht habe, den Orgelbau „Mons. Silbermann anzuvertrauen". Anscheinend ist in den Ratssitzungen darüber gesprochen worden, ohne daß ein Beschluß gefaßt wurde. Es ist bedauerlich, daß über Verhandlungen und Besprechungen mit Gottfried Silbermann, die doch gewiß stattgefunden haben, nichts überliefert wurde.

9 Über dreißig Jahre später kamen „zwey Orgelfreunde" in ihren anläßlich der Weihe der Fraureuther Orgel 1742 im Druck erschienenen „Discursen" zu dem gleichen Ergebnis. Sie stellten fest, daß „Herr Silbermann ein grosser Künstler ist, bey welchem die musicalischen, mathematischen, architectischen und mechanischen Geheimnisse auf die vollkommenste Weise anzutreffen" sind.

10 Wenn wir das überdenken, kommen wir zu der Überzeugung, daß Silbermann einige Jahre seiner Frauensteiner Jugendzeit dazu benutzt hat, um sich auf seinen künftigen Beruf vorzubereiten.

11 Andererseits haben wir Beispiele dafür kennengelernt, daß sich die Vorgeschichte eines Orgelbauprojekts manchmal jahrelang hinzog und dann – noch nicht einmal etwas daraus wurde.

12 Das Schriftstück stammt von derselben Hand wie der Aufsatz wegen der Unkosten für die Frauensteiner Orgel.

13 Die Schaffelle sind für die Falten der Blasebälge, zum Beledern der Ventile und teilweise auch zum Abdichten der Windkanäle verwendet worden.

14 Es handelte sich um Schlämmkreide, die zum Polieren der Prospektpfeifen, aber auch zum Einstreichen der Lötnähte beim Löten der Zinnpfeifen benötigt wurde.

15 Wismut ist zum Legieren mit Zinn und Blei beim Gießen der Tafeln verwendet worden, aus denen dann die Pfeifen geformt wurden.

16 Es handelte sich um Kolophonium, das in Verbindung mit Spiritus zur Herstellung von Lacken verwendet wurde. Silbermann hat damit wahrscheinlich die Hölzer luftdicht isoliert.

17 Aus diesen Hölzern wurden die Windladen oder -kästen hergestellt.

18 Damit sind Bretter aus Fichtenholz gemeint, aus denen vor allem die hölzernen Orgelpfeifen angefertigt wurden.

19 Aus den Eichenholzbrettern sind insbesondere die Registerschleifen und die Windladen hergestellt worden.

20 Mit den „Claviren" sind die Manualklaviaturen gemeint. Übrigens ist das Wort „Klavier" von dem lat. clavis (= Schlüssel) abgeleitet. Mit „Clavier" bezeichnete man ursprünglich die für die Orgel erfundene Tastenreihe, die den „Schlüssel" bildet, um das Werk ertönen zu lassen.

21 Darunter versteht man die Obertasten der Klaviatur.

22 Die Freiberger Domorgel hat sechs, in zwei Stockwerken angeordnete Blasebälge, und jeder ist etwa drei Meter lang und eineinhalb Meter breit.

23 Das Messingblech brauchte der Orgelbauer zur Anfertigung der Zungenpfeifen.

24 Der Draht wurde für die mechanische Traktur der Orgel benötigt.

25 Die Gießlade wurde mit Barchent überzogen und darauf die Zinntafeln gegossen, aus denen dann die Pfeifen geformt werden mußten. – Über den Verwendungszweck der Materialien gab Orgelbaumeister Otto Jehmlich († 1980) dem Verfasser freundlicherweise Aufschluß.

26 Der junge Meister hat das Schriftstück eigenhändig unterschrieben. Originell ist die Bezeichnung „Orgel Machger", die ebenfalls von Silbermanns Hand stammt.

27 Ebenso wie in Leipzig muß das Pfeifenmaterial der alten Orgel mindestens teilweise so beschaffen gewesen sein, daß es mit verwertet werden konnte.

28 Ob das dieselben waren, die dem Meister beim Bau der Frauensteiner Orgel zur Seite standen?

29 Gottfried Silbermann besaß also noch keine eigenen Werkzeuge. Wir erinnern daran, daß beim Frauensteiner Orgelbau der Tischler Übermann das „Handtwerckszeugk" leihweise zur Verfügung stellte.

30 Beim Frauensteiner Orgelbau hat der „erste" Gehilfe während der letzten Wochen je einen Taler Lohn bekommen.

31 Nach den Frauensteiner Ratsrechnungen verlangte damals ein Maurer- oder Zimmerermeister sechs Groschen Tagelohn. Bei ununterbrochener Arbeit ergibt das einen jährlichen Verdienst von achtundsiebzig Talern. Dagegen erhielt (1719) der Dresdner „Hofklavierstimmer" Gräbner eine Jahresbesoldung von einhundertundfünfzig Talern. Der „Violinist" Johann Georg Pisendel und der Organist Petzold, beide Mitglieder der Dresdner Hofkapelle, bezogen Jahresgehälter von fünfhundert bzw. vierhundertundfünfzig Talern. Gegenüber dem Konzertmeister war das noch wenig, denn dessen Jahresbesoldung bezifferte sich auf runde eintausendzweihundert Taler. – Wenn Gottfried Silbermann als Meister der Orgelbaukunst für seine Person etwa dreihundert Taler Jahresverdienst „kalkulierte", dann war das nicht zuviel.

32 Wir müssen uns fragen, ob Silbermann nach den „ausgestandenen Lehrjahren" durch seine Tätigkeit „in der Fremde" so viel verdient hat, daß er über ein Vermögen von einigen hundert Talern verfügte. Das ist kaum anzunehmen; denn während der Lehrzeit hat er von seinem

Bruder keinerlei Lohn bekommen. Und in Straßburg bzw. im Elsaß durfte er nicht selbständig arbeiten. Wenn Silbermann vom Freiberger Rat eine Vorauszahlung verlangte, um sich die nötigen Werkzeuge anschaffen zu können, so scheint das zu beweisen, daß er nicht schon als vermögender Mann in die Heimat zurückkehrte. Der junge Meister hat eventuelle Ersparnisse wahrscheinlich verwendet, um seine Mitarbeiter beim Frauensteiner Orgelbau zu entlohnen und zu beköstigen und andere Ausgaben zu bestreiten. Es wäre deshalb denkbar, daß sich Silbermanns Gehilfen beim Freiberger Orgelbau inzwischen mit der freien Kost begnügen mußten und ihren Lohn erst nach Vollendung des Werkes erhielten. – Es ist in diesem Zusammenhang erwähnenswert, daß Gottfried Silbermann, als er am 4. August 1753 starb, seinen Gehilfen seit Jahresbeginn noch die Löhne schuldete, obwohl er über fast sechstausend Taler Bargeld verfügte!

33 Der Namenszug stammt nicht von Silbermanns Hand. Bei dem Dokument handelt es sich offenbar um eine Abschrift von dem (nicht mehr vorhandenen) Original.

34 Wahrscheinlich hat Silbermann ihn vorgelegt, als er am 30. September 1710 persönlich vor dem Freiberger Rat erschien.

35 Der Meister hat – wie beim Frauensteiner Orgelbau – für einen Gehilfen einen Taler wöchentliches Kostgeld berechnet.

36 In dieser Form sind die Zahlungsbedingungen dann auch im Kontrakt festgelegt worden.

37 Es verdankte seine Entstehung nur einem „Zufall“. Silbermann hatte darum ersucht, beim Superintendenten empfohlen zu werden, damit dieser beim Bürgermeister „einige Intercession [= Fürsprache] wegen gewissen Entschlusses“ einlegt. Da der Superintendent aber gerade ortsabwesend war, hat es Dr. Lehmann selbst übernommen, Silbermann schriftlich zu empfehlen.

38 Im Ratsprotokoll finden wir die lapidare Mitteilung, daß mit dem Orgelbauer Gottfried Silbermann „wegen Verfertigung einer Orgel in der Domkirche vermöge eines absonderlich in Schrifften verfasseten Auffsatzes überhaupt pro labore [= für seine Arbeit], auch vor Kost und Lager vor ihn und seine Gesellen, auf 1500 Thaler überhaupt, 600 Thaler nach und nach zu bezahlen, die übrigen 900 Thaler aber loco cautionis [= zur Sicherheit] innen zu lassen, kontrahiret“ werden soll.

39 Gottfried Silbermann fügte seiner Unterschrift noch die Bezeichnung „Orgelmacher“ hinzu.

40 Nach dem Ratsprotokoll hat der Rat am 8. Oktober 1710 „das Project des mit dem Orgelmacher H. Gottfried Silbermann abgeredeten Contracts“ zur Kenntnis genommen.

41 Das Wort „zierlich“ ist so zu verstehen, daß die Orgel eine Zierde des Gotteshauses werden sollte.

42 Das „Regimentshaus“ ist mit dem jetzigen Hausgrundstück Otto-Nuschke-Platz 6 identisch. Hinsichtlich seines Namens teilte Dr. Walther Herrmann, Freiberg, dem Verfasser u. a. mit: „1665 wurde dort eine Wache eingerichtet, wo Soldaten aufzogen. Deshalb nannten die Freiberger das Haus Reiterwache, amtlich hieß es Regimentshaus, weil dort der Stab und Teile des in und um Freiberg garnisonierenden Reiterregiments lagen.“ Da Freiberg zu Silbermanns Zeit keine Garnison hatte, konnte ihm das Haus zugewiesen werden.

43 Wir dürfen nicht vergessen, daß der Meister noch bis etwa Anfang Mai 1711 mit der Frauensteiner Orgel beschäftigt war und erst später, als er beabsichtigt hatte, mit dem Bau des Freiberger Werkes beginnen konnte.

44 Nach dem Kontrakt sollte die Orgel 41 Stimmen bekommen, sie besitzt aber 45. Am 10. Februar 1712 faßte der Rat den Beschluß, Silbermann „vorzustellen“, daß man bereit ist, mit ihm über einhundertundfünfzig Taler zu „kontrahiren, wenn er zu rechter completirung des unter Händen habenden Orgelwerks im Dom das 32füßige Register vollends zu verfertigen über sich nehmen

wolle". Aber schon fünf Tage später lesen wir im Ratsprotokoll, daß „der Orgelmacher Silbermann vorzustellen gewußt, daß ihm das 32füßige Register in der neuen Orgel zu verfertigen, schlechterdings unmöglich falle". Wahrscheinlich hat sich Gottfried Silbermann die Sache doch noch überlegt, denn in einem Nachtrag zum Kontrakt (März 1712) versprach er, „den großen Untersatz 32 Fuß mit dazu gehöriger Octave 16 Fuß ... nebst der Windlade, Abstrakten und Balgen zu verfertigen". Hierfür sollten ihm „nach der Verfertigung" noch einhundertfünfundsiebzig Taler ausgezahlt werden.

45 Dem Ratsprotokoll vom 22. Juni 1711 entnehmen wir, daß Gottfried Silbermann sich erboten hat, den Posaunenbaß, der aus Holz gefertigt werden sollte, aus Zinn herzustellen, „um das vorhabende Werk zu desto mehrerer Vollkommenheit zu bringen". Der Rat war auch bereit, die erforderlichen vier bis fünf Zentner „Altenbergerisch [!] Zinn herzugeben".

46 Wir müssen hier betonen, daß Gottfried Silbermann später das gesamte Material, das er zum Bau seiner Orgeln brauchte, selbst angeschafft hat, so daß er stets über Vorräte verfügte und keine unproduktiven Wartezeiten entstehen konnten. – In einem Attest hat der Rat Silbermanns Worte bestätigt. Er schrieb, daß die Orgel erst im August 1714 „zustande gekommen" sei, „weil mehr Stimmen, als anfänglich kontrahiret, angeleget worden, und sonst einige Hindernisse [!] darzwischen gekommen ...".

47 Auch hieraus ist zu schließen, daß Gottfried Silbermann damals noch kein vermögender Mann war.

48 Ist es nicht beschämend, daß „Verleumder" auftauchten?

49 Die von Flade benutzten Akten hat der Verfasser für seine Dokumentation gründlich ausgewertet.

50 Übrigens hat Butzäus fast alle Silbermann-Orgeln „ausstaffiert". In dieser Hinsicht ist ein Brief Silbermanns vom 9. August 1747 sehr interessant. Darin heißt es: „Gemeldter Mahler, Herr Buzaeus, sowohl als dessen verstorbener Vater, wären diejenigen Personen, welche alle meine Orgeln vergoldet und staffiret haben, ich wüßte weiter von keinem Mahler, der bey mir gearbeitet." Urkundlich nachweisen läßt sich die Tätigkeit von Butzäus heute allerdings nur noch in wenigen Fällen.

51 Das erfahren wir aus dem Ratsprotokoll vom 2. November 1735. Aber erst am 5. März 1738 beschloß der Rat, die Ausstaffierung der Domorgel (mit Gold) dem Maler Butzäus für zweihundertfünfzig Taler zu übertragen. In einem Schreiben vom 30. August 1738 hat Butzäus begründet, daß diese Summe nicht ausreichte. Er bat den Freiberger Rat, noch fünfzig Taler zuzulegen.

52 Ernst Flade erwähnte, daß Lindner in Leipzig die Rechte und Mathematik und bei Johann Kuhnau Musik studiert habe. Auch seine zeichnerische Begabung sei bedeutend gewesen. – Elias Lindner ist vierundfünfzig Jahre alt geworden und am Osterdienstag (27. März) 1731 in Freiberg gestorben. Gerber hat (1790) in seinem Tonkünstler-Lexikon für Lindner nur wenige Worte gefunden, aber betont, daß er „wegen seiner Kunst sehr gerühmt" worden ist.

53 Die Rechnungen laufen bis Ende August 1712!

54 Das bezieht sich auf Silbermanns Wohnung, die er im „Regimentshaus" erhalten hatte.

55 Gottfried Silbermann hatte nur einhundert Schaffelle verlangt. Sollte er sich „verkalkuliert" haben?

56 Nach dem Ratsprotokoll berichtete der Freiberger „Pro-Consul" am 13. Mai 1711, daß er „bey seiner neulichsten Anwesenheit in Leipzig" mit den dortigen „Handlungs-Consorten" Daniel und Hartmann Winkler wegen des für den Orgelbau nötigen englischen Zinns, „so an die 20 Zentner betragen würde", verhandelt hat.

57 Bemerkenswert ist, daß Silbermann nur zwölf Pfund Ebenholz und drei Pfund Elfenbein verlangt hatte. Aus der Abbildung 10 ist deutlich zu ersehen, daß damals die Obertasten weiß waren. Man brauchte deshalb weniger Elfenbein als Ebenholz.

58 Die größte Pfeife hat eine Länge von fast fünf Metern. Die kleinste mißt dagegen nur einen Zentimeter.

59 Bei einer ähnlichen „Rechnung“ hinsichtlich der Frauensteiner Orgel kommen wir auf einhundertdreißig Pfeifen. Die Ergebnisse stimmen also einigermaßen überein.

60 Wahrscheinlich haben sie es aber vorgezogen, nicht die Postkutsche zu benutzen. Ernst Flade erwähnte nämlich, daß Ausgaben für die Orgelexaminatoren „für Wohnung, Licht, Kost für vier Personen, Stallung und Futter für acht Pferde“ entstanden sind.

61 Nach Gerbers Tonkünstler-Lexikon (1790) war Bestel ein „vorzüglicher Meister in seiner Kunst“.

62 Im Ratsprotokoll vom 13. August 1714 lesen wir, daß Johann Kuhnau und Gottfried Ernst Bestel sich am „vergangenen Freitag“ (= 10. August) in Freiberg eingefunden hatten und heute „nach der Predigt“ mit der Prüfung der Orgel „den Anfang machen wollen“. Vier Herren vom Rat wurden beauftragt, „sothaner Examination nomini Senatus wechßelweiße mit beyzuwohnen“. Der Rat beschloß, „obermeldten beyden Personen [Kuhnau und Bestel] vor ihre Mühe, über die aufgewendeten Reise- und Zehrungskosten, die ihnen nach vorhergegangener Liquidation absonderlich [= besonders] zu ersetzen wären, annoch jedweden 24 Species-Thaler [!] auszuzahlen“. Der Rat kam ferner zu dem Entschluß, „daß man Ehrenthalben sich nicht werde entbrechen können, dabey noch eine solenne [= feierliche] Mahlzeit zu geben“. Diese sollte bei Bürgermeister Albert stattfinden, nachdem dieser „sich auf Ersuchen dazu willig finden“ ließ. Zu dem Festessen sollten alle, „so dabey [bei der Orgelprüfung] zu tun gehabt“, eingeladen werden.

63 Das Original befindet sich im Stadtarchiv zu Freiberg.

64 Wir haben schon erwähnt, daß sich durch das Hämmern oder Schlagen das spezifische Gewicht des Zinns verändert und das wiederum Einfluß auf den Klang der Orgelpfeifen hat. Als man am 28. April 1716 mit Silbermann wegen einer neuen Orgel für die Freiberger Jakobikirche verhandelte, betonte er, daß er das Pfeifenwerk „von besten geschlagenen Zien“ zu verfertigen gedenke. Seitdem finden wir in fast allen noch erhaltenen Orgelbaukontrakten Silbermanns die Worte „... das Pfeiffenwerk bedungener maßen von den besten geschlagenen [!] Englischen Zinn, Metall und Holtz zu verfertigen“. Als Beispiele seien genannt: Großkmehlen (1717), Rötha (1718), Reichenbach (1723), Rochlitz (1725), Püchau (1727), Mylau (1730) und Frauenstein (1734).

65 Nach Dr. Dähnert waren in der Barockzeit zwei verschiedene Stimmungen der Musikinstrumente gebräuchlich: der Chorton, der um einen halben bis einen ganzen Ton höher, und die Kammerstimmung, die tiefer war als unser heutiges Kammer-A.

66 Darunter sind Oboen zu verstehen, die in der Barockmusik sehr beliebt waren.

67 Bemerkenswert sind die Worte der Orgelprüfer, wonach es sonst „gar selten“ vorkommt, daß die Prüfung einer Orgel „mit Vergnügen“ erfolgt. Wir können annehmen, daß Kuhnau und Bestel auf diesem Gebiet auch gegenteilige Erfahrungen gemacht hatten.

68 Den ersten Hinweis finden wir im Ratsprotokoll vom 2. November 1735. Hiernach hatte sich durch Bauarbeiten, die im Dom erfolgt waren, „vieler Staub in die Pfeifen geleget“. Dadurch war das Werk „in unterschiedenen Registern schadhaft geworden“. Es vergingen aber zwei Jahre, ohne daß etwas geschah. Am 5. Februar 1738 brachte Superintendent Wilisch deshalb die Orgelreparatur in Erinnerung, „weil der Organist Erselius beständig klaget, daß die Domorgel je mehr und mehr einginge“. Wilisch brachte unmißverständlich zum Ausdruck, daß es „uns aber bey

Gott und unsern Obern, auch bey unsern Nachkommen [!] zu großer Verantwortung und schlechten Nachruhm gereichen dürfte, wenn wir solch kostbares Werck eingehen ließen". Der Superintendent betonte, daß der Erbauer der Orgel „auch noch am Leben" ist und dieselbe durch ihn, „wie er sich auch erbietet" (!), repariert werden kann. Am 5. März 1738 faßte der Rat endlich den Beschluß, Gottfried Silbermann für dreihundert Taler die Reparatur zu übertragen. Dieser weilte damals in seiner Heimatstadt, um dort eine zweite Orgel zu bauen, nachdem die Kirche nach dem Stadtbrand von 1728 aus der Asche wieder erstanden war. Es ist deshalb anzunehmen, daß Silbermann gleich nach der Frauensteiner Orgelweihe (2. Juli 1738) die Freiberger Domorgel repariert hat. Zu dieser Zeit war der Maler auch mit der Vergoldung des Orgelprospektes fertig, zu der sich der Rat am 5. März 1738 entschlossen hatte.

69 Oehme meinte die Orgeln im Dom und zu St. Petri.

70 Johann Georg Schön ist 1764 gestorben.

71 Auf die Vermögensverhältnisse Gottfried Silbermanns werden wir später noch ausführlich eingehen.

72 Daß Gottfried Silbermann das Schicksal seiner Orgeln nicht gleichgültig gewesen ist, läßt sich am Beispiel der Dresdner Sophienorgel beweisen. Am 20. April 1740 teilte er dem Rat zu Dresden mit, er habe aus dem übersandten Brief „mit großer Betrübnis [!] ersehen, daß die mit vieler Mühe und Fleiß verferttigte Orgel durch dasige Kirchen-Reparatur einigen Schaden erlitten" hat.

73 Er konnte nicht leugnen, daß Oehme „auf Veranlaßung der Herren Organisten beym Stimmen und andern vorgefallenen kleinen Reparaturen Beystand geleistet" hat. Außerdem mußte er Oehme beipflichten, „daß nichts nothwendiger sey, als die beyden kostbahren, von dem vormahligen berühmten Orgel-Bauer Herrn Gottfried Silbermann mit viel Beyfall [!] erbaueten Orgeln, zu conserviren".

74 Nach Oehmes Tod (1789) wurde dem Orgelbauer Johann Christian Knöbel diese Aufgabe übertragen.

75 Das schrieb Arthur Eger anläßlich des 250. Orgeljubiläums im Jahre 1694. Eger wurde 1900 in Niederlößnitz geboren. Er wirkte ab 1926 als Domkantor und -organist in Freiberg, wo er am 30. Dezember 1967 unerwartet starb. Man hat Arthur Eger mit Recht den Freiberger „Silbermannkantor" genannt.

Der Meister und seine Gehilfen

Nachdem wir „miterlebt“ haben, wie Gottfried Silbermann sein erstes großes Orgelwerk schuf, wollen wir uns nun einem besonders wichtigen Thema widmen.
Es ist völlig klar, daß ein Meister wie Gottfried Silbermann, der in reichlich vierzig Jahren fünfundvierzig Orgeln geschaffen hat, ohne zuverlässige und tüchtige Gehilfen nicht auskommen konnte.
Wir möchten deshalb gern etwas über die Männer erfahren, die dem Meister zur Seite gestanden und durch ihre Arbeit mit zum Ruhme Gottfried Silbermanns beigetragen haben. Uns interessieren vor allem folgende Fragen: Wieviel Gesellen hat der Meister beschäftigt? Wie hießen sie, und woher stammten sie? Wie lange waren sie bei ihm tätig? Wie hat Gottfried Silbermann seine Gehilfen bezahlt? Wie war sein persönliches Verhältnis zu ihnen? Wie beurteilten die Gehilfen ihren Meister, und wie schätzten sie ihn ein?
Natürlich sind solche Fragen leichter zu stellen als zu beantworten. Wir müssen deshalb erst viele Akten durchblättern und alle darin enthaltenen Hinweise sammeln, um die Fragen beantworten zu können.
In der einschlägigen Literatur ist die Zahl der Gehilfen, die in Gottfried Silbermanns Werkstatt tätig waren, stark übertrieben worden. Der Freiberger Kantor Fischer schrieb im Jahre 1800: „Er unterhielt zu allen Zeiten eine große Anzahl Gesellen, so daß immer an zehne und mehrere in seiner Werkstatt arbeiteten.“
Spätere Biographen haben Fischers Angaben ungeprüft übernommen, und so sind über die Größe des Silbermannschen Mitarbeiterkreises falsche Vorstellungen entstanden.[1]
Wir erinnern uns, daß der Meister beim Bau des Frauensteiner Erstlingswerkes von zwei Gehilfen und einem Lehrling unterstützt wurde. Weiter ist uns noch bewußt, daß er in seinen Bedingungen für den Bau der Freiberger Domorgel für sich und drei Personen Kost und anderes verlangt hatte. Als man im Februar 1715 mit ihm wegen des Preises einer neuen Orgel für die Freiberger Jakobikirche verhandelte, betonte Silbermann, daß er in Pfaffroda „bey der Auffsez- und Stimmung“ der Orgel auf ungefähr fünfzehn Wochen „samt seinen drei biß vier Leuten Kost, Wohnung und Lager“ frei erhalte. Als der Meister dann eine „Spezification“ über den geplanten Orgelbau in der genannten Freiberger Kirche aufsetzte,

veranschlagte er „500 Thaler vor Kost und Lohn für fünf Personen vor ein Jahr".
Leider finden wir hier keine Angaben über die Namen der Gehilfen.[2] Reichlich sechs Jahre später (1721) baute der Meister in Rötha bei Leipzig eine Orgel.[3] Der Kirchenpatron, Freiherr von Friesen, gewährte Gottfried Silbermann nebst den „bey sich habenden fünf Personen"[4] entgegenkommenderweise freie Beköstigung. Das verursachte bei einem Aufenthalt von fünfundzwanzig Wochen einen Kostenaufwand von immerhin einhundertundfünfzig Talern.[5]
Wenn wir von Gottfried Silbermanns Gehilfen sprechen, dann dürfen wir auch seine „Gehilfin" nicht vergessen. Da der Meister nicht verheiratet war, beschäftigte er eine „Magd", die sich um alles zu kümmern hatte, was mit dem Haushalt der „Orgelbauerfamilie" zusammenhing. Eine Haushälterin Silbermanns taucht zwar erst im Jahre 1722 „aktenmäßig" auf,[6] aber gewiß hat der Meister schon vorher eine Magd beschäftigt.
Im Staatsarchiv Leipzig befindet sich ein sehr aufschlußreicher Aktenband über die Erbauung der leider nicht mehr existierenden Orgel in Rochlitz; denn der Rochlitzer Amtmann Carl Erdmann Weidlich hat mit Gottfried Silbermann einen umfangreichen Schriftwechsel geführt. Nachdem endlich feststand, wann Silbermann nach Rochlitz kommt, fragte der Amtmann kurz vorher (Mitte Februar 1727) bei ihm an, „wieviel eigentlich Persohnen mit anhero kommen, damit man in Zeiten die Quartiere darnach einrichten könne".[7] Der Meister antwortete: „Ich werde vier Gesellen, zwei Jungen [= Lehrlinge] und eine Magd mitbringen."
Auch später war Silbermanns Mitarbeiterkreis nicht größer. Am 8. November 1738 schrieb er nach Greiz[8]: „Ich werde selb acht Personen hinauskommen ..."[9]
Sehr interessant sind die Akten über die ehemalige Silbermann-Orgel zu St. Johannis in Zittau.[10] Als der Meister am 15. April 1737, nachdem er die Kirche besichtigt hatte, eine Disposition für eine neue Orgel entwarf und seine Bedingungen bekanntgab, forderte er auch „die Kost vor acht Personen bey dem Hierseyn ohngefähr auf eineinhalb Jahr".[11]
Über die Erbauung der Orgel in der Schloßkapelle zu Burgk an der Saale hat der gräfliche Amtsverwalter Rudolph August Heinrich Geldern unter dem 20. April 1743 einen ausführlichen Bericht geschrieben. Darin heißt es: Silbermanns „Suite [= Gefolge] bestund in sechs Persohnen, als seinen Vetter, einen Jungen Silbermann,[12] und zwei Orgel-Machers- nebst zwei Tischlers-Gesellen und einer Köchin, wegen der selbst zu haltenden Menage [= Beköstigung]". Ebensoviel Leute hat

Silbermann zwei Jahre vorher beim Bau der Orgel zu Großhartmannsdorf beschäftigt.[13]

Wir sehen also: Zehn oder gar fünfzehn Gesellen sind in keinem Fall nachzuweisen.[14] Wir wollen allerdings eines nicht vergessen: Gottfried Silbermann benötigte bei der Erbauung seiner Orgeln auch die Hilfe anderer Handwerker. Das haben wir ja bei der Freiberger Domorgel gesehen. Wir können diese Leute aber nicht als „Gehilfen" Silbermanns betrachten. Es handelte sich vielmehr um selbständige Handwerker, die nur als „Zulieferer" eine Rolle spielten. Sie arbeiteten nicht in Silbermanns Werkstatt, sondern in ihrer eigenen. Auch wenn sich Silbermann in seinen Orgelkontrakten verpflichtete, die zum Orgelbau „benöthigten Handwercksleute, als Bildhauer, Tischler, Schloßer, Circkel- und Huf-Schmiede, desgleichen Nadler, Gürtler, oder wie die Nahmen haben mögen, exclusive des Mahlers Arbeit, auf seine Kosten zu halten und zu befriedigen",[15] können wir sie nicht als Gehilfen des Meisters im eigentlichen Sinne betrachten.[16]

Die Frage „Wieviel Gesellen hat der Meister beschäftigt?" ist damit erschöpfend beantwortet.

Wir lernten die Mitarbeiter des Orgelbauers bisher zwar zahlenmäßig, aber kaum „persönlich" kennen. Namentlich genannt werden Silbermanns Gehilfen in den Akten über seinen Nachlaß.[17] Notar Langbein, den man unmittelbar nach Silbermanns Ableben (am Abend des 4. August 1753) zwecks Versiegelung des Nachlasses herbeigerufen hatte, traf bei dem toten Orgelbaumeister folgende Personen an: „Johann Daniel Silbermann, Orgelmachern und Organisten aus und zu Straßburg,[18] weiter Zacharias Hildebrandten, nicht weniger dessen Sohn Johann Gottfried Hildebrandten,[19] ferner Johann George Schönen, David Schubardten, Adam Gottfried Oehmen, allerseits Orgelmacher-Gesellen, und Nicolaus Wilhelm Mannern, Tischler-Gesellen."[20] Einen vermissen wir: Johann George Silbermann. Er ist vier Jahre früher als sein Meister gestorben.

Die Orgelexperten behaupten, daß Zacharias Hildebrandt der beste Schüler Gottfried Silbermanns gewesen ist.[21] Er hat im Leben seines Meisters – insbesondere zu Beginn und am Ende von dessen Wirksamkeit – eine große Rolle gespielt. Zacharias Hildebrandt wurde 1688 in Münsterberg (Schlesien) als Sohn eines Wagners geboren,[22] war also nur fünf Jahre jünger als Silbermann. Vermutlich ist er auf der Wanderschaft gewesen, als er nach Freiberg kam. Er war jedenfalls schon fünfundzwanzig Jahre alt, als er bei dem (bereits berühmten) Orgelbauer Gottfried Silbermann in die Lehre trat. Es ist sehr bemerkenswert, daß der Meister mit Hildebrandt einen besonderen Vertrag abgeschlossen hat.[23] Das geschah am 9. Dezember 1713.[24] In dem Vertrag wird Hildebrandt schon als „Orgelmacher-Geselle“ bezeichnet. Er muß somit seine eigentliche Lehrzeit schon hinter sich gehabt haben. Gottfried Silbermann verpflichtete sich, seinen neuen Gesellen in der Orgelbaukunst „treulich und fleißig zu informiren und ihn in solcher Wissenschaft zu perfectioniren“.[25] Hildebrandt dagegen versprach, bis Martini 1716 seinem Meister „in allen seinen Verrichtungen treu und fleißig an die Hand zu gehen“. Da er kein Lehrgeld zahlen konnte, versicherte er, nach Beendigung der Ausbildungszeit „in Sachßen und Elsaß in keinerley Weise etwas zu arbeiten“, um Silbermann nicht zu benachteiligen.[26] Hildebrandt „vergaß“ später sein Versprechen, und daraus entstand ein Rechtsstreit, dem wir ein besonderes Kapitel widmen wollen.

Zacharias Hildebrandt hat gewiß als vierter Mann zunächst noch bei der Vollendung der Freiberger Domorgel und dann beim Neubau der Pfaffrodaer Orgel mitgewirkt. Er muß schon damals ein tüchtiger Orgelbauer gewesen sein. Den Beweis dafür finden wir in den Akten über die Orgel zu St. Jakobi in Freiberg.[27] Man hatte von Gottfried Silbermann verlangt, „Caution und Versicherung zu bestellen, daß Er das Werck gehörig verfertigen und ausführen wolle“. Der Meister erwiderte, wenn er „nach Gottes Willen versterben sollte, welches er doch nicht hoffen wolle, so habe er einen tüchtigen Gesellen, der gegen Zahlung des Geldes, die Arbeit schon vollends zu Ende bringen werde“. Das war Ende April 1716. Mit dem „tüchtigen Gesellen“ kann nur Zacharias Hildebrandt gemeint gewesen sein, der ein halbes Jahr vor Beendigung seiner „Perfectionirung“ schon imstande gewesen sein muß, selbständig eine Orgel zu bauen.

Wie gut das Verhältnis Silbermanns zu seinem Schüler auch zwei Jahre später noch war, können wir aus folgendem erkennen: Am 22. Dezember 1718 schloß Freiherr von Friesen wegen des Baues einer neuen Orgel für „seine“ Kirche St. Georg in Rötha mit „Herrn Gottfried Silbermannen, berühmten Orgelmachern zu Freyberg, und Herrn Zacharias Hildebrand, welcher gleicher Profession zugethan und bey ersten aniezo [= jetzt] in Arbeit stehet“, einen Kontrakt.[28] Wenig später trennten sich dann die Wege von Meister und Schüler.[29] Aber die beiden Orgelbauer arbeiteten wenige Jahre vor ihrem Tode noch einmal zusammen. Wir können aktenmäßig nicht beweisen, wann Silbermann und Hildebrandt sich versöhnt haben. Wahrscheinlich ist das spätestens im Jahre 1746 geschehen, nachdem seit dem Rechtsstreit über zwanzig Jahre vergangen waren. Am 27. September

1746 haben nämlich Johann Sebastian Bach, „Königl. Pohln. u. Churf. Sächs. Hoff-Compositeur", und Gottfried Silbermann die von Zacharias Hildebrandt zu St. Wenzel in Naumburg (Saale) erbaute Orgel geprüft.[30] Dabei konnte sich Silbermann von dem Können seines ehemaligen Schülers überzeugen. Andererseits mag Hildebrandt seinem einstigen Meister mit Achtung begegnet sein.

Da Gottfried Silbermann damals wußte, daß ihm der Bau einer Orgel für die noch im Bau befindliche Katholische Hofkirche zu Dresden übertragen werden sollte,[31] hat er möglicherweise anläßlich der Naumburger Orgelprüfung mit Hildebrandt wegen einer eventuellen Mitarbeit an dem Dresdner Werk gesprochen.[32] Es waren jedenfalls noch nicht einmal zwei Wochen darüber vergangen, daß Gottfried Silbermann seinen Namen unter den Kontrakt über die Hofkirchenorgel geschrieben hatte, als er am 10. August 1750 mit Zacharias Hildebrandt einen Vertrag abschloß. Derselbe befand sich unter den „schrifftlichen Uhrkunden" im Nachlaß Gottfried Silbermanns, ist heute jedoch nicht mehr auffindbar. Wir erfahren aber aus den Nachlaßakten, daß Silbermann seinem ehemaligen Schüler auf Grund dieses Vertrages „wöchentlich sechs Thaler und zwölf Groschen" Lohn gezahlt hat. Außerdem sollte Hildebrandt nach Vollendung der Orgel zweitausend Taler bekommen.[33] Aus alledem können wir schließen, daß Hildebrandt entscheidenden Anteil an dem letzten Werk seines ehemaligen Meisters gehabt haben muß.[34]

Zacharias Hildebrandt ist am 11. Oktober 1757 in Dresden im Alter von neunundsechzig Jahren gestorben.[35] Genau wie Gottfried Silbermann ist auch Zacharias Hildebrandt vor der Vollendung einer großen Orgel von dieser Welt abgerufen worden.[36] Das Faksimile auf S. 113 zeigt die Unterschrift Hildebrandts, als er sechsunddreißig Jahre alt war.

Wir haben schon mehrmals Johann George Silbermann erwähnt. Er war nicht nur mit Gottfried Silbermann verwandt, sondern gehörte zu seinen engsten Mitarbeitern. Johann George wurde am 19. Mai 1698 in Frauenstein geboren. Er war ein Sohn von Gottfrieds Stiefbruder Michael. Gottfried Silbermann hat Johann George später immer als seinen „Vetter" bezeichnet.

Leider können wir nicht genau feststellen, wann Johann Georges Ausbildungszeit bei seinem „Onkel" begonnen hat.[37] Einen Anhaltspunkt bietet uns das Frauensteiner Taufregister. Hiernach befand sich Johann George Silbermann Anfang Januar 1714 bereits in der Lehre.[38] Er war damals noch nicht ganz sechzehn Jahre alt. Wir können uns vorstellen, daß er als zwölfjähriger Junge (1710/11) den Orgelbau in der Frauensteiner Kirche mit Interesse verfolgt hat. Wahrscheinlich bemerkte Gottfried Silbermann damals, daß der Knabe Talent für den Orgelbauerberuf hat.[39]

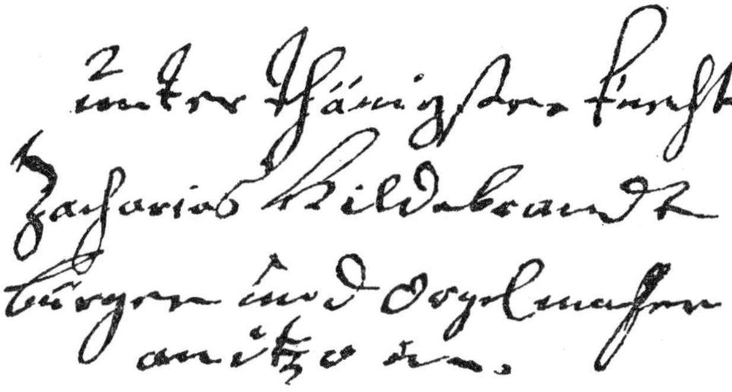

Unterschrift von Zacharias Hildebrandt aus dem Jahre 1724. Er war einer der besten Schüler Gottfried Silbermanns

Wir können annehmen, daß Johann George Silbermann bei der Vollendung der großen Freiberger Domorgel schon einige Handgriffe getan hat. Und in Pfaffroda war er ganz bestimmt auch mit dabei. Auf alle Fälle hat er dann beim Bau der Orgeln zu St. Jakobi und St. Johannis in Freiberg und zu Großkmehlen mitgewirkt.[40] Wenig später mag seine Ausbildungszeit beendet gewesen sein.
Urkundlich bezeugt ist Johann Georges Mitarbeit bei der Rochlitzer Orgel, die im Juli 1727 vollendet wurde. Wir finden in der Orgelbaurechnung einen Posten von über fünfzehn Talern: „Herrn Silbermanns Leuten beym Schluß der Arbeit als Trinkgeld, als deßen Vetter ein spanischen Doppien ...“[41] Auch bei der Erbauung der Orgel zu Püchau[42] muß Johann George Silbermann maßgeblich mitgewirkt haben. Hier wurde mit Trinkgeldern nicht gegeizt. Man zahlte acht Taler „Douceur für zwei Gehilfen des Herrn Orgelbauers“.[43] Johann George Silbermann mußte über die Summe besonders quittieren, zugleich auch für seinen „andern Cameraden“, der namentlich nicht genannt wird.
Wenn wir Gottfried Silbermanns Orgelbaukontrakte studieren, finden wir etliche, die auch die Unterschrift von Johann George Silbermann tragen.[44] Warum ließ Gottfried seinen „Vetter“ mit unterschreiben? Die Antwort finden wir in den Ver-

trägen selbst. So heißt es zum Beispiel in dem Greizer Kontrakt: „Sollte auch nach göttlichem Willen auf Seiten des Herrn Orgelbauers sich vor der Fertigung [der Orgel] ein Todesfall oder langwierige Unpäßlichkeit [= Krankheit] sich zutragen, so wollen deßen Erben darzu gehalten seyn, das Werck vollends zu fertigen, zu welchem Ende sich deßen Vetter, Herr Johann George Silbermann, wohlrenomirter Orgelmacher, subscribendo [= unterschriftlich] kräfftig verbindlich gemachet."

Gottfried Silbermann hatte also Johann George als Erben bestimmt. Falls der Meister stirbt, wäre es die Pflicht des „Vetters" gewesen, den Kontrakt in allen Punkten zu erfüllen. Diese Klausel finden wir schon in den Reichenbacher und Rochlitzer Kontrakten, die 1723 bzw. 1725 geschlossen wurden.[45] Da Johann George damals fünfundzwanzig bzw. siebenundzwanzig Jahre alt war, muß er seine Lehrzeit hinter sich gehabt haben. Er hätte somit in der Lage sein müssen,

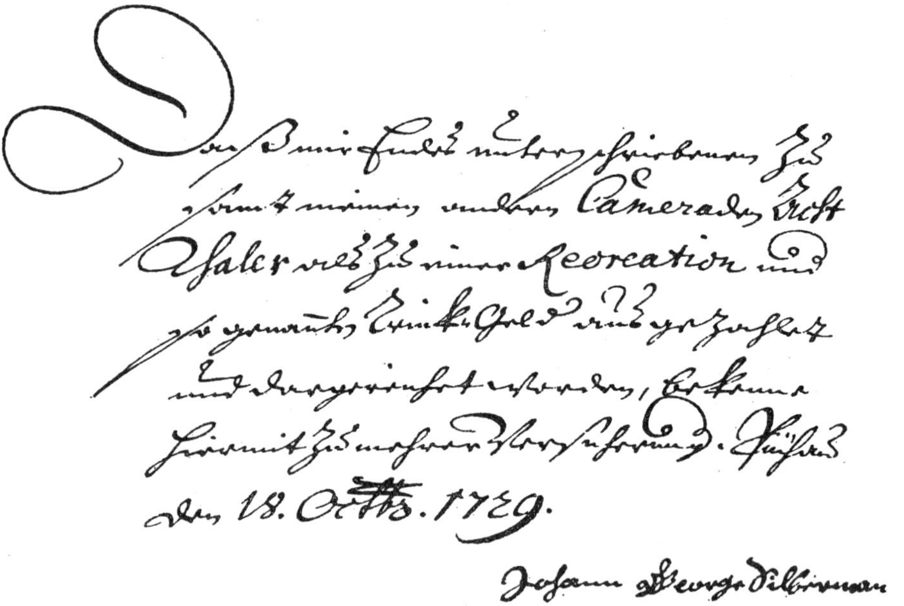

Quittung von Johann George Silbermann aus dem Jahre 1729 über acht Taler Trinkgeld

notfalls die Nachfolge seines „Onkels“ anzutreten. Als der Meister Johann George Silbermann als seinen Erben bestimmte, konnte er allerdings nicht ahnen, daß sein fünfzehn Jahre jüngerer Mitarbeiter vier Jahre früher als er selbst sterben würde.
Wir können davon überzeugt sein, daß Johann George ein zuverlässiger Mitarbeiter Gottfried Silbermanns gewesen ist. Beim Bau der Zittauer Johannis-Orgel hat Gottfried Silbermann Johann Georges Mitarbeit offenbar ganz besonders geschätzt.[46] Am Bau der Großhartmannsdorfer Orgel war Gottfried Silbermanns „Vetter“ als „Obergeselle“ ebenfalls entscheidend beteiligt.[47]
Johann George Silbermann war auch mit im Schloß Burgk. Hier wurde ihm bei der Orgelmahlzeit am ersten Osterfeiertag (14. April) 1743 die Ehre zuteil, gemeinsam mit Gottfried Silbermann und acht Persönlichkeiten mit im „Tafel-Gemach“ speisen zu können.[48]
Für die Gemeinde zu Nassau bei Frauenstein hat Johann George Silbermann unter dem 29. März 1745 den „Entwurff einer neuen Orgel, wie solcher von einer sämtlichen Kirchfahrt verlanget worden und in dasiger Kirche angebracht werden kann“, gemacht und unterschrieben.[49] Den Namenszug des noch nicht ganz siebenundvierzigjährigen Orgelbauers zeigen wir nachstehend.

Unterschrift von Johann George Silbermann, dem „Vetter“ Gottfried Silbermanns, aus dem Jahre 1745

Im Spätherbst 1746 hat Johann George Silbermann an der 1739 vollendeten Greizer Orgel Reparaturen ausgeführt, die durch Bauarbeiten in der Kirche notwendig geworden waren.[50] Im Auftrage Gottfried Silbermanns reparierte Johann George dann im Herbst des folgenden Jahres gemeinsam mit David Schubert die Sophienorgel in Dresden.[51]

Die sehr gut erhaltene Orgel zu Nassau bei Frauenstein (Bild 12) ist wahrscheinlich das letzte Werk gewesen, an dem Johann George Silbermann noch mitarbeiten konnte.[52] Er starb am 1. September 1749 in Freiberg und ist nur einundfünfzig Jahre alt geworden. Johann George ist am 3. September 1749 „früh auf dem Donats-Kirchhoff in der Stille beygesetzt“ worden.

Johann George Silbermann ist über dreißig Jahre Mitarbeiter seines „Onkels“ gewesen. Offenbar war er – wie sein „Prinzipal“ – auch ledigen Standes. Johann George hat übrigens ein sehr schönes Siegel benutzt. In den Greizer Orgelakten fanden wir einen besonders gut erhaltenen Abdruck davon (Bild 13). Wir erkennen im Mittelfeld einen Zirkel und eine Orgelpfeife. Erst bei genauer Betrachtung finden wir auch die Anfangsbuchstaben seines Namens: J G S.

Nun wollen wir einen weiteren treuen Mitarbeiter Gottfried Silbermanns kennenlernen: Johann Georg Schön.[53] Er war auch über dreißig Jahre bei Silbermann tätig. Das erfahren wir von dem Meister selbst. Als er 1751 sein Testament machte, dachte er in besonderer Weise an Schön. Wir werden uns zwar erst in einem der letzten Kapitel mit Silbermanns Testament beschäftigen, müssen aber jetzt schon einen kurzen Blick in diese wertvolle Urkunde werfen. Gottfried Silbermann betonte darin ausdrücklich, Johann Georg Schön habe ihm „dreyßig Jahr hintereinander treu und redlich beygestanden“. Wir können hiernach leicht ausrechnen, daß Schön etwa 1721 zu Silbermann gekommen sein muß. Wie alt mag er damals gewesen sein? Das können wir ebenfalls leicht errechnen. Johann Georg Schön wurde 1706 geboren.[54] Er kam somit als fünfzehnjähriger Bursche in Gottfried Silbermanns Werkstatt und muß hier die Orgelbaukunst von Grund auf erlernt haben. Wenn Gottfried Silbermann in seiner Eingabe an August den Starken 1724[55] erwähnte, er habe „jetzt drei Gesellen in der Lehre“, dann erscheint uns das nun in einem besonderen Licht; denn einer muß Johann Georg Schön gewesen sein.[56]

Von allen Gehilfen – Johann George Silbermann ausgenommen – hatte Johann Georg Schön wohl das beste persönliche Verhältnis zum Meister. Wie wäre es sonst zu erklären, daß Silbermann seinem Mitarbeiter testamentarisch nicht nur zweitausend Taler, sondern auch seine Kleider, Wäsche, Betten und den gesamten Hausrat vermachte? Übrigens hat Schön die Freiberger Orgelbauwerkstatt nach dem Tode Gottfried Silbermanns fortgeführt. Wir wissen auch, daß er uneigennützig die Silbermann-Orgeln zu Freiberg gepflegt hat.[57]

Schön baute u. a. in Herzogswalde (Kreis Freital) eine Orgel.[58] In den Akten finden wir von ihm auch einen Namenszug[59]:

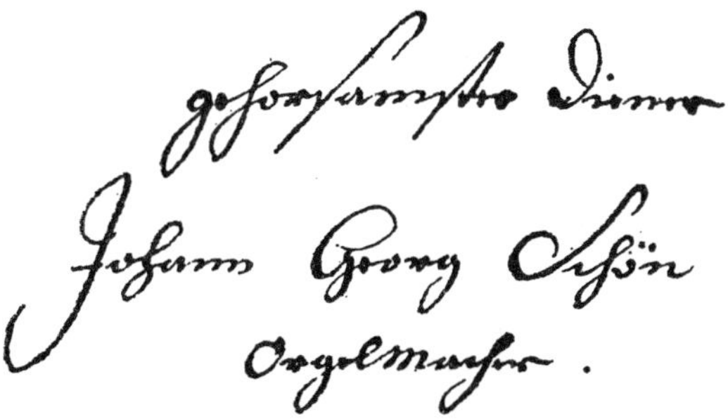

Unterschrift von Johann Georg Schön. Er war über dreißig Jahre bei Gottfried Silbermann als Gehilfe tätig

Johann Georg Schön starb am 30. September 1764 in Freiberg und wurde am 2. Oktober „stille aufn Donaths-Kirchhof beerdigt". Mit achtundfünfzig Jahren ist ihm auch kein allzu hohes Alter beschieden gewesen. Schön wurde in der Todesbeurkundung als „kunstwohlerfahrner Orgel- und Instrumentenmacher" bezeichnet. Leider fehlt ein Hinweis auf seinen Familienstand.[60]

Ein weiterer Gehilfe Gottfried Silbermanns war Adam Gottfried Oehme. Wir haben ihn schon im vorigen Kapitel kennengelernt. Aus seiner dort zitierten Eingabe vom 23. Juni 1774 an den Freiberger Rat interessiert uns jetzt nur die Stelle, wo Oehme von dem Baumeister der Freiberger Domorgel sprach und hinzufügte: „... der mein Lehrherr und bis zu seinem Todt mein Meister war." Hiernach muß Oehme, ebenso wie Schön, die Orgelbaukunst bei Gottfried Silbermann von Grund auf erlernt haben.[61]

Nach dem Tode ihres Meisters arbeiteten Johann Georg Schön und Adam Gottfried Oehme gemeinsam weiter.[62] Die Zusammenarbeit der beiden Orgelbauer endete im Jahre 1764 infolge des unerwarteten Todes von Schön. Oehme führte die Werkstatt dann allein fort.[63]

Adam Gottfried Oehme ist einundsiebzig Jahre alt geworden. Er starb am 25. November 1789 in Freiberg als „kunsterfahrner Orgel- und Instrumenten-Macher" und wurde „im stillen aufn Donaths-Kirchhof" beerdigt. Auch von diesem Mitarbeiter Gottfried Silbermanns wollen wir eine Unterschrift wiedergeben:

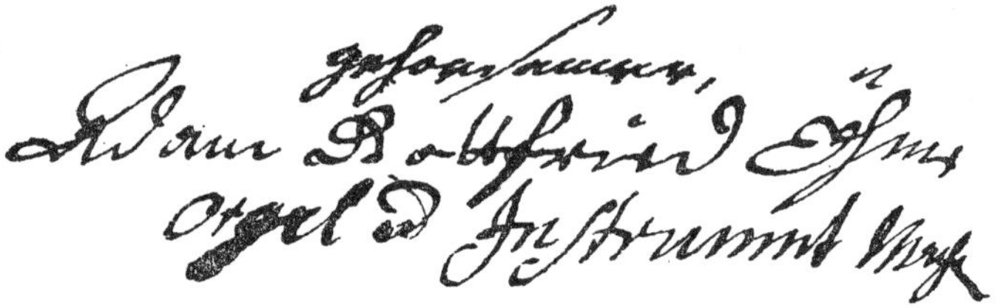

Unterschrift von Adam Gottfried Oehme, einem Gehilfen Gottfried Silbermanns

Die Gehilfen Silbermanns haben bei ihrem berühmten Meister eine gute Ausbildung in der Orgelbaukunst erhalten. Aber seine kaufmännischen Fähigkeiten scheint er den Gesellen nicht „vererbt" zu haben. In Oehmes Brief von 1774 an den Freiberger Rat können wir lesen, daß Johann Georg Schön „in sehr schlechten Umständen" gestorben ist,[64] obwohl er „ein Erbe von 4000 Thalern und vielen Materialien war,[65] die er bey voller Arbeit hier zugesetzt". Es wäre ungerecht, wenn wir für die geschäftlichen Mißerfolge nur Silbermanns ehemalige Gehilfen persönlich verantwortlich machen wollten. Wir müssen vielmehr auch die Zeitumstände (Teuerungen und Unruhen während und nach dem Siebenjährigen Krieg u. a.) berücksichtigen. Unter solchen Verhältnissen hätte auch ein Kaufmann wie Gottfried Silbermann nicht reich werden können.

Adam Gottfried Oehme hat es ebenfalls zu keinem Reichtum gebracht. Wir wollen als Beweis zwei Stellen aus seinem Brief an den Freiberger Rat zitieren: „... und was vor Schätze ich erübrigen kann, ist aus meinen schlechten Umständen leicht zu schließen, und noch jetzo kann ich mich rühmen, daß an dem in Erbisdorf erbauenden Orgelwerk mehr als einhundert Thaler Einbuse leide." So etwas ist Gottfried Silbermann wahrscheinlich nie passiert.[66] Am Schluß seines Briefes schrieb Oehme: „Wie wehe es aber einem ehrlichen Mann thut, der ohne Ruhm zu sagen als ein Künstler weit genug bekannt ist und dem man sonst nichts ungebührliches nachsagen kann, als daß er arm ist, erfahre an mir nachdrücklich mit größter Betrübniß."

Auch Zacharias Hildebrandt ist es nicht wesentlich anders gegangen.[67]

Bei Gottfried Silbermann dagegen fand der Dresdner Notar Langbein nach dem Tode fast sechstausend Taler in Bargeld vor. Aber darüber müssen wir später noch berichten.

Selbstverständlich konnte Gottfried Silbermann mit fünf Gehilfen viel rationeller arbeiten und mehr schaffen und verdienen als seine ehemaligen Gehilfen. Diese arbeiteten wohl nur mit einem oder höchstens zwei Gesellen.[68]

Nun wollen wir endlich David Schubert noch einige Worte widmen. Er wurde 1719 geboren[69] und ist etwa ab 1745 bei Gottfried Silbermann tätig gewesen.[70] Schubert war am Bau der Dresdner Hofkirchenorgel mit beteiligt. Er hat später versucht, den Eindruck zu erwecken, daß er der eigentliche Schöpfer dieses Werkes gewesen ist.[71]

Kurz nach Silbermanns Tod, Mitte Oktober 1753, bewarb sich Schubert gemeinsam mit Adam Gottfried Oehme um den „Neustädter Orgelbau" in Dresden.[72] Am 26. Oktober desselben Jahres bewarb sich auch der Meißner Orgelbauer Johann Ernst Hähnel darum. Hierbei schrieb Hähnel, daß sich „dem zuverlässigen Vernehmen nach ein Paar bey mir vor wenig Jahren ausgelernte Gesellen" zur Verfertigung dieser Orgel „angegeben haben". Damit können nur Schubert und Oehme gemeint gewesen sein.[73] Hähnel sprach den beiden Orgelbauern die Fähigkeiten für den Bau eines solchen Werkes ab.[74] Er bat den Dresdner Rat vielmehr, daß man „vor andern" doch auf ihn „reflektiren" möchte. Oehme und Schubert wandten sich am 16. November 1753 mit einem neuerlichen Schreiben an den Rat zu Dresden.[75] Bei dieser Gelegenheit betonten die beiden Orgelbauer, daß sie „eine ziemliche Zeit bey dem verstorbenen Orgelbauer Silbermann gearbeitet" haben. Sie versicherten, daß dieser ihren Fleiß anerkannt habe und mit ihnen zufrieden gewesen sei, auch habe er ihnen viel selbständiges Arbeiten gestattet. Wir können ihren Worten entnehmen, wie sehr sie sich bemühten, alle etwaigen Bedenken zu zerstreuen. Aber weder Oehme und Schubert noch Hähnel erhielten diesen Auftrag, sondern Zacharias Hildebrandt.

Schuberts Gesuch vom 14. Mai 1766 um Übertragung der Hoforgelbauerstelle hatte auch keinen Erfolg.[76] Am 7. April 1769 hat David Schubert einen Kostenanschlag über siebenhundert Taler wegen einer Reparatur der Silbermann-Orgel in der Dresdner Frauenkirche eingereicht. Der Auftrag wurde vom Rat aber an Johann Gottfried Hildebrandt vergeben, der ebenfalls einen Kostenanschlag vorgelegt hatte. David Schubert ist als „Orgel- und Instrumenten-Macher" 1772 in Dresden gestorben.[77]

Wir kommen nun zu einer weiteren, einleitend gestellten Frage: Wie hat Gottfried Silbermann seine Gehilfen bezahlt? Darüber finden wir fast gar keine Angaben, obwohl noch zahlreiche Orgelbauakten vorhanden sind. An sich ist das nicht verwunderlich, denn die Lohnzahlung an die Gehilfen war eine persönliche und „interne" Angelegenheit des Meisters. Sie trat deshalb in den Orgelbauakten der Städte und Gemeinden nicht in Erscheinung. Lediglich bei dem Frauensteiner Erstlingswerk erfuhren wir, daß Silbermann seinen Gehilfen sechzehn Groschen (= 2/3 Taler) Wochenlohn und einen Taler wöchentliches Kostgeld gegeben hat. Bemerkenswert ist, daß der eine Geselle während der letzten Arbeitswochen einen vollen Taler Lohn empfing. Wahrscheinlich hatte er sich inzwischen „qualifiziert".[78]

Es dürfte zu verantworten sein, wenn wir sagen: Gottfried Silbermann hat seinen Gehilfen durchschnittlich einen Taler Wochenlohn gezahlt.[79] Sie erhielten außer diesem reinen Barlohn aber noch freie Beköstigung, die wir ohne weiteres mit einem Geldwert von einem Taler je Woche ansetzen können.[80] Wahrscheinlich hatten die Gehilfen bei ihrem Meister auch freie Wohnung, deren Geldwert sich aber nicht ermitteln läßt.

Als Ergebnis unserer Nachforschungen können wir also feststellen: Bar- und Naturallohn eines Gehilfen in der Orgelbauwerkstatt Gottfried Silbermanns beliefen sich mindestens auf zwei Taler in der Woche oder rund einhundert Taler im Jahr.[81]

Eine zuverlässige Antwort auf unsere Frage können wir aber auch in den Akten über Silbermanns Nachlaß finden. Nach dem Bericht des Notars Langbein hatten Silbermanns Gehilfen noch folgende Löhne zu bekommen:

„40 Thaler – Groschen	H. Johann George Schönen, Orgelmachern, Wochenlohn von Neu-Jahr biß August[82]
36 Thaler 8 Groschen	H. David Schubardten rückständiges Lohn bis Michaelis[83]
39 Thaler 8 Groschen	Adam Gottfried Oehmen, ebenfalls rückständiges Liedlohn bis Michaelis
26 Thaler	Nicolao Wilhelm Mannern dergl. biß Michaelis
27 Thaler	der Haushälterin Annen Magdalenen Poltermannin rückständiges Lied-Lohn und Bett-Zinnß auf 1 Jahr."[84]

Nach diesen „amtlichen" Angaben können wir ausrechnen, daß Schön monatlich fünf Taler und Schubert vier Taler Barlohn erhielten. Oehme bekam etwas mehr als Schubert. Dagegen erhielt der Geselle Manner monatlich nur knapp drei Taler Lohn. Er war ja auch kein Orgelbauer, sondern „nur" Tischler. Wir sehen also: Gottfried Silbermann hat seine Gehilfen offenbar nach ihrer Leistung bzw. ihrer Qualifikation bezahlt.

Wir können mit gutem Gewissen feststellen, daß Meister Silbermann – der damaligen Zeit entsprechend – seine Mitarbeiter gut bezahlt hat.[85] Es entsprach der Wahrheit, wenn er bei den Verhandlungen wegen des Preises der Zittauer Johannis-Orgel „ziemlich deutlich demonstriret", daß er „über dem Wercke nebst sieben Personen drei völlige Jahre unausgesetzt arbeiten und seine Leuthe diese Zeit über mit guter Kost und hohem Lohne versorgen müsse".

Wer bei Gottfried Silbermann in Lohn und Brot stand, hatte gewiß keine Not. Sehr schön hat das im Jahre 1737 ein „Liebhaber künstlicher Orgel-Wercke" in einem Gedicht zur Weihe der Orgel zu Ponitz ausgedrückt. Wir lesen dort: „Du rennst nach keinem Bau,[86] Du baust nie eingedrungen, Du gönnest jedermann gern sein Verdienst und Brod; Hergegen wenn Du auch ein Werck einmal gedungen, so leidest Du auch nie an den Gehülffen Noth,[87] Du weißt, wie Künstler zu tractiren [= behandeln], derhalben läßt Du sie auch niemals Mangel spüren."

Besondere Festtage für den Meister und seine Gehilfen waren die Tage der Orgelweihen. In mancher Gemeinde bekamen die Gehilfen aus diesem Anlaß ein ansehnliches Trinkgeld. In Rochlitz erhielt zum Beispiel jeder Geselle einen „Species-Ducaten" (= fast drei Taler). Sogar die „beyden Jungen" (= Lehrlinge) empfingen je einen Taler und sechzehn Groschen Trinkgeld. Sehr spendabel zeigte sich auch die Gemeinde Fraureuth. Sie zahlte vier Taler an Johann George Silbermann, je zwei Taler an die drei anderen Gehilfen, einen Taler und acht Groschen an den „Lehrpurschen" und dasselbe an des Meisters Köchin.[88]

Noch großzügiger war man in Greiz. Hier erhielt jeder der fünf Gesellen sechs Taler Trinkgeld! Das „dicke Ende" kam aber einige Jahre später, als die Orgelbaurechnung geprüft wurde. Hierbei „monierte" (= beanstandete) man die Trinkgelder. In dem entsprechenden Bericht vom 12. Dezember 1747 heißt es: „Man hat mit Herrn Silbermann accordiret und siehet nicht, wie man deßen Gesellen, die man nicht gedungen gehabt, jedem ein so hohes Trinkgeld von sechs Thalern (welches etwas unerhörtes) zu geben schuldig gewesen wäre ..." Silbermanns Gesellen werden sich über ihre „Nebeneinnahme" sehr gefreut haben; denn sie entsprach dem Barlohn für sechs Arbeitswochen.[89]

Natürlich konnten die Gehilfen Silbermanns nicht bei jedem Orgelbau solche Trinkgelder erwarten. In dieser Hinsicht zeigte sich Zittau recht „zugeknöpft", denn der Rat hatte ausdrücklich beschlossen: „... auff einiges Trinckgeld vor seine [Silbermanns] Leute aber hätte man sich nicht einzulassen".

Meistens wurde nach der Orgelweihe eine „Orgelmahlzeit“ gehalten. In Fraureuth hat man besonders gut und reichlich gespeist.[90] Hier hat die Orgelmahlzeit über vierundfünfzig Taler gekostet. An der Greizer Orgelmahlzeit sollen nach den Angaben des Rechnungsführers achtundsechzig Personen teilgenommen haben.[91] Für jeden Gast war ein halber Taler veranschlagt worden. Bei der Rechnungsprüfung wurde der „allzu enorme Aufwand“ genauso „moniert“ wie die hohen Trinkgelder für Silbermanns Gehilfen.[92]

In der Rochlitzer Orgelbaurechnung finden wir sogar „zweymahlige Speißungs-Kosten“: einmal beim „gewöhnlichen Orgelschmauß vor Herrn Silbermanns Leute bey Vollendung des Werkes“ und das zweite Mal „bey der Einweyhung“. Nach einem Aktenvermerk des Rochlitzer Amtmannes sind Silbermanns Gehilfen bereits am 15. Juli 1727 mit „drei Bethfuhren“,[93] die eingepfarrte Dörfer verrichteten, „wiederumb nach Hauße abgegangen“. Der Meister selbst blieb bis zur Einweihung der Orgel in Rochlitz. Sie geschah am Sonntag, dem 20. Juli. Am folgenden Montag ist Silbermann dann mit einer „Bethfuhre“ nach Freiberg zurückgekehrt.

Wir sehen an diesem Beispiel, daß der Meister nicht in jedem Fall gemeinsam mit seinen Gehilfen die Heimreise angetreten hat, denn er mußte doch der Orgelweihe beiwohnen. Und manchmal fand diese nicht unmittelbar nach der Vollendung der Orgel statt. Beim Studium der Rochlitzer Akten finden wir dafür ein interessantes Beispiel. In einem Brief vom 5. März 1726 teilte Amtmann Weidlich Silbermann mit, er wolle gerne zwischen Ostern und Pfingsten „das neue Orgel-Chor“ fertig machen lassen. Und deshalb wünschte er, daß der Meister zu Ostern nach Rochlitz kommt, weil „kein Handwerksmann sich eher etwas unterziehen will, bevor er nicht [von Silbermann] mit gehörigen Riße und sonsten beliebige Disposition versehen“ worden ist. Gottfried Silbermann antwortete am 20. März 1726: „Und wie ich nach der Ehre, Ihnen meine Aufwartung zu machen, herzlich verlange, so bedaure, daß ich dero gegebenen Befehl nach diese Oster-Feyertage nicht auffwarten kann, da den dritten Feyertag die Einweyhung der von mir erbauten Orgel zu Forchheim, bey welcher persönlich seyn muß, vor sich geht.“[94]

Wir können uns denken, daß Gottfried Silbermann und seine Gehilfen bei ihren vielen Reisen manches erlebt haben. Wie schön wäre es, wenn sie darüber ein Tagebuch geschrieben hätten! Auf alle Fälle haben die Orgelbauer durch ihre Tätigkeit Land und Leute kennengelernt.

Einleitend hatten wir die Frage aufgeworfen, wie das persönliche Verhältnis des Meisters zu seinen Gehilfen gewesen ist und wie die Gehilfen ihren Meister eingeschätzt haben. Das sind zwar sehr interessante Fragen, aber wer beantwortet sie uns? In den amtlichen Akten ist darüber kaum etwas zu finden.
Wir erinnern daran, daß Silbermann seinem Gehilfen Johann Georg Schön testamentarisch zweitausend Taler und seine Kleider, Wäsche, den Hausrat usw. vermacht hat. Das ist doch bestimmt ein Beweis für ein gutes, ja sogar freundschaftliches Verhältnis, welches Meister und Geselle miteinander hatten. Selbst Zacharias Hildebrandt, den Gottfried Silbermann einmal „den allerundankbarsten Menschen von der Welt“ genannt hatte, wurde für seine Mitarbeit an der Dresdner Hofkirchenorgel in einer Weise entschädigt, die wohl einzigartig zu nennen ist. Als Hildebrandt sich am 17. Mai 1724 schriftlich um den Orgelbau zu Rochlitz bewarb, fügte er seinem Namen und der Berufsbezeichnung „Orgelbauer“ noch die Worte hinzu, „welcher bey Herrn Silbermann diese Kunst erlernet“. Daraus geht hervor, daß Hildebrandt Silbermann geschätzt hat und mit dem Namen seines ehemaligen Meisters renommieren wollte.
Wir müssen auch an Adam Gottfried Oehme erinnern, der sich uneigennützig um die Pflege und Erhaltung der Freiberger Silbermann-Orgeln bemüht hat. Er hätte das kaum getan, wenn sein Verhältnis zu seinem Meister einst nicht gut gewesen wäre. Fast genau fünfundzwanzig Jahre nach dem Tode Silbermanns sprach Oehme in einem Brief an den Freiberger Rat noch von „dem berühmten Silbermann“ als seinem „noch im Grabe verehrenden Lehrmeister“ und der zu ihm „getragenen Liebe“.
Daß Silbermanns Gehilfen viele Jahre, ja jahrzehntelang, bei ihrem Meister gearbeitet haben, ist ein Beweis für das gute Einvernehmen, das zwischen Meister und Gesellen bestanden haben muß.
Wir erwähnten bereits, daß sich Adam Gottfried Oehme und David Schubert kurz nach dem Tode ihres Meisters um den „Neustädter Orgelbau“ (in Dresden) beworben haben. In ihrem Bewerbungsschreiben heißt es: „Wir können auch versichern, daß, da Silbermann unseren unermüdeten Fleiß und Application [= Neigung] gesehen, er mit uns allezeit zufrieden gewesen, daß er an unserer Arbeit niemahls etwas ausgesetzet, vielmehr uns alsdenn vieles alleine zu dirigiren überlassen, welches er, seiner bekannten accuratesse nach, gewiß nicht gethan haben würde, wenn er nicht gewußt, daß wir von seinen uns gegebenen Principiis [= Prinzipien] den nöthigen Gebrauch machen könnten.“

Wir können den beiden Orgelbauern gewiß glauben. Sie bezeugen, daß Gottfried Silbermann von seinen Gehilfen eine gute und gewissenhafte Arbeit verlangte, ihnen aber auch Vertrauen schenkte. Wir können den Worten von Oehme und Schubert auch entnehmen, daß Silbermanns Gehilfen über die „Accuratesse" ihres Meisters Bescheid wußten und sich darüber klar gewesen sind, daß Silbermann nichts „durchgehen" läßt.

Als wir in der Zittauer „Johannis-Kirch-Rechnung" von 1737 blätterten, fanden wir einen sehr interessanten Beleg. Gottfried Silbermann war Mitte April 1737 mit einem „Bedienten" nach Zittau gereist, um die alte Orgel in der Johanniskirche zu besichtigen und die Disposition für eine neue Orgel zu entwerfen. Man hatte den Meister und seinen Gehilfen bei dem Gastwirt Johann Christian Gampe einquartiert. Dort haben die beiden Orgelbauer auch „zu Mittag gespeiset". Gastwirt Gampe schrieb in seiner Rechnung: „Nachdem dem Herrn Silbermann beliebet, daß der Bediente zu Mittag hat mit ihm speisen müssen ..." Ist das nicht bemerkenswert? Normalerweise speisten damals „Herren" und „Knechte" oder „Bediente" getrennt. Der Orgelbauer Gottfried Silbermann aber wünschte ausdrücklich mit seinem „Bedienten" zu speisen. Der Gastwirt Gampe berechnete auch für „täglichen Thee auf zwey Personen" insgesamt fünfzehn Groschen (je Tag drei Groschen). Also hat Gottfried Silbermann in jeder Weise dafür gesorgt, daß sein Gehilfe nicht weniger bekommt als er selbst.[95]

Wenn der Meister in seinen geschäftlichen Briefen seine Gehilfen erwähnte, dann sprach er oft von „den Meinigen".[96] Wer das liest und nicht weiß, daß Silbermann unvermählt war, wird glauben, daß der Meister von seinen Familienangehörigen gesprochen hat. Und doch meinte er „nur" seine Gehilfen.

Nach alledem, was wir aus den zahlreichen vergilbten Aktenbänden herauslesen konnten, ist es zur Gewißheit geworden, daß Gottfried Silbermann mit seinen Gesellen in gutem Einvernehmen gelebt und gearbeitet hat. Das ist auch die Grundvoraussetzung für die von ihnen geleistete Qualitätsarbeit gewesen. Eine Orgel ist ein Werk aus „vielen Theilen, Gelenken und Subtilheiten".[97] Und wenn ein so kompliziertes Werk gelingen soll, dann mußten der Meister und die Gesellen, „modern" ausgedrückt, ein gutes Kollektiv bilden. Und daß die Orgelwerke Gottfried Silbermanns ausnahmslos gelungen sind, beweisen nicht nur die vielen zeitgenössischen Zeugnisse, das bestätigt uns auch heute noch jeder Fachmann.

Die an den Silbermann-Orgeln damals und heute gerühmte Qualitätsarbeit konnte nur in vertrauensvoller und guter Zusammenarbeit von Meister und Gehilfen geleistet werden. Der Meister selbst mußte nicht nur alle nötigen fachlichen und theoretischen Kenntnisse besitzen, sondern auch über reiche praktische Erfahrungen verfügen. Er mußte aber auch in der Lage sein, seine Mitarbeiter so auszubilden und so anzuleiten, daß sie jederzeit nach seinen „gegebenen Principiis" arbeiteten.[98]

Wir werden später erfahren, daß Gottfried Silbermann oft geschäftlich verreisen mußte. Während seiner Abwesenheit ging die Arbeit in der Werkstatt aber weiter. Der Meister mußte sich deshalb auf seine Gehilfen verlassen können.[99] Um aber die Mitarbeiter so auszubilden und so zu qualifizieren, daß durch gemeinsame Arbeit Orgeln entstehen, an welchen „kein Nagel ermangelt",[100] bedurfte es einer Persönlichkeit wie Gottfried Silbermann.

Wenn wir von einer Silbermann-Orgel sprechen, eine solche sehen oder hören, dann wollen wir nie vergessen, daß sie nicht das Werk eines einzelnen Orgelbauers gewesen ist, sondern viele fleißige und geübte Hände bei ihrem Bau mitgewirkt haben. Eine Silbermann-Orgel entstand durch gemeinsame, zielbewußte Arbeit von Menschen, die nicht nur ihr Handwerk beherrschten, sondern auch viel Liebe zu ihrem Beruf und ein „gottverliehenes Talent" besitzen mußten. An der Spitze eines solchen „Kollektivs" mußte aber auch ein Meister stehen, der wie Gottfried Silbermann „den Seinigen" in jeder Weise Vorbild war.

1 So schrieb Dr. Ulrich Dähnert (1953): „Unter seinen fünfzehn [?] Gesellen arbeiteten einige ausschließlich in Zinn, andere nur in Holz." Er hat diese Angaben offenbar unzuverlässigen Quellen entnommen. Wir müssen berücksichtigen, daß sich Dr. Dähnert ausschließlich mit Silbermanns Werken beschäftigt hat und ihm keine Zeit blieb, all den anderen Fragen nachzugehen.

2 Wir wissen nur, daß ab November 1713 Zacharias Hildebrandt in Silbermanns Werkstatt arbeitete, um sich zu qualifizieren. Weiter ist bekannt, daß sich Johann George Silbermann bereits Anfang Januar 1714 als Lehrling in der Werkstatt seines berühmten Verwandten befand.

3 Gottfried Silbermann hat sich von Ende Mai bis etwa Mitte November 1721 in Rötha aufgehalten.

4 Darunter befand sich ohne Zweifel Johann George Silbermann, dessen Lehrzeit damals zu Ende war.

5 Man hatte je Woche sechs Taler, also für jede Person (einschließlich Silbermann) einen Taler gerechnet.

6 Nach Vollendung der Chemnitzer Johannis-Orgel erhielten (laut Kirchenrechnung) nicht nur Silbermanns Gesellen ein Trinkgeld, sondern auch die Magd.

7 Amtmann Weidlich hatte einen regelrechten Fragebogen entworfen, den er Silbermann übersandte.

8 Die Orgel zu Greiz fiel 1802 einem Brand zum Opfer.

9 Das heißt: der Meister selbst und sieben Personen. Zu den letzteren gehörte auch die Haushälterin. Sie scheint dem Greizer Bürgermeister nicht sympathisch gewesen zu sein, denn er erinnerte sich nach fünfzehn Jahren (!) noch an „eine alte böse Magd".

10 Das Werk wurde während des Siebenjährigen Krieges 1757 vernichtet.

11 In diese Zahl hatte der Meister ohne Zweifel sich selbst und die Haushälterin eingerechnet; denn als die Zittauer versuchten, den von Silbermann für die Orgel geforderten Betrag von siebentausend Talern herunterzuhandeln, entgegnete der Meister, daß er an dem Werk „nebst sieben Personen [!] drei völlige Jahre unausgesetzt arbeiten" müsse.

12 Damit ist Johann George Silbermann gemeint. Er war damals fünfundvierzig Jahre alt, also nur gegenüber dem Meister, der sechzig Jahre zählte, noch „jung".

13 Hier war vom „Vetter" Johann George, den „andern Orgelmacher-Gesellen" und „den beyden Tischler-Gesellen" die Rede. Ein „Laufjunge" wurde übrigens auch erwähnt.

14 Wenn Gottfried Silbermann im November 1725 mit acht Gesellen in Forchheim weilte, ist das insofern eine Ausnahme gewesen, weil er hier nicht nur den Bau einer Orgel, sondern auch den Bau von Kanzel und Altar übernommen hatte. Dafür hatte Silbermann wahrscheinlich noch zwei oder drei zusätzliche Arbeitskräfte eingestellt.

15 Das ist ein Zitat aus dem Kontrakt vom 11. Januar 1717 über die Orgel zu Großkmehlen.

16 Silbermanns Geschäftspraxis, die mitbeteiligten Handwerker zu bezahlen, hatte für die betreffende Gemeinde den Vorteil, daß sie es nur mit dem Orgelbauer und nicht mit einer Vielzahl von Handwerkern zu tun hatte. Gottfried Silbermann mußte allerdings ein um so besserer Kaufmann sein und die Ausgaben für die mitwirkenden Handwerker in seine Forderung entsprechend einkalkulieren.

17 Sie befinden sich im Staatsarchiv Dresden und sind außerordentlich wertvoll.

18 Johann Daniel Silbermann war nicht nur Gottfried Silbermanns Neffe, sondern auch, wie sich nach der Eröffnung des Testaments herausstellte, sein Universalerbe.

19 Auf Hildebrandts Familienverhältnisse gehen wir an anderer Stelle noch ein.

20 Wir sehen, daß selbst in den letzten Lebensjahren Silbermanns „nur" sieben Gehilfen (einschließlich Johann Daniel Silbermann) bei ihm beschäftigt gewesen sind, obwohl der Meister infolge Krankheit selbst kaum noch mit Hand anlegen konnte.

21 Der Orgelsachverständige Dr. Ulrich Dähnert, Dresden, hat diesem Orgelbauer ein spezielles Buch gewidmet, das 1962 erschienen ist. – Ernst Ludwig Gerber schrieb in seinem 1790 erschienenen „Historisch-Biographischen Lexikon der Tonkünstler" über Hildebrandt: „... ein vortrefflicher und berühmter Orgelbauer, geb. in Sachsen [?], war ein Schüler, und zwar der beste [!], von Gottfried Silbermann ..." Und Gottfried Silbermann selbst wurde von Gerber als „einer unserer größten Meister in der Orgelbaukunst" bezeichnet.

22 Das Geburtsjahr wurde nach der Altersangabe („69 Jahre") in der Sterbebeurkundung von 1757 berechnet. Über Hildebrandts Herkunft unterrichtet uns die Eintragung vom 26. August 1722 im Freiberger Bürgerbuch.

23 Über ähnliche Lehrverträge zwischen Silbermann und seinen Schülern ist, von einer Ausnahme abgesehen, nichts bekannt. Die Ausnahme ist der Vertrag, den Gottfried Silbermann am 5. Oktober 1724 mit dem Tischlergesellen Johann Jacob Graichen abgeschlossen hat.

24 Wir finden den Vertrag im Freiberger Gerichtsbuch Nr. 33. Zeugen der zwischen Silbermann und Hildebrandt getroffenen Vereinbarungen waren die Freiberger Organisten Elias Lindner und Christian Zeiß.

25 Wir würden heute sagen, Gottfried Silbermann verpflichtete sich, Hildebrandt zu qualifizieren.

26 Eine ähnliche Verpflichtung mußte Gottfried einst seinem Bruder Andreas gegenüber eingehen.

27 Man muß bei der Auswertung des urkundlichen Materials oft auf jedes Wort achten. Es ist nicht verwunderlich, wenn die kleine Notiz bisher unbeachtet blieb.

28 Beide Orgelbauer unterschrieben den Vertrag, und jeder setzte seinem Namen noch „Orgel-Macher" hinzu. Nach fünfjähriger „Perfectionierung" stand der „Schüler" gleichberechtigt neben seinem Meister. Das ist eine Parallele zu dem Kontrakt der Straßburger Sankt-Nikolaus-Orgel, den 1707 Meister (Andreas Silbermann) und „Schüler" (Gottfried Silbermann) ebenfalls gleichberechtigt unterschrieben hatten.

29 Es berührt uns eigenartig, daß in den Röthaer Orgelbauakten der Name Hildebrandts – außer im Kontrakt – nicht mehr genannt wird. Auch in dem Bericht über die Prüfung der Orgel wird Hildebrandt mit keinem Wort erwähnt.

30 Nachdem Hildebrandt dem Naumburger Senat „zu vernehmen gegeben, daß er nunmehro mit dem neuen Orgelwercke fertig" wäre, war beschlossen worden, „dieses neue Werck von zweyen bekanten düchtigen Meistern und Kunstverständigen visitiren und examiniren zu lassen". Als solche galten „der Capellmeister aus Leipzig, Herr Bach, als ein beruffener starcker Organist, und der in seiner Kunst bekannte Orgelmacher, Herr Silberman aus Freyberg". Beide waren „zu solchem Ende anhero invitiret [= eingeladen] worden, das neue Orgelwerck zu examiniren, zu visitiren, zu probiren, die gefundenen Mängel anzuzeigen und sodann benöthigte Relation [= Bericht] davon zu thun". – Bach und Silbermann trafen am Sonnabend, dem 24. September 1746, in Naumburg ein. Sie wurden „mit ihren Bedienten" während ihres fünftägigen Aufenthaltes im Gasthaus „Zum Grünen Schild" bewirtet. Für einen „Herren" kostete eine Mittags- bzw. Abendmahlzeit je sechs Groschen (= Tagelohn eines Zimmermeisters), für einen Bedienten aber beide zusammen sieben Groschen. Für „Caffe" und „Canasder Doback" (= guter Rauchtabak) wurden ein Taler und sechzehn Groschen bzw. sechzehn Groschen aufgewendet. Insgesamt wurden für die Bewirtung der Herren und ihrer Bedienten dreiundzwanzig Taler und sechs Groschen ausgegeben. Dazu kamen noch sieben Taler und acht Groschen für Wein, und zwar 28 Kannen „Blancken" (= Weißwein) und 2 Kannen „Rothen". Übrigens sind „denen Beyden Herrn Examinatoribus [= Prüfern], He. Bachen und He. Silbermannen, zur Discretion vor ihre Bemühung 16 Stück Ducaten [= 44 Taler] gegeben worden". – Zacharias Hildebrandt hat sich an seinem größten Werk nicht recht erfreuen können, denn schon am 30. September mußte er dem Rat der Stadt Naumburg bekennen, daß er durch den Orgelbau „in die euserste Armuth gerathen und in das gröste Unglück gestürtzet" worden ist. Er habe „auf den Orgelbau würcklich 3000 Thaler verwendet". Die im Kontrakt vereinbarte Summe betrug aber nur 2050 Taler! Dr. Dähnert hat hierzu festgestellt: „Wohl kaum ein anderer unter den namhaften Meistern seiner Zeit wäre auf einen derart ungünstigen Vertrag eingegangen." Kein Wunder, daß Hildebrandt, um die für den Orgelbau benötigten Materialien bezahlen zu können, „in Schulden gerathen" ist, so daß er – nach seinen eigenen Worten – „auch nicht einen Groschen mehr in Vermögen" hatte.

31 In den Zittauer Orgelbauakten entdeckten wir eine Niederschrift vom 7. November 1740 (!), und darin stehen folgende Worte: „... daß gedachter Herr Silbermann, wegen des ihm aufgetragenen sehr großen Orgel-Baues in der neuen Königlichen Kirche zu Dresden kaum in zwei Jahre wiederkommen, ja wohl gar indessen mit Tode abgehen möchte ..."

32 Es ist auch möglich, daß die beiden Meister miteinander korrespondiert haben; denn im Nachlaß Silbermanns befand sich u. a. ein Bündel Briefe „von H. Hildebranden und H. Schubardten".

33 Die Nachlaßakten beweisen, daß Hildebrandt das Geld bekommen hat, allerdings zum überwiegenden Teil erst aus dem Nachlaß des Meisters.

34 Wir gehen hierauf später ausführlich ein.

35 Seine Frau muß noch am Leben gewesen sein, denn in der Todesbeurkundung wurde Hildebrandt als „Ehemann" bezeichnet. Nach den „Kirchlichen Wochenzetteln" (Stadtarchiv Dresden) ist er „am Durchfalle" gestorben.

36 Es handelte sich um die Orgel in der Dresdner „Dreikönigskirche".

37 Wir wollen nicht unerwähnt lassen, daß C. A. Bahn in seiner Frauensteiner Chronik (1748) geschrieben hat: „Herr Gottfried Silbermann nahm ihn als seinen Vetter zu sich und lernte ihn auch die Kunst Orgel zu bauen."

38 Am 11. Januar 1714 schenkte Anna Rosina geborene Silbermann, die Frau des Böttchers Christian Dorn, einem Mädchen das Leben. Das Kind wurde am übernächsten Tag getauft. Als ersten Paten finden wir „Johann George Silbermann (ehel. Sohn Michael Silbermanns, Bürgers, Zimmermanns und Brauers allhier). damahls die Orgelmacherkunst in Freyberg lernend".

39 Uns kommt unwillkürlich der Gedanke, ob es sich bei dem „Jungen", den Gottfried Silbermann im Sommer 1710 als Lehrling angenommen hat, etwa um Johann George handelte.

40 Die Kontrakte über diese Orgeln wurden 1716, 1718 bzw. 1717 geschlossen.

41 Das entsprach etwa fünf Talern und dem Monatsbarlohn eines Orgelmachergesellen.

42 Diese Orgel existiert leider nicht mehr.

43 Hat man nur die beiden „besten" Gehilfen mit einem Trinkgeld bedacht und die übrigen leer ausgehen lassen?

44 So hat Johann George die Kontrakte für folgende Orgeln mit unterschrieben: Frauenkirche zu Dresden (1732), St. Petri zu Freiberg (1734), Stadtkirche zu Greiz (1735), St. Johannis zu Zittau (1738), Fraureuth (1739).

45 Allerdings wurde hier der Erbe nicht namentlich genannt.

46 An der Sophienkirchenorgel zu Dresden machte sich eine Reparatur notwendig. Gottfried Silbermann wollte das Werk auch gelegentlich in Augenschein nehmen. Wahrscheinlich glaubte der Dresdner Rat, daß das auch Johann George tun kann. Der Meister schrieb aber am 21. Juli 1740 von Zittau aus: „Meinen Vetter kann nicht schicken, massen [= da] ich selbigen sehr nothwendig zur jetzigen Arbeit brauche."

47 Er erhielt als solcher zwei Taler und achtzehn Groschen Trinkgeld. Den „anderen [zwei?] Orgelmachergesellen" und den „beyden Tischlergesellen" zahlte man insgesamt nur vier Taler an Trinkgeldern.

48 Die anderen „Leute des Herrn Silbermann" wurden „in einem andern Zimmer", aber „ebenfalls mit Wein gespeißet", wie der gräfliche Amtsverwalter aufgeschrieben hat.

49 Johann George Silbermann hatte festgestellt: „So kann dieses Orgelwerk nach dem allergenauesten Preiß nicht anders als um 800 Thaler verfertiget werden." Im Kontrakt forderte Gottfried Silbermann nur siebenhundertundvierzig Taler, weil die Gemeinde für sechzig Taler „Holzwerk" (Bretter, Pfosten und Stollen) liefern wollte.

50 Am 18. November war Johann George mit seiner Arbeit fertig. Es wurde „eine kleine Probe" gemacht und die Orgel dabei „in recht gutem Stand wieder befunden".

51 Die beiden Orgelmacher hielten sich acht Wochen (vom 18. September bis 10. November 1747) in Dresden auf. Ihr Quartier hatten sie bei Rebecca Elisabeth Haase, der späteren Schwägerin von Johann George Silbermann. Der Rat zahlte beiden Orgelbauern je zwei Taler Trinkgeld.

52 Im Heimatmuseum zu Frauenstein befindet sich ein Originalschreiben des Superintendenten Dr. Wilisch vom 5. September 1748. Hiernach wurde Johann George Silbermann beauftragt, „das in Nassau jüngsthin erbauete kostbare und durch böse Hand schon verlezte [!] Orgel-Werck zu visitiren und hierauff seinen gewissenhaften Bericht zu erstatten". Leider fehlt jede weitere Nachricht.

53 Er wurde meistens „Schöne" geschrieben. Wir geben seinen Namen so wieder, wie er selbst geschrieben hat.

54 Das Geburtsjahr ergibt sich aus der Altersangabe von achtundfünfzig Jahren in der Todesbeurkundung von 1764.

55 Die Eingabe betraf den Rechtsstreit mit Zacharias Hildebrandt.

56 Der zweite ist ohne Zweifel der Tischlergeselle Johann Jacob Graichen gewesen, dessen Ausbildung als Orgelbauer Ostern 1724 begonnen hatte. Der dritte Geselle ist namentlich nicht bekannt.

57 Wir erinnern an die Eingabe seines Kollegen Adam Gottfried Oehme an den Freiberger Rat, die wir im vorigen Kapitel zitiert haben.

58 Der Freiberger Organist Erselius hat das Werk „bey der Übergabe und Einweyhung" gespielt und erhielt dafür einen Taler. Demgegenüber zahlte man „dem" (!) Orgelbauer-Gesellen sechs Taler Trinkgeld. – Mit welchen Schwierigkeiten Silbermanns ehemaliger Gehilfe hier zu kämpfen hatte, wird uns klar, wenn wir sein Schreiben vom 24. Juli 1763 an den Freiberger Superintendenten Grundig lesen. Hier einige Auszüge: „Mitten unter den grösten Kriegs-Gefahren, die der Höchste über unser geliebtes Vaterland, beynahe 7 Jahr hindurch verhangen hatte, hat doch der Allmächtige den hiesigen Orgel-Bau nicht rückgängig werden laßen, vielmehr hierzu Fortgang und Seegen dergestalt gnädiglich verliehen, daß solcher nunmehro in Frieden zu Stande gebracht ... Mit was für Beschwerlichkeiten aber bey einem so vehementen [= heftigen] Kriege, wie er zumahl auf unsern Gegenden öffters getroffen, und bey einer aufs äußerste gestiegenen Theuerung, deren man sich ao. [= Anno] 1758 bey Schließung des Contracts nimmermehr versehen hätte, dergleichen Bau geführet werden mögen, überlaße ich Ew. Magnificenz zu selbst eigener Beurteilung. Ich muß aber nur dabey gehorsamst gedencken, daß, wenn dieselben nicht mit meinen gantzen schlechten Umständen, worin ich bey Gelegenheit gegenwärtigen Orgel-Baus mit versetzet worden bin, ein billiges Mitleiden zu tragen geruhen wollten, ich darbey sehr zu kurtz kommen und mein baares Geld einbüßen würde ... Und ich sage nicht zu viel, wenn ich den daher mir zugewachßenen Verlust allein auf Ein baar Hundert Thaler angebe ..." – Die damalige Zeit war für Orgelbaue alles andere als günstig. Insofern ist ein Brief vom 1. März 1764 sehr interessant: Der „Fürstl. Sächs. Altenburg. Hoforgelbaumeister" Christian Ernst Friderici schrieb ihn an Stadtrichter Christian Heinrich Preußler in Oberwiesenthal, und der Verfasser fand ihn in den Cämmerswalder Orgelbaudokumenten. Friderici schrieb u. a.: „... an Orgeln ist überhaupt bei jetzigen Zeiten nicht viel zu verdienen, die Tischlergesellen sind jetzt entsetzl. theuer zu halten, das Zinn, Leder, Leim, Draht ist alles in viel höhern preis als sonst, welches aller welt bekant ist ..."

59 Das war zunächst die einzige Unterschrift, die bekannt wurde. Inzwischen konnte der Verfasser die im Pfarramt zu Cämmerswalde (Erzgebirge) befindlichen Briefe von Schön auswerten. Dieselben zeigen ebenfalls den hier wiedergegebenen Namenszug. Die Brieftexte haben dasselbe Schriftbild. Es ist demnach sicher, daß Schön die Cämmerswalder Briefe eigenhändig geschrieben hat. – Übrigens sind die im Pfarrarchiv zu Cämmerswalde verwahrten Briefe Schöns sehr interessant. Er hat im September bzw. Oktober 1763 drei verschiedene Dispositionsentwürfe für „ein neues Orgel-Werck, wie solches in der Kirche zu Cämmerswalde kann angebracht werden", vorgelegt. Seinem „in eil" geschriebenen Brief vom 15. November 1763 müssen wir entnehmen, daß die Gemeinde dem Orgelbauer eine Disposition „vorschreiben" wollte. Schön antwortete darauf folgendes: „Wenn ich nach dero Aufsatz [!] ein Werck zu erbauen kein Bedencken hätte, so würde der Accord gar bald in Richtigkeit gebracht werden können, und Sie könnten vollkommen damit zufrieden seyn, aber, wie solte ich wohl dabey zu rechte

kommen? Wolten Sie wohl verlangen, daß ich Schaden dabey leyden solte? Dieses glaube ich nicht, und ich hingegen würde mich auch darauf nicht einlaßen, mithin wird aus unsern Handel nichts [!], es wäre denn, daß man nach meiner ersten Disposition sich resolvireten, ist mein letzter Endschluß, daß ich von 1000 Thalern nicht abgehen kann, wobey verspreche, das Werck, wenn der Accord nicht länger verzögert wird, binn 2 Jahren zu ferttigen. Machen Sie also was Sie wollen. Verlangen dieselben, daß ich noch einmal hinauf kommen soll, von der Sache ein mehres zu sprechen, so kann es auch geschehen ..." Schön war ein guter Schüler Gottfried Silbermanns, denn dieser reagierte in ähnlichen Fällen genau so. – Der Pfarrer zu Cämmerswalde sandte auf Schöns Brief einen „Expressen" nach Freiberg. Schön schrieb daraufhin am 18. November „eilligst" einen Antwortbrief und gab diesen gleich dem Eilboten wieder mit. Hiernach wollte Schön am „bevorstehenden Sontag" (= 20. November) nochmals nach Cämmerswalde kommen, falls ihn „die außerordentl. Witterung" davon nicht abhält. Die Reise hat stattgefunden, und am 21. November 1763 wurde ein Kontrakt über die Erbauung einer zweimanualigen Orgel mit insgesamt siebzehn Stimmen geschlossen. Das Werk sollte achthundert Taler kosten. Schön wollte die Orgel binnen zwei Jahren bauen und die Gewähr auf sechs Jahre (!) leisten. Die Kirchgemeinde wollte das „weiche Holtz, frey und bequem Logie zum Arbeiten, Lagerstatt vor ihm [Schön] und seine Leute, desgl. frey Brennholtz und Kohlen auch täglich einen Handlanger und bey Stimmung der Orgel einen Balckentreter" zur Verfügung stellen. Für „Kost und Tisch vor sich und seine Gesellen" wollte Schön selbst sorgen. Schöns Bedingungen waren somit etwa die gleichen wie einst bei Silbermann.

Am 16. Januar 1764 schrieb Schön wiederum „eilligst" einen Brief nach Cämmerswalde, denn er hatte die zweihundert Taler, die nach dem Kontrakt zu Neujahr fällig gewesen waren, noch nicht bekommen. Schön schrieb: „... und ich weiß also nicht woran ich bin. Solte aber wieder Vermuthen etwa aus diesem Orgelbau gar nichts werden und die Gemeinde hätte dergestalt andre Gedanken gefaßet, so würden Ew. HochwohlEdl. mich besonders obligiren, wenn Sie mir davon wenige Nachricht zu geben belieben wolten, damit ich mich darnach achten könte, eher kan ich an den Windladen nicht anfangen, bis ich gewiße Nachricht von Sie [?] erhalte ..." Die Gemeinde Cämmerswalde ließ Schön aber weiter auf sein Geld warten. Das beweist Schöns Brief vom 31. August 1764. Er schrieb u. a.: „Also werden mir dieselben güttigst vergeben, wenn ich die rückständigen Termien-Gelder, von Neuen Jahre und Joh. [insgesamt dreihundert Taler] wegen der Neuen Orgel nochmahls erinnern. Sie wißen Selbst gar wohl, was mir in Accorde versprochen worden, solchen aber nicht halten, da ich doch am meinen Theile alle Mühe anwende, und beständig darann arbeite, um nur mein Versprechen zu erfüllen, alleine, wenn ich dagegen auf die andere Seite sehe, daß die Erfüllung des Accords nicht gehalten wird, so werde ich auch nicht gebunden seyn, mit der Arbeit fort zu fahren, noch weniger wenn die Orgel kommendes Frühjahr auf solche weise nicht kann aufgesetzet werden, werden sich dieselben auch gefallen müßen laßen. Und da auch nunmehro die Meße vor der Thiere [= Tür] ist, verschiedene Materialien ein kauffen muß, so ersuche hierdurch gehorsamst, Sie wollen zu beförderung des Wercks die Sache in solche Wege zu leiten belieben ... damit ich wenigsten 8 tage vor der Meße das rückständige Geld, so wie der Contract ausweiset, ohnfehlbar bekomme, weil ich nicht in Stande bin, den Verlag zu thun [!], außerdem werde wider meinen Willen genöthiget, eine pause zu machen, und andere Arbeit vorzunehmen, mithin wird die Schuld nicht auf mich, sondern auf diejenigen fallen, so den Accord nicht halten ..." – Und wieder erkennen wir in Schön den Schüler Silbermanns, denn dieser ist in ähnlichen Situationen ebenso „deutlich" geworden. – Und dann geschah etwas Unerwartetes: Fast genau vier Wochen später, am 30. September, starb Johann Georg Schön. Er scheint aber noch zweihundert Taler erhalten zu haben. Das können wir einem Brief von Johann Gottlieb Findeisen, Freiberg, an den Pastor in Cämmerswalde entnehmen. Die Gemeinde machte sich Sorgen, aber Findeisen teilte ihr am 14. Februar 1765 mit, daß wegen der an Schön schon bezahlten zweihundert Taler die Gemeinde sich „keine Sorge zu machen hätte, sie solten dabey nichts verlieren". Es wäre nur nicht möglich, daß „die Schön. Erben bevor nicht wegen des Steuer-Scheines, den das Hospital allhier zum Unterpfand hätte, eine Gleichheit getroffen würde, Geld schaffen könnten, maßen [= da] sie außerdem keine sichere Aktiva hätten, und derer Vormund sich noch nicht erklehret, ob er die Erbschafft in Ansehung der Schulden [!] agnosciren [= anerkennen] könnte oder nicht ..." Aus diesen Worten geht klar hervor, daß Schön in Schulden gestorben ist. Bei dem an das Freiberger Hospital verpfändeten Steuerschein handelte es sich ohne Zweifel um das Wertpapier von zweitausend Talern, das Schön von seinem ehemaligen Meister Gottfried Silbermann geerbt hatte. Wer mag mit den „Schön. Erben" gemeint sein? Wir konnten nämlich keinen Beweis dafür finden, daß Schön verheiratet gewesen ist.

Am 24. Juni 1765 schloß die Gemeinde Cämmerswalde mit Adam Gottfried Oehme einen Vertrag, wonach sich dieser verpflichtete, „völlig und gäntzlich in den mit dem seel. Schönen errichteten Contract" einzutreten. Hinsichtlich der Bezahlung der Orgel wurde vereinbart, daß Oehme zweihundert Taler wegen der noch von Schön „verfertigten Arbeit, Materialien und Werkzeug als baares Geld" übernimmt. Nach dem Kontrakt sollte die Orgel zu Martini 1766 fertig sein. Sie wurde aber erst ein knappes Jahr später vollendet und am 19. Oktober 1767 geweiht. In der von Pastor Christian Gotthold Herrmann aus diesem Anlaß herausgegebenen Druckschrift ist zu lesen: „Dieser [Oehme] hat nun diese Orgel mit möglichstem Fleiß glücklich also erbauet, daß sie sowohl in Ansehung der mechanischen Schönheit und Dauer, als auch der Annehmlichkeit und Stärke des Klanges, den Beyfall aller Kunstverständigen, welche sie bishero untersucht haben, erhalten hat ..."

60 Wir finden Schön auch in dem 1752 angelegten Freiberger Einwohnerbuch, und zwar einmal als „Orgelmachergeselle" und dann als „Orgelmacher" (nach Silbermanns Tod?). Eigenartigerweise fehlen Angaben über seinen Familienstand, obwohl bei anderen Einwohnern entweder „ledig" oder „bew[eibt]" und die Zahl der Kinder vermerkt worden ist.

61 Er wurde 1719 geboren und kann frühestens um 1733 seine Lehrzeit bei Gottfried Silbermann begonnen haben. Pastor Herrmann hat (1767) in einer Druckschrift zur Weihe der in Cämmerswalde erbauten Orgel festgestellt: „Es hat derselbe [Oehme] etliche [= mehr als] dreysig Jahr seines Lebens bey den besten Orgelbaumeistern zugebracht; viele Jahre [!] bey dem berühmten Herrn Gottfried Silbermann in Freyberg in Arbeit gestanden, und bey demselben nebst verschiedenen ändern Orgeln, die Orgel in der Churfürstl. Sächß. Schloß-Capelle in Dreßden erbauen helfen ..."

62 Als Beweis zitieren wir 1. aus dem Cämmerswalder Orgelkontrakt vom 24. Juni 1765: „... von H. Adam Gottfried Oehmen aber wißen [wir], daß er mit H. Schönen gemeinschafftlich bereits verschiedene Orgeln erbauet hat ..." und 2. aus der Druckschrift zur Weihe der Cämmerswalder Orgel vom 19. Oktober 1767: „[Oehme] ist auch bey allen Orgelbauen ein treuer und beständiger Gehülfe obig gedachten Herrn Schönens gewesen".

63 Im November 1785 hat Oehme die Silbermann-Orgel in der Dresdner Frauenkirche besichtigt und festgestellt, welche Reparaturen nötig sind. Sie wurden aber drei Jahre später von Johann Christian Kayser ausgeführt. Oehme scheint sehr viel Mut und Tatkraft besessen zu haben; denn als Siebenundsechzigjähriger bewarb er sich noch um den Orgelbau in der Kreuzkirche zu Dresden. Im Stadtarchiv Dresden finden wir eine von Oehme, „Orgelbauer in Freyberg", eigenhändig unterschriebene Disposition für ein dreimanualiges Werk mit neunundvierzig Stim-

men! Die Orgel sollte ohne Gehäuse sechzehntausend Taler kosten. Oehme hatte die Bauzeit mit sechs Jahren veranschlagt. Er ist am 19. November 1785 persönlich beim Dresdner Rat vorstellig geworden, hat den Auftrag aber nicht erhalten. Vier Jahre später starb er.

64 Daß Oehme nicht übertrieben, sondern die Wahrheit gesagt hat, wurde durch den Brief Findeisens in den Cämmerswalder Orgelbauakten bewiesen.

65 Hier irrte Oehme. Schön hat von Silbermann, außer dem Hausrat, der Wäsche usw., nämlich „nur" zweitausend Taler geerbt. Daß er auch Materialien zum Orgelbau erbte, ist nicht zu beweisen. Einem Brief von Johann Daniel Silbermann können wir entnehmen, daß Gottfried Silbermann in Freiberg (!) „Vorräthe an Holtz und Zinn" hinterlassen hat. Es wäre möglich, daß Johann Daniel, zumal er sich selbst nicht mehr mit dem Orgelbau beschäftigte, die Materialien an Schön übergeben hat.

66 Nur bei der Orgel zu St. Jakobi in Freiberg hat er „mit vielen Wehklagen bejammert, ob were mit Ihme allzu genau gedungen worden und Er beynahe an die hundert Thaler einbüßen müße ..."

67 In einem Schreiben vom 12. März 1754 an das Oberkonsistorium hat der Dresdner Rat zum Ausdruck gebracht, daß „der alte Zacharias Hildebrand, nunmehro, nachdem Silbermann verstorben [!], in seiner Orgel-Bauer-Kunst in bester renommé stehet ..." Bildlich gesprochen: Hildebrandts „Stern" konnte erst zu voller Leuchtkraft gelangen, nachdem Silbermanns „Stern" erloschen war. Aber es war für Hildebrandt zu spät, denn er zählte sechsundsechzig Jahre. Am 15. Juni 1754 wurde mit Zacharias Hildebrandt und seinem Sohn Johann Gottfried der Kontrakt über den Neubau einer zweimanualigen Orgel für die Kirche zu „Neustadt bey Dreßden" (Dreikönigskirche) geschlossen. Das Werk sollte achtunddreißig Stimmen erhalten. Als Preis wurden dreitausendundfünfhundert Taler „baares Geld benebst der alten Orgel" vereinbart. Zacharias Hildebrandt hat die Vollendung des Werkes nicht erlebt. Er starb am 11. Oktober 1757, und knapp zwei Monate später, am 6. Dezember, wurde die Orgel von Kreuzkantor Gottfried August Homilius übernommen. Johann Gottfried Hildebrandt war damals etwa dreiunddreißig Jahre alt. Auf ihm lastete der finanzielle Verlust, mit dem dieser Orgelbau verbunden war. Die Akten berichten darüber: Am 18. Januar und am 6. Februar 1758 richtete Johann Gottfried Hildebrandt ausführliche Schreiben an den Dresdner Rat. Er mußte eingestehen, daß seinem Vater schwerwiegende Fehler unterlaufen sind. So hatte Zacharias Hildebrandt „bey Verfertigung des Kontrakts nicht darauf geachtet, daß das Werk hat müssen in Cammerton gerichtet werden, welches, da es in der Tieffe die größten Pfeiffen betrifft, durch das ganze Werk ein großes austrägt und vielmehr [an Material] hat aufgewendet werden müssen". Hildebrandt jun. schrieb: „Da man sonst auch unter währenden Orgelbauen mit Clavecins und Clavieren oder anderen kleinen Arbeiten etwas darneben verdienen kann, so hat uns in den jetzigen elenden Zeiten [Krieg!] auch diese Hoffnung fehlgeschlagen ... Hierzu kommt, daß wir an diesem uns unbekannten Orte die Preise der Sachen nicht so haben können vorauswissen, die wir hernach, da wir zumal von allem das beste haben anschaffen wollen, weit höher gefunden, als wir uns haben einbilden können. Da hingegen H. Silbermann in Freyberg wohnhaft gewesen und daselbst das meiste um den dritten Theil wohlfeiler hat bekommen können [!]. Es ist auch dabey nicht geblieben, sondern unter den Kriegsunruhen sind, wie bekannt, die Lebensmittel und viele andere Dinge, in einen so hohen Preis gestiegen, daß ich, sonderlich zu der Zeit, da ich die besten Leute zu halten nöthig hatte, den Schaden gar empfindlich getragen habe ... Und zu dem mußte ich eine zeitlang auf das Orgelgehäuse warten, binnen welcher Zeit ich die guten Leute, die ich einmal hatte, nicht von mir lassen konnte, sie aber ohne sonderlichen Nutzen ernähren mußte ..."

Jedenfalls haben die beiden Orgelbauer runde eintausendzweihundert Taler zugesetzt! Johann Gottfried Hildebrandt richtete deshalb an den Rat eine Nachforderung.

Kreuzkantor Gottfried August Homilius und der Neustädter Pfarrer Johann Jacob Gräfe haben hierzu Stellung genommen. Gräfe betonte, daß „gleich nach geschlossenem Kontrakt ein Jeder, der nur der Sachen einigermaßen kundig war, sogleich bezeugte, daß die Hildebrandte das übernommene Werk ohnmöglich für diesen Preis würden liefern können". Zacharias Hildebrandt hatte „1200 Thaler Bargeld mitgebracht, die sie auch meist für Material und Gesellen ausgegeben haben". Es kann kein Zweifel darüber bestehen, daß diese Summe der Rest von den zweitausend Talern gewesen ist, die Hildebrandt von Gottfried Silbermann für die Mitarbeit an der Hofkirchenorgel erhalten hatte.

Pastor Gräfe schrieb weiter: „Da bey beyden eine erlaubte Ehrliebe bey diesem Bau herrschte, so haben sie an diesem Bau nichts abgebrochen oder spärlich eingerichtet, sondern, wer von Kunstverständigen die Arbeit mit angesehen hat, hat allezeit die Tüchtigkeit der Materialien und die Stärke, sonderlich an den großen Pfeifen, gelobet und hierinnen könnten leicht, ohne daß es sonderlich in die Augen fiele, viele Thaler erspart worden sein ... Es ist auch nicht zu leugnen, daß Herr Hildebrand die Vorteile im Einkauff nicht hat haben können, die ehemahls dem Herrn Silbermann zu statten gekommen sind, der zu gelegenen Zeiten [!] das beste Holz in Wäldern in großer Menge einkaufen [!] und in Freyberg aufbehalten können, welches hier hingegen in Geschwindigkeit hat ausgesucht und meist den Tischlern oder anderen, da alles sehr gut sein sollen, teuer bezahlt werden müssen [!], welche Umstände unser Orgelbauer freilich nicht in Betrachtung gezogen hat [!] ... Nun ist es zwar an dem, man kann sagen, die Orgelmacher hätten sich bey dem Kontrakt besser prospiciren [= vorsorgen, vorausschauen] sollen ... Und wir doch nicht gerne wollten, daß eine Familie um dessentwillen, was sie doch würklich in die Kirche verbauet hat, ruiniret werden müsse, welches uns doch allezeit ein trauriges Andenken und eine bedenkliche Nachrede machen würde ... So glaube ich, daß man in diesem Falle, in Hoffnung auf anderweitigen Seegen für unsere Kirche, auch hier der Billigkeit nachgeben könne ..." – Pastor Gräfes Stellungnahme ist sachlich und menschlich zugleich!

Nach seinem Bericht ist Johann Gottfried Hildebrandt „gleich bey der Übergabe des Werkes gefährlich krank geworden und dem Tode sehr nahe gewesen". Er habe „auf seinem Krankenbett von nichts als den Bekümmernissen wegen seiner Schuldenleute phantasiret ...". Pastor Gräfe schickte Hildebrandt zweihundert Taler, damit er die dringendsten Schuldner befriedigen konnte, und der Orgelbauer hat sich „gleich darauf merklich erhohlet", obwohl er „da und dort" noch einige Schuldner hatte.

Sehr aufschlußreich ist auch das am 19. April 1758 von Kreuzkantor Homilius abgegebene Gutachten. Er stellte fest, daß folgende Ursachen an der erlittenen Einbuße schuld sind: „... daß der seel. H. Zacharias Hildebrand einen viel zu leichten Contract eingegangen ist". Homilius vermutete gewiß zu Recht, daß „den verstorbenen H. Hildebrand das Verlangen, sich durch ein rechtes Meisterstück in hiesiger Stadt zu zeigen, verleitet haben mag, in ein allzu geringes Quantum zu willigen". Auch habe der Orgelbauer „zu viel darauf gerechnet, sich bey einem künfftigen Bau, wenn ja dieser keinen Gewinn oder gar Schaden brächte, billigerweise zu erholen". Kreuzkantor Homilius schrieb weiter: „Aus eben dieser Begierde, sich hervorzutun, mag auch die Gutwilligkeit gefloßen sein, mit welcher er sich der Aufsicht über die Tischlerarbeit ... unterzogen hat, da sonst Orgelmacher mit dergl. Arbeit, wenn sie nicht ausdrücklich im Contract versprochen ist, sich nicht abgeben, sondern es darauf ankommen lassen, ob das Gehäuse gut geraten will oder nicht ..." Hildebrandt hatte gehofft, die alte Orgel für sechs- bis achthundert Taler „anzubringen". Aber die Kirchen, die er in Aussicht genommen hatte, hatten „bereits anderweitige Kontrakte gemacht“. So blieb nichts weiter übrig, als „bloß die wenigen darinnen enthaltenen und sehr dünn gearbeiteten Materialien einzuschmelzen und das Holzwerk zu verbrennen“.

Homilius nahm auch dazu Stellung, daß Hildebrandt außer acht gelassen hatte, daß die Orgel im Kammerton stehen sollte. Er führte aus, „daß an einer Orgel der Unterschied zwischen Cammerton und Chorton in Ansehung der Kosten sehr groß ist, da ein Werk um einen ganzen Ton tiefer gesetzet werden muß, welches im Baß die Pfeifen um einen großen Teil länger erfordert. Wie denn dadurch in dem polierten Principalregister, das im Gesicht [= Prospekt, Schauseite der Orgel] steht, die größte Pfeife, die dazu gefordert worden, bey elf Ellen [= etwa reichlich sechs Meter!] lang ist und wie mich der alte H. Hildebrand versichert hat, über einen Centner englisch Zinn gefordert hat, und so geht es durch alle Register durch ...“

Am 24. Mai 1758 erstattete der Rat auf Grund der beiden Gutachten einen Bericht an das Oberkonsistorium. Darin wurde u. a. festgestellt: „Da nun Silbermann vor den Bau der Orgel in der Frauenkirche, welche doch der Hildebrandischen in der Neustadt fast gleich ist [!], 4735 Thaler erhalten hat, und dann die während des Baues eingefallene Theuerung, auch der Verlust, den er [Hildebrandt] an der alten Orgel erlitten, hauptsächlich mit in Erwägung zu ziehen ... so sind wir der unvorgreifflichen Meinung, daß eingangs erwähnter Hildebrand Silbermann gleichzusetzen [!] und ihm daher noch 1000 Thaler zu geben sein möchten ...“

Das Oberkonsistorium war damit einverstanden. Allerdings sollten die fünfhundert Taler mit verwendet werden, die Pastor Gräfe „privatim gesammlet“ hatte. –

Nach Dr. Dähnert ist die Orgel 1906 so umgebaut worden, daß ihr ursprünglicher Charakter vollständig verlorenging. Im Jahre 1945 fiel das Werk schließlich den Luftangriffen zum Opfer.

68 In der Baurechnung über die von Schön erbaute Orgel zu Herzogswalde fanden wir sechs Taler Trinkgeld „dem [!] Orgelbauer-Gesellen bey der Übergabe der Orgel“. – Zacharias Hildebrandt scheint dagegen mehrere Gehilfen beschäftigt zu haben, allerdings nicht dauernd, wie sein ehemaliger Meister Silbermann, sondern nur so lange, wie er sie gerade für einen Orgelbau brauchte. Als Hildebrandt 1727 in Sangerhausen eine Orgel baute, befand er sich ebenfalls in wirtschaftlichen Nöten. Er hatte hundert Taler Abschlag erhalten. Aber diese Summe war rasch aufgebraucht, denn er hatte „nicht allein Vieles Holtz und Zinn angeschaffet, sondern auch mit Weib und Kindern und 2 bis 3 gesellen [!] davon leben müssen“. Hildebrandt brachte zum Ausdruck, daß er „gar genöthiget würde, die gesellen abzuschaffen“. Er war gar nicht in der Lage, dauernd einige Gesellen zu halten.

69 Das können wir aus der Altersangabe in der Todesbeurkundung berechnen. Über Eltern und Herkunft ist nichts bekannt.

70 Am 14. Mai 1766, wenige Tage nach dem Tode von Johann Daniel Silbermann, bewarb sich Schubert um dessen Stelle als Hoforgelbauer. Er schrieb u. a.: „Weil ich nun diesem Metier [= der Orgelbaukunst] seit vielen Jahren zugethan, siebenundeinhalb Jahr [!] bey dem verstorbenen Hof- und Landorgelbauer in Freyberg in Condition gestanden ...“

71 Wir werden darauf noch zu sprechen kommen.

72 Sie wollten für dreitausendfünfhundert Taler „nebst der alten Orgel“ ein Werk mit zwei Manualen und vierunddreißig Stimmen bauen.

73 Wie Hähnel dazu kam, sich als Lehrmeister von Oehme zu bezeichnen, ist unklar. Nach Oehmes eigenen Worten (in der Eingabe vom 23. Juni 1774 an den Freiberger Rat) ist Gottfried Silbermann sein „Lehrherr“ gewesen.

74 Hähnel wies darauf hin, daß er „an die viertzig Orgeln“ erbaut habe und ihm deshalb bekannt sei, „daß zur Ausführung eines dergleichen Baues eine starke Praxis und dadurch erlangter Ha-

bitus“ erforderlich sind, „so aber bei diesen jungen Leuten wirklich noch ermangelt, indem sie unter ihrer eigenen Invention noch nicht einmal eine Dorforgel erbauet“.

75 Aus ihren einleitenden Worten „... ob Dieselben [= der Rat von Dresden] vielleicht deswegen einigen Anstand genommen haben möchten, uns dieses Werck anzuvertrauen, weil von uns nicht bekannt sey, daß wir eine ganz neue Orgel alleine gebauet ...“, können wir schließen, daß ihnen zu Ohren gekommen war, daß sich Hähnel nicht günstig über sie ausgesprochen hatte.

76 Schubert hat sich „als den noch allein übrigen Schüler“ von Gottfried Silbermann bezeichnet. Das stimmte aber nicht, denn Adam Gottfried Oehme war ja auch Silbermanns Schüler und ist erst 1789 gestorben. Er hat Schubert um siebzehn Jahre überlebt.

77 Nach den „Kirchlichen Wochenzetteln“ ist er dreiundfünfzig Jahre alt geworden und an „einem Fieber“ gestorben. Er wurde am 23. Mai 1772 beerdigt.

78 Die Mitarbeiter Silbermanns können kaum gelernte Orgelbauer gewesen sein. Wahrscheinlich handelte es sich um Tischlergesellen, die angelernt wurden.

79 In seinem Kostenanschlag für die Freiberger Jakobi-Orgel (1715) hat Silbermann für jeden Gehilfen sogar eineinhalb Taler Wochenlohn berechnet. Es ist allerdings möglich, daß er dabei seinen persönlichen „Profit“ einkalkuliert hat.

80 Freiherr von Friesen in Rötha hatte die „verdungene“ Kost auf fünfundzwanzig Wochen für Gottfried Silbermann und die „bey sich habenden fünf Personen“ auf einhundertundfünfzig Taler veranschlagt und dabei je Person und Woche einen Taler gerechnet. Silbermann selbst veranschlagte bei der Freiberger Jakobi-Orgel (1715) die wöchentliche Beköstigung für einen Gehilfen auf eineinhalb Taler.

81 Zum Vergleich wollen wir anführen, daß der Freiberger Ratskämmereischreiber Krauße eine jährliche Besoldung von siebenundachtzig Talern und zwölf Groschen hatte.

82 Wir können nicht recht verstehen, warum der Meister bei seinen guten Vermögensverhältnissen den Gesellen nicht regelmäßig jede Woche oder jeden Monat Lohn gezahlt hat.

83 Der Rückstand erstreckte sich zweifellos auf die Zeit von Neujahr (wie bei Schön) bis Michaelis (Ende September).

84 Die Haushälterin hatte wahrscheinlich Anspruch auf freie Wohnung. Offenbar hat sie aber ihr eigenes Bett mitgebracht, so daß Silbermann ihr „Bettzins“ zahlen mußte. – Durch besonderes Entdeckerglück konnte der Verfasser Silbermanns Wirtschafterin in dem Freiberger Einwohnerbuch von 1752 finden. Hiernach hat die „Böttgers-W[itwe]“ Anna Magdalena Poltermann mit einer Tochter als Hausgenossin (= Mieterin) im Grundstück Nr. 551 des Nicolai-Viertels (jetzt Theatergasse 8) gewohnt. Wahrscheinlich ist sie bei Gottfried Silbermann nur als „Aufwartung“ tätig gewesen.

85 Anläßlich der Weihe der Fraureuther Orgel am 1. Advent 1742 erschienen „Einige Discurse [= Gespräche] zweyer Orgel-Freunde“ im Druck. Darin wurde festgestellt, daß Silbermann „die besten Leute hält, welchen er einen raisonablen [= ausreichenden, angemessenen] Lohn giebt ...“.

86 Das hatte Gottfried Silbermann auch gar nicht nötig. Die Gemeinden, die eine gute Orgel haben wollten, kamen von allein zu ihm.

87 Das heißt, für Silbermann war es nicht schwer, genügend Gehilfen zu bekommen. Einmal hatte der Meister aber doch Arbeitskräftemangel. Das war 1722. Zacharias Hildebrandt hatte, nachdem er (in Langhennersdorf) sein Meisterstück gemacht hatte, höhere Lohnforderungen gestellt und die Absicht zu erkennen gegeben, daß er „sein Glück anderwärts suchen“ wolle. Silbermann schrieb, Hildebrandt habe gesehen, „daß ich viele Arbeit auf mir hatte, nicht aber genug Leute darzu bekommen“ konnte.

88 Legen wir den damaligen und den heutigen durchschnittlichen Fleischpreis zugrunde, dann hat der „Lehrpursche" ein Trinkgeld von mindestens fünfundsiebzig Mark bekommen. (1 Taler = 15 Pfund Fleisch = 75 Mark.)

89 Die sechs Taler entsprächen heute einem Betrag von etwa vierhundertfünfzig Mark, wenn wir wiederum den durchschnittlichen Fleischpreis als Umrechnungsbasis benutzen. Natürlich sind derartige Berechnungen nur unter Vorbehalten möglich. Es kam uns nur darauf an, zu zeigen, daß ein Taler zur Zeit Silbermanns viel Geld war.

90 Bei der Orgelmahlzeit am 1. und 2. Dezember 1742 wurden u. a. verspeist: 26 Pfund Kalbfleisch, 36 Pfund Rindfleisch, 13 Pfund Schweinefleisch, Würste, 2 Gänse, 15 Karpfen, 4 Hühner, 2 Rebhühner, 12 Krammetsvögel (= Drosseln), 4 Kapphähne, 2 Hasen und 1 Kalbskopf. Daß die Speisen gut und schmackhaft zubereitet worden sind, beweisen die vielerlei Gewürze und Zutaten: Zitronen, Nelken, Zimt, Ingwer, Safran, Pfeffer, Muskatblüten, Speck, Mandeln, Rosinen, Weinessig, Baumöl und Eier. Natürlich gab es auch ausreichend zu trinken: 43 Kannen Wein, 6 Kannen Branntwein (1 Kanne = etwa 1 Liter). Außerdem wurden etwa 168 Kannen Bier getrunken. Es wurde aber auch guter „Coffe" (= Kaffee) getrunken, und dazu aß man 17 verschiedene Kuchen. Sogar geraucht hat man bei dieser Orgelmahlzeit. Für acht Groschen kaufte man 1/4 Pfund „Canaster Toback" für die „Herren" und für einen Groschen „schwartzen Toback" für die übrigen Gäste. Leider hat der Fraureuther Pfarrer „vergessen" aufzuschreiben, wieviel Personen an der Orgelmahlzeit teilgenommen haben.

91 Auf Vorschlag von Hofrat Fickweiler war die Mahlzeit im Hause des Bürgermeisters Gottfried Grünrath ausgerichtet worden, weil er meinte, daß man dabei „mit wenig Kosten darzu kommen könnte", zumal Grünrath „Zinn und übriges Tischzeug umsonst hergibt, ein anderer aber gleich bezahlet sein will".

92 Noch im Oktober 1753 (nach Silbermanns Tod!) hat sich Bürgermeister Grünrath, der die Rechnung geführt hatte, bitter darüber beklagt, wie mit ihm nach elf bis zwölf Jahren „wegen meiner Rechnungen verfahren" wurde. Er schrieb: „... und wäre zu wünschen, daß Rechnungsführer damahls kein solcher Narr gewesen, so hätte wegen H. Silbermann eine weit größere Rechnung machen können. Ich darf post festum [= lat. ‚nach dem Fest'] nicht sagen, was bey demselben thun und auch einbüßen müßen, denn erstlich habe ich wie sein Laquai [= Diener] seyn müßen. Er mußte ja in großen Ehren gehalten werden [!], auch von Hochgräflicher Herrschaft selbsten. So war ich wie sein Diener und wurde wohl manchen Tag 3 bis 4mahl geruffen. Als er hier ankam mit 12 Personen und einer alten bösen Magd, da hatte ich sein gantzes Haußwesen zu versorgen, da war kein Topf, kein Teller, keine Schüßel. Meine Frau, Mägde und Kinder mußten mit zu Diensten stehen. Was zu so vielen Leuten gehöret, theils Betten, Stühle und was nur fehlte, wurde aus meinem Hauße hingeschleppt. Kam er Sonntags mit seinem Vetter [!] und etlichen Persohnen zu mir, mußte Coffee und dergleichen aufn Tische stehen. Ich habe ihn etliche mahl nach Reichenbach fahren laßen, und nichts dafür angeschrieben, ihme nur gut zu behalten, weile ihme ohnedem in Greitz alles zu enge, zu schlecht und zu geringe war ..." – Mag Grünraths Bericht auch etwas subjektiv sein, eines dürfen wir als wahr betrachten: Der „berühmte Orgelmacher" Gottfried Silbermann wurde überall mit Ehre und Achtung behandelt, und er ließ sich gewiß auch entsprechend „bedienen".

93 „Bethfuhren" wurden von Bauern freiwillig geleistet, während man sonst Fuhrleute nehmen und entsprechend bezahlen mußte.

94 Hierzu ist zu bemerken, daß die Forchheimer Orgel schon Anfang Februar 1726 vollendet gewesen sein muß, denn am 7. Februar hatte ein Oberforchheimer „Begüterter" Gottfried Silbermann wieder nach Freiberg gefahren.

95 Welchem Gehilfen mag die Ehre zuteil geworden sein, den Meister nach Zittau zu begleiten? Wahrscheinlich ist Johann Georg Schön mitgereist. Am 6. Oktober 1738 schrieb Silbermann nach Zittau: „Ich zweiffle nicht, es werde Mons. Schöne Ew. Hoch-Edlen hinterbracht haben, wie ich 15 Stück zweizolligte eichene Pfosten vonnöthen habe ..." Schön scheint allein in Zittau gewesen zu sein, um wegen der Bereitstellung verschiedener Hölzer zu verhandeln. Wir können annehmen, daß der Meister *den* Gehilfen nach Zittau geschickt hat, der dort schon bekannt war.

96 Dafür einige Beispiele: „Nachdem ich an dem Reichenbachischen Orgelwerck nebst denen Meinigen fleißig arbeite ..." (Brief vom 28. Juli 1724 an Pastor Olischer in Reichenbach); „Ich meines Ortes bin nunmehro mit denen meinigen, Gott lob! gantz gesund und wohl zu Greitz im Voigtlande angelanget ..." (Brief vom 21. Dezember 1738 nach Zittau); „Ich habe gedachte Fraureuther Orgel schon in Arbeit genommen und lasse die Meinigen daran arbeiten ..." (Brief vom 24. August 1739 an Pfarrer Rothe in Fraureuth).

97 Das stellte Adam Gottfried Oehme 1774 in seiner Eingabe an den Freiberger Rat fest.

98 Wir erinnern dabei an die Worte von Oehme und Schubert in ihrer Bewerbung um den „Neustädter Orgelbau" zu Dresden.

99 Wahrscheinlich hat er im Falle seiner Abwesenheit einen besonders zuverlässigen Gehilfen (Johann George Silbermann oder Johann Georg Schön) mit der Aufsicht über die anderen Gesellen beauftragt.

100 Diese Worte stehen am Schluß einer Disposition für eine Orgel der Kirche zu St. Marien in Zwickau, die Gottfried Silbermann 1742 entwarf. Leider ist dieser Orgelbau nicht zustande gekommen.

Die Werkstatt

Nachdem wir die Mitarbeiter Gottfried Silbermanns kennengelernt haben, möchten wir gern wissen, wo sich seine Werkstatt befand. Diese Frage beantwortet uns am besten ein Zeitgenosse des Meisters. In der Zeitschrift „Curiosa Saxonica" erschien im Jahre 1736 eine „Kurtze Nachricht von dem berühmten Königlichen Hof- und Landorgelbauer, Herrn Gottfried Silbermann, und dessen vier in Freyberg gebauten neuen Orgeln".[1] Der namentlich nicht genannte Verfasser schrieb: „Die Haupt-Berg-Stadt Freyberg, alwo dieser Künstler sein eigentliches Domicilium und Wohnung hat ..." Das genügt uns zunächst. Gottfried Silbermann hatte also seinen Wohnsitz in Freiberg[2] (Bild 14).

Wir erinnern uns, daß der Freiberger Rat (im Kontrakt über die Domorgel) Gottfried Silbermann „in dem sogenannten Regiments-Hauße frey Logiament" versprochen hatte. Im März des Jahres 1712 wurde dem Meister zugesichert, daß er „nach völlig geendeter Arbeit" an der Domorgel „in dem sogenannten Regiments-Hauße" noch weitere zwei Jahre „freye Wohnung" erhalten soll. Da die Orgel im August 1714 vollendet wurde, dürfte Silbermann zunächst bis zum Herbst 1716 in dem Haus Wohnung und Werkstatt beibehalten haben. Und wo wohnte er später?

In einem Freiberger Einwohnerbuch, das um 1752 angelegt wurde, finden wir auch den Orgelbauer Gottfried Silbermann als „Haußgenossen" (= Mieter), und zwar im „Kirchspiel Virginis" (= Domgemeinde) unter der Kataster-Nummer 359.[3] Dieses Grundstück war mit dem „Regimentshaus" identisch.

Gottfried Silbermann muß somit bis zu seinem Tode (1753) in diesem Haus gewohnt haben.[4] Ab Herbst 1716 hat er allerdings Miete gezahlt, weil die Zeit für die „freie Wohnung" abgelaufen war.[5]

Freiberger Heimatforscher haben festgestellt, daß es sich bei dem „Regimentshaus", bei dem Haus mit der Kataster-Nummer 359 im Domviertel und bei dem jetzigen Haus Otto-Nuschke-Platz 6 um ein und dasselbe Grundstück handelt.[6]

Wenn wir bei einem Besuch der Bergstadt Freiberg zum Schloß Freudenstein[7] gehen, finden wir vor ihm den Otto-Nuschke-Platz. Hier fällt uns ein ziemlich großes Gebäude auf: Wir stehen vor Silbermanns ehemaligem Wohn- und Werkstatthaus (Bild 15).[8] Über die Frage, ob das Gebäude noch so aussieht wie zur Zeit Silbermanns, gehen die Meinungen auseinander.[9] Sprechen nicht schon die starken Mauern für das Alter des Hauses? Wir sind jedenfalls davon überzeugt, daß wir noch das Haus vor uns haben, in welchem Gottfried Silbermann mit seinen Gehilfen rund vier Jahrzehnte gewohnt und gearbeitet hat.

Das Haus trug schon Anfang unseres Jahrhunderts eine Gedenktafel. Ihre Inschrift war aber fehlerhaft.[10] Im Jahre 1953, zweihundert Jahre nach Silbermanns Tod, wurde die jetzige Gedenktafel angebracht. Sie hat folgende Inschrift: „In diesem Hause war 1711–1751 die Werkstatt des berühmten Orgelbauers Gottfried Silbermann. Errichtet im Gedenkjahr 1953." Da Gottfried Silbermann „erst" am 4. August 1753 gestorben ist, entsteht der Eindruck, daß er zwei Jahre vor dem Tode die Werkstatt in Freiberg aufgegeben hat. Das war aber nicht der Fall.[11]

Als wir kürzlich in Freiberg weilten, besuchten wir auch Silbermanns ehemalige Werkstatt. Wir konnten es nicht unterlassen, in das Haus einzutreten und uns im Flur umzuschauen. Im Innern des Gebäudes mag seit Silbermanns Zeit vieles verändert worden sein.[12] Das Haus bietet heute etlichen Familien Wohnraum. Nichts erinnert mehr daran, daß hier einst Tag um Tag gehämmert, gesägt, gefeilt und gehobelt, ja überhaupt fleißig gearbeitet wurde, um die aber tausend Teile und Teilchen für über vierzig Orgelwerke anzufertigen. Und doch ist es wahr: Hier gingen Silbermann und seine Gesellen ein und aus.

Wir verweilen nach dem Verlassen des Hauses noch ein wenig auf dem Vorplatz. Heute herrscht hier ein reger Verkehr. Als Gottfried Silbermann hier wohnte, war es zweifellos ruhiger. Von Zeit zu Zeit fuhren vor seiner Werkstatt mit starken Pferden bespannte Frachtwagen vor. Sie wurden mit großen, schweren Kisten beladen, in welchen die Pfeifen und andere Teile für irgendeine Orgel verpackt worden waren; denn fast alles wurde in der Freiberger Werkstatt angefertigt. In der betreffenden Kirche, also an Ort und Stelle, handelte es sich dann meistens „nur" noch darum, das Orgelgehäuse aufzubauen und die Orgel selbst „aufzusetzen", das heißt, sie aus den einzelnen Teilen zusammenzusetzen und schließlich die Pfeifen zu intonieren und zu stimmen. Diese Arbeiten nahmen – je nach Größe der Orgel – noch viele Wochen oder gar Monate in Anspruch.[13]

Wir möchten gern wissen, wie es in der Werkstatt des berühmten Orgelbauers ausgesehen hat. Wir werden zwar in den folgenden Kapiteln viele aufschlußreiche Tatsachen über Gottfried Silbermanns Tätigkeit erfahren, aber eine Beschreibung seiner Werkstatt gibt es nicht.

Der Dresdner Notar Langbein hat jedoch nach Silbermanns Tod den gesamten

Nachlaß des Meisters genau „inventarisiert“ und dabei auch die Werkzeuge, das sogenannte „Kunstzeug“, nicht vergessen. Langbeins Verzeichnis läßt uns sozusagen einen Blick in Silbermanns Werkstatt tun. Wir finden dort folgende Werkzeuge vor: Zweiundvierzig verschiedene „Huffel“ (= Hobel), wie Fügebank, Rauhbank, Schlichthobel, kleine Fausthobel, Grundhobel, Kehl- und Nuthobel, drei Hobelbänke, dreizehn verschiedene Sägen, dreiundsechzig Schraubenzwingen in verschiedenen Größen, vier Leimtiegel aus Messing, fünf Schmiegen, eine Bleiwaage aus Holz, vierundfünfzig Stück Stech-, Stemm- und Hohleisen, vier Beißzangen, dreiundfünfzig Bohrer in verschiedenen Ausführungen, siebenundzwanzig Feilen, sechs Winkelhaken, sieben Winkelmaße, achtzehn Holz- und Zinnraspeln, fünf eiserne Zirkel in verschiedenen Größen, ein Reißzeug, bestehend in drei Zirkeln, einem musikalischen Proportionszirkel und einem eisernen Haarzirkel, ein Zirkel mit drei Einsetzfedern und einer doppelten Reißfeder, eine hölzerne Stimmpfeife, zwei kupferne Kolben zum Löten, zwanzig eiserne Lötkolben, acht messingne Stimmhämmer, zwei eiserne Stängelchen „zum Pfeiffen rund machen“, zwei Schraubenzirkel, drei Zinnscheren, sechs verschieden große Zinnhobel, ein eiserner Schraubstock, vierundneunzig Stück Pfeifenformen, und zwar große, mittlere und kleine aus hartem und weichem Holz, zwölf eiserne Fußformen, zwei Blasebälge zum Arbeiten, dreiundneunzig Stück „Stimm-Disteln“, neunzehn Stück Mensuren von Metall und Zinn, eine „bleyerne Wind-Probe“, neunzehn Feilen und Raspeln, sechs Hämmer und anderes mehr.

Die Orgelbauerwerkstatt Gottfried Silbermanns war ein Handwerksbetrieb im wahrsten Sinne des Wortes. Aber hier entstanden Kunstwerke.

Der Wert des gesamten „Kunst- und Handwerks-Zeugs“ wurde auf fünfundvierzig Taler, zwei Groschen und neun Pfennige geschätzt. Nach Gottfried Silbermanns Testament sollte sein Straßburger Neffe Johann Daniel sämtliche Werkzeuge bekommen. Es ist aber sehr wahrscheinlich, daß er sie Johann Georg Schön überließ, denn dieser führte nach dem Tode seines Meisters die Werkstatt fort. Nach Schöns Tod (1764) wirkte dann Adam Gottfried Oehme im gleichen Haus. Er fand schließlich ab 1789 in Johann Christian Knöbel einen Nachfolger.[14]

Daß Silbermanns ehemalige Gehilfen Schön und Oehme in demselben Hause wohnten und arbeiteten, in welchem ihr Meister gelebt und gewirkt hatte, ist dokumentarisch zu beweisen. Adam Gottfried Oehme schrieb in seiner Eingabe vom 23. Juni 1774 an den Freiberger Rat nämlich folgendes: „Es hat der verstorbene Herr Silbermann und nach diesem der gleichfalls verstorbene Orgelbauer Schöne,

die einem Hochedlen und Hochweisen Rath gehörige Wohnung, in welcher auch ich gegenwärtig wohnhaft bin, von Anno 1714 an biß 1765 miethweiße innegehabt und jährlich vierzehn Taler dafür entrichtet."[15] Einen weiteren Beweis finden wir in dem Einwohnerbuch von 1752. Dort sind nach Gottfried Silbermann die Orgelmacher Johann Georg Schön und Adam Gottfried Oehme eingetragen worden.[16]
In dem Kapitel „Der Ruf nach Leipzig" haben wir die Vermutung ausgesprochen, daß Gottfried Silbermann eventuell seine Werkstatt in Leipzig gegründet hätte, wenn ihm der Auftrag zum Bau der Pauliner-Orgel erteilt worden wäre. Da er aber sein erstes großes Werk in Freiberg schuf und gleich anschließend einige kleinere Orgeln in der näheren Umgebung baute,[17] ist es verständlich, daß der Meister Freiberg als Wohnsitz wählte bzw. beibehielt. Wahrscheinlich sagte ihm auch das große Wohn- und Werkstattgebäude zu. Er hatte deshalb keinen Grund, den Wohnsitz zu wechseln.
Es waren aber noch andere wichtige Gründe, die den Meister veranlaßten, der Bergstadt Freiberg die Treue zu halten. Im Jahre 1723 schrieb er an August den Starken: „Welche hohe königliche Gnade[18] mich bewegen würde, aller andern aus der Fremde mir gethanen sehr vortheilhafften Vorschläge ungeachtet, mein Vaterland vorzuziehen, und meinen Aufenthalt wie bißhero ferner in Freyberg zu behalten, weil diese Stadt mir wegen des Holtzes und anderen zu meiner Profession gehörigen Materialien vor andern sehr wohl gelegen ist."[19] Gottfried Silbermann bekam also in Freiberg alles, was er brauchte, und deshalb hatte er keine Veranlassung, der Bergstadt den Rücken zu kehren.
Wir müssen aber noch eine Frage klären: Was hat Gottfried Silbermann mit den „vortheilhafften Vorschlägen" aus der Fremde gemeint? Der Freiberger Kantor Fischer schrieb im Jahre 1800: „Sein [Silbermanns] Ruhm ertönte bald auswärts, denn er sollte nach Kopenhagen und Petersburg kommen, verbath es aber." Können wir das glauben? Ja, denn dafür gibt es zeitgenössische literarische Beweise.
So hat der Frauensteiner Diakon C. A. Bahn in seiner Chronik (1748) geschrieben: „Er [Silbermann] wurde nach Copenhagen und Petersburg verlanget, deprecirte es aber ..."[20] Weiter heißt es in einem Gedicht zur Weihe der Orgel zu Ponitz (1737): „Ja, dessen Ruhm bereits biß Norden ist erschollen, da man denselben [Silbermann] gar dahin verlanget hat ..." Als am 31. Oktober 1735 die Orgel zu St. Petri in Freiberg geweiht wurde, sind einige Gedichte oder Carmen gedruckt worden, um den Meister damit zu erfreuen.[21] In drei Gedichten wird erwähnt, daß Silbermann nach Rußland kommen sollte.

Domorganist Johann Christoph Erselius[22] schrieb in seinem Gedicht: „Sieh, wie Dein seltner Ruhm von Deiner weisen Hand sogar gekommen ist bis in der Russen Land, was gäbe Petersburg, wenn Du wärst angekommen und hättst die Orgel da zu bauen übernommen." In dem Gedicht „eines aufrichtigen Freundes" lesen wir: „Dein Ruhm ersteigt mit viel Gewinn bereits die höchsten Ehren-Stuffen. Hat Rußlands große Kayserin Dich nicht vorlängst zu sich beruffen? Doch weil Du dazumahl erkannt, Du seyst mehr vor Dein Vaterland, als vor ein fremdes Volck gebohren, so hast Du dieß hintan gesetzt und unserm Sachßen, das Dich schätzt, den vormahls treuen Dienst aufs neue zugeschworen."[23]

In dem dritten Gedicht zur Weihe der Freiberger Petri-Orgel stehen folgende Worte: „Moscau kennt auch Deine Gaben und will Dich vor andern haben, wie der Brieff beweisen kann, der aus Petersburg gesendet,[24] welches sich Dich sehr verpfändet, weitberühmter Silbermann!" Dieses Gedicht schrieb, „der sich des Künstlers Gunst empfiehlt und dieses Orgelwerk im Gotteshause spielt".[25]

Damit dürfte die Frage beantwortet sein, was Gottfried Silbermann mit den vorteilhaften Vorschlägen „aus der Fremde" gemeint hat: Angebote aus Kopenhagen und Petersburg. Allerdings bleibt die Frage offen, wer Silbermanns Ruhm nach Rußland getragen hat. Darüber werden wir heute nichts mehr erfahren können.[26] Aber eines wissen wir: Trotz der vorteilhaften Angebote blieb Gottfried Silbermann seiner Heimat treu.

1 Es handelte sich um die Werke im Dom, zu St. Jakobi, zu St. Johannis und zu St. Petri.

2 Es soll nicht unerwähnt bleiben, daß in der 1721 gedruckten „Kurtzen Beschreibung" der Orgel zu St. Georg in Rötha zu lesen war: „Gottfried Silbermann, gebürtig von Frauenstein in Meissen und wohnhafft in Freyberg ..."

3 Diesen Hinweis verdankte der Verfasser Stadtarchivar Ufer in Freiberg.

4 In dem Einwohnerbuch finden wir hinter dem Namen Gottfried Silbermanns ein Kreuz, als Zeichen dafür, daß er verstorben ist.

5 Das wird durch das Ratsprotokoll vom 17. August 1716 bewiesen. Hiernach sollte Silbermann das Regimenthaus, „welches er bishero nach beschehener Übergabe der in der Dohm-Kirchen erbaueten Orgel zwey Jahr frey besessen, nunmehro und nachdem selbige [Freijahre] in etlichen Wochen zu Ende gehen", für jährlich zwanzig Gulden pachtweise überlassen werden. Aber zwei Tage später, am 19. August, meldet das Ratsprotokoll, daß sich Gottfried Silbermann „zu dem vor das Regimentshauß angesonnenen Hauß-Zinnße derer 20 fl. [= Gulden] nicht verstehen wollen"! Der Rat beschloß deshalb, dem „Orgelmacher" das Grundstück ab Michaelis 1716 für nur zwölf Gulden jährliches Pachtgeld zu überlassen. – Am 24. Mai 1723 setzte der Rat rückwirkend ab Michaelis 1721 (!) den Pachtzins auf sechzehn Gulden oder vierzehn Taler fest.

6 Das teilte Dr. Walther Herrmann, einer der besten Kenner der Freiberger Geschichte, dem Verfasser auf Anfrage mit.

7 Dasselbe wurde 1566-1579 von Hans Irmisch erbaut. An derselben Stelle hatte einst eine Burg gestanden. Das Schloß „Freudenstein“ beherbergt heute Wohnungen und Lagerräume. Der jetzige „unerfreulich nüchterne Zustand“ ist das Ergebnis eines Umbaues von 1800.

8 Über die Geschichte des Gebäudes haben wir an anderer Stelle einiges mitgeteilt. Sehr viel ist darüber nicht bekannt.

9 In der „Zeitschrift für Instrumentenbau“ erschien 1906 ein Artikel „Gottfried Silbermanns Wohnhaus in Freiberg“. Darin heißt es: „Das Haus ist noch vollständig im alten Zustand erhalten.“ Andererseits teilte das Stadt- und Bergbaumuseum Freiberg dem Verfasser am 29. Februar 1956 auf Anfrage mit: „Offenbar handelt es sich bei dem jetzigen Silbermannhaus um ein später erbautes Gebäude. Näheres läßt sich jedoch leider nicht feststellen, da Bauunterlagen usw. nicht mehr vorhanden sind.“

10 Sie lautete: „Hier arbeitete Gottfried Silbermann 1710–1741.“

11 Auf Grund der Akten über Silbermanns Nachlaß ist zu beweisen, daß die Miete für die Werkstatt bis Michaelis 1753 bezahlt worden ist. Der Meister hielt sich nur ab 1752 „wegen des Orgelbaues in der Königlichen Hofkapelle“ in Dresden auf. In dem Kontrakt heißt es, daß viertausend Taler „während der Arbeit in Dresden von 1752 bis 1754“ auszuzahlen sind. Es kann keinen Zweifel darüber geben, daß Silbermann nach Vollendung der Hofkirchenorgel wieder nach Freiberg zurückgekehrt wäre, wenn der Tod ihn nicht daran gehindert hätte.

12 Nach A. Breithaupt (1847) diente das Grundstück damals als „Zeughaus“. Außerdem befanden sich darin Zimmer zum Unterricht für Soldaten. Nach einem „Führer durch Freiberg“ von 1911 diente das Haus von 1872 bis 1876 dem neugegründeten Realgymnasium und „ist jetzt Zigarrenfabrik“.

13 Bei der Orgel in Pfaffroda hat Silbermann die für „Auffsez- und Stimmung“ erforderliche Zeit „ohngefehr auff 15 Wochen“ geschätzt.

14 Ob Knöbel im „Regimentshaus“ wirkte, ist allerdings zweifelhaft. Er wird nämlich an dieser Stelle in dem Einwohnerbuch nicht erwähnt. Die nächsten „Hausgenossen“ (nach Schön und Oehme) waren Leineweber Endler (1790) und Carl Friedrich Reichel mit Familie (1809). Trotzdem schrieb Kantor Fischer, Freiberg, im Jahre 1800, die Silbermannschule existiere in „diesem geschickten Manne“ (Knöbel) noch, „nicht etwa nur in der Wohnung, sondern vielmehr in seiner vortrefflichen Arbeit“.

15 Oehme hat in seinem Schreiben noch etwas erwähnt, was uns interessiert: Nachdem Oehme 1765 das Grundstück bezogen hatte, setzte der Rat die jährliche Miete auf fünfundzwanzig Taler fest. Und das „ohne Rücksicht auf die unerhörten großen Theuerungen“, wo Oehme nach seinen eigenen Worten „vielmals zu ganzen Wochen lang mit bittern Thränen mit den Meinigen [!] dem lieben Brode entgegen gesehen habe“. Er habe sich „mit Verklagen, Auspfänden, Versiegelung pp. dräuen [= drohen] laßen müssen“, da er „mit 3 Jahr Hauszinnß in Rest gerathen und der Auspfändung und andern gewaltsamen Mitteln stündlich gewärtig“ sei. Dann schrieb Oehme: „... Auf der einen Seite werde des schuldigen Hauszinnßes wegen sehr gedrückt und auf der andern Seite habe [wegen der Pflege der Freiberger Orgeln] so lange umsonst dienen müßen. Bekannt genug ist es, daß man an andern Orten in den betrübten Zeiten Künstler zu erhalten gesucht, und ihnen mit Allmosen hülfreich beygestanden hat, ich aber habe damit niemahls zur Last seyn können [!], ohngeachtet ich es gewiß weit nöthiger, als jene bedürfftig gewesen [!] ...“

16 Hinter Oehmes Namen steht die Anmerkung „Bew. 3 K.“, das heißt „Beweibt“ (= verheiratet) und drei Kinder. Nachdem wir wissen, daß Oehme Familienvater war, muß seine wirtschaftliche Notlage um so schwerer gewesen sein.

17 Wir finden sie in Pfaffroda, Oberbobritzsch und Niederschöna. Der Kontrakt über die Orgel

zu Niederschöna wurde am 10. Januar 1715 geschlossen. Außerdem schloß man am 28. April 1716 einen Kontrakt über eine neue Orgel für die Kirche zu St. Jakobi in Freiberg. Bei der vorangegangenen Verhandlung hat Silbermann darauf hingewiesen, daß er „das hiesige wichtige Werck in der Domkirche und sonsten auffn Lande bißhero verschiedene andere verfertiget" habe.

18 Gottfried Silbermann suchte um die Verleihung des Prädikats „Hof- und Landorgelbauer" nach.

19 Drei Jahre nach Silbermanns Tod hat Zacharias Hildebrandt darauf hingewiesen, daß sein ehemaliger Meister die Orgelbaumaterialien in Freiberg „um den dritten Theil wohlfeiler hat bekommen können". Der Kaufmann Gottfried Silbermann hat schon gewußt, warum er in Freiberg bleibt!

20 Diese Nachricht ist deshalb glaubhaft, weil Bahn ab 1736 in Frauenstein gewirkt hat. Er muß Gottfried Silbermann persönlich kennengelernt haben, als dieser 1738 in Frauenstein eine zweite Orgel baute.

21 Daß dies gelungen ist, beweist ein Brief Silbermanns vom 4. November 1735 an den Greizer Hofrat. Der Meister bat den Hofrat, es „bestens zu vermercken, daß mich erkühne, einige Carmina, so bey der Einweyhung unverhoffterweise, mir eine Freude zu machen [!], sind zugeschickt worden, mit übersende". Auch bei der Weihe der Zittauer Johannis-Orgel ehrte man Silbermann mit einigen Gedichten. Der Meister übersandte sie dem Fraureuther Pfarrer Rothe, der sich in einem Brief vom 18. September 1741 an Gottfried Silbermann „vor die überschickten Carmina" bedankte.

22 Erselius bewarb sich nach Elias Lindners Tod um die Freiberger Domorganistenstelle. Er wurde am 21. Mai 1731 gewählt und genoß bis zum Tode (1772) „weit und breit einen außerordentlich guten Ruf". Erselius hat 1738 Silbermanns zweite Orgel zu Frauenstein geprüft. Wir finden ihn 1741 auch unter den Prüfern der Zittauer Johannis-Orgel. Erselius spielte schließlich auch die Großhartmannsdorfer Orgel, als sie am 1. Advent 1741 geweiht wurde. Er hat dafür als „Gratial" (= Geschenk) zwei Taler und achtzehn Groschen bekommen.

23 Bei diesem Gedicht müssen wir die Worte „vorlängst" und „dazumahl" beachten. Sie beweisen, daß schon längere Zeit darüber vergangen war, seit Silbermann den Ruf nach Rußland erhalten hatte.

24 Hier ist bemerkenswert, daß von einem Brief aus Petersburg die Rede ist. Leider wird sich darüber kaum noch etwas Genaues feststellen lassen. Auf eine Anfrage erhielt der Verfasser von der Hauptarchivverwaltung beim Ministerrat der UdSSR in Moskau folgenden Bescheid: „In Verbindung mit Ihrer Bitte teilen wir Ihnen mit, daß es leider nicht gelungen ist, in den Materialien der Staatlichen Archive der UdSSR die Sie interessierenden Mitteilungen über den deutschen Orgelbaumeister Gottfried Silbermann aufzufinden."

25 Das war Petri-Organist Spieß. Silbermann war mit ihm befreundet.

26 In einem Gedicht zur Weihe der Orgel zu Greiz (1739) heißt es schlicht und einfach: „Das ferne Russen-Volck bewundert Deine Kunst." – Etwa zur gleichen Zeit studierte M. W. Lomonossow in Freiberg Bergbau und Hüttenwesen. Einer seiner Lehrer, der Freiberger Bergrat Henckel, war über Silbermanns Wirken gut unterrichtet. Dr. Walther Herrmann, Freiberg, hat in seiner Studie über Henckel (1962) die Vermutung ausgesprochen, daß Lomonossow Gottfried Silbermann in seiner Werkstatt besucht hat.

Die „Orgel-Contracte"

Der Bau einer Orgel war für die betreffende Gemeinde, vor allem in finanzieller Hinsicht, keine Kleinigkeit. Deshalb wurde über ein solches Projekt ein schriftlicher Vertrag, ein sogenannter „Orgel-Contract", geschlossen. Das geschah im beiderseitigen Interesse; denn der Kontrakt war nicht nur für die Gemeinde, sondern auch für den Orgelbauer von größter Wichtigkeit. Wir wollen deshalb Silbermanns Orgelkontrakte etwas genauer betrachten.

Eine ganze Reihe der Orgelkontrakte sind noch erhalten, entweder im Original oder zumindest in Form zeitgenössischer Abschriften.[1] Es gibt aber auch Silbermann-Orgeln, von denen die Kontrakte nicht mehr aufzufinden sind.[2] Andererseits besitzen wir Originalkontrakte oder Abschriften davon, aber die Orgeln existieren nicht mehr.[3] Ein Idealfall liegt vor, wenn die Orgel und der Kontrakt erhalten geblieben sind.[4] In diesem Falle kann man den jetzigen Stimmenbestand der Orgel mit der im Kontrakt festgelegten Disposition vergleichen und feststellen, ob das Werk im Laufe der Zeit verändert worden ist.

Die Orgelkontrakte wurden stets „in duplo zu Papier gebracht", das heißt zweifach ausgefertigt. Das eine Exemplar behielt die Gemeinde, das andere bekam der Orgelbauer. Gottfried Silbermann hat offenbar alle Kontrakte aufbewahrt. Den Nachlaßakten ist zu entnehmen, daß Notar Langbein bei der Inventarisierung des Nachlasses auch die „schrifftlichen Uhrkunden" erfaßt hat. In seinem Bericht erwähnte er: „Dreyundvierzig Stück Orgel-Bau-Contracte, so Defunctus [= der Verstorbene] mit denen Räthen in Städten, Aemtern, Geistlichen wegen Erbauung neuer Orgel-Wercke geschlossen." Der Vertrag über die Orgel in der Katholischen Hofkirche zu Dresden wird gesondert aufgeführt. Über Silbermanns Erstlingswerk zu Frauenstein wurde bekanntlich kein Kontrakt geschlossen. Wir erwähnen das deshalb, weil die Anzahl der Orgelkontrakte eine zuverlässige Antwort auf die Frage ist, wieviel Orgeln der Meister geschaffen hat. Wir kommen damit auf fünfundvierzig. Der Frauensteiner Diakon C. A. Bahn schrieb 1748 in seiner Chronik, daß Gottfried Silbermann „allbereit 48 Orgeln gebauet hat, welche ihm grossen Ruhm gebracht".[5]

Den ersten Versuch, die von Gottfried Silbermann erbauten Orgeln zusammenzustellen, scheint der Freiberger Kantor Fischer unternommen zu haben. Er veröffentlichte im Jahre 1800 ein Verzeichnis, das dreißig Werke umfaßte. Fischer hat dann 1821 ein handschriftliches Verzeichnis erstellt, in dem vierundvierzig Werke erscheinen.[6] Im Jahre 1953 hat Ernst Flade in einer Gedenkschrift zum 200. Todestag Silbermanns achtundvierzig Werke aufgeführt.

Wenn die Angaben über die Gesamtzahl der Silbermannschen Orgeln untereinander differieren, ist das wahrscheinlich auf die sogenannten Positive zurückzuführen, die Silbermann hin und wieder gebaut hat, deren genaue Zahl wir heute aber nicht mehr feststellen können, da keine verläßlichen Unterlagen darüber zu finden sind. Außerdem sind etliche dieser Kleinorgeln vernichtet worden.[7]

Heute sind von Gottfried Silbermann noch neunundzwanzig Orgeln und drei Positive erhalten.[8] Wir finden sie in folgenden Kirchen:

Stadtkirche Bad Lausick[9]
Dom zu Bremen[10]
Schloßkapelle Burgk (Saale)[11]
Dorfkirche Crostau (Kreis Bautzen)[12]
Dorfkirche Dittersbach (Kreis Sebnitz)[13]
Katholische Hofkirche zu Dresden[14]
Dorfkirche Forchheim (Kreis Marienberg)[15]
Dorfkirche Frankenstein (Kreis Flöha)[16]
Dorfkirche Fraureuth (Kreis Werdau)[17]
Dom zu Freiberg (Sachsen)[18]
Petrikirche zu Freiberg (Sachsen)[19]
Jakobikirche zu Freiberg (Sachsen)[20]
Stadtkirche Glauchau[21]
Dorfkirche Großhartmannsdorf (Kreis Brand-Erbisdorf)[22]
Dorfkirche Großkmehlen (Kreis Senftenberg)[23]
Dorfkirche Helbigsdorf (Kreis Brand-Erbisdorf)[24]
Dorfkirche Lebusa (Kreis Herzberg)[25]
Stadtkirche Mylau (Kreis Reichenbach)[26]
Dorfkirche Nassau (Kreis Brand-Erbisdorf)[27]
Dorfkirche Niederschöna (Kreis Freiberg)[28]
Dorfkirche Oberbobritzsch (Kreis Freiberg)[29]
Stadtkirche Oederan (Kreis Flöha)[30]
Dorfkirche Pfaffroda (Kreis Marienberg)[31]
Dorfkirche Ponitz (Kreis Schmölln)[32]

Stadtkirche Reichenbach (Vogtland)[33]
Dorfkirche Reinhardtsgrimma (Kreis Dippoldiswalde)[34]
Dorfkirche Ringethal (Kreis Hainichen)[35]
Stadtkirche Rötha (Kreis Borna)[36]
Marienkirche Rötha (Kreis Borna)[37]
Dorfkirche Schweikershain (Kreis Rochlitz)[38]
Stadtkirche Zöblitz (Kreis Marienberg)[39]

Neun Orgeln, die nachweislich von Gottfried Silbermann erbaut wurden, existieren heute nicht mehr.[40]

Beim Studium der Silbermannschen Orgelkontrakte fällt auf, daß dieselben nach einem gewissen Schema abgefaßt worden sind.

In einer mehr oder weniger ausführlichen Einleitung begründete man meistens, warum der Bau einer neuen Orgel nötig war. Dafür einige Beispiele: Der Rochlitzer Kontrakt vom 28. Mai 1725 beginnt mit folgenden Worten: „Zu wißen sey hiermit, nachdem das bey hiesiger Pfarr-Kirche zu St. Petri vorhandene Orgelwerck aus Alterthum dermaßen eingegangen und in einem solchen elenden Zustande befindlich, daß selbigem durch keine Reparatur weiter zu helffen möglich ..."

Die Gemeinde Fraureuth dagegen begründete den neuen Orgelbau mit folgenden Worten: „Zu wißen sey hiermit, daß, nachdem zeithero in der neu aufgebauten Kirche zu Fraureuth nur ein kleines, fast nicht mehr klingendes Positiv gestanden, die dasige Gemeinde aber durch göttlichen Seegen immer stärker anwächst, und weder der Schuldiener einer solchen zahlreichen Versammlung vorzusingen vermögend, noch weniger aber obiges schlechtes, der Reparatur nicht werthes Werklein zu brauchen gewesen, mit Vorwißen und Zufriedenheit der Hochgräflichen gnädigsten Landes-Herrschafft zwischen dem weitberühmten Hof- und Land-Orgelbauer, Herrn Gottfried Silbermann, und der Gemeinde zu Fraureuth folgender Contract aus freyem Willen abgeredet und geschlossen worden ..."

In manchen Orten, besonders in Städten, waren die Kirchen mitsamt den Orgeln bei Feuersbrünsten zerstört worden. Das war zum Beispiel in Reichenbach, Oederan und Freiberg (St. Petri) der Fall.[41]

Ganz gleich, aus welchem Grunde sich eine Gemeinde zur Anschaffung einer neuen Orgel entschloß, in jedem Fall versprach Gottfried Silbermann, „ein tüchtiges und wohlproportionirtes Orgelwerck zu verfertigen".[42]

In den Kontrakten wurden vor allem die Dispositionen der Orgeln, das heißt die Stimmen oder Register, die sie bekommen sollten, genau festgelegt. Man gliederte sie in „Manual" und „Oberwerck" und bei dreimanualigen Orgeln in Manual, Ober- und Brustwerk.[43] Dazu kamen dann noch die Pedalstimmen.[44] Dr. Ulrich Dähnert, Dresden, hat sich in seinem Werk über Silbermanns Orgeln u. a. ausführlich mit den Dispositionen beschäftigt.[45]

In dem Kontrakt über die leider vernichtete Zittauer Johannis-Orgel hieß es hinsichtlich der Disposition: „Im Haupt-Manual von großen und gravitaetischen Mensuren, im Ober-Wercke von scharfen und penetranten Mensuren, in der Brust von delicaten und lieblichen Mensuren und im Pedal von starcken und durchdringenden Mensuren."[46]

Bei der Benennung der Stimmen wurde auch das Material angegeben, aus welchem die Pfeifen angefertigt werden sollten. Wir zitieren als Beispiel aus dem Nassauer Kontrakt von 1745: „Octava, das gantze Register wird von Englischem Zinn; Rohr-Flöte, die tiefe Octave wird von Holtz und die übrigen Octaven von Metall;[47] Sub-Baß, gantz aus Holtz."

Zur Arbeit des Orgelbauers gehörte auch die Herstellung der Blasebälge. Je nach Größe der Orgel waren zwei bis drei „tüchtige Bälge mit einer Falte" nötig.[48] Bei großen Werken, wie der Freiberger Domorgel, der Zittauer Johannis-Orgel oder bei den Orgeln der Frauen- und Hofkirche zu Dresden, mußten sechs Bälge gebaut werden, um „hinlänglichen Wind" zu erzeugen. In den Orgelkontrakten wurde oftmals erwähnt, daß die Bälge aus Tannenholz und die Windladen aus bestem Eichenholz hergestellt werden sollen. Silbermann verpflichtete sich stets, die Manualklaviaturen seiner Orgeln aus „gutem schwarzen Ebenholz und Elfenbein" anzufertigen[49] und einen „sauberen Klavier-Rahmen" zu liefern.

Beim Bau der ersten Frauensteiner Orgel und der großen Freiberger Domorgel hat sich Gottfried Silbermann das Material noch von den Stadträten zur Verfügung stellen lassen. Für alle folgenden Werke schaffte er, wie wir den Kontrakten entnehmen können, alle Materialien selbst an. Lediglich Holz wurde ihm manchmal von den Gemeinden zur Verfügung gestellt. Im Reichenbacher Kontrakt von 1723 verpflichtete sich Gottfried Silbermann beispielsweise, „alle Materialien an Zinn, Holz, Leder, Leim, Eisenwerck, Messing, Draht und was sonsten hierzu erfordert werden mag, auf seine eigenen Kosten und ohne jemand weiteres Zuthun, anzuschaffen". Der Meister mußte über ein entsprechendes Betriebskapital verfügen, um die Materialien in genügenden Mengen einkaufen zu können und vorrätig zu haben.

Bei kleinen und mittleren Orgeln lieferte Gottfried Silbermann auch die Orgelgehäuse. Sie wurden offenbar auch in seiner Werkstatt angefertigt.[50] Im Großkmehlener Kontrakt vom 11. Januar 1717 versprach Silbermann, „das Gehäuße sauber und geschickt mit Bildhauer-Arbeit nach dem Riße zu machen".

Als wir uns mit den Gehilfen Gottfried Silbermanns beschäftigten, hatten wir festgestellt, daß der Meister bei seinen Orgelbauen auch die Hilfe und Mitarbeit von anderen selbständigen Handwerkern benötigte. In die Orgelkontrakte wurde eine Klausel aufgenommen, wonach Silbermann diese Handwerker selbst zu bezahlen hatte. Wir lesen zum Beispiel im Püchauer Kontrakt von 1727: „... und die dazu benöthigten Arbeits-Leute, als Bildhauer, Tischler, Schloßer, Circel- und Hufschmiede, desgleichen Nadler, Gürtler oder wie sie sonst Nahmen haben mögen, *exclusive* des Mahlers und der Zimmer-Arbeit, auf seine Kosten zu halten und zu befriedigen."

Es ist bemerkenswert, daß der Orgelbauer nie etwas mit der Malerarbeit, dem sogenannten „Ausstaffieren" der Orgel, zu tun hatte.[51] Auch die Zimmererarbeit, zum Beispiel Herstellung des Lagers für die Blasebälge, Bau der Orgelempore usw., ging den Orgelbauer nichts an.

Selbstverständlich wurde in den Orgelkontrakten auch die Lieferzeit festgelegt. Sie richtete sich nach der Größe des Werkes. Die einundvierzigstimmige Dresdner Frauenkirchenorgel sollte zum Beispiel binnen drei Jahren fertig sein. Im Greizer Kontrakt vom 18. Oktober 1735 versicherte der Meister, „das ganze Werk längstens Pfingsten 1738 völlig gefertigt zu übergeben". Bei der einmanualigen Orgel zu Niederschöna (Bild 16) konnte Silbermann mit gutem Gewissen versprechen, sie „untadelhafft binnen eineinviertel Jahr zu liefern und aufzusetzen".

Ein wichtiger Punkt war der Preis der Orgel. Damit werden wir uns in einem besonderen Kapitel beschäftigen.

Die Städte und Gemeinden mußten auch für freie Zu- und Abfuhr des Orgelbauers sorgen. Gottfried Silbermann hat darauf geachtet, daß eine entsprechende Klausel in seine Kontrakte aufgenommen wurde. In Zittau hat er sich erst nach langer Verhandlung bereit erklärt, bei der geforderten Summe von siebentausend Talern die „Ab- und Zufuhren" auf eigene Kosten zu übernehmen. Bei der Dresdner Frauenkirchenorgel war Gottfried Silbermann erst bereit, die Kosten für die Ab- und Zufuhren, Brennholz und Kohlen selbst zu bezahlen, nachdem ihm der Rat über die geforderten viertausend Taler noch zweihundert Taler „offerirt" hatte. Bei der Dresdner Hofkirchenorgel dagegen war Silbermann in Anbetracht der gebotenen zwanzigtausend Taler ohne weiteres bereit, die „benöthigten Fuhren“ selbst zu bestreiten.

Gottfried Sibermann forderte für die Zeit der Arbeit an Ort und Stelle stets „freyes Logiment“ (= Quartier)[52] nebst Kohlen und Brennholz.

Manchmal wurde dem Meister und seinen Gehilfen für die gesamte Zeit, die sie zum Aufbau und zur Stimmung der Orgel benötigten, freie Beköstigung gewährt. Das geschah dort, wo ein „Kirchenpatron“ Silbermanns Auftraggeber war, zum Beispiel in Pfaffroda, Großkmehlen, Rötha, Dittersbach und Püchau.[53]

In manchen Kontrakten verpflichteten sich die Gemeinden, einen „beständigen Calcanten“ auf ihre Kosten zu halten.[54]

Wie wir noch erfahren werden, verlangte Gottfried Silbermann den im Kontrakt festgelegten Preis nicht auf einmal, sondern in mehreren „Terminen“. Die erste Rate hatte die Gemeinde in den meisten Fällen beim Abschluß des Kontraktes zu bezahlen, weitere Raten während der Arbeit in der Freiberger Werkstatt. Der letzte „Termin“ war meistens bei Übergabe des Werkes fällig.

Bei diesen Zahlungsbedingungen mußten die Gemeinden teilweise ansehnliche Beträge entrichten, ohne dafür „etwas zu sehen“.[55] Deswegen wurde in manchen Orgelkontrakt eine Sicherheitsklausel eingefügt. Wir lesen beispielsweise in dem Rochlitzer Vertrag: „Nicht weniger hafftet Herr Silbermann sowohl wegen der gegen seine Quittung erhobenen Gelder, als auch wegen Erfüllung dieses Contracts mit seinem sämtlichen Vermögen und setzet solches zu einem ausdrücklichen Unterpfande hiermit ein.“ Auch der Reichenbacher Kontrakt enthält eine ähnliche Klausel. Im Kontrakt über die Orgel zu Fraureuth (1739) hatte sich Gottfried Silbermann ebenfalls „anheischig gemachet, mit seinem Vermögen zu hafften“, und zwar wegen der an ihn bis zur Vollendung der Orgel „inmittelst gegen Quittung zu bezahlenden Gelder“.

Am 13. November 1732, als der Kontrakt über die 1945 zerstörte Orgel der Dresdner Frauenkirche geschlossen wurde, versprach der Meister, „mit seinem sämtlichen Vermögen vor die ersteren zweytausendt Thaler sofort zu cavieren [= zu bürgen] und deshalb tüchtige Verschreibungen einzuliefern“.[56] Am 28. September 1733 teilte Gottfried Silbermann dem Rat persönlich mit, „daß er bereits schon so viel und weit mehr am Orgelwerck geliefert, als die Caution ausmacht“. Folgende Bemerkung fügte der Meister noch hinzu: „Zudem habe man noch niemahls dergleichen Versicherung von ihm verlanget oder erhalten, ob er gleich noch stärckere Wercke verfertiget ...“[57] Vier Tage später, am 1. Oktober, bestätigte der Ratszimmermeister George Bähr, der Erbauer der Frauenkirche, „daß Herr Silbermann mehr als zweitausend Thaler an Materialien zum Orgel-Bau anhero geliefert" hat. Daraufhin wurde Gottfried Silbermann „die bestellte Caution wieder zurückgegeben".[58]

Es hat den Anschein, daß Gottfried Silbermann sich manchmal beleidigt fühlte, wenn man von ihm eine Sicherheit verlangte, so daß er sie nur widerwillig und ungern gab. Dafür finden wir in den Akten über die Freiberger Jakobi-Orgel ein interessantes Beispiel:

Es war am 28. April 1716, als Superintendent Dr. Lehmann, Kreisamtmann Weidlich und Pastor Platner zu St. Jakobi mit Silbermann verhandelten, um zu einem Kontraktabschluß zu kommen. In der „Registratura" über diese Verhandlung lesen wir folgendes: „Hierauff wird auch von ihm begehret, Caution und Versicherung zu bestellen, daß er das Werck gehörig verfertigen und ausführen wolle." Diese Forderung muß den Meister sehr gekränkt haben. Wir können ihm das nachfühlen, denn er hatte doch erst vor reichlich eineinhalb Jahren die große Orgel im Dom geschaffen, und jetzt verlangte man von ihm eine „Sicherheit", daß er ein wesentlich kleineres Werk auch „gehörig verfertigen" wird. Und deshalb antwortete Silbermann, er wolle „alles fertigen und zu Stande bringen, Caution aber bestelle er nicht, das were ihm etwas befrembtliches und ihm sein Tage noch nicht angesonnen worden. Er habe ja das hiesige wichtige Werck in der Dom-Kirche und sonst auffen Land bißhero verschiedene andere[59] verfertiget, die er mit göttl. Beystand ausgeführet, als verhoffe er, mit dem lieben Gott dieses auch zu Stande zu bringen ... Mit einem Wort: Caution bestelle er nicht." Silbermanns Reaktion beweist, daß der dreiunddreißigjährige „Orgelmacher" ein sehr ausgeprägtes Ehrgefühl hatte.

Andererseits war es für Gottfried Silbermann eine Selbstverständlichkeit, für seine Orgeln mindestens ein Jahr „Gewähr" zu leisten. Bei der Freiberger Domorgel betrug die Garantiezeit sogar fünf Jahre[60] und bei der Petri-Orgel zwei Jahre. Für die Oederaner Orgel leistete Silbermann ebenfalls zwei Jahre Gewähr. Bei der Johannis-Orgel zu Zittau hatte man im Kontrakt keine Gewährszeit festgesetzt. Erst bei der Prüfung der Orgel wurde die Frage aufgeworfen, „wie lange Herr Lieferant die Gewähr zu leisten habe". Nach dem Protokoll, das über die Verhandlung geschrieben wurde, erklärte Gottfried Silbermann: „Die Gewähr wolle er wohl auf zehn Jahr über sich nehmen, weil er an dem Wercke keinen Fleiß gesparet und es an nichts ermangeln lassen." Das ist ein besonders gutes

Beispiel nicht nur für Silbermanns Qualitätsarbeit und Gewissenhaftigkeit, sondern auch für sein Selbstbewußtsein.

Beim Studium der Orgelkontrakte haben wir den Eindruck gewonnen, daß darin die Rechte und die Pflichten der jeweiligen „Contrahenten" klar und deutlich festgelegt worden sind. Es ließen sich viele Beweise dafür erbringen, daß der Meister jederzeit bestrebt gewesen ist, seine Verpflichtungen zu erfüllen. Er erwartete und verlangte das auch mit Recht von der Gegenseite. In einem Brief vom 18. Mai 1737 an Hofrat Fickweiler in Greiz brachte Gottfried Silbermann seinen Standpunkt mit folgenden Worten unmißverständlich zum Ausdruck: „... werde auch, wenn Gott Leben und Gesundheit geben wird, meinem Contracte Genüge leisten, lebe aber auch der guten Hoffnung, daß an der andern Seite daran nichts ermangeln werde."

Ein besonderer, ja einmaliger Fall war Nassau. Hier wollte die Gemeinde den Orgelkontrakt rückgängig machen. Und das kam so: Am 24. August 1745 hatten der Freiberger Superintendent und der Frauensteiner Amtmann mit Gottfried Silbermann „Im Nahmen Gottes" einen ordnungsgemäßen Kontrakt wegen Erbauung einer neuen Orgel für die Dorfkirche zu Nassau geschlossen. Nachdem bereits zweihundert Taler an den Meister bezahlt, für sechzig Taler „Holzwerck an Pfosten und Brettern angeschaffet" und zur Bezahlung der übrigen fünfhundertundvierzig Taler „hinlängliche Anlagen" gemacht worden waren, geschah etwas Unvorhergesehenes: Über Weihnachten 1745 quartierten sich in Nassau über zweitausend Ulanen ein, „welche so zu sagen frey und ohne Commando gelebet, die Böden und Ställe aufgeschlagen, Heu und Getreyde genommen und überflüssig verfüttert, das Vieh aber niedergeschlagen, auch viel Sachen mitgenommen". Die Gemeinde erlitt einen Schaden von dreitausend Talern, hatte „weder Getreyde zur Brödung [= zum Backen von Brot] noch künfftighin zur Besamung derer Felder" und war in einen „recht erbarmungswürdigen Zustand" geraten. Man wußte nicht, „auf was für Art und Weise" der Orgelbau fortgeführt werden soll, zumal „Silbermann davon in Güte nicht wiederum abgehen will". Aus diesen Worten müssen wir schließen, daß man den Meister dazu bewegen wollte, den Kontrakt zu annullieren. Hätte sich Gottfried Silbermann darauf eingelassen, gäbe es heute in Nassau keine Silbermann-Orgel. Da er aber von seinem Kontrakt nicht abging,[61] bemühte sich die Gemeinde – mit endlichem Erfolg – um die Aufbringung des Geldes,[62] und am 5. August 1748 konnte Gottfried Silbermann bestätigen, daß ihm die gesamten siebenhundertundvierzig Taler „baar und völlig bezahlet" worden sind. Das Original der von ihm unterschriebenen und besiegelten Quittung befindet sich im Heimatmuseum zu Frauenstein (Bild 17).

Wer in der schlichten Dorfkirche zu Nassau Einkehr hält, um Silbermanns Orgel zu hören und sich an ihrem einzigartigen silberhellen Klang zu erbauen, sollte wissen: Diese Orgel wäre nicht gebaut worden, wenn Gottfried Silbermann seinem Prinzip, daß Verträge und Verpflichtungen unter allen Umständen ihre Gültigkeit behalten, untreu geworden wäre. Wir schulden aber auch der „Kirchfarth" Nassau Dank, daß sie damals trotz der „Kriegs-Troublen" Mittel und Wege gefunden hat, um den einmal begonnenen Orgelbau auch zu Ende zu führen.

1 Der Verfasser konnte dreiundzwanzig Kontrakte auffinden, davon vierzehn im Original und die restlichen in Form zeitgenössischer Entwürfe oder Abschriften.

2 Dazu gehören die Werke zu Reinhardtsgrimma, Glauchau, Ponitz, Großhartsmannsdorf, Pfaffroda, Oberbobritzsch, Forchheim, Dittersbach und Crostau.

3 Als Beispiele seien erwähnt: Rochlitz, Dresden (Sophien- und Frauenkirche), Frauenstein (zweite Orgel), Greiz, Zittau (St. Johannis) und Püchau.

4 Das ist in Freiberg (Dom, St. Jakobi, St. Petri), Niederschöna, Bad Lausick (früher Chemnitz), Großkmehlen, Rötha (St. Georg und St. Marien), Reichenbach, Helbigsdorf, Oederan, Mylau, Fraureuth, Nassau und Dresden (Katholische Hofkirche) der Fall.

5 In dieser Zahl können die letzten drei Werke (Nassau, Frankenstein und Hofkirche Dresden) nicht mit enthalten sein, weil sie erst vollendet wurden, nachdem Bahn seine Chronik abgeschlossen hatte.

6 Dieses Verzeichnis scheint ziemlich zuverlässig zu sein. Es fehlt allerdings die Orgel zu Großkmehlen.

7 Wir wollen nur einige Orte nennen, wo einstmals Silbermannsche Positive gestanden haben: Conradsdorf, Wegefarth, Tiefenau. Lange Zeit ist auch das „Hilbersdorfer Positiv" als Werk Silbermanns betrachtet worden. Dr. Dähnert, Dresden, hat aber den Nachweis erbracht, daß es von Zacharias Hildebrandt stammt. Es befindet sich seit den zwanziger Jahren im Musikinstrumenten-Museum zu Leipzig.

8 Sie befinden sich in einem mehr oder weniger guten ursprünglichen Zustand. Leider mußten sich, besonders im 19. Jahrhundert, manche Orgeln Eingriffe gefallen lassen. Heute stehen alle Silbermann-Orgeln unter staatlichem Denkmalschutz.

9 Die Orgel wurde 1722 für die St.-Johannis-Kirche zu Chemnitz gebaut. Im Stadtarchiv zu Karl-Marx-Stadt befindet sich eine Abschrift des Kontraktes vom 18. Dezember 1721. – 1791 wurde die Orgel (nach Dr. Dähnert) durch Johann Gottlob Trampeli um ein Oberwerk mit acht Stimmen erweitert. Im Jahre 1879 ist sie in die Dorfkirche zu Auligk bei Pegau versetzt worden. 1958 fand die Orgel schließlich in der restaurierten romanischen Basilika zu Bad Lausick einen würdigen Platz. Jahr für Jahr machen Tausende von Kurgästen mit ihr Bekanntschaft.

10 Es handelt sich um das ursprünglich achtstimmige Positiv, welches etwa 1745 für die Kirche zu Etzdorf (Kreis Hainichen) gebaut wurde. Von 1865 bis 1902 befand sich das Werk in der Kirche zu Wallroda (Kreis Dresden), ging dann in Privatbesitz über, und seit 1939 steht die stilgerecht wiederhergestellte kleine Orgel im Dom zu Bremen (nach Dr. Ulrich Dähnert, Dresden).

11 Nach den Aufzeichnungen des Amtsverwalters und späteren Hofrats Rudolph August Heinrich

Geldern ist wegen einer neuen Orgel für die Burgksche Schloßkapelle schon 1739 „mit dem der Zeit berühmten Sächsischen Hof- und Land-Orgel-Bauer Herrn Gottfried Silbermann Abrede genommen“ worden, als er in der Stadtkirche zu Greiz „ein gantz neues und schönes Orgel-Wergk verfertigte“. Silbermann kam 1742, „nachdem er den Sommer über in Freyreuth [Fraureuth] auch ein neues Wergk erbauet“, am 6. Dezember „mit seinen Leuten und 5 starken beladenen Wagen und Karren anhero auff die Burgk“. Nach rund viermonatiger Arbeit wurde die Orgel Anfang April 1743 vollendet.

12 Nach einer Mitteilung des Pfarramtes zu Crostau an den Verfasser berichtet eine handgeschriebene Chronik von 1796, daß Graf von Watzdorf 1732 der Gemeinde Crostau für eintausendsiebenhundert Taler eine Silbermann-Orgel „gekauft“ hat. Akten über die Erbauung dieser Orgel konnten bisher nicht gefunden werden.

13 Diese Orgel verdankt ihre Entstehung der privaten Initiative des Geheimen Kriegsrats von Kiesenwetter. Und das scheint auch der Grund dafür zu sein, daß wir heute keine Akten über diesen Orgelbau mehr finden.

14 Diese Orgel war Silbermanns letztes und größtes Werk. Auftraggeber war der Kurfürst.

15 Über die Erbauung dieser Orgel sind bisher keine Akten gefunden worden. Das ist leicht erklärlich, weil die Orgel ein Legat des Leipziger Kaufmanns Gotthard Schubarth war, der 1686 in Haselbach, einem nach Forchheim gepfarrten Dorf, geboren wurde.

16 Die Frankensteiner Orgel scheint Gottfried Silbermanns vorletztes Werk gewesen zu sein, welches von seinem Neffen Johann Daniel vollendet wurde. Dieser kam etwa im Frühjahr 1752 von Straßburg zu seinem Onkel nach Sachsen.

17 Über den Bau der Fraureuther Silbermann-Orgel finden wir aufschlußreiche Akten im Staatsarchiv zu Greiz und im Pfarramt zu Fraureuth. Der Kontrakt wurde am 20. März 1739 in Greiz geschlossen und von Gottfried und Johann George Silbermann unterschrieben.

18 Hier finden wir zwei Silbermann-Orgeln, die „große“ und die „kleine“. Über die erstere haben wir schon ausführlich berichtet. Die große Silbermann-Orgel im Dom zu Freiberg gehört zu den bekanntesten und berühmtesten Werken des Meisters.

Über die Erbauung der kleinen Domorgel finden wir nur wenig urkundliches Material. Das Werk wurde für die Johanniskirche gebaut. 1938 erfolgte der Ausbau der durch zunehmenden Verfall der Kirche bedrohten Orgel aus der Johanniskirche und 1939 die Aufstellung im Dom. Daß die Orgel gerettet und der Nachwelt erhalten worden ist, war der Initiative von zwei Männern zu verdanken, die nicht mehr unter den Lebenden weilen: Oberbürgermeister Dr. Hartenstein und Domkantor Eger.

„Zwei Silbermann-Orgeln im Freiberger Dom! Königliche Schwestern!“

19 Die Akten befanden sich im Stadtarchiv. Nach einem Vermerk im Aktenverzeichnis hat Stadtarchivar Dr. Krenkel im Januar 1953 festgestellt, daß der Band fehlt. Er ist auch heute noch verschollen.

Anscheinend hat der Meister schon vor Abschluß des Kontraktes mit der Anfertigung der Pfeifen begonnen, denn am 30. Dezember 1733 faßte der Rat den Beschluß, die von Silbermann zur Anschaffung von englischem Zinn verlangten dreihunderteinundfünfzig Taler auszuzahlen. Am 3. August 1734 wurde dann der Kontrakt geschlossen. Am 3. Oktober 1735 konnte der Rat feststellen, daß „der Orgelmacher nunmehro mit der neuerbauten Orgel in der Kirche zu St. Petri zustande gekommen“ ist. Auf Vorschlag des Superintendenten wurde das bevorstehende Reformationsfest zur Einweihung „beliebet“. – Die Petri-Orgel war die letzte von vier Orgeln, die innerhalb von rund fünfundzwanzig Jahren in der Bergstadt Freiberg gebaut worden sind.

20 Die Kirche zu St. Jakobi war eine sogenannte „kurfürstliche Lehenskirche“. Im Auftrage des

Landesherrn führte der Freiberger Kreisamtmann Michael Weidlich die Verhandlungen mit Gottfried Silbermann.

21 Die Suche nach Akten über die Erbauung der Orgel in der Stadtkirche St. Georg zu Glauchau ist bisher erfolglos verlaufen.

22 Die Orgel zu Großhartmannsdorf ist durch Rundfunk und Schallplatte sehr bekannt geworden. Sie entstand unmittelbar nach der großen Orgel in der Zittauer Johanniskirche. Im Jahre 1780 ist die Orgel von Adam Gottfried Oehme, dem ehemaligen Gehilfen Gottfried Silbermanns, repariert worden, nachdem sie „in die 40 Jahre ohne Hülfe eines Orgelbauers zum Gebrauch allda gestanden".

23 Im Pfarrarchiv zu Großkmehlen befindet sich der Kontrakt vom 11. Januar 1717. Aber offenbar handelt es sich nur um eine Abschrift, denn die Unterschriften fehlen.
Gottfried Silbermann stellte der Auftraggeberin, der Kirchenpatronin Johanna Eleonore von Brause, am 20. November 1718 eine Gesamtquittung über tausend Taler aus. Diese Quittung, die unmittelbar unter die Kontraktabschrift geschrieben wurde, ist besonders wertvoll, weil Silbermann sie eigenhändig geschrieben hat.

24 Die Kirchgemeinde Helbigsdorf besitzt den Originalkontrakt über ihre Orgel. Er wurde am 19. Mai 1726 geschlossen und von zehn Vertretern (Erbrichtern, Kirchenvorstehern und Gerichtsschöppen) der Gemeinden Helbigsdorf, Randeck und Müdisdorf unterschrieben. Das ist schon eine Besonderheit. Aber die Kirchgemeinde besitzt auch noch Gottfried Silbermanns eigenhändige Quittungen über insgesamt vierhundertunddreißig Taler.

25 Das vierzehnstimmige Werk soll 1727 erbaut worden sein.

26 Die im Jahre 1730 ergangenen Akten befanden sich im Ephoralarchiv zu Plauen. Dort sind sie im zweiten Weltkrieg vernichtet worden. Wie das Pfarramt zu Mylau dem Verfasser freundlicherweise mitteilte, ist der Originalkontrakt vom 21. August 1730 noch vorhanden.

27 Die Orgel zu Nassau bei Frauenstein gehört zu den letzten Werken des großen Meisters. Sie wurde fünf Jahre vor seinem Tode vollendet. Der Originalkontrakt befindet sich im Pfarrarchiv. Am 5. August 1748 stellte Gottfried Silbermann der Gemeinde eine Gesamtquittung über siebenhundertundvierzig Taler aus. Der Verfasser fand sie 1955 im Gemeindearchiv in einem Bündel älterer Schriftstücke.

28 Die Kirchgemeinde Niederschöna besitzt den Originalkontrakt und die Gesamtquittung Silbermanns. Der Kontrakt wurde am 10. Januar 1715 geschlossen und hat die Ortsangabe „Freyberg". Gottfried Silbermann stellte am 28. November 1716 die Gesamtquittung aus. Es ist bemerkenswert, daß Silbermann den Kontrakt noch mit seinem alten Siegel (vergleiche Bild 22) bekräftigt hat, während wir auf der Quittung sein neues Siegel (Bild 23) finden.

29 Über dieses Werk gibt es leider keine Akten. Auch der Kontrakt ist nicht mehr vorhanden. Nach Dr. Dähnert kann das Werk seit der Überholung durch Joh. Jahn, Dresden, nicht mehr als Silbermann-Orgel angesprochen werden. Bei dem Umbau wurden auch zahlreiche Holzpfeifen entfernt. Zwei gelangten in den Besitz von Kirchenmusikdirektor Alfred Gössel, der sie dem Heimatmuseum zu Frauenstein zur Verfügung stellte.

30 Akten über die Orgel zu Oederan liegen im Stadtarchiv. Hier ist besonders erwähnenswert, daß man für den Bau einer Orgel zunächst mit dem Orgelbauer Johann Gottfried Tamitius einen Kontrakt geschlossen hatte. Erst nachdem sich Tamitius als unzuverlässig erwies, verhandelte man mit Gottfried Silbermann. Ein weiterer solcher Fall ist nicht bekannt.

31 Die einmanualige Orgel zu Pfaffroda ist das erste Werk, das der Meister nach Vollendung der großen Freiberger Domorgel schuf. Leider sind keine Akten mehr aufzufinden.

32 Auch über diese Orgel sind bisher weder ältere Akten noch der Kontrakt aufgefunden worden.

Die Kirchenpatroninnen stellten am 20. November 1737, zwei Tage nach der Orgelweihe, dem Meister ein Zeugnis aus, wovon der Verfasser in den Zittauer Orgelbauakten eine Abschrift gefunden hat.

33 Über diese Orgel finden wir Akten im Pfarrarchiv. Dieselben enthalten auch eine Abschrift des zwischen dem Kirchenpatron, Landkammerrat Carl Metzsch, und Gottfried Silbermann am 18. Dezember 1723 geschlossenen Kontrakts. – Nach Dr. Dähnert ist die Reichenbacher Orgel 1927 völlig umgebaut worden. Vor einigen Jahren erfolgte überhaupt ein Neubau, nur das Gehäuse ist noch original.

Im Sommer 1730 weilte Gottfried Silbermann nochmals in Reichenbach, um in der Trinitatiskirche eine kleinere Orgel zu bauen. Das Werk soll (nach Flade) bei einem Brand im Jahre 1773 zwar nur zum Teil vernichtet worden sein, aber es wurde dann ein ganz neues gebaut.

34 Der Kontrakt über die Orgel zu Reinhardtsgrimma ist nicht mehr auffindbar.

Wir finden in den Stolpener Orgelbauakten einige Briefe Gottfried Silbermanns, die sich auf Reinhardtsgrimma beziehen.

Die Orgel ist nicht nur durch die von Professor Herbert Collum, Dresden, ausgeführten Konzerte, sondern auch durch Rundfunk und Schallplatte sehr bekannt geworden.

35 Bei dem Ringethaler Werk handelt es sich um ein Positiv (pedallose Orgel) mit sechs Stimmen. Der Freiberger Kantor Fischer hat es schon im Jahre 1800 in seinem Orgelverzeichnis erwähnt.

36 Der Kontrakt wurde am 22. Dezember 1718 geschlossen. Er befindet sich im Original im Pfarrarchiv zu Rötha. Der Kontrakt wurde nicht nur von Gottfried Silbermann unterschrieben, sondern auch von dem „Orgelmacher" Zacharias Hildebrandt, welcher im November 1713 zu Silbermann gekommen war.

37 Im Kontrakt über die Orgel in der St.-Georg-Kirche zu Rötha hatten sich Gottfried Silbermann und Zacharias Hildebrandt verpflichtet, die alte Orgel nach Vollendung der neuen in die Marienkirche zu transportieren. Silbermann mußte aber feststellen, daß „die vorhabende Transportion und Reparatur ohne Effect gewesen". Freiherr von Friesen entschloß sich deshalb, „ein gantz neues Werck verfertigen und sezen zu lassen".

38 Es handelt sich um ein Positiv mit ursprünglich fünf Stimmen. Der Freiberger Domkantor Fischer führte das Werk 1800 in seinem Verzeichnis auf.

39 Im Pfarrarchiv zu Zöblitz befindet sich eine Disposition vom 25. April 1736. Das scheint das einzige Dokument zu sein, was noch zu finden ist.

40 Es handelt sich um folgende Werke:

Frauenstein	(1711)	1728 beim Stadtbrand vernichtet
Dresden (Sophienkirche)	(1721)	1945 durch Luftangriff zerstört
Rochlitz	(1727)	1894 abgebrochen und durch ein „modernes" Werk ersetzt
Püchau	(1729)	Das Werk wurde nach dem ersten Weltkrieg abgebrochen (Holzwurmbefall!) und durch eine Jehmlich-Orgel ersetzt
Reichenbach (Trinitatiskirche)	(1730)	1773 durch Brand teilweise vernichtet und durch eine neue Orgel ersetzt
Dresden (Frauenkirche)	(1736)	1945 durch Luftangriff vernichtet
Frauenstein	(1738)	1869 beim Stadtbrand zerstört
Greiz	(1739)	1802 einem Stadtbrand zum Opfer gefallen
Zittau (Johanniskirche)	(1741)	1757 bei der Belagerung Zittaus zerstört

Anmerkung: Die eingeklammerte Zahl bezeichnet das Weihejahr.

41 Der Reichenbacher Kontrakt beginnt mit folgenden Worten:
„Nachdem durch des Höchsten sonderbahres Verhängnüß die am 20. August 1720 entstandene hefftige Feuersprunst auch hiesige Kirche zu St. Petri und Pauli mit betroffen, also, daß solche nebst der Orgel durch die wütende Gluth gänzlich eingeäschert worden ..." Interessant ist auch die Einleitung des Freiberger Kontrakts: „Nachdem die durch 1728 entstandenen Brand eingeäscherte Kirche zu St. Petri hinwiederum durch Göttliche Gnade in so weit errichtet, daß darinnen der Gottesdienst gehalten werden kann ... die unumgängliche Nothwendigkeit aber erfordert, weil einer solchen Kirche und bey einer so starcken Gemeinde [!] ein firmer und harmonischer Thon beym Gesang ohne ein annehmliches und starckes Orgelwerck nicht erhalten werden kann, auch dergleichen [Orgelwerk] wiederum zu errichten ..."

42 Mit dem Wort „wohlproportioniert" wurde zum Ausdruck gebracht, daß die Orgel in ihren Maß- und Größenverhältnissen der Kirche angepaßt und das ganze Werk wohlgestaltet werden sollte.

43 Mit „Manual" (von lat. manus ‚Hand') bezeichnet man die Klaviatur, die mit den Händen gespielt wird, im Gegensatz zu Pedal, s. Anm. 44. Da aber Ober- und Brustwerk auch durch das Spiel auf Manualen zum Klingen gebracht werden, ist hier mit „Manual" das Hauptwerk gemeint.

44 Das Pedal (von neulat. Pes ‚Fuß') ist eine Klaviatur, die der Organist mit den Füßen spielt. Das Pedal ist in erster Linie den Baßtönen vorbehalten.

45 Als Beispiel für eine Orgeldisposition geben wir die von Niederschöna nach dem Kontrakt von 1715 wieder:

„1. Principal:	8 Fuß, von Zien [= Zinn] helle poliert
2. Octave	4 Fuß von Zien
3. Grobgedackt	8 Fuß, die unterste Octav von harten Holze und die 3 übrigen von Zien
4. Quinta dena	8 Fuß
5. Röhrflöth	4 Fuß
6. Nassat	3 Fuß
7. Octave	2 Fuß
8. Quinta	1 1/2 Fuß
9. Sufflöt	1 Fuß

10. Mixtur dreyfach, die größte Pfeiffe 1 1/2 Fuß
11. Cymbel 2fach, die größte Pfeiffe 1 Fuß
12. Cornet 3fach

In Pedal

1. Trompete	8 Fuß von Zien
2. Sub Baß	16 Fuß von Holze

3. Tremulant"

„Fuß" ist die Bezeichnung der Tonhöhe, die abhängig ist von der (nach Fuß gemessenen) Länge der Pfeifen. Man geht dabei von einer zylindrischen, offenen Labialpfeife mit dem Ton C aus, deren Länge ca. 2,40 m oder 8 Fuß (auch 8' geschrieben) mißt. Alle zu dieser Stimme (Register) zählenden Pfeifen bzw. deren Töne sowie alle auf gleicher Tonhöhe basierenden Register sind achtfüßig, die, die eine Oktave höher erklingen, vierfüßig usw. Die achtfüßigen Register entsprechen in ihrer Tonhöhe der menschlichen Stimme (in dem entsprechenden Ausschnitt, den diese zur Verfügung hat).

46 Unter „Mensur" versteht man das Verhältnis von Länge und Weite der Orgelpfeifen, das etwa

zwischen 1:10 und 1:24 schwankt. Eine weite Mensur ergibt eine weiche, etwas dumpfe Klangfarbe, enge Mensur einen scharfen glänzenden Ton.

47 Darunter ist eine Legierung von Zinn und Blei, das sogenannte „Orgelmetall", zu verstehen.

48 Die Orgeln zu Nassau und Dittersbach haben zum Beispiel zwei Bälge, die Werke zu Oederan und Forchheim aber drei.

49 Es war damals allgemein üblich, die Obertasten mit Elfenbein und die Untertasten mit Ebenholz zu belegen. Es ist bemerkenswert, daß (nach Dr. Dähnert) bei Silbermann und seinen Schülern die Untertasten durch drei Einkerbungen gekennzeichnet sind, die quer über den Ebenholzbelag laufen. Dagegen sind (ebenfalls nach Dr. Dähnert) die konzentrischen Halbkreise auf den Stirnseiten der Untertasten nicht nur für Silbermann charakteristisch.

50 Hinsichtlich des Orgelgehäuses war Zittau ein sehr interessanter Fall. Der Rat war der Meinung, daß der von Tischlermeister Langner für das Orgelgehäuse nebst Orgelchor geforderte Preis zu hoch sei. Die Rechnung wurde Gottfried Silbermann zur Begutachtung vorgelegt. Er gab sie am 1. Dezember 1740 mit dem Bemerken zurück, daß Langner „nicht zu viel angesetzt, inmaßen er [Silbermann] selbst vor ein Orgel-Gehäuße, so er durch seine Leute in Freyberg bauen lassen [!], 500 Thaler bekommen und habe doch nicht die Helffte Arbeit gehabt, als an dem hiesigen Gehäuße gewesen". Silbermann betonte, daß ihm, da „ich selbst dergleichen Gehäuse durch meine Leute ehedem bauen lassen [!], mehr als zu bekannt ist, was vor Arbeit, Fleiß und Mühe darzu erfordert wird".

51 Ein besonderer Fall war die Staffierung der Zittauer Johannis-Orgel. Man hatte die Absicht, die Orgel wie Marmor zu bemalen. Lesen wir, was Silbermann dazu meinte: „... alleine die Marmor-Farbe will sich bey einem Orgel-Gehäuße nicht anbringen lassen, indem das Gehäuße nicht auf Steinen, sondern auf Holtze steht. Ich wollte zwar wohl eine Farbe vorschlagen, weil aber eine Person auf diese, eine andere Person hingegen zu einer andern Farbe incliniret [= neigt], so ist es fast, als wenn sich jemand zu einem Kleide kauffen wollte, der eine hat Lust zu dieser, ein anderer wieder zu einer andern couleur [= Farbe]. Von Marmor aber ist niemahls in der Welt ein Orgel-Gehäuße gebauet worden, und daß es sich nicht schicket, Orgel-Gehäuße auf Marmor-Art zu mahlen, hiervon hat der berühmte Architector Herr Goldmann in seinem in folio herausgegebenen architecturischen Buche sehr weitläuffig geschrieben. Ich habe auch weder in Elsaß noch in Franckreich [!] ein marmorirtes Orgel-Gehäuße gefunden, bey Erbauung derer Altäre gehet es an, daß selbige auf Marmor-Art gemahlet werden können, dieweil ja zuweilen Altäre von massiv Marmor gebauet werden, marmorsteinerne Orgel-Gehäuße aber werden niemahls gebauet, es ist auch niemahls ein marmorn Gebäude auf einem höltzernen Chore oder Empor-Kirchen gefunden worden, denn man bauet weder Steine noch Marmor auf Holtz. Ich glaube wohl, daß dergleichen Mahlerey in Böhmen zu finden, wenn aber solche ein gescheuter [= kluger] Architector zu sehen bekommt, so lachet er über solche Thorheit. Die Säulen unter dem Chore aber können alle marmorirt werden, weil sie auf Steinen und Erde stehen, welches natürlich und der Natur gemäß."

52 Zittau zum Beispiel verpflichtete sich, dem Meister und seinen Gehilfen, „weil sie zu diesem Orgelbau eine Wohnung allhier gebrauchen, solche auf 1½ Jahr ohne Entgeld zu verschaffen".

53 Aus den Püchauer Akten ist zu ersehen, daß für die fünfzehnwöchige Beköstigung des Orgelbauers und seiner Gehilfen fünfundneunzig Taler und achtzehn Groschen „aufgegangen" sind. In Rötha wurde die sechsköpfige „Orgelbauerfamilie" fünfundzwanzig Wochen verpflegt und einhundertundfünfzig Taler aufgewendet. In Greiz wurde dagegen von vornherein festgestellt, daß Silbermann „sich und seine Leute auf seine eigenen Kosten zu veralimentiren [= beköstigen] hat".

54 Das war zum Beispiel in Rötha und Püchau der Fall. Eine Ausnahme scheint Mylau gewesen zu sein, denn hier hat sich Silbermann verpflichtet, neben den Handwerks- und Arbeitsleuten „auch den Calcanten auf seine Kosten zu halten". Der Kalkant oder Bälgetreter wurde so lange beschäftigt, wie der Meister mit dem Intonieren und Stimmen der Orgelpfeifen zu tun hatte.

55 Der Orgelbauer brauchte die Gelder zur Anschaffung der Materialien, da es ihm kaum möglich gewesen sein dürfte, alles aus eigenen Mitteln auszulegen.

56 Die erste Rate war zur Anschaffung des Zinns bestimmt und sollte gleich „bey Vollziehung des Contracts" ausgezahlt werden.

57 Im Gegensatz hierzu übersandte Gottfried Silbermann dem Zittauer Aktuar Schroth zugleich mit dem unterschriebenen Kontrakt zwei Steuerscheine im Werte von zweitausend Talern als Sicherheit für den ersten Zahlungstermin, der zur Anschaffung des Zinns bestimmt war.

58 Silbermann hatte erwähnt, daß sein Stiefbruder Michael in Frauenstein, der für ihn „auf 1000 Thaler mit einem Grundstück Caution gemacht", gestorben sei, und seine Erben wollten zur Erbteilung schreiten und hätten ihn „dahero genöthigt, die Grundstücke von der Caution zu liberiren" (= zu befreien).

59 Damit dürften die Orgeln in Frauenstein, Pfaffroda und Oberbobritzsch gemeint sein. Das Niederschönaer Werk war zu diesem Zeitpunkt noch nicht fertig.

60 In seinem zweiten Kostenanschlag hatte Silbermann nur Gewähr „über Jahr und Tag" versprochen. Im Kontrakt wurde dann eine zweijährige Gewährszeit festgelegt, die der Meister später von sich aus um weitere drei Jahre verlängerte, wie ein Attest des Rates vom 1. Dezember 1719 beweist.

61 Das war ihm auch kaum möglich, denn er hatte gewiß schon mit der Anfertigung der Pfeifen und der anderen Teile begonnen, zumal damals keine weiteren Aufträge vorlagen.

62 Einhundert Taler wollte „ein Mitnachbar inmittelst darleihen", und dreihundertvierzig Taler gedachte die Gemeinde „künfftige Michaelis [= Ende September 1746], wenn uns der Höchste eine gute Erndte bescheret, und wir wieder Brod zu leben haben, durch Anlagen gantz wohl aufzubringen".

Qualitätsarbeit

Der „Orgelmacher“ Gottfried Silbermann hat Qualitätsarbeit geleistet. Das war nur möglich, weil Meister und Gesellen gut zusammengearbeitet haben. Um Qualitätsarbeit zu vollbringen, braucht man aber auch gutes Material. Mit minderwertigem Material kann auch der beste Handwerker keine Qualitätsarbeit leisten. Daß Gottfried Silbermann für seine Orgeln das beste Material verwendet hat, ist eine unbestrittene Tatsache.

Als Kantor Beyer[1] und Domorganist Lindner am 31. Januar 1718 „sowohl vor- als nachmittags“ die von Gottfried Silbermann erbaute Orgel in der Freiberger Jakobikirche „mit allem möglichsten Fleiße durchsuchet“ hatten, war ihre Mühe insofern umsonst, weil sie „darinnen keinen Defect gefunden“ haben. Die Prüfer bezeugten, daß „die Bälge von gutem Holze wohl ausgearbeitet und wohl beledert“ worden sind. Auch an den Windladen war „nicht das allergeringste“ zu beanstanden, denn der Meister hatte sie „mit dem größten Fleiße und aller Accuratesse aus dem besten eichenen Holz ausgearbeitet“. Aber auch das „Eingebäude“, die übrigen inneren Teile der Orgel, hatten die Prüfer „von gutem, reinen Holz und sowohl die Registratur [= Registermechanik], als auch andere Wellen nebst denen Armen stark genug befunden“.

In anderen Prüfungsberichten ist hervorgehoben worden, daß der Meister „an Material und Zinn nichts gespart“ hat,[2] und die „Blätter zu den Pfeifen in gehöriger Stärke gegossen und fleißig ausgearbeitet“ worden sind. Außerdem wurde die „accurate Löthung und Polierung“ der Pfeifen von den Prüfern immer wieder bewundert.

In allen zeitgenössischen Gutachten wird bestätigt, daß Gottfried Silbermann und seine Gehilfen bei der Herstellung sämtlicher Teile einer Orgel Qualitätsarbeit geleistet haben.

Oft wurde Silbermanns Arbeit auch in Orgelgedichten gepriesen. Wir greifen aus der Fülle zwei Beispiele heraus: „Nun kommt ihr Tadler her! Kommt neidischer Zoilus![3] Seht ob euch nicht der Muth zum Tadeln sincken muß, wenn euch zu eurer Schmach hier mehr als tausend Pfeiffen ins geifernde Gebiß, wie tollen Hengsten, greiffen. Kommt, wenn ihr euchs getraut, zeigt welche Mängel an! Und ob hier dem Contract sein Recht nicht satt gethan? Ob unser Künstler wo dem

Fleiß was abgebrochen? Und ob er nicht weit mehr gehalten, als versprochen? Ihr kommt, ich seh's im Geist, doch leider! gantz beschämt, der Mund der Lästerung befindet sich gelähmt. In unsers Silbermanns kunstreich erbauten Sachen, steckt die geheime Krafft, die Tadler stumm zu machen!" Dieses Gedicht entstand zur Weihe der Orgel zu Ponitz (1737) und stammt von dem Ponitzer Kantor und Organisten Johann Heinrich Kalb.

In einem anderen Gedicht zur Weihe der gleichen Orgel lesen wir[4]: „Du gehst aufs Fundament im Bauen, drum ist bey Deiner Kunst auch nie ein Fehl zu schauen." In demselben Gedicht wurde betont, daß Silbermann nur gutes Material für seine Werke verwendete: „Die Arbeit lieferst Du in acht gelaß'nen Sorten, wie Zinn, Ertzt [= Erz] und Metall in dem Contracte stehen. Durch Dich ist niemals noch der Trug verübet worden, daß man vor Zinn, schlecht Ertzt und schwindend Holtz gesehn. Sollt' Silbermann wohl also handeln, gut Englisch Zinn in Bley, und Bley in Holtz zu wandeln?" Aus diesen Worten müssen wir schließen, daß es Orgelbauer gegeben hat, die im Kontrakt versprachen, die Pfeifen aus Zinn herzustellen, dann aber Blei oder minderwertiges Metall verwendeten.[5]

In den Akten über die Freiberger Jakobi-Orgel finden wir ein typisches Beispiel für Silbermanns Gewissenhaftigkeit. Im Verlaufe der Verhandlungen hatte man dem Meister „sofort angeboten", das alte Orgelwerk „auf ein gewisses an sich zu handeln und anzunehmen". Man mußte sich von Gottfried Silbermann aber folgende Antwort gefallen lassen: „Dieses Werckes Pfeiffenwerck bestünde, wie leider der Augenschein zu Tage lege, einzig und alleine in Wißmuth und Bley, dabey wären die Pfeiffen ganz verschnitten, auch manche aus drei und mehr Stükken zusammengefliecket. Weil er nun bey seiner Kunst dergleichen geringes Zeug gar nicht brauche, noch anzuwenden wisse, so solle man ihn mit dem Ansinnen verschonen." Zwischen den Zeilen können wir lesen, daß man Gottfried Silbermann an einer empfindlichen Stelle, nämlich an seiner Künstlerehre, getroffen hatte.

Wenn der Meister dagegen in Helbigsdorf die alte kleine Orgel für zwanzig Taler erworben hat und bei der Freiberger Domorgel und bei der Leipziger Pauliner-Orgel von sich aus bereit gewesen ist, das Metall der Pfeifen der alten Werke mit zu verwenden, so steht das nicht im Widerspruch zu seiner Gewissenhaftigkeit. In den genannten Fällen ist das Material ohne Zweifel in einem solchen Zustand gewesen, daß es eingeschmolzen und wieder verarbeitet werden konnte. Wir können sicher sein, daß Silbermann es sonst nicht angenommen hätte.[6]

Übrigens hat es schon zu Beginn der Verhandlungen wegen der Freiberger Jakobi-Orgel Meinungsverschiedenheiten gegeben. Kreisamtmann Weidlich hatte in einem Bericht vom 30. August 1714 an den Kurfürsten zum Ausdruck gebracht, daß an der Orgel „nächstens eine Hauptreparatur vorgenommen werden muß".[7] Amtmann Weidlich betonte, daß jetzt „ein berühmter Orgelmacher allhier vorhanden ist, der in allhiesiger Dom-Kirche ein solches Werck verfertiget, womit er nicht nur bey der Übergabe und Censur haubtsächlich bestanden, sondern auch von männiglich [= jedermann] gelobet und beliebet wird". Amtmann Weidlich war davon überzeugt, daß Gottfried Silbermann die alte Orgel in einen „vollkommenen guten Stand" versetzen kann.

Gottfried Silbermann kam aber nach gründlicher Untersuchung des Werkes zu einer anderen Überzeugung. Wir lassen ihn am besten selbst sprechen: „Nachdem mir Befehl ertheilet worden, das Orgelwerck zu St. Jakobi zu durchgehen und zu sehen, ob es durch Reparatur in solchen Stand zu setzen, daß man sich was tüchtiges davon versprechen könne. Also bin ich solchem Befehl nachkommen und alles genau durchgegangen, allein ich habe befunden, daß mit einer Reparatur nichts also zu thun sey, daß es Bestand haben könne.[8] Weil sich nun alles so befindet, wie ich hier gesetzet, welches ich mit meinem Gewissen bezeugen und mich unmöglich zu einer Reparatur verstehen kann, weil ich wenig Ehre davon haben würde, auch die Kosten vergeblich darauff würden gewendet werden ..."

Gottfried Silbermanns fachmännisches Urteil scheint den Kreisamtmann nicht überzeugt zu haben. In einem Aktenvermerk hat er nämlich niedergeschrieben, des Meisters Bericht habe den Anschein erweckt, „als suche er sonderbaren Gewinn dabey, da er zu einer Reparatur, als dadurch die Kosten mercklich eingezogen werden könnten, sich in keinerley Weise verstehen wollen, mit beständigen vorgeben, wie weder Er durch die verlangte reparatur Ehre einlegen, noch dem Kirchen-Fisco einiger Nuzen zuwachsen würde, indeme das Pfeiffwerck von schlechter und meistentheils bleyener Materia sey, so allbereit von Sallpeter angegriffen und verderbet ...".

Offenbar zählte Amtmann Weidlich Gottfried Silbermann zu den Orgelbauern, die lieber einen Neubau als eine Reparatur ausführten, weil bei ersterem mehr zu verdienen ist. Weidlich veranlaßte deshalb den Superintendenten Dr. Lehmann, den Jakobi-Pfarrer Plattner und den Domorganisten Lindner, das „Silbermannische Vorgeben im Gegentheil zu examinieren". Das geschah auch. Zu welchem Ergebnis kamen die Herren? Zu dem gleichen wie Gottfried Silbermann! Man stellte fest, daß das Werk „unmöglich reine gestimmet, viel weniger die Defecta corrigiret werden können" und die Reparaturkosten „vergeblich angewendet" würden. Damit war bewiesen, daß Gottfried Silbermann mit Recht und auch im Interesse der Kirche den Neubau einer Orgel vorgeschlagen hatte und nicht, um „sonderbaren Gewinn" zu suchen.

Rund zwanzig Jahre später hat ein „Liebhaber künstlicher Orgel-Wercke" Silbermanns Gewissenhaftigkeit mit folgenden Worten gepriesen: „Du ruinirst nie vor sich gangbare Wercke, um bey erfolgtem Bau geld-giergen Schnitt zu thun; Gewissen und die Kunst sind bey Dir gleicher Stärcke. Dein Sinn kann guten Muths vor allem Vorwurff ruhn, daß Du, der Noth Dich zu entladen, zum Abbruch eines Wercks, das gangbar war, gerathen."[9]

In einem Brief vom 27. April 1739 an den Zittauer Rat hat Gottfried Silbermann geschrieben: „Weil das Meinige und meinen Fleiß zu sparen, nicht gewohnt bin." Das war gewissermaßen sein Arbeitsprinzip, und danach hat er immer gehandelt. Silbermann hat sein Augenmerk stets darauf gerichtet, daß seine Werke dauerhaft sind.[10]

Es wäre wünschenswert, erfahren zu können, wo Silbermann die Materialien, vor allem Zinn und Holz, für seine Orgeln eingekauft hat. Darüber finden wir in den Orgelbauakten aber nichts. Wahrscheinlich hat er alles von Freiberger Händlern bezogen.[11] Vielleicht lieferte ihm Johann Samuel Pfeil in Freiberg das englische Zinn?[12] Es war für Gottfried Silbermann gewiß nicht schwer, in Freiberg oder in der Umgebung gutes Holz einzukaufen.[13] Manchmal lieferten die Gemeinden das Holz auch selbst.[14] In diesen Fällen ließ es Gottfried Silbermann nicht an Ermahnungen fehlen, damit das Holz auch richtig behandelt wurde und genügend ausgetrocknet war, bevor es zur Verarbeitung kam.

Im November 1739 empfahl der Greizer Hofrat Fickweiler seinem „Gevatter", Pfarrer Rothe in Fraureuth, „Herrn Silbermann alles Holz-Werck in Fraureuth zu liefern". Der Hofrat machte aber darauf aufmerksam, „wenn die Bretter und Stollen entweder nicht recht geschnitten oder ästig seyn sollten, er [Silbermann] nicht ein Stück annehmen werde, welches die Erfahrung alhier gelehret hat". In Greiz wußte man also über Silbermanns „Accuratesse" Bescheid.

Wir nehmen deshalb gleich die Greizer Orgelbauakten zur Hand, um Silbermanns Briefe zu studieren, soweit sie sich auf die Holzbeschaffung beziehen.

Am 18. Oktober 1735 hatte Gottfried Silbermann, als er persönlich in Greiz war,[15] das „benöthigte Holzwerck" genau spezifiziert und sich damit einverstanden erklärt, daß Greiz „zu Erspahrung des Fuhrlohnes“ das Holz liefert und die Kosten vom Orgelpreis gekürzt werden.[16] Als Silbermann am 4. November 1735 den „zur Unterschrifft mit anhero genommenen Contract“ [17] an Hofrat Fickweiler übersandte, bat er darum, daß „feines, gutes, reines und tüchtiges Holz angeschaffet“ wird. Daß sich der Meister schon in Gedanken mit dem Greizer Orgelbau beschäftigte, zeigt uns sein Brief vom 19. März 1736. Darin heißt es: „Ohne Zweiffel werden die Bretter, Pfosten und Stollen geschnitten seyn, wobey ohnmaßgeblich zu erinnern nicht Umgang nehmen möge, daß sie so, damit die Lufft durchstreichen kann, auseinander gesetzt werden.“ Im August 1736 erkundigte sich Silbermann dann schriftlich bei dem Geraer Organisten Petzold, den er persönlich kannte,[18] „wie es mit dem Holtze zu der Orgel in Graitz beschaffen, indem nur vor kurtzer Zeit deswegen bey ihm Nachfrage wäre gehalten worden, wie das Holtz solte geschnitten werden, da er doch beständig gemeinet, daßelbe wäre schon vorigen Jahres geschehen, wie solches auch damahls verabredet worden. Nun wisse er nicht, was er mit naßen Holtze machen, oder anfangen wolte, da die Zeit unter den Händen verginge, ihm auch in Dreßden Arbeit vorfiele,[19] daran er so noch gehindert würde, wenn er wegen gedachten naßen Holtzes sollte aufgehalten werden. Die Pfeiffen, Blätter und alles was dazu gehöret, sey längst zugerichtet und bereitet, daß er also damit bald zum Stand kommen könnte, wenn nur sonst alles seine richtige Ordnung hätte ...“ Da Organist Petzold nicht wußte, was er antworten sollte, setzte er den Greizer Hofrat schriftlich von Silbermanns Anfrage in Kenntnis. Anscheinend hat man den Meister im unklaren gelassen, denn am 8. Dezember 1736 schrieb er direkt an Hofrat Fickweiler: „Nur möchte ich gerne wissen, ob es wegen der Pfosten, Bretter und Stollen seine Richtigkeit hat und alles in gutem und richtigen Stande sich befindet, wiewohl ich zwar nicht zweiffele, daß Sie sich selbigerwegen sehr bemühet haben, damit es herzu geschaffet und mir nicht etwan dadurch einiger Auffenthalt veruhrsachet werden möchte ...“

Wir ersehen aus alledem, daß Gottfried Silbermann keine Ruhe hatte, bis er wußte, daß alles nach seinen Wünschen verläuft.

Auch die Zittauer Orgelbauakten enthalten einige Briefe Silbermanns, aus denen wir seine Sorge um gutes und trockenes Holz erkennen können. Am 12. Februar 1738 war der Kontrakt geschlossen worden, und am 7. August desselben Jahres bat der Meister, „die Veranstaltung zu treffen, daß die Klötzer zu rechter Zeit geschnitten werden, damit selbige recht ausdrocknen können“. Einen Monat später, am 8. September, gab Silbermann zu bedenken: „Wenn das Bau-Holtz[20] aus starckem Holtze geschnitten werden könnte, würde es sehr gut seyn, denn es käme das Hertz heraus, wäre dahero dauerhaffter und risse nicht auf. Könnten Sie Küfern-Holtz bekommen, wäre es besser als das tännerne, in Ermangelung des Küfern-Holtzes aber bitte rein Tannen-Holtz darzu nehmen zu lassen." Und dann schrieb Silbermann: „Meine Pfosten und Bretter will bestens recommendirt [= empfohlen] haben, damit solche recht ausdrocknen können."[21] In einem Brief vom 6. Oktober 1738 empfahl der Meister nochmals, „das Bau-Holtz aus starckem Holtze schneiden zu lassen, damit der Kern herauskommt, welches Holtz hernach beständig bleibt und nicht aufreißet".[22] Silbermann teilte gleichzeitig mit, daß er fünfzehn Stück eichene Pfosten benötigt, „so bey ihnen in Zittau angeschaffet werden könnten, inmaaßen [= weil] mir das Fuhrlohn von hier aus zu kostbar ...". Aus diesen Worten spricht der „Kaufmann" Gottfried Silbermann!

In einem weiteren Brief vom 15. Oktober 1738, also nur eine reichliche Woche später, teilte Silbermann dem Zittauer Aktuar mit, er wäre zufrieden, „wenn das Holtz zu meinen Brettern und Pfosten nur reine, gutwächsigt und nicht sehr ästig ist". Wegen der eichenen Pfosten hoffte er, daß „selbige nicht sehr ästig seyn werden". Er bat um Nachricht, was der Tischler dafür verlangt, denn er wolle „das Geld ihm alsbald baar überschicken".

Am 30. Dezember 1738 schrieb Gottfried Silbermann von Greiz aus, daß er sich „den Preis der Bretter, wenn sie nur gut und tüchtig sind, er sey wie er wolle, gantz wohl gefallen lasse".[23] Für Silbermann war also nicht der Preis, sondern die Qualität das Entscheidende. Das kommt auch in einem anderen Brief vom 1. September 1739 nach Zittau zum Ausdruck. Der Meister bat, „dem Tischler-Meister Langen zu befehlen, daß er ja die Bretter recht rum lege und höltze, damit selbige bey meiner Ankunfft recht dürre sind und ich an meiner Arbeit nicht gehindert werde. Wenn es Meister Lange nicht alleine bestreiten kann, so soll er Leute darzu nehmen, ich will alles wieder bezahlen."

Alle diese Briefe sind diktiert von der Sorge um gutes und ausgetrocknetes Holz, denn dasselbe war die Grundvoraussetzung für Qualitätsarbeit.

Der Rochlitzer Amtmann Weidlich hatte für Silbermanns Forderungen hinsichtlich der Qualität des Holzes vollstes Verständnis. Am 17. Juni 1725 erbat er sich von ihm „ein richtiges Verzeichniß, wie lang, breit und stark jede Sorte [Holz] seyn müße, damit in Zeiten Anstalt machen und des Austrocknens halber auch von der bequemen Sommerszeit profitiren könne". Einen reichlichen Monat später schrieb Amtmann Weidlich: „Mit Anschaffung des verlangten Holz-Vorrathes bin dermahlen sehr beschäfftigt und hoffe, binnen kurzer Zeit alles in completen Stand zu haben, damit bey dero [Silbermanns] Ankunfft es an nichts mangele." In den letzten Dezembertagen des Jahres 1725 konnte Amtmann Weidlich dann melden: „Die verlangten Holz-Wahren nebst dem Bauholze liegen insgesamt parat und habe sonderlich deßen Bedürffnis aufs sorgfältigste auslesen laßen, damit es so viel wie möglich tüchtig, breit und reine seyn möge."

Auch wenn Gottfried Silbermann sich manchmal das Holz von den Gemeinden zur Verfügung stellen ließ, besaß er selbst beachtliche Holzvorräte. Und auch die übrigen Materialien waren immer in ausreichenden Mengen zur Hand; denn das war die Voraussetzung für eine ununterbrochene Arbeit.[24]

Der uns schon bekannte „Liebhaber künstlicher Orgelwercke" muß sehr gut über Silbermanns Materialvorräte unterrichtet gewesen sein. In seinem Gedicht zur Weihe der Ponitzer Orgel schrieb er: „Wenn Du ein Werck gedingt, gehst Du nicht erst nach Stämmen, woran vor kurtzem noch des Waldes Hammer stak, Dein Vorrath ist so reich, daß Deinen Fleiß nichts hemmen, noch Schwindung von dem Holtz die Sorg' erregen mag. Kurtz: alles, was Du brauchst zum Bauen, kann man auf zwantzig Jahr vorräthig bey Dir schauen." Das mag ein wenig übertrieben klingen. Lesen wir deshalb, was Gottfried Silbermann am 13. Juni 1732 dem Dresdner Rat wegen des Baues einer Orgel in der neuen Frauenkirche mitteilte: „Kann auch hierbey nicht ungemeldet lassen, daß meine vorräthigen Pfosten und Bretter bereits vor sechzehn bis achtzehn Jahren erkaufft." Demnach muß Silbermann gleich nach Vollendung der Freiberger Domorgel große Holzmengen angeschafft haben.[25]

Eine Orgel hat übrigens ein ziemliches Gewicht, und deshalb muß darauf geachtet werden, daß der Orgelchor entsprechend fest gebaut wird. Das war an sich Sache eines Zimmermanns, aber Gottfried Silbermann achtete mit darauf, daß die Orgelempore ordnungsgemäß errichtet wird. In zwei Fällen ist das nachzuweisen: Rochlitz[26] und Zittau.

Nachdem Silbermann am 8. September 1738 ein Modell „zu der Orgel-Zimmerarbeit" nach Zittau geschickt hatte, reiste er trotzdem Anfang Juli 1739 persönlich nach Zittau, um in der Johanniskirche „das Grundwerk nebst dem Gestelle zur neuen Orgel in Augenschein" zu nehmen.[27] Aktuar Benjamin Schroth schrieb über die Besichtigung, die am 8. Juli 1739 stattfand, einen Bericht.[28]

Gottfried Silbermann hatte das größte Interesse daran, daß seine Orgeln in den Kirchen einen würdigen Platz erhielten und den Gotteshäusern zur Zierde gereichten. Der Meister betrachtete die Orgeln nicht nur als Musikinstrumente, sondern auch als architektonische Kunstwerke. In dieser Hinsicht gab es aber gerade bei dem prächtigen Zittauer Werk große Schwierigkeiten.[29] Das hat den Meister „in seinem Gemüthe sehr beunruhigt", da er beabsichtigte, „eine schöne Orgel zu liefern". Und deshalb legte er in einem ausführlichen Brief vom 27. April 1739 nochmals seinen Standpunkt dar.[30]

Silbermann schrieb, daß zu seinem „größten Mißvergnügen viele vornehme Gönner und Bauverständige, denen er in Dresden und in anderen Orten den Orgelriß vorgezeiget und demonstriret" habe, „recht hertzlich bedauern, daß bey dergleichen kostbarem Wercke man wider die Bauordnung handle" und nicht alle Hindernisse aus dem Weg räume, um „dieser schönen und großen Orgel, welche unstreitig eine von denen größten in Deutschland werden könnte, ihres ungemeinen Prospects und Ansehens halber, eine darzu geziemende Stelle und Platz einzuräumen". In Silbermanns Brief, mit dem er sein „Gewissen beruhigen" und dem Zittauer Rat seine „aufrichtige und gerechte Meynung nicht verhalten" wollte, heißt es wörtlich: „Ja, hiesiger Herr Graf Reuß wollen nicht glauben, daß die Herren Zittauer, die mit Anweisung des Platzes ein solches ausnehmendes Orgelwerck mit seinen aus dem schönsten Zinn verfertigten Pfeiffwerck so sehr verstecken und hinter die plumpen Pfeiler logiren wollen, einen solchen großen Fehler begehen könnten."[31]

Am Schluß seines Briefes betonte Gottfried Silbermann: „Ich könnte noch viele Urtheile von unterschiedenen hohen Personen beybringen, denen auch die ganze Situation Ihrer Kirche ganz wohl bekannt ist, wenn mich der Weitläuffigkeit bedienen und Ew. Hoch-Edl. mit vielen Schreiben incommodiren [= lästig fallen] wollte." Der Meister gab abschließend nur noch „dieses einzige" zu bedenken: „Ob auch die Posterität [= Nachwelt] allerdings mit diesem Bau zufrieden seyn und uns nicht unsere darinnen begangenen Fehler mit dem größten Leidwesen vorrücken werde?"[32] Diese Worte beweisen, daß Gottfried Silbermann beim Bau seiner Orgeln nicht nur die Gegenwart, sondern auch die Zukunft im Auge hatte. Er wollte auch vor dem Urteil der Nachwelt bestehen können. Daß das der Fall sein wird, hat der Freiberger Organist Erselius in prophetischer Weise geahnt, denn er schrieb (1735) in einem Gedicht: „Du wirst ein Künstler stets auch bey der Nachwelt bleiben, Dein Ruhm verwelket nicht, ob Dich der Todt gleich streckt." –

Wenn wir die Orgelbauakten mit Interesse studieren, fühlen wir uns in Gottfried

Silbermanns Zeit, ja in seine Werkstatt zurückversetzt. Und die vergilbten Briefe des Meisters offenbaren uns sein Wesen und seinen Charakter und zeugen von der Gewissenhaftigkeit des „Orgelmachers".

1 Johann Samuel Beyer ist sechsundsiebzig Jahre alt geworden und 1744 „im Carlsbade, wohin er sich der Cur halber begeben hatte", gestorben.

2 So konnten sich Thomaskantor Johann Kuhnau, Leipzig, und Hoforganist Gottfried Ernst Bestel, Altenburg, bei der Prüfung der Orgel zu St. Georg in Rötha davon überzeugen, daß Silbermann „an denen Materialien, nehmlich an Zinn, Meßing und Holz keine Kosten gesparet" hat.

3 Zoilus war ein griechischer Rhetor (= Redner) im vierten Jahrhundert vor Christi Geburt. Er verfaßte eine geschmacklose und kleinliche Kritik der Homerischen Gedichte.

4 Das Gedicht stammt von einem „Liebhaber künstlicher Orgelwercke", der seinen Namen leider nicht genannt hat.

5 Dafür ein Beispiel: Als Silbermann am 8. April 1723 auftragsgemäß die Altenburger Schloßorgel untersuchte, stellte er fest, daß der Orgelbauer Donati eine Viola da Gamba eingebracht hatte, „welche von schlechten Metall, so meistentheils bleyhältig, und doch vermöge Contracts von Zinn versprochen worden ...".

6 In Rochlitz übernahm Gottfried Silbermann sogar zwei Zentner Blei „von den alten Kirchenfenstern" und zahlte dafür elf Taler. Wahrscheinlich war das Material gut, und einen günstigen Gelegenheitskauf ließ sich Gottfried Silbermann nicht entgehen.

7 Nach dem Bericht war die Orgel „höchst baufällig". Ihre Pfeifen waren verrostet und „von Sallpeter durchfreßen" und die Bälge „ganz auffgegangen", so daß die Pfeifen „einen ganz unförmlichen Laut" von sich gaben.

8 Diese Worte erinnern an den ersten Orgelbau Silbermanns in Frauenstein. Auch hier sollte er ein altes Werk reparieren, mußte aber erkennen, daß „nichts beständiges von solcher reparatur zu hoffen gewesen".

9 Dieses Zitat stammt aus einem anläßlich der Weihe der Ponitzer Orgel (1737) gedruckten Gedicht.

10 Bei dieser Gelegenheit wäre die Frage zu stellen, welche Lebensdauer eine Orgel haben soll. Darauf gibt uns Gottfried Silbermanns Straßburger Neffe Johann Andreas (gestorben 1783) eine bemerkenswerte Antwort. Im Jahre 1772 erhielt er den Auftrag, für die Klosterkirche zu St. Blasien eine dreimanualige Orgel mit 47 Registern zu bauen. Er hatte dafür 18000 Gulden gefordert, „eine für die damalige Zeit enorme Summe". Der sechzigjährige Meister rechtfertigte sich mit folgenden Worten: „Aber dan man von einer dauerhaften Orgel praetendieren kann, daß sie länger als ein hundert Jahre stehen soll [!], ja so beschaffen seyn soll, daß wohl in hundert Jahren nichts daran soll abgängig werden können, so werden die besten Matherialien [!], lange Zeit, und gute Arbeiter [!], die man recht wohl bezahlen muß, dazu erfordert ..." Wir sehen, Neffe und Onkel arbeiteten nach den gleichen Prinzipien. Qualitätsarbeit war für die gesamte Orgelbauerfamilie Silbermann eine Selbstverständlichkeit.

11 In seinem Schriftsatz vom 10. Juni 1723 an August den Starken hatte Silbermann zum Ausdruck gebracht, daß Freiberg „wegen des Holzes und anderen Materialien" sehr günstig gelegen ist.

12 Wir erinnern uns, daß man zum Bau der Domorgel von Pfeil fünf Zentner englisches Zinn bezogen hatte.

13 Wir wollen nicht unerwähnt lassen, daß sich in Silbermanns Nachlaß Quittungen von den Amtsschreibern zu Freiberg und Grillenburg befanden. Von ihnen hatte er 1748 zwanzig Stämme

Holz und vierzehn eichene Klötzer gekauft. Die Stämme kosteten fast einhundertfünfundzwanzig Taler und das Eichenholz dreiundzwanzig Taler.

14 Bei dem Reichenbacher Orgelbau wollte der Kirchenpatron, Landkammerrat Metzsch, das Holz selber anschaffen, um dadurch „die Fuhren zu menagiren" (= sparen). Anscheinend war das Gottfried Silbermann nicht recht. Er teilte dem Reichenbacher Pfarrer nämlich mit, daß er „noch selbst Holz Gott sey Danck in Vorrath habe. ... und kommt mich das Holz in Reichenbach theurer als hier an". An diesem Beispiel sehen wir erneut, daß Gottfried Silbermann ein guter Kaufmann war.

15 Wenn Gottfried Silbermann zwei Wochen vor der Übergabe der Freiberger Petri-Orgel noch eine Reise nach Greiz unternahm, um dort einen Kontrakt über einen weiteren größeren Orgelbau abzuschließen, dann läßt uns das etwas von der rastlosen Tätigkeit des Meisters ahnen.

16 Am 17. Juni 1739, vier Tage vor der Orgelweihe, entschloß man sich, die Bretter und Pfosten dem Meister nicht anzurechnen. Wahrscheinlich wollte man damit wieder gutmachen, was man Silbermann gegenüber durch Nichteinhaltung der Zahlungstermine „verschuldet" hatte.

17 Gottfried Silbermann hat den Orgelbauvertrag mit nach Freiberg genommen, um ihn von seinem „Vetter" mit unterschreiben zu lassen.

18 Aus Petzolds Brief vom 13. September 1735 an den Greizer Hofrat erfahren wir, daß Gottfried Silbermann den Geraer Organisten zur Einweihung der Freiberger Petri-Orgel eingeladen hatte.

19 Was mag Gottfried Silbermann damit gemeint haben? Das Wahrscheinlichste ist, daß ihn die letzten Arbeiten an der Frauenkirchenorgel in Anspruch nahmen. Es wäre auch möglich, daß man Silbermanns Anwesenheit benutzte, um mit ihm wegen des Baues einer neuen Orgel für die Kirche zu Friedrichstadt Fühlung zu nehmen, obwohl sich Superintendent Dr. Löscher erst am 17. Januar 1737 schriftlich an Silbermann wandte.

20 Das „Bauholz" war für die Zimmererarbeiten bestimmt, zum Beispiel für die Orgelempore. Silbermann übersandte nämlich gleichzeitig ein „Modell zu der Orgel-Zimmer-Arbeit".

21 Silbermann bemerkte noch: „Sollte hierzu ein Verlag nöthig seyn, werden die Herren Deputati so güttig seyn, und solches inmittelst bezahlen, welchen Vorschuß ich mir bey dem Oster-Termin wiederum decourtiren [= abziehen] lassen will. Wenn es aber Schwierigkeiten setzen solte, so will das Geld vor meine Pfosten und Bretter baar überschicken."

22 Gewiß ist Gottfried Silbermann schon von seinem Vater, der ja ein tüchtiger Zimmerer war, in die „Holzgeheimnisse" eingeweiht worden.

23 Sehr hübsch ist der Schluß von Silbermanns Brief an den Zittauer Aktuar. Er lautet: „Indem ich nun rühmen muß, daß sich Ew. Hoch-Edl. in dieser Sache viel Mühe gegeben und sich alles bestermaßen angelegen seyn lassen, so kann nicht anders, als Ihnen davon ergebensten Dank zu sagen und bey Gelegenheit des vorstehenden Neuen Jahres alles ersprießliche Wohlergehen von Herzen anzuwünschen, wie ich denn schließlich dieselben göttl. Obhut empfehle ..."

24 In diesem Zusammenhang müssen wir an den Bau der Freiberger Domorgel erinnern. Damals besaß Silbermann noch keine Materialvorräte, sondern ließ sich alles vom Rat liefern. Und das führte dazu, daß der Meister „manchmal drauf warten" mußte und „die Materialien nicht allemahl sogleich bey der Hand" waren.

25 Wahrscheinlich hat der junge Orgelbaumeister damals einen Teil seines Gewinns zum Ankauf von Holz und anderem Material verwendet.

26 Im Rochlitzer Kontrakt hatte Silbermann die Verpflichtung übernommen, „den Bau des Chors zu dem Orgelwerck zu dirigiren und bestens in Obacht zu nehmen".

27 Gottfried Silbermann hatte sein Kommen schon ein halbes Jahr vorher angekündigt.

28 Wir zitieren aus Schroths Niederschrift: „Herr Silbermann versichert, daß er sowohl mit der Zim-

mer- als Tischler-Arbeit, so viel er von dieser gesehen, zufrieden sey und käme es nur noch darauf an, daß der Grund zum Chore und Orgel befestigt werde, wobey er der Meynung sey, daß eine Säule in der Mitte nicht hinlänglich sey, sondern es müßten schlechterdings drei Säulen unter den Haupt-Balken gesetzt werden, weil sonst Schaden zu befürchten sey, er habe alles wohl überlegt und sich mit eisernen Armen und Ankern zu helffen gesucht, er sehe aber dabey nicht hinlängliche Sicherheit, weil die Last zu groß würde, daher auch bey Ausmauerung des Grundes unter die Säulen ja tieff genug gegraben werden möchte, weil der Boden dem Angeben nach nicht fest, sondern sumpfig seyn solte, bittet zugleich, den Tischler nichts aufsetzen zu lassen, bis der Grund seine Richtigkeit habe, und alles waag- und lothrecht stünde ..."

29 Gottfried Silbermann wies bei seinem ersten Besuch, Mitte April 1737, darauf hin, daß der bisherige Orgelplatz viel zu eng ist, um ein „rechtes Werck, sonderlich in Ansehung derer erforderlichen tieffen Bässe, anzubringen". Er schlug deshalb vor, die Orgel in den großen Bogen zu setzen, wo sie sich hinsichtlich des äußerlichen Ansehens und des Klanges „besser ausnehmen und der Kirche zu einer besonderen Zierde gereichen würde". In dem großen Bogen befanden sich aber viele „Kirchenstände". In einem Schreiben vom 13. Juli 1737 teilte Aktuar Schroth Gottfried Silbermann mit, daß man „sich zwar alle Mühe gegeben, die Besitzer derer Kirchen-Stände in dem großen Bogen der St.-Johannis-Kirche allhier zu Abtretung dererselben zu disponiren, es haben sich aber dabey so viele Schwierigkeiten hervorgethan, daß man die gefaßte Hoffnung, die Orgel an diesem commoden Platze anzubringen, fahren lassen müssen". Anscheinend hat sich der Rat auch nach Abschluß des Kontraktes noch mit der Platzfrage für die Orgel beschäftigt. Gottfried Silbermann schrieb nämlich am 7. August 1738, er habe aus einem Brief von Aktuar Schroth „mit dem größten Vergnügen ersehen", daß sich das Ratskollegium entschlossen hat, „den Bogen abtragen und um 2 Ellen erhöhen zu lassen". Silbermann schrieb weiter: „Worüber ich eine hertzliche Freude habe, und kann nunmehro die Orgel nach meinen Gedancken ordentlich und nicht verkrüpelt bauen ... Es wird auch, wenn die Orgel fertig seyn wird, den Rath nicht gereuen, daß Sie den Bogen erhöhen lassen."

30 Silbermann erinnerte daran, wieviel „Überredungskunst" er angewendet habe, um zu erreichen, daß die Orgel „den von mir sehr gewünschten Platz erhalten möchte". Er habe aber, „allen gethanen Vorstellungen ohngeachtet, solches nicht erbitten können".

31 Graf Reuß aus Greiz hatte nach Silbermanns Worten im Jahre 1738 bei einer Reise nach Schlesien die Zittauer Johanniskirche „mit in Augenschein genommen".

32 Silbermanns Befürchtung hat sich nicht erfüllt, denn die Orgel wurde bei der Beschießung Zittaus (während des Siebenjährigen Krieges) im Jahre 1757 zerstört.

Terminarbeit und Arbeitsorganisation

Beim Studium der Orgelkontrakte stellten wir fest, daß in jedem Fall der Liefertermin der Orgel festgelegt wurde. Um ihn einzuhalten, bedurfte es einer guten Planung und Arbeitsorganisation. Nachdem wir schon genügend Beispiele für Gottfried Silbermanns Gewissenhaftigkeit kennengelernt haben, würde es uns sehr wundern, wenn er die Termine nicht eingehalten hat. Wie sah es damit in der Praxis aus?

In vielen Fällen konnten die Orgeln termingemäß übergeben werden, manchmal wurden die Lieferfristen aber auch überschritten.

Im Reichenbacher Kontrakt vom 18. Dezember 1723 hatte sich Silbermann zum Beispiel verpflichtet, „längstens acht Tage vor Pfingsten [1725] das Orgel-Werck untadelhafft zu übergeben". Nach dem Bericht von Pastor Olischer wurde die Orgel „zehn Tage vor Pfingsten 1725 völlig zu Stande gebracht".[1]

Eine so exakte Terminarbeit ließ sich allerdings nicht immer verwirklichen, obwohl Silbermann in seinen Briefen vielfach betont hat, daß er die Kontrakte auch hinsichtlich des Liefertermins erfüllen will.[2]

In Zittau gelang es Gottfried Silbermann, ein dreimanualiges Werk etwa zwei Monate vor der festgesetzten Zeit fertigzustellen. Nach dem Kontrakt sollte die Orgel „binnen Michaelis [29. September 1738] und drei Jahren vollkommen fertig" geliefert werden. Die Übergabe konnte aber schon am 1. und 2. August 1741 stattfinden.[3]

Wegen der Zittauer Johannis-Orgel hat Gottfried Silbermann übrigens mit Aktuar Benjamin Schroth einen ausführlichen Schriftwechsel geführt.[4] Einige Briefe betreffen auch das Thema „Terminarbeit".

In einem Brief vom 30. Dezember 1738 lesen wir zum Beispiel: „Kann Ihnen zur gewissen Nachricht vermelden, daß vor meine Person in Freyberg an denen Windladen und Pfeifenwerck einen starcken Anfang gemacht habe, und zweifle ich im geringsten nicht, daß, insoferne der höchste Gott Gesundheit und Kräffte darreicht, versprochenermaßen die Ehre haben werde, bey Ihnen zu sein, zu vorhero aber zwischen Ostern und Pfingsten [1739] eine visite abstatten werde ..." Am 27. April 1739 schrieb der Meister von Greiz aus an den Zittauer Aktuar: „Gebe auch die gewisse Versicherung, daß, weil bereits im vorigen Jahre unter Gottes

Seegen mit denen sämtlichen Windladen und andrer zu Ihrem Wercke gehöriger Arbeit ziemlich avansiret, ich als ein ehrlicher Mann, gepflognen Contract mit Gottes Hülffe erfüllen, und zu versprochener Zeit das meinige verrichten und bey Ihnen eintreffen will." Und am 1. September 1739 teilte Silbermann Benjamin Schroth mit: „Ich arbeite an der Zittauer Orgel selb acht[5] und nehme nichts anderes vor und hoffe nechst Göttl. Hülffe meinem Contract Genüge zu leisten und zu gesetzter Zeit die Orgel aufzubauen."[6]

Wir ersehen aus den zitierten Briefen, daß Gottfried Silbermann seine Auftraggeber manchmal über den Fortgang der Arbeit unterrichtete.[7] Auf diese Weise erfuhren die Gemeinden, daß der Orgelbauer für das ihm vorausgezahlte Geld etwas geleistet hat.

Woran lag es, wenn Gottfried Silbermann eine Orgel nicht zu dem vereinbarten Termin übergeben konnte? Nicht in allen Fällen ist es möglich, die Gründe zu erforschen. Wir wollen drei besonders interessante Fälle herausgreifen und genauer untersuchen.

Der Rochlitzer Kontrakt wurde am 28. Mai 1725 geschlossen.[8] Der Meister hatte sich verpflichtet, die Orgel „binnen dato und Martini [11. November] 1726 zu verfertigen und in einen vollkommenen passablen und tüchtigen Stand zu setzen".[9] Als Silbermann Ende Mai 1725 zum ersten Male persönlich in Rochlitz war, hatte er davon gesprochen, daß er „mit Ausgang des Jahres nicht nur die Forchheimische, sondern auch die Öderaische und Dittersbachische Werke in völligen Stand bringen muß". Die Orgel zu Forchheim nahm den Meister aber bis Anfang Februar 1726 in Anspruch.[10] Wir wundern uns deshalb nicht, wenn gleich nach Neujahr 1726 in Rochlitz Bedenken laut wurden, „ob auch zu der im Contract gesetzten Zeit die Lieferung hiesiger Orgel erfolgen möchte". In einem Brief vom 5. Januar 1726 an Gottfried Silbermann wiederholte Amtmann Weidlich, der für den Orgelbau verantwortlich war, sein „inständiges Bitten, ja darauff bedacht zu seyn, daß die Lieferung unserer Orgel und deren völlige Perfectionirung [= Vollendung] zu Martini ganz ohnfehlbar erfolgen möge, indem wahrhafftig ein groß theil meiner eigenen Reputation [= Ansehen] mit darauf beruhet".[11] Der gewissenhafte Amtmann befürchtete, daß „die Eingepfarrten zuletzt gar rappelköppisch werden dürfften". Und deshalb bat er den Meister „inständigst", ihn durch rechtzeitige Lieferung der Orgel von „aller Bekümmernüß gütigst zu befreyen".[12]

Amtmann Weidlich befand sich in einer schwierigen Lage: Rochlitz und die eingepfarrten Dörfer drängten auf termingemäße Lieferung der Orgel, andererseits

war Weidlich ängstlich bemüht, den berühmten Orgelbauer nicht durch „Mahnungen“ zu beleidigen. Die letzten Sätze in seinem langen Brief sprechen für sich: „Übrigens contestire honettement alle aufrichtige Confidence in deßen einmahl gegebene Parole,[13] und bitte wegen des so ängstlichen Anhaltens mich ja außer Verdacht eines hegenden Mißtrauens zu laßen. Die Größe meiner Hochachtung vor demselben hat mich veranlaßt, das innerste des Herzens in etwas weitläuffigen Terminis [= Worten] zu entdecken. Hingegen versichert mich deßen [Silbermanns] erlangter großer Ruhm einer ganz prompten accuratesse.“
Wir können verstehen, welche Gedanken den Amtmann bewegt haben: Auf der einen Seite rückte der vereinbarte Liefertermin der Orgel näher, ohne daß etwas geschah, und auf der anderen Seite wußte er, daß Silbermann ein Mann ist, dessen Worten man glauben kann.
Am 15. Januar 1726 antwortete Gottfried Silbermann von Forchheim aus sehr optimistisch: „Was den Bau des Orgelwercks betrifft, darüber dürffen sich dieselben keinen weiteren Kummer machen, anerwegen ich versichere, daß ich nun schon desterminirte [= zur festgesetzten] Zeit, daferne Gott Gesundheit verleihet, gewiß kommen, und den Bau versprochener maßen vollenden werde. Unterdessen freue mich schon auf die Ehre Ihrer vergnügten Conversation [= gesellige Unterhaltung] und wünsche, daß die Zeit Ihnen aufzuwarten, bereits vorhanden wäre ...“
Zwei Monate später, als der Meister wieder in Freiberg war, versicherte er dem Amtmann in einem Brief vom 20. März 1726, „daß täglich an dero Wercke bey mir gearbeitet wird und Sie selbiges zu rechter Zeit in Stande sehen sollen. Alles übrige reservire mir so lange, biß ich mit Ihnen mündlich zu sprechen die Ehre habe ...“
Und dann geschah etwas Unerwartetes: Am 11. Mai 1726 hat Gottfried Silbermann mitgeteilt, daß er „wegen zugestoßener Verhinderniß“ nicht wie vereinbart zum Johannisfest nach Rochlitz kommen kann, um mit dem Aufbau der Orgel zu beginnen. Das erfahren wir aus einer von Amtmann Weidlich angefertigten Niederschrift, denn der Originalbrief Silbermanns ist in den Akten nicht zu finden. Was war geschehen? Was meinte Silbermann mit dem „Hindernis“?
Ein „Attest“ vom 18. Juli 1727 gibt uns die Antwort: Der Rochlitzer Superintendent Dr. Loescher und Amtmann Weidlich bestätigten dem Meister, daß die Orgel zu Rochlitz bei der Prüfung „allenthalben in einem dergestaltigen vollkommenen Zustande befunden“ wurde, daß „weder an denen darzu verbrauchten Materialien, noch der daran observirten besonderen Arbeit und Kunst, nicht das ge-

ringste auszusetzen, vielmehr aber diß ganze Werk zu rühmen und mit Verwunderung und Vergnügung anzusehen und zu hören gewesen" ist. Trotz des uneingeschränkten Lobes hat man nicht unterlassen, noch folgendes zu erwähnen: „Und ob es wohl mit Verfertigung deßelben [Werkes], dem angezogenen Contracte entgegen, sich einige Zeit verzogen, so hat man wohl besagten Herrn Hoff- und Land-Orgelmacher Silbermannen hierinnen darum willige Nachsicht gegeben, weil Er inmittelst durch Seine Excellenz, des Königlichen Pohlnischen und Churfürstlich Sächsischen Herrn Geheimbden Kriegs-Raths von Kiesenwetter wegen einer vor selbigen gleichfalls gefertigte neue Orgel, hieran Hinderniß erlitten." Die Orgel zu Dittersbach bei Stolpen war somit das „Hindernis", weswegen Silbermann den Rochlitzer Kontrakt nicht termingerecht erfüllen konnte.[14]
Wir haben den Eindruck, daß sich Meister Silbermann damals etwas zuviel vorgenommen hat. Oder hatte er an Arbeitskräftemangel zu leiden?[15]
Silbermanns Entschuldigung stellte den Amtmann vor eine schwierige Aufgabe. Er mußte der „Kirchfarth" klarmachen, daß der Meister um Nachsicht bis Januar 1727 gebeten hat. Damit wollte man aber „durchaus nicht zufrieden seyn". Erst nach „langwierigem Zureden" gelang es Amtmann Weidlich, die „Kirchfarth zu gewinnen", daß sie sich mit der „versicherten Anherokunfft" Silbermanns Anfang Januar 1727 einverstanden erklärte. Falls der Meister aber „zu Anfang des Januar [1727] nicht allhier ankähme und den Orgel-Bau fortsezete und zu werke richtete", behielt man sich vor, „rechtliche Vindikation [= Anspruch] wider ihn zu ergreiffen".
Wir sehen: die Rochlitzer „Kirchfarth" war zu allem entschlossen. Sie hätte gegen Gottfried Silbermann sogar ein Gerichtsverfahren eingeleitet.
Amtmann Weidlich informierte Gottfried Silbermann in einem Brief vom 31. Mai 1726 über die Lage und gab der Hoffnung Ausdruck, der Meister „werde uff den anderweitig gesetzten Termin des Januar zu effectuirung des Orgelbaues sich gewiß alhier einzustellen und hierinne nicht den geringsten weitern Verzug zu machen belieben, damit die sonst daher zu besorgen stehenden undienlichen Folgerungen vermieden bleiben können und der Kirchfarth zu mehrerer Beschwehrde nicht Anlaß gegeben werde".
Um die Gemeinde zu beruhigen, teilte Gottfried Silbermann am 15. Juni 1726 mit, „daß die Pfeiffen, Windladen und alles, was ich hier habe verfertigen können, parat und fertig ist".[16]
Einen Monat später, am 14. Juli, schrieb Silbermann dem Oederaner Bürgermei-

ster: „Hierdurch melde Ihnen gehorsamst, daß ich mit meiner Arbeit zu der Öderischen Orgel völlig zustande bin [und zwar] mit derjenigen Arbeit, so allhier [in Freiberg] hat können verfertiget werden." Wir können hieraus schließen, daß Gottfried Silbermann manchmal an mehreren Orgeln zugleich gearbeitet hat. Nachdem die Gemeinde Oederan am 20. Juli ihre Orgelbaumaterialien abgeholt hatte, begab sich Silbermann nach Dittersbach. Am 10. November 1726 wurde das dortige Werk übergeben.

Also hätte der Meister Anfang Januar 1727 nach Rochlitz gehen können. Aber zunächst harrte die Orgel zu Oederan noch ihrer Vollendung.[17] Es entsteht der Eindruck, daß Gottfried Silbermann im Sommer 1726 zwar die Pfeifen und anderen Teile für drei Orgeln (Rochlitz, Dittersbach und Oederan) in seiner Werkstatt liegen hatte, aber mit dem Aufbau der Werke an Ort und Stelle in Verzug gekommen ist.

Am 30. Oktober 1726 schrieb der Amtmann erneut an Gottfried Silbermann und wiederholte seine Bitte, „der Ankunfft zu besagten unßern Orgelbau ja keinen weiteren Anstand als biß zu Ende des December zu geben". Amtmann Weidlich schrieb weiter: „Sie können es glauben, was mir vor Mühe geben müßen, die Kirchfarth zu bißheriger Dilation [= Verzögerung] zu disponiren." Der Amtmann mußte „viel Raisoniren [= übelwollende Reden] anhören, indem das unverständige Volck ohne Scheu vorgibt, die Orgel würde wohl in geraumer Zeit noch nicht zu Stande kommen und ihnen auf Weynachten schon wieder was vorgemachet werden". Trotzdem ließ sich Carl Erdmann Weidlich nicht beirren und war fest davon überzeugt, Gottfried Silbermann „werde alle höhnischen Spötter ohnfehlbar zu schanden machen, die mir immer damit die Ohren reiben: Es wäre das Dittersbacher Werk nunmehro erst fertig und hätte sich [Silbermann] darauf nach Oederan begeben, würde dahero unßer Werk wohl so lange warten und liegen bleiben müßen, biß dieses auch erst zur Perfection gekommen".

Das Vertrauen, welches Amtmann Weidlich zu Silbermann hatte, kommt in folgenden Worten klar zum Ausdruck: „Ich hingegen halte mich steif und fest an Ihre gegebene Parole und glaube gewiß, dieße unzeitigen Raisonirer werden wie Butter an der Sonne bestehen." Dann scheinen ihm aber doch leichte Zweifel gekommen zu sein, denn er schrieb: „Sollte aber ja wider Verhoffen abermahliger Verzug erfolgen, so weiß wahrhafftig kein Mittel das unbändige Volck zu stillen ..." Und der „abermahlige Verzug" trat tatsächlich ein!

Am 4. Dezember 1726 antwortete Gottfried Silbermann von Oederan aus und versicherte, daß er „unveränderlichen Vorsatz genommen, zu Lichtmeß [2. Februar 1727] ganz gewiß in Rochlitz einzutreffen“. Ungeachtet der „Raisonirer“, von denen Amtmann Weidlich geschrieben hatte, betonte der selbstbewußte Meister: „... und wird die künfftige Arbeit sich selber loben.“

Obwohl die „Kirchfarth“ mit „rechtlichen Vindikationen“ gedroht hatte, ließ sich Gottfried Silbermann nicht einschüchtern oder bei der Oederaner Orgel zu einer rascheren und minder guten Arbeit verleiten. Er teilte dem Amtmann in Rochlitz klipp und klar mit, daß er „unmöglich von der nöthigen Arbeit von hier abzukommen vermag“. Er verstand es auch, den in einer nicht beneidenswerten Lage befindlichen Amtmann mit folgenden Worten zu trösten: „... und wird diese wenige Zeit, wenn Gott Leben und Gesundheit giebet, wider Vermuthen vorbey streichen, biß dahin nochmahls um Gedult alles Fleißes will gebethen und nochmahls theuer versichert haben, daß mein Versprechen zu aller Vergnügen zu erfüllen nicht ermangeln werde, da ich denn mit Gottes Hülffe alle Wercke, die ich gebauet mit guter Renomme und Ehre übergeben, ein solches auch in Rochlitz zu erlangen keinen Zweiffel trage.“ Hier ist Silbermann wieder der selbstbewußte Mann, als den wir ihn schon oft kennengelernt haben. Bemerkenswert ist noch, daß Gottfried Silbermann den Rochlitzer Orgelbau „bestmöglichst beschleunigen und den bißherigen Verzug dadurch wieder ersezen“ wollte, indem er nicht nur mit vier, sondern mit acht Personen „einzukehren Anstalt gemachet“.[18]

In seinem Antwortschreiben vom 5. Dezember 1726[19] ersuchte Amtmann Weidlich den Meister, „doch wenigstens die Anstalt zu treffen, daß gegen solche Zeit [Weihnachten 1726] ein oder andere Fuhre mit Materialien transportiert werden könne und nur jemand von Ihren Leuten mit anhero kommen möge, damit die Leute doch einmahl Ernst sehen“. Weidlich hoffte, daß sich „die Unruhigen hierdurch etwas besänfftigen“ ließen.[20] Gottfried Silbermann anwortete aber, er könne „ohnmöglich eher als biß Faßnachten“ nach Rochlitz kommen, aber um diese Zeit wolle er sich „ganz gewiß und ohnfehlbar einstellen“.[21]

Als Amtmann Weidlich den Brief Gottfried Silbermanns vom 9. Februar 1727 in den Händen hielt, hat er bestimmt aufgeatmet, denn darin konnte er lesen: „Ich meines Theils bin auch mit den Meinigen und der Arbeit in solchem Stande, daß, wenn Gott Gesundheit geben wird, ich gantz gewiß gesetzten 26. Hujus [= dieses Monats] die Wagen [zur Abholung der Orgel] allhier erwartte.“

Nun gab es keine Verzögerung mehr. Nach einem Aktenvermerk des Amtmannes ist Gottfried Silbermann pünktlich am 26. Februar 1727 „abends allhier [in Rochlitz] eingetroffen und haben Tages darauff deßen Leute sich gleichfalls umb Mittag eingestellet".[22]

Reichlich vier Monate wurde fleißig gearbeitet,[23] und am 5. Juli 1727 konnte Amtmann Weidlich der Kirchfahrt berichten, daß die Orgel „ehester Tage fertig seyn wird". Die Übergabe erfolgte am 18. Juli in Gegenwart des Superintendenten, des Amtmannes, eines Ausschusses von eingepfarrten Bürgern und Bauern und unter Hinzuziehung der beiden Rochlitzer Organisten Gottfried Wiedemann und Theodor Gerlach.[24] Der letztere prüfte das Werk und bekam dafür zwei Taler „pro Discretion". Er konnte an der neuen Orgel „nicht das geringste aussetzen".[25] Und somit hatte der Meister recht behalten, denn die Arbeit sollte sich selber loben. Die Weihe erfolgte am 20. Juli 1727 während des Frühgottesdienstes.[26]

Der Fall Rochlitz hat uns mit aller Deutlichkeit gezeigt, daß sich Gottfried Silbermann weder drängen noch drohen ließ. Er konzentrierte sich vielmehr ganz auf die Arbeit, die er einmal angefangen hatte. Es störte ihn anscheinend auch nicht, wenn er dabei in den Verdacht geriet, daß man seinen Versprechungen nicht trauen kann. Wir wissen zwar, daß es zu Silbermanns Prinzipien gehörte, Termine einzuhalten. Aber wenn es aus irgendwelchen Gründen nicht anders ging, dann war für ihn die Qualitätsarbeit wichtiger als das Einhalten eines Termins. Mit anderen Worten: Es kam für Silbermann überhaupt nicht in Frage, beim Bau der Orgeln zu Dittersbach und Oederan weniger Sorgfalt anzuwenden, nur um pünktlich nach Rochlitz zu kommen. Das zitierte „Attest" beweist, daß man der Terminüberschreitung keine große Bedeutung mehr beigemessen hat, als man sehen und hören konnte, welch herrliche Orgel Silbermann gebaut hat.

Nun wollen wir einen Blick in die Greizer Orgelbauakten werfen, um zu erfahren, aus welchem Grunde diese Orgel erst wesentlich später, als im Kontrakt festgelegt war, übergeben werden konnte.

Um es gleich vorwegzunehmen: Hier traf Gottfried Silbermann keine Schuld. Die Greizer Orgel sollte nach dem Kontrakt Pfingsten 1738 fertig sein. Die Übergabe konnte aber erst am 19. Juni 1739 stattfinden. Der Meister war darüber verärgert, wie sein Brief vom 21. Dezember 1738 aus Greiz an den Zittauer Aktuar Schroth beweist. Er schrieb: „Ich meines Ortes bin nunmehro mit denen meinigen, Gott lob! gantz gesund und wohl zu Greitz im Voigtlande angelanget, um daselbst die neue Orgel, die bereits schon vorm Jahre fertig gehabt, zwischen hier und Ostern zur Perfection zu bringen, wäre auch schon vorm Jahre geschehen, wenn nicht mit dem neuen Kirchenbau alhier verhindert worden wäre."[27]

Die nicht schnell genug voranschreitenden Bauarbeiten an der Kirche waren daran schuld, daß Gottfried Silbermann erst fast ein Jahr später mit dem Aufsetzen seiner Orgel beginnen konnte, obwohl er alles getan hatte, um den Termin einzuhalten. Das beweisen folgende Tatsachen: Gottfried Silbermann teilte Hofrat Fickweiler am 8. Dezember 1736 mit, daß an der Orgel bereits gearbeitet worden ist, „ehe wir nach Dresden gereiset,[28] damit zur gesetzten Zeit laut Contracts als ein redlicher Mann meinem Versprechen Genüge leisten kann". Mitte März 1737 hatte Silbermann dann „melden laßen, wie er hoffen wollte, man würde die Chöre in der Kirche auf nechstkünfftige Martini [November 1737] fertig haben,[29] wenn es nicht geschähe, könnte er binnen 4 Jahren nicht herkommen, weil er schon wieder bestellte Arbeit hätte ..." [30]

Am 18. Mai 1737 berichtete der Meister, daß er „Montags vor denen Pfingst-Feyertagen [= 3. Juni] von hier weg und nach Ponitz ins Altenburgische gehen werde", um dort eine Orgel zu bauen. Als guter Organisator wollte Gottfried Silbermann, „damit die Fuhren nicht so weitläuffig werden", schon „einige Orgel-Bau-Materialien, so nach Graitz gehören", mit nach Ponitz nehmen.[31]

Noch im Juni 1737 ist Gottfried Silbermann gemeinsam mit seinem „Vetter" Johann George von Ponitz nach Greiz gereist, um sich zu erkundigen, „wie der Kirchenbau aussähe, was vor Holz vorhanden und wie es mit der außenbliebenen Zahlung beschaffen".[32]

Am 30. Oktober 1737 teilte Silbermann mit, er hoffe, das Ponitzer Werk am 18. November übergeben und von da „recta [= geradewegs] nacher Graitz abgehen" zu können. Aber der Meister erlebte eine Enttäuschung. Etwa Anfang November 1737 hatte er einen Gesellen nach Greiz geschickt, der erkunden sollte, wie weit der Kirchenbau inzwischen gediehen ist. Der Meister mußte erfahren, daß die Chöre noch nicht fertig waren und vor allem „mit der Decke noch gar kein Anfang gemacht" worden ist, so daß sie „heuer, ja kaum künfftigen Frühling zur Perfection gebracht werden kann". Silbermann berichtete daraufhin dem Hofrat in einem Brief vom 19. November 1737, er sei „durch die Gnade Gottes mit hiesigen Ponitzer Orgelwerck glücklich zu stande gekommen" und entschlossen gewesen, „von da aus mich nacher Graitz zu wenden und meine Arbeit daselbst fortzusetzen". Der Meister betonte, daß es für Greiz und für ihn selbst, vor allem wegen der Fuhren, „profitabel" gewesen wäre, wenn er gleich von Ponitz aus hätte nach Greiz kommen können. Er habe sich aber auch überlegt, „mit was vor Verdruß" er unter solchen Umständen seine Arbeit verrichten müsse, „indem das

Pochen von denen Handwercks-Leuten mich gewaltig irritiren" würde. Silbermann brachte in seinem Brief zum Ausdruck, wenn die Kirchendecke „etwa in Eyl und jetzigen Winter verfertiget" würde, wäre sie nicht trocken und dauerhaft genug. Es bestünde dann die Gefahr, daß „meinem Orgelwerck, welches ich mit größtem Fleiß zu produciren gedenke, der größte Schaden zugefügt würde". Das ist wieder ein Beispiel für Silbermanns Gewissenhaftigkeit.

Unter diesen Umständen bat Silbermann den Hofrat, es ihm nicht zu verübeln, wenn er diesen Bau „abwarten" und sich inzwischen wieder nach Freiberg begeben werde.[33]

Vielleicht hatte Gottfried Silbermann die Absicht, gleich nach Vollendung der Frauensteiner Orgel (Juli 1738) das Greizer Werk in Angriff zu nehmen. Aber es trat eine weitere Verzögerung ein. Erst am 1. Dezember 1738, also ein Jahr später, als anfangs geplant war, konnte der Meister endlich von Freiberg aus die Reise nach Greiz antreten, und am vierten Sonntag nach Trinitatis 1739 wurde die Orgel geweiht. 1802 fiel sie dann einem Brand zum Opfer.

Beim Bau der Orgel in der Dresdner Frauenkirche (Bild 18),[34] die 1945 mitsamt der Kirche durch Luftangriff zerstört wurde, gab es für den Meister auch unnötigen Aufenthalt. Die Orgel sollte nach dem Kontrakt vom 13. November 1732 „binnen dato und drey Jahren", also bis November 1735, geliefert werden. Der Meister hätte das ohne weiteres geschafft, wenn Zimmermeister George Bähr das „Palgen-Hauß" und das Gehäuse rechtzeitig fertig gehabt hätte. Das war aber nicht der Fall. Am 6. Oktober 1734 erschien Gottfried Silbermann deshalb vor dem Ratskollegium und erklärte, daß „er vermöge seines Contracts nunmehro im Stande sey, das Orgelwerck aufzusetzen, zumal die zehn Windladen, die Claviere, die Bälge und höltzerne Pfeiffen fertig wären,[35] es habe aber der Zimmer-Meister Herr Bähr zur Zeit weder das Palgen-Hauß noch das Orgel-Gehäuße gefertiget". Gottfried Silbermann erklärte, „ehe solches alles zur Perfection komme und das ganze Orgelgehäuße samt der Tischler-Arbeit und Mahlerey vollkommen fertig" sei, könne er den Orgelbau nicht fortsetzen. Außerdem müßten die zinnernen Pfeifen „sogleich an Ort und Stelle eingesetzt werden". Silbermann ließ keinen Zweifel daran, daß er sich nicht länger in Dresden aufhalten könne, „weil er an andern Orten auch bestellte Arbeit habe und es sey ihm leid, daß er an dem hiesigen Wercke durch H. Bährens Verzögerung verhindert würde".[36]

Gottfried Silbermann hat die unvorhergesehene Pause dazu benutzt, um in Freiberg die Orgel zu St. Petri fertigzustellen. Das Werk wurde am 31. Oktober 1735 geweiht. Frühestens Ende Januar des folgenden Jahres ging der Meister dann nach Dresden.[37]

Gottfried Silbermann war nicht nur ein ausgezeichneter Orgelbauer, Künstler, Kaufmann und Handwerker, sondern auch befähigter Organisator.

Einige Schriftstücke liefern uns spezielle Beweise für Silbermanns Arbeitsorganisation. So bat er zum Beispiel Ende April 1716 um eine baldige Entschließung wegen des Baues der Freiberger Jakobi-Orgel, weil er „bey jetzigen langen Tagen mit gutem Nutzen das Zinn gießen und die hölzerne Arbeit standhafftiger als im Winter bereiten könne". Wir ersehen daraus, daß Silbermann die Vorteile, die der Sommer mit seinen langen und warmen Tagen bot, für seine Arbeit ausnutzte.

Sehr interessant sind zwei Briefe Silbermanns an Hofrat Fickweiler in Greiz. Der eine stammt vom 8. Dezember 1736. Silbermann teilte mit, daß er Ende September „gleich nach Ausstimmung" der Dresdner Frauenkirchenorgel, „da ich meine Leute nicht mehr gebrauchet", diese nach Freiberg zurückgeschickt habe, damit sie inzwischen „pur einzig und allein" an der Greizer Orgel arbeiten konnten.[38] Das ist ein Beweis dafür, daß Meister Silbermann keine Zeitvergeudung geduldet hat.

Den anderen Brief ließ der Meister am 8. November 1738 schreiben und teilte mit, daß er „nunmehro mit Gott zum Abreißen parat" sei. Er bat darum, am 1. Dezember die zum Abtransport der Orgel nötigen Frachtwagen nach Freiberg zu schicken. Und dann heißt es wörtlich: „Sollte es aber nicht möglich seyn, die Fuhren am 1. December hierher zu schicken, so will mir nur durch ein paar Zeilen Antwort ausgebethen haben, wenn die Wagen nebst Kutzsche allhier ankommen werden, indem ich mich mit dem Einpacken darnach richten muß, und wenn das Werckzeug eingepackt, können alsdann meine Leute nichts arbeiten, sondern müßen müßig gehen." Wir sehen, daß Gottfried Silbermann wegen des Abtransports einer Orgel gut disponieren und planen mußte, um unproduktive Wartezeiten zu vermeiden.[39] Schon dieses eine Beispiel zeigt uns, mit welcher Umsicht der Meister seine Werkstatt geleitet hat. Hier wurde zielstrebig gearbeitet. Und da war kein Raum für Müßiggang.

Oft mußte der Meister verreisen, so daß seine Gehilfen dann etliche Tage allein waren. Zwei Beispiele sollen das verdeutlichen.

Im Oktober 1735 reiste Silbermann, kurz vor der Weihe der Freiberger Petri-Orgel, nach Greiz, um einen Kontrakt über den dortigen Orgelneubau abzuschließen. Die Verhandlungen wurden sehr schnell abgewickelt, und der Meister hielt sich nur drei Tage in Greiz auf. Trotzdem muß mit dieser Reise (einschließlich

Hin- und Rückfahrt) eine etwa neuntägige Abwesenheit des Meisters verbunden gewesen sein.[40]

Das zweite Beispiel ist noch interessanter: Am 24. Juni 1739 kehrte Gottfried Silbermann nach Vollendung der Greizer Orgel wieder nach Freiberg zurück. Aber es gab kein Ausruhen, denn schon am nächsten Tag schrieb er nach Zittau: „... und habe nunmehro einige Tage hier zu veranstalten, damit meine Leute an der Zittauer Orgel recht fleißig arbeiten können, indem ich mir vorgenommen, wenn Gott Leben und Gesundheit geben wird, auf künfftige Woche nach Zittau zu reisen ...“[41] Das Interessante hierbei ist, daß der Meister vor seiner Reise dafür sorgte, daß in der Werkstatt fleißig gearbeitet werden konnte. Silbermanns Abwesenheit konnte für die Gehilfen also kein Grund zum „Feiern“ sein.

Es ist überraschend, wieviel die geschäftlichen Briefe des Orgelbaumeisters, wenn wir sie zu lesen verstehen, über sein Wesen und seinen Charakter aussagen können.

1 Am Freitag vor Exaudi (11. Mai) wurde die Orgel von Gottfried Ernst Bestel, Hoforganist zu Altenburg, geprüft und übernommen. Pastor Olischer schrieb in seinem Aktenvermerk: „Gott laße dieses schöne und kostbare Werck nicht zur Lust des alten Menschen, sondern zur Ermunterung des Geistes, Stärckung der Andacht und seiner Ehre gereichen.“

2 So schrieb er beispielsweise am 20. März 1726 nach Rochlitz: „Schließlich gebe Ihnen die Versicherung, daß täglich an dero Wercke bey mir gearbeitet wird, und sie selbiges zu rechter Zeit in Stande sehen sollen.“

3 Bei der Orgel-„Examination“ hat man fünf Experten aufgeboten. Über die Orgelprüfung finden wir in den Akten einige sehr bemerkenswerte Einzelheiten.

4 Leider enthalten die Akten keine Konzepte der Briefe, die Schroth an Silbermann schrieb. Übrigens war damals das Korrespondieren eine kostspielige Angelegenheit, denn Schroth berechnete einmal zehn Groschen Porto „vor 4 an H. Silbermannen nach Freyberg abgelaßene Briefe“. Das entsprach „wertmäßig“ etwa zehn Pfund Fleisch!

5 Das heißt: ich selbst und sieben Personen.

6 Der Meister bat bei dieser Gelegenheit um Nachricht, „wie weit die Arbeiter mit dem Bau gekommen und ob sie starck avanciren“. Mit dem „Bau“ meinte Silbermann die Errichtung der Orgelempore, der Orgelstellage und des Orgelgehäuses.

7 Dafür noch ein Beispiel: Mitte Juni 1726 schrieb er dem Rochlitzer Amtmann, „daß die Pfeiffen, Windladen und alles, was ich hier habe verfertigen können, parat und fertig ist“.

8 Genaugenommen ist an diesem Tage der Kontrakt nur mündlich abgesprochen und im Entwurf fertiggestellt worden. Wegen Ortsabwesenheit des Superintendenten konnte die „Mundation“ (= Reinschrift) nicht sofort erfolgen.

9 Daß sich der Meister schon wenige Wochen nach Kontraktabschluß mit dem Orgelbau beschäftigt hat, beweist sein Brief vom 11. Juli 1725. Er bat den Amtmann, durch den Organisten Wiedemann oder einen Zimmermann auf dem Platz, „wo die neue Orgel hinzustehen kommt, die Höhe, Tiefe und Breite ausmeßen zu laßen, und mir solches Maaß durch erstere Post zuzuschikken, da ich es sehr von nöthen habe, damit ich an der Arbeit nicht gehindert werde“.

10 Am 7. Februar 1726 hat Adam Schuberth aus Oberforchheim „Herrn Silbermann wieder nach Freyberg" gefahren. – Die Orgel wurde erst am 23. April 1726 geweiht.

11 Etwas machte dem Amtmann besonderen Kummer: Er hatte die alte Orgel für einhundertundfünf Taler an die Gemeinde Rathendorf verkauft und versprochen, sie bis Michaelis „in tüchtig reparirten Stand an Ort und Stelle zu liefern". Wenn aber die alte Orgel wegkäme und „an deren statt die neue noch nicht vorhanden wäre", habe er seitens des Superintendenten „starcken Widerwillen" und von der Kirchfahrt „wahrhafftig die gröste Ungelegenheit, Verantwortung und Verdruß" zu erwarten.

12 Der Amtmann versäumte nicht, ein Lockmittel anzuwenden: Er versprach Silbermann, „wenn es demselben gefällig noch vor denen gesezten Zahlungsfristen einige Praenumerationes [= Vorauszahlungen] zu thun".

13 Heute würden wir das etwa mit folgenden Worten ausdrücken: Ich versichere ehrenhaft mein aufrichtiges Vertrauen zu dem von Ihnen gegebenen Versprechen ...

14 Trotzdem bleiben noch einige Fragen offen. Der Orgelbau in Dittersbach kam nicht unvorhergesehen. Vielleicht hat Silbermann die Absicht gehabt, die Rochlitzer Orgel vor der Dittersbacher zu bauen, aber dann doch erst den Geheimen Kriegsrat von Kiesenwetter „bedienen" müssen.

15 In seiner Eingabe vom 10. Oktober 1724 an August den Starken hat Silbermann zum Ausdruck gebracht, daß er „viele Arbeit" hatte, „aber nicht genug Leute darzu bekommen" konnte.

16 Silbermanns Brief hat ein interessantes Postskriptum: „Ich hoffte zwar letzlich, als Ew. Hoch-Edl. in Noßen waren, alle Augenblicke, daß Sie sich so viel abmüßigen, und mich durch die Ehre Ihrer Ankunfft erfreuen würden, Bedaure aber von Herzen, daß meine Hoffnung nicht mit der That compensiret worden."

17 Gottfried Silbermann hatte schon Ende September 1723 mit der Anfertigung verschiedener Teile für die Oederaner Orgel begonnen, wie wir aus seinem Brief vom 17. November 1723 an den Rat entnehmen können.

18 Als Amtmann Weidlich Mitte Februar 1727 bei Silbermann anfragte, „wieviel eigentlich Persohnen mit anhero kommen", antwortete der Meister: „Ich werde 4 Gesellen, 2 Jungen [= Lehrlinge] und 1 Magd mitbringen."

19 Laut Orgelbaurechnung hat der Amtsbote Engel diesen Brief „nach Ödern an Herrn Silbermannen getragen" und dafür sechzehn Groschen Botenlohn bekommen. Für einen mit der Post von Rochlitz nach Freiberg beförderten Brief mußte man damals einen Groschen Porto bezahlen.

20 In diesem Brief hat Amtmann Weidlich seiner Enttäuschung Ausdruck verliehen. Er schrieb u. a.: „So erfreulich mir anfangs dero Zuschrifft gewesen, in Hoffnung, die Gewißheit der versprochenen Ankunfft zu unßerem langweiligen Orgelbau daraus zu ersehen, so sehr bin gegentheils consterniret [= betroffen] worden, da mich der Inhalt überzeugte, daß leyder die Prognostion [= Voraussage] unßerer Widriggesinnten eintreffen und der Fortgang besagten Orgel-Baues nunmehro zum andern trainiret [= verschleppt] werden soll ... Die Gemeinde zu Rathendorf hingegen, so die alte Orgel gekaufft und biß auf ein weniges bezahlet, will ebenfalls nicht länger in Gedult stehen, sondern absolut ihr Werk gesetzet wißen. Aus dießen allen ist leicht abzunehmen, wie mir der Kopf warm gemacht werde und weiß ich meines Ortes keinen Rath ..."

21 Nach einem Aktenvermerk ist Silbermanns Brief „aus Versehen [!] zerrißen worden".

22 Amtmann Weidlich hat nicht unerwähnt gelassen, daß „Herrn Silbermann nach beschehener Einrichtung zuförderst die schuldigen 100 Thaler bezahlet" worden sind.

23 ... und dabei auch ein wenig getrunken; denn nach der Orgelbaurechnung hat Gottfried Silbermann insgesamt fünf „Tonnen" Bier bekommen. Dafür sollten ihm siebeneinhalb Taler „künff-

tig angerechnet" werden. Dem Verfasser ist bekannt, daß damals eine Kanne Bier (= etwa ein Liter) sechs Pfennige kostete. Demnach bekam man für siebeneinhalb Taler 360 Kannen Bier, denn 1 Taler = 24 Groschen zu je 12 Pfennigen.

24 Bei der Übergabe der Orgel wurde festgestellt, daß der Meister „aus selbst eigener guten und rühmlichen Intention" (= Absicht) noch drei „besondere Register" angefertigt hatte. Aus diesem Grunde wurden ihm noch sechzig Taler „als billige Discretion" gezahlt.

25 Das von Gerlach erstattete Gutachten ist im Original vorhanden.

26 Hierbei hielt Superintendent Dr. Löscher „eine wohlausgearbeitete und erbauliche Einweyhungs-predigt", und Organist Gerlach spielte das Werk.

27 Aus der Einleitung des Greizer Kontraktes geht hervor, daß „aus dringender Noth ein ziemliches Stück von dem hintersten Theil des Kirchen-Gebäudes mit dem Thurm abgetragen und wieder neu aufgeführt" werden mußte.

28 Gottfried Silbermann reiste (wahrscheinlich im Februar) 1736 mit seinen Gehilfen nach Dresden, um die Frauenkirchenorgel zu bauen.

29 Das ist ein Beispiel für Silbermanns gute Planung, denn zu Pfingsten des folgenden Jahres sollte die Orgel fertig sein. Um das zu schaffen, hätte der Meister eben Ende 1737 mit dem Aufbau des Werkes anfangen müssen.

30 Mit der „bestellten Arbeit" waren wahrscheinlich die Orgeln zu Ponitz und Frauenstein gemeint.

31 In einem Bericht hat Hofrat Fickweiler festgestellt: „Dieses Erbiethen ist mit Danck zu acceptiren und wird man nunmehr besorgt seyn müßen, ... desto mehr die inwendige Arbeit der Kirche zu treiben haben, damit künfftige Martini das Orgelgehäuse aufgesetzet werden kann, sonst wir den Silbermann in 6 Jahren hierher nicht kriegen können." Wir müssen noch erwähnen, daß um diese Zeit schon Verhandlungen zwischen dem Zittauer Rat und Gottfried Silbermann wegen des Baues einer Orgel für die Johanniskirche im Gange waren.

32 Wegen der „außenbliebenen Zahlung" suchte Hofrat Fickweiler den Meister „zu besänfftigen".

33 Wenn Silbermann den Greizer Kirchenbau „abwarten" wollte, dann heißt das nicht, daß er inzwischen nichts anderes zu tun hatte. Er baute vielmehr im Frühjahr 1738 in Frauenstein eine Orgel, die am 2. Juli geweiht wurde.

34 Nach den im Stadtarchiv befindlichen Akten ist der Grundstein zur Frauenkirche am 26. August 1726 gelegt worden. Der erste Gottesdienst fand am 28. Februar 1734 statt, obwohl der Innenausbau noch nicht vollendet war.

35 Der Meister hatte schon am 28. September 1733 „einen guten Anfang mit Herunterschaffung des Orgelwerckes von Freyberg gemacht" und beim Rat „vermelden" lassen, daß er die Absicht habe, „über acht Tage noch mehr anhero zu schaffen".

36 George Bähr erwiderte auf die von Silbermann „angebrachte Beschwerde", er habe durch Gottesdienste „seine Arbeit gar öffters aussetzen müssen und die Woche über, wie er wohl gerne wollte, nicht fortarbeiten können".

37 Das können wir seinem an Hofrat Fickweiler gerichteten Brief vom 21. Januar 1736 entnehmen. Silbermann schrieb: „Dieweil ich aber, das Werck in der Frauenkirche zu Dreßden zu verfertigen, anitzt [= jetzt] in Begriff bin dahin zu reisen ..."

38 Wir müssen aus Silbermanns Worten schließen, daß er selbst noch in Dresden geblieben ist. Was mag ihn dazu veranlaßt haben? Der Verfasser legte diese Frage Orgelbaumeister Wilhelm Rühle in Moritzburg bei Dresden vor, und dieser beantwortete sie wie folgt: „Es ist mit allergrößter Wahrscheinlichkeit anzunehmen, daß Silbermann ‚gleich nach der Ausstimmung' der Frauenkirchenorgel bis zur Prüfung des Werkes am 22. November noch fleißig an der Intonation des Werkes gebessert hat."

Wenn eine Orgel in allen technischen Dingen an Ort und Stelle fertiggestellt war, begann der Orgelbauer mit der Intonation. Dabei erhält die Pfeife (nach Dr. Dähnert) „erst den rechten Klangcharakter, ihre Tonschönheit und die präzise, augenblickliche Ansprache". Bei der Intonation sind außer dem Bälgetreter nur zwei Personen nötig: eine zum Anschlagen der Tasten an den Klaviaturen und eine an den Pfeifen. Übrigens wurden die Orgelpfeifen schon einmal in der Werkstatt mit dem Munde zum Ansprechen gebracht. Zu Beginn der Intonation wird die Pfeife zunächst „auf Stärke" gebracht, das heißt, nach hinreichender Öffnung des Pfeifenfußes wird die sogenannte Kernspalte so lange erweitert oder eingeengt, bis die Pfeife in der gewünschten Stärke erklingt. In hohem Maße klangbestimmend ist ferner die Höhe des „Aufschnittes" der Pfeifen. Mancherlei ist noch zu beachten, ehe die Pfeife den vom Orgelbauer gewünschten und von dem Mann am Spielschrank mitbeurteilten Toncharakter besitzt. Wenn die Pfeife nun nach Wunsch klingt, erfolgt die Stimmung. Hierfür wird als „Stimmregister" die Prinzipalstimme benutzt. Dieselbe ist bei Beginn der Intonation als allererste auf das Peinlichste in Klangstärke und Tonhöhe vorbereitet worden, und nach ihr richten sich alle anderen Stimmen.
Der Orgelbauer unterscheidet drei Arbeitsgänge: Intonation, Vorstimmung und Rein- oder Ausstimmung. Einige Zeit nach der Ausstimmung „setzt" sich die Stimmung der Orgel, denn die durch Klopfen mit dem Stimmhorn an den Pfeifenmündungen entstandenen Spannungsverhältnisse lösen sich allmählich. Das hat zur Folge, daß eine, wenn auch geringe, Veränderung der Gesamtstimmung des Werkes eintritt. Der Meister geht dann nochmals mit Ruhe und großer Sorgfalt daran, diese geringen Veränderungen zu beheben. Deshalb dürfte Gottfried Silbermann auch noch eine Zeitlang in Dresden geblieben sein. – Der Verfasser ist Orgelbaumeister Rühle für diese Erläuterungen sehr dankbar und hofft, daß auch den Lesern dieses Buches, sofern sie auf diesem Gebiet Laien sind, ein wenig deutlich geworden ist, was man unter Intonierung und Stimmung einer Orgel zu verstehen hat.
Über Gottfried Silbermanns Intonierkunst schrieb der Dresdner Orgelsachverständige Dr. Ulrich Dähnert (1953) in seinem Buch „Die Orgeln Gottfried Silbermanns": „Überhaupt verlangt die Arbeit des Intonierens nicht nur ein gutes musikalisches Gehör, sondern außerdem auch einen ausgeprägten Sinn für Klangschönheit, die Fähigkeit, Obertöne zu vernehmen, und zudem ein feines Fingerspitzengefühl. Alle diese Fähigkeiten hat Gottfried Silbermann im höchsten Grade besessen. Denn, wie schon erwähnt, bewunderten die Kenner unter seinen Zeitgenossen die ‚ungemein prächtige und volle Intonation', die selbst heute noch, nach 200 Jahren, unser Staunen erregt. Bei vielen Silbermannorgeln ist die Intonation nicht mehr genau von derselben Beschaffenheit, wie sie ehemals war, da das Pfeifenwerk bei Überholungsarbeiten nachintoniert worden ist und dabei manche Orgelbauer leider an den Labien und Kernen Veränderungen vorgenommen haben. Denn die Achtung vor dem Erbe der Vergangenheit war in den letzten Jahrzehnten verlorengegangen, in denen vielfach ein sehr schlechter Geschmack herrschte. Trotzdem hat der Klang der meisten Orgeln Gottfried Silbermanns nicht seinen unbeschreibbaren Zauber verloren. Wir bewundern noch immer die weiche Fülle der Prinzipale, welche auch durch ihre verhältnismäßig weiten Mensuren bedingt ist, den dunklen, sammetartigen Flötenklang der Gedackten und der Rohrflöten, die unsagbare Süße des in der hohen Lage glöckleinhellen Nasat und die seltene, eigenartige Schönheit der Quintadene, deren Dunkel durch die mitklingende Quinte leicht aufgehellt wird, wodurch der Klang etwas Schärfe bekommt. Nicht vergessen sei der prachtvolle, mächtige und dennoch weiche Klang der Posaune! Dabei spielen, wie schon erwähnt, das hervorragend gute Pfeifenmaterial und außerdem der niedrige Winddruck eine entscheidende Rolle, den der alte Orgelbau um der klanglichen Schönheit willen bevorzugt hat."
Wir müssen die Tatsache nochmals besonders hervorheben, daß sich Gottfried Silbermann, ob-

wohl ihn noch andere Orgelbaue beschäftigten, die Zeit genommen hat, um die Dresdner Frauenkirchenorgel im wahrsten Sinne des Wortes zu vollenden.

39 Fast möchte man fragen, ob Silbermann schon Terminkalender benutzt hat. Das scheint tatsächlich der Fall gewesen zu sein, denn in seinem Nachlaß befanden sich „fünff Stück Leipziger Schreibe-Calender" für die Jahre 1749 bis 1753. Seine älteren Kalender hat der Meister offenbar nicht aufbewahrt.

40 Auf Grund der folgenden Angaben können wir leicht ausrechnen, daß eine Reise von Greiz nach Freiberg (oder umgekehrt) drei Tage in Anspruch nahm: Nachdem die Greizer Orgel am 21. Juni 1739 geweiht worden war, reiste Silbermann am folgenden Tag ab, wie das noch vorhandene Konzept des Reisepasses beweist. Und am 25. Juni schrieb der Meister von Freiberg aus an Aktuar Schroth in Zittau: „... melde hierdurch gehorsamst, daß ich gestern [!] von Greitz wiederum Gott sey Danck gesund und glücklich anhero kommen bin ..."

41 Die Reise nach Zittau war nötig, weil Silbermann in der Johanniskirche „das Grundwerk nebst dem Gestelle zur neuen Orgel in Augenschein" nehmen wollte.

Preise und Zahlungsbedingungen

Wenn eine Gemeinde, ganz gleich ob Dorf oder Stadt, eine neue Orgel bauen lassen wollte, dann mußte sie sich auch darüber klar sein, daß dafür einige hundert oder gar einige tausend Taler aufzubringen waren.[1]

Für den Orgelbauer war die Preisfrage von entscheidender Bedeutung. Er mußte den Preis einer Orgel so kalkulieren, daß nicht nur sämtliche Lohn- und Materialkosten gedeckt wurden, sondern auch ein Gewinn heraussprang. Das setzt aber kaufmännische Fähigkeiten voraus, die Gottfried Silbermann in vollkommener Weise besaß.

Wieviel Taler hat Silbermann für eine Orgel gefordert? Die Preise waren sehr unterschiedlich und richteten sich vor allem nach der Größe des Werkes, das heißt nach der Zahl der Stimmen und der Disposition. Die Größe einer Orgel war wiederum von den räumlichen Verhältnissen der betreffenden Kirche abhängig.[2]

Die „billigste" Silbermann-Orgel finden wir in der Röthaer Marienkirche. Das kleine Werk hat elf Stimmen, und Gottfried Silbermann bekam dafür zweihundert Taler und die alte Orgel.[3]

Die „teuerste" Orgel Silbermanns war die in der Katholischen Hofkirche zu Dresden. Für sie war im Kontrakt die ansehnliche Summe von zwanzigtausend Talern vereinbart worden, nachdem Gottfried Silbermann diesen Betrag gefordert hatte.[4]

Damit haben wir gewissermaßen die Grenzen abgesteckt, zwischen denen sich die Preise der Silbermann-Orgeln bewegten. Der Meister hat eine ganze Reihe Orgeln gebaut, für die er fünfhundert bis sechshundert Taler forderte. Dazu gehören die Werke in Bad Lausick[5] (fünfhundert Taler), Niederschöna (fünfhundertfünfundzwanzig Taler), im Freiberger Dom[6] (fünfhundertundfünfzig Taler), Rochlitz (fünfhundertfünfundsiebzig Taler)[7] und Pfaffroda (sechshundert Taler).

Die Gemeinden Rötha (St. Georg) und Großkmehlen zahlten dagegen runde tausend Taler und bekamen dafür zweimanualige Orgeln mit dreiundzwanzig bzw. zweiundzwanzig Stimmen. In beiden Fällen waren die Kirchen-„Patrone"[8] bestrebt, für „gutes" Geld auch gute Orgeln zu bekommen.

Der Kirchenpatron von Reichenbach, der „hochwohlgeborene" Landkammerrat Carl Metzsch, ging noch etwas weiter und versprach Gottfried Silbermann „fünfzehn Hundert" Taler für eine Orgel mit dreißig Stimmen. Die Bergstadt Freiberg bewilligte glatte dreitausend Taler für die in der Petrikirche aufzustellende zweiunddreißigstimmige Orgel. Die Dresdner Senatoren entschlossen sich, sogar viertausendzweihundert Taler auszugeben, um von Gottfried Silbermann eine prächtige, dreimanualige Orgel in die neue Frauenkirche bauen zu lassen. In Zittau ging man noch „höher" und bewilligte siebentausend Taler für die Orgel der Johanniskirche.

Wir dürfen aber nicht glauben, daß jede Gemeinde oder jede Stadt den von Gottfried Silbermann geforderten Preis sofort akzeptierte. Manchmal wurde lange verhandelt oder „gehandelt", bevor man sich einig war.

Ein interessantes Beispiel dafür bietet uns die Freiberger Jakobi-Orgel. Nach einem Aktenvermerk des Kreisamtmannes Weidlich vom 21. Februar 1715 hatte Gottfried Silbermann auf seiner Forderung „beständig beharret".[9] Er wurde deshalb gebeten, „eine richtige Specification auffzusetzen".[10] Dem Kurfürsten erschienen die Kosten als „sehr hoch angesetzet", und er erteilte dem Amtmann am 8. April 1715 den Befehl, sich „mit dem Orgelmacher eines billigern zu vergleichen".[11] Da Gottfried Silbermann aber „an die fünf Wochen sich unpaß befunden",[12] konnte man erst am 22. Mai 1715 mit ihm verhandeln. Der Kreisamtmann, der Superintendent, der Jakobi-Pfarrer und der Domorganist versuchten alles, daß sich der Meister „auff ein leidliches einläßt". Aber Gottfried Silbermann wollte von seiner Forderung „mit weitläuffiger Hererzählung der erforderten Materialien an Zinn, Holz, Brettern und Arbeits-Kosten nicht abstehen". Erst als ihm nochmals „von allerseits beweglichst zugeredet" wurde, „die Sache doch wohl zu erwegen und bey dieser kurfürstlichen Lehenskirche keinen sonderbaren Profit zu suchen", war Silbermann endlich bereit, für achthundert Taler eine zweimanualige Orgel oder eine einmanualige mit Rückpositiv zu bauen.[13] Damit erklärte sich am 30. Januar 1716 auch der Kurfürst einverstanden.[14]

Trotzdem wendete der Kreisamtmann am 28. April 1716 nochmals „alle möglichste Mühe und Fleiß" an, Silbermann „zu disponiren, von denen geforderten achthundert Thalern abzustehen und es bey siebenhundert Thalern bewenden zu lassen". Aber der Meister war „keineswegs zu gewinnen" und entgegnete, daß er „andernorts vor dergleichen Wercke ein mehreres bekommen".[15] Außerdem „kähmen ihm die Materialien allesamt sehr theuer an und er würde den wenigsten Gewinn daran haben". Gottfried Silbermann betonte, er „wolle alles tüchtig und gut verfertigen". Und deshalb war der von ihm geforderte Preis von achthundert Talern für eine Orgel mit zwei Manualen und achtzehn Stimmen bestimmt nicht zu hoch, denn Silbermann versprach, für „alles Bedürffniß an Material“ aufzukommen, die benötigten Handwerksleute „auf seine Kosten zu halten und zu befriedigen“ und außerdem auch das Orgelgehäuse „sauber nach architectonischer Art gearbeitet und mit schöner Bildhauer-Arbeit ausgezieret, herzustellen und auffzusetzen“.

Kreisamtmann Weidlich erstattete über das Ergebnis der neuerlichen Verhandlung mit Gottfried Silbermann noch am selben Tage dem Kurfürsten schriftlichen Bericht. Darin heißt es: „Es ist aber derselbe [Silbermann] unmöglich zu gewinnen gewesen, daß er von denen ehmahls geforderten achthundert Thalern abgestanden und nur etwa zehn Thaler nachgelaßen.“ Wer will es dem Meister verdenken, wenn er nicht mehr mit sich handeln ließ? Wir wollen nicht verschweigen, daß Silbermann Anfang Januar 1718, als die Orgel schon über sechs Wochen fertig war, „mit vielen Wehklagen bejammert“ hat, daß „mit Ihme allzu genau gedungen worden und er beynahe an die 100 Thaler einbüßen müße ...“.

In Rochlitz wurde ebenfalls wegen des Orgelpreises verhandelt. Der dortige Amtmann Carl Erdmann Weidlich war von vornherein bestrebt, den Orgelbauauftrag an Gottfried Silbermann zu vergeben,[16] weil er „von dessen Geschicklichkeit sattsam“ überzeugt war und erfahren hatte, daß der Meister „mit sich gar billig handeln laße“.[17]

Nachdem über ein Jahr verstrichen war, ohne daß etwas unternommen worden war, schrieb der Amtmann am 9. April 1725 an Gottfried Silbermann, daß im Frühjahr der Anfang zum Orgelbau gemacht werden soll und er „beständig gesonnen“ sei, ihm denselben aufzutragen. Der Amtmann wünschte, daß der Meister Mitte April 1725 nach Rochlitz kommt und die Kirche besichtigt, und wollte mit ihm, „als einem sehr kunsterfahrenen Manne“, bei dieser Gelegenheit gleich den Kontrakt schließen. Silbermann befand sich damals wegen eines neuerbauten Werkes, „welches nunmehro in die reine zu stimmen“, in Reichenbach „in voller Arbeit“. Er war insbesondere gerade mit der Intonierung der Pfeifen beschäftigt. Deshalb teilte Silbermann am 15. April 1725 dem Amtmann mit, daß er erst nach Pfingsten nach Rochlitz kommen könne, und versicherte, er werde dann auch „die verlangten Dispositionen und Riße einiger Wercke mitbringen“. Carl Erdmann Weidlich antwortete am 21. April auf Silbermanns Brief: „Da ich bey dem vorhabenden Bau von der Geschicklichkeit eines so berühmten Maitre [= Meisters] zu profitiren suche, muß mir wohl den dißseitigen Verzug gefallen laßen.“ Amtmann

Weidlich schlug Silbermann als neuen Termin den 28. Mai vor.[18] Der Meister antwortete am 29. April von Reichenbach aus, daß er am 28. Mai in Rochlitz „erscheinen" werde. Und er hielt Wort.

Am Sonntag, dem 27. Mai 1725, traf Gottfried Silbermann in Rochlitz ein, und Amtmann Weidlich setzte die eingepfarrten Dörfer sofort durch Boten davon in Kenntnis, daß der „Orgelmacher Silbermann aus Freyberg heute alhier angelanget" ist. Jede Gemeinde hatte einen Ausschuß zu bilden, der am Montag, dem 28. Mai, „früh punct sechs Uhr im Ambte" erscheinen mußte. Die Verhandlungen konnten beginnen.

Gottfried Silbermann nahm zunächst die Kirche genau in Augenschein und berichtete dann, „daß zur Anbringung des Orgelwerckes kein bequehmerer und haltbarer Orth als das Singe-Chor über der Sacristey vorhanden sey". Dann zeigte er „unterschiedliche Orgel-Riße" vor. Nachdem die Anwesenden sie „besehen" hatten, wurde lange „darüber deliberiret" (= beraten). Endlich hatte man sich für einen entschieden. Auf Befragen forderte der Meister für das gewünschte Orgelwerk siebenhundert Taler, was der „Kirchfahrt" aber zu „kostbar" [= teuer] erschien. Es folgten dann nicht nur „von Herrn Ambtmanne und den Anwesenden von der Kirchfarth, sondern auch dem Herrn Orgelbauer Silbermann, viele Hien- und Wieder-Gebothe, von fünfhundert, fünfhundertfünfundzwanzig, fünfhundertundfünfzig Thalern, womit aber Herr Silbermann nicht zufrieden seyn wollte, sondern endlich uff sechshundert Thaler fest bestand". Amtmann Weidlich erreichte aber „uff langwieriges viel bewegliches Zureden", daß der Meister sich „schlüßlich noch erklährte", fünfundzwanzig Thaler „fallen zu laßen und Gott zu Ehren das Orgelwerck dem Riß gemäß tüchtig und dauerhafft zu fertigen". Also hatte Gottfried Silbermann doch „billig mit sich handeln lassen".[19]

Am 13. November 1732 berieten die Dresdner Senatoren wegen der Frauenkirchenorgel, „ob und wie hoch dieselbe nunmehr Herrn Silbermannen zu verdingen".[20] Man einigte sich schließlich auf viertausend Taler einschließlich der Ab- und Zufuhr, der benötigten Kohlen „und aller anderen Nothwendigkeiten". Außerdem wollte man dem Meister „die verlangte Wohnung auf anderthalb Jahr" in Dresden einräumen, „übrigens aber mit nichts zu thun haben, so den Orgelbauer anginge". Die Ratsherren waren sich allerdings darüber klar, daß man „die Zimmer-, Tischler- und Bildhauer-Arbeit beym Gehäuse und was dazu gehörig" noch zu tragen habe. Gottfried Silbermann wurde dann „vorgelassen" und ihm „das Geboth eröffnet". Er „contestirte [= bezeugte] aber auf sein Gewissen, daß er von seiner Forderung nicht abgehen könne",[21] da die Kosten für die Ab- und Zufuhren, für Holz und Kohlen auf über dreihundert Taler „zu stehen kämen". Der Rat bot dem Meister hierauf noch einhundertfünfzig Taler, und „nachdem selbiger damit nicht zufrieden seyn wollen", zweihundert Taler, „worauf Herr Silbermann den Handschlag abgestattet". Dem Abschluß des Kontraktes stand nun nichts mehr im Wege.[22]

Wir werfen nun noch einen Blick in die Zittauer Orgelbauakten. Gottfried Silbermann war Mitte April 1737 das erstemal in Zittau.[23] Am 15. April erstattete er einen ausführlichen Bericht über die Untersuchung der alten Orgel.[24] Er stellte fest, daß die Pfeifen „meist von Bley und Blech gemachet ... auch die Clavire übel zu tractiren sind und der Wind thut am ganzen Wercke nichts als schwancken, schlucken und stoßen".[25] Außerdem fand Silbermann die Orgel bei „einem so weitläuffigen Kirchengebäude" viel zu schwach, so daß „durch eine vorzunehmende Reparatur nicht geholffen" werden konnte. Gottfried Silbermann empfahl deshalb dem Zittauer Rat, „eine neue Orgel von gehöriger Stärcke und Größe erbauen zu lassen". Er forderte für ein solches Werk fünftausend Taler. Und die Kirche sollte auf ihre Kosten drei Schock Pfosten, zwanzig Stollen und sechs Schock Bretter beschaffen, die Kosten für die Tischler- und Bildhauerarbeiten übernehmen und endlich dem Orgelbauer und seinen Gehilfen während der eineinhalbjährigen Tätigkeit freie Wohnung und Beköstigung und freie Ab- und Zufuhr gewähren.

Am 8. Mai 1737 übersandte Silbermann dem Zittauer Aktuar Benjamin Schroth den „Orgel-Bau-Riß"[26] und bat darum, diesen „dem Rathe nebst Vermeldung eines unterthänigen Compliments zu überreichen und bey denen Herren Patronis vor die in Zittau genoßene Ehre gehorsamsten Danck abzustatten".

Der Rat hatte wegen des Orgelbaues eine besondere „Deputation" gebildet, der vier „Doktoren" angehörten. Sie erstatteten dem Rat von Zeit zu Zeit „gehorsame Vorträge". In einem solchen vom 6. Juni 1737 wurde dem Rat empfohlen, „die Gelegenheit, von einem so berühmten Meister eine Orgel in hiesige Hauptkirche um einen so billigen Preiß zu erlangen, nicht vorbey gehen zu lassen". Die Deputierten gaben besonders zu bedenken, „wenn dieser Künstler mit Tode abgehen sollte, man dergleichen nicht so bald wieder bekommen möchte".[27]

In einem ausführlichen Brief, den Gottfried Silbermann am 28. Juli 1737 von Ponitz aus nach Zittau richtete, teilte er mit, daß er den Orgelbau nochmals „wohl überlegt" habe. Wegen der Enge des Raumes[28] erfordere „das Regier-Werck und Eingebäude sehr viel mehr Mühe, Kosten und Zeit". Außerdem müsse „viel von

Eißen gemacht werden, welches sonsten, wenn der Platz geraumer, mit weniger Unkosten von Holtz könnte gefertigt werden". Gottfried Silbermann schrieb dann, er „getraue sich mit Gottes Hülffe das gantze Werck in vollkommenen und tüchtigen Standt zu setzen, daß auch nicht eines Nagelswerth daran manquiren [= fehlen] soll".

Nachdem er sich also „alles wohl überlegt" hatte, verlangte Gottfried Silbermann „insumma vor Kost vor mich und meine Leute, Materialien und alles, was zu einem vollkommenen Werck erfordert werden kann, Sieben Taußent Thaler". Falls der Rat bereit wäre, „diesen sehr billigen Accord einzugehen", erbat sich der Meister „eheste Resolution".[29] Silbermann hat in seinem Brief betont, er habe den Deputierten versprechen müssen, „weiter nichts anzunehmen oder mit jemandem zu kontrahiren" und wolle „seine gegebene Parole halten". Es seien ihm aber jetzt „wieder einige Orgel-Wercke angetragen worden und unter andern solle er mit dem Rath zu Zwickau einen Accord schließen".[30]

Im Januar 1738 reiste Gottfried Silbermann nochmals nach Zittau, um „wegen der neuen Orgel nähere Communication zu pflegen". Man fragte den Meister, „ob er nicht von der Forderung etwas fallen lassen möchte". Silbermanns Antwort hat Aktuar Schroth in einem Protokoll vom 23. Januar 1738 festgehalten. Sie lautete: „Herr Silbermann will aber von denen geforderten siebentausend Thalern nichts schwinden lassen, weil zu so einem Wercke für über dreitausend Thaler Materialien erfordert würden und er nebst sieben Personen bey mehr als drei Jahren daran zu arbeiten hätte, auch auf die nöthigen Fuhren vieles rechnen müsse, zudem mache ihm der enge Raum viel Arbeit und Mühe bey Führung derer Windladen, Abstracten und Regierwercke, auch müßten die großen Baß-Pfeiffen wegen des niedrigen Gewölbes gekröpfft werden, welches viel Zeit wegnehmen und ihn bey der Arbeit aufhalten würde."

Es mag manchmal für den Meister nicht einfach gewesen sein, die Orgel in den zur Verfügung stehenden Raum „hineinzubauen".[31]

In ihrem Vortrag vom 25. Januar 1738 betonten die Deputierten, daß sie „zu verschiedenen mahlen" den Versuch unternommen und mit Silbermann verhandelt haben, ob von den geforderten siebentausend Talern „nicht etwas herunter zu dingen seyn möchte", aber Silbermann habe „ziemlich deutlich demonstriret, daß er vor so ein Werck, welchem die in Görlitz stehende große Orgel, auf welche doch 18.000 Thaler verwendet worden seyn sollen,[32] weder an der Stärcke noch Lieblichkeit des Klanges gleichkommen würde,[33] nicht zu viel gefordert".[34] Bei der

Summe von siebentausend Talern blieb es dann auch.[35] Gottfried Silbermann versicherte, daß in diesem Betrag „alles und jedes wie es Nahmen habe, außer was Bildhauer-, Tischler- und Zimmerarbeit anlanget“, inbegriffen sei.[36]

Als die Orgel am 1. und 2. August 1741 geprüft wurde, stellte man fest, daß Gottfried Silbermann „über den Contract“ noch einiges geliefert hatte, und zwar drei zusätzliche Stimmen,[37] zu beiden Seiten des Gehäuses vier Felder „Zierraths-Pfeiffen“ und anderes. Nachdem Gottfried Silbermann am 5. August „die annoch bey sich habenden Schlüssel“ zum Chor und zur Orgel übergeben hatte, fand anschließend im Waisenhaus, wo der Meister sein Quartier hatte, noch eine Verhandlung statt. Hierbei teilten die Deputierten Silbermann mit, daß die restlichen tausend Taler noch heute ausgezahlt werden könnten. Weil er aber „eines und das andere über den Accord geliefert, so wolle man von ihm vernehmen, ob er solches aus der zu wiederhohlten mahlen versicherten guten Absicht, Gottes Ehre zu befördern, gethan, oder ob er dafür etwas zu fordern gesonnen sey“. Der Meister versicherte hierauf, daß er für die zusätzliche Arbeit mehr als sechshundert Taler fordern könne, „weil er aber sähe, daß ihm Schwierigkeiten gemacht werden wollten, solle man ihm nur die Zierrath-Pfeiffen und was er im Gehäuse bauen lassen, bezahlen, das übrige wolle er wieder mitnehmen, da es jedem Kauffmann frey stünde, seine Waren zu zeigen“.

Die Deputierten haben ihm hierauf „weitläuffige Vorstellung gethan, wie sich solches nicht schicken würde“. Man forderte Silbermann auf, „lieber ordentlich zu liquidiren“, also seine Forderungen genau anzugeben. Der verärgerte Meister hat sich dazu „aber nicht verstehen wollen“. Am 7. August 1741 verhandelte Aktuar Schroth im Auftrage der Deputierten nochmals mit Silbermann und bekam von ihm die Antwort: „Er würde nicht liquidiren, wollte man ihm nicht freywillig etwas aussetzen, müsse er sichs gefallen lassen.“ Wahrscheinlich hat sich der Meister die Sache nochmals in Ruhe überlegt, denn noch am selben Tage bezifferte er seine Mehrarbeit auf zweihundertunddreißig Taler.[38]

Inzwischen waren die „rechtsgelehrten“ Deputierten zu der Ansicht gelangt, daß „an denen inwendigen Gebäuden“ der Orgel manches von der Kirche bezahlt worden ist, „so vielleicht Herrn Silbermann zugekommen wäre“. Man teilte das dem Meister mit, doch dieser wies darauf hin, daß nach dem Kontrakt die Kirche die Zimmermannsarbeit zu bezahlen habe. Zur Klärung dieser Frage wurden später sogar noch Gutachten des Dresdner Rates und des Zittauer Orgelbauers Tamitius beigezogen, die Silbermanns Ansicht bestätigten.[39]

Gottfried Silbermann konnte unter solchen widrigen Umständen nur „mit Bezeigung einer sehr schlechten Zufriedenheit den Hochedlen Herren Deputierten" erklären, „mit denen erhaltenen siebentausend Thalern zufrieden zu seyn". Er könne damit wenigstens sagen, „daß *er* seinen Contract gehalten". Seitens der Deputation sei das aber nicht der Fall gewesen, „weil man ihn mit dem Gehäuse aufgehalten" und auch andere „Hinderungen" verursacht habe, so daß er mit dem Bau länger habe zubringen müssen, „als er sonst nöthig gehabt, worbey er auch aller dienstlichen Remonstration [= Einwendungen] ohngeachtet beharret und sich weiter nicht einlassen will".

Am 8. August 1741 kam doch noch ein Vergleich zustande, indem man dem Meister „vor die über den Contract gemachte und specificirte Arbeit und Materialien in Bausch und Bogen" einhundertundfünfzig Taler bot, was derselbe „feyerlichst acceptiret". Gottfried Silbermann mußte mit seiner Unterschrift bestätigen, damit „vollkommen zufrieden zu seyn".[40]

Gottfried Silbermann ist am nächsten Tag (oder spätestens am 10. August) abgereist.[41]

Im Gegensatz zu Zittau hatte der Dresdner Rat es „vor billig befunden", Gottfried Silbermann für die Frauenkirchenorgel noch fünfhundert Taler als „Douceur" (= Geschenk) zu zahlen, weil er beim Bau dieses Werkes „keine Sorge, Fleiß, Kosten und Mühe erspahret".[42]

In einem besonderen Fall, bei der Freiberger Petrikirche, war Gottfried Silbermann sogar von sich aus bereit, eine Orgel „mit Hintansetzung seines besondern Interesses" (= finanziellen Gewinns) zu bauen. Im Kontrakt vom 3. August 1734 wurde erwähnt, daß der Meister „zu einigen mahlen" erklärt hatte, der Stadt Freiberg „zum Besten und Andenken" in der nach einem Brande im Jahre 1728 wieder aufgebauten Petrikirche „ein annehmliches und tüchtiges, schönes Orgelwerck zu Gottes Ehren und derselben Zierde mit Hintansetzung seines besondern Interesses gegen Prästation eines billigmäßigen Quanti zu fertigen". Und der Freiberger Rat hatte alle Ursache, „solch Erbieten zu acceptiren". Er bewilligte dem Meister insgesamt dreitausend Taler. Gottfried Silbermann hat sich bei seinem Anerbieten nicht zuletzt davon leiten lassen, daß er in Freiberg „schon geraume Zeit sein Domicilium" (= Wohnung) hatte.

Wir wissen, daß der Zwickauer Rat die Absicht hatte, von Gottfried Silbermann in der Marienkirche eine große Orgel bauen zu lassen. Bemerkenswerterweise hat der Rat in einem Bericht an den Kurfürsten am 11. März 1743 geschrieben, Silbermann habe versichert, „weil ihn Gott ohnehin mit gantz ansehnlichem Vermögen geseegnet, er mehr aus einer besonderen Neigung gegen hiesige Stadt, als aus Gewinnst [= Gewinnsucht] die Hand an's Werck legen wollte". Und der damalige Zwickauer Organist und Bachschüler Johann Ludwig Krebs hatte schon in einem ausführlichen Schreiben vom 23. Okober 1742 an den Zwickauer Rat betont, Silbermann habe „längst gewünschet, in der schönen und überaus herrlich thönenden Zwickauischen Ober-Kirche seines Nahmens Gedächtniß zu stiften". Leider ist der Bau der Orgel, die zwei Manuale und dreiunddreißig Stimmen erhalten sollte, nicht verwirklicht worden.

Hinsichtlich des für eine Orgel vereinbarten Preises ist Püchau ein einmaliger Fall.[43] Am 23. Dezember 1727 schloß der Kirchenpatron, der kurfürstliche „hochbestallte Geheimbde Rath, Creyß-Hauptmann und Steuer-Einnehmer des Leipziger Creyßes", Heinrich von Bünau, mit Gottfried Silbermann einen Kontrakt. Hiernach wollte der Meister für nur sechshundert Taler eine zweimanualige Orgel mit einundzwanzig Stimmen liefern. Wir erinnern uns, daß die Nassauer Orgel mit zwanzig Stimmen siebenhundertundvierzig Taler kostete, und finden die Püchauer deshalb verhältnismäßig billig.[44]

Erst vierundsechzig Jahre nach der Orgelweihe und vierzig Jahre nach Silbermanns Tod wurde das Geheimnis um die „billige" Orgel zu Püchau gelüftet, und zwar durch einen Aktenvermerk vom 9. Juli 1793, den der damalige Gerichtsschösser geschrieben hat. Hiernach hatte die Gemahlin des „vormahligen Gerichtsherrn eine vorzügliche Liebe zu guten Kirchen-Gesängen". Ihr „Herr Gemahl", Heinrich von Bünau, habe für die neue Orgel aber nicht mehr als sechshundert Taler „bewilligen wollen". Um aber „ein gutes Orgelwerck zu erhalten", hat sie „von ihrem eigenen Vermögen annoch zweihundert Thaler als gnädige Zulage bewilligt". Ob Heinrich von Bünau das erfahren hat? Wir wissen es nicht. Der damalige Kirchenvorsteher von Püchau war jedenfalls davon unterrichtet. Er erzählte es seinem Sohn, und dieser teilte es wieder seinem Sohn mit, denn alle bekleideten nacheinander das Amt des Kirchenvorstehers. Und der letztere, Johann Gottfried Heller, unterrichtete schließlich den Gerichtsschösser, welcher die „Geschichte" endlich niederschrieb. Und deshalb hat die Nachwelt davon erfahren. Es ist unbegreiflich, daß spätere Generationen die Orgel nicht gepflegt haben, so daß sie dem Holzwurm zum Opfer fallen konnte.[45]

Wir haben uns in einem besonderen Kapitel mit der Frage beschäftigt, ob Gottfried Silbermann die vertraglich festgelegten Liefertermine für seine Orgeln eingehalten hat. Wir möchten nun eine Gegenfrage stellen: Inwieweit haben denn die Gemeinden ihre vertraglich vereinbarten Zahlungsverpflichtungen erfüllt?

Es ist klar, daß man Gottfried Silbermann in jedem Fall die vereinbarten Summen auch bezahlt hat.[46] Aber der Gesamtbetrag war ja nicht auf einmal, sondern in mehreren „Terminen" fällig. Meistens handelte es sich um vier, fünf oder sechs Raten.[47]

Nur in einigen Fällen können wir noch feststellen, ob die Gemeinden die einzelnen Raten pünktlich bezahlt haben. Gottfried Silbermann hat nämlich, nachdem alle Raten bezahlt waren, eine abschließende Quittung über den Gesamtbetrag ausgestellt,[48] so daß die Gemeinden die früher erteilten Quittungen über einzelne Termine nur in seltenen Fällen aufbewahrt haben. Die Gemeinde Helbigsdorf besitzt noch die Quittungen des Meisters über die vier Termine. Aber das ist ein Ausnahmefall.[49]

Der Rochlitzer Amtmann Carl Erdmann Weidlich war sehr zuvorkommend und gewissenhaft. Nach dem Kontrakt war die erste Rate von einhundertfünfundsiebzig Talern zum Johannisfest 1725 fällig. Trotzdem zahlte der Amtmann dem Meister schon am 28. Mai dreißig Taler „praenumerando" (= im voraus) aus, als er mit ihm den Kontrakt mündlich abgesprochen hatte. Die restlichen einhundertfünfundvierzig Taler ließ Amtmann Weidlich dem Meister durch den Organisten Wiedemann am 17. Juni, eine Woche vor Fälligkeit, überbringen. Die zweite Rate von einhundert Talern war zu Weihnachten 1725 fällig. Am 28. Dezember schickte der Amtmann einen „Expressen" (= Eilboten) nach Freiberg, der Gottfried Silbermann mit „Anwünschung glücklich zurückgelegter Feyertage" das Geld überbrachte.[50] Carl Erdmann Weidlich bat, „den Verzug", obwohl es sich nur um einige Tage handelte, „wegen des eingefallenen bößen Wetters" zu entschuldigen. Der dritte Termin von einhundert Talern sollte eigentlich zum Johannisfest 1726 ausgezahlt werden. Da sich aber Silbermanns Ankunft in Rochlitz sehr verzögerte, wurde die dritte Rate zunächst auch nicht ausgezahlt. Nachdem dann feststand, daß Silbermann Ende Februar 1727 nach Rochlitz kommt, fragte der Amtmann am 17. Februar noch schriftlich bei ihm an, ob „die nunmehro schuldigen 100 Thaler mit nach Freyberg geschickt oder allhier ausgezahlet werden sollen". Silbermann antwortete, daß er das Geld in Rochlitz in Empfang nehmen möchte.[51]

Andere Gemeinden nahmen es mit der Einhaltung der Termine nicht so genau. Bei der Freiberger Jakobi-Orgel war die letzte Rate von zweihundert Talern bei Übergabe des Werkes fällig. Gottfried Silbermann hatte die Orgel Ende November 1717 fertig. Die Übergabe wurde aber hinausgezögert und erfolgte erst Anfang Februar 1718, obwohl der Meister schon Anfang Januar „hefftig“ auf die Übergabe gedrängt hatte, um endlich „zu seiner völligen Bezahlung“ zu gelangen.

Landkammerrat Carl Metzsch in Reichenbach hatte als Kirchenpatron nach dem Kontrakt vom 18. Dezember 1723 zu Ostern 1724 zweihundert Taler und zum Johannisfest einhundert Taler an Gottfried Silbermann zu zahlen. Der Meister hatte aber Ende Juli 1724 noch nichts bekommen, und deshalb schrieb er an Pastor Johann Balthasar Olischer: „Nachdem ich an dem Reichenbachischen Orgelwerck nebst denen Meinigen fleißig arbeite, daß ich zu Michaelis [= Ende September 1724] meinem gethanen Versprechen werde nachleben und die Orgel überliefern können: Weil ich aber bereits so viel darein verwendet und auch noch mehreres Geld vonnöthen habe, als will meinen hochgeehrtesten Herrn hiermit dienstlich gebethen haben, bey Gelegenheit mit Ihro Excellenz, dem Herrn Land-Cammer-Rath, wegen des rückständigen Ostern- und Johannis-Termins zu sprechen, daß die verfloßenen beyden Termine ehestens möchten ausgezahlt werden, damit ich nicht genöthiget würde, etwas anderes vorzunehmen und dieses Werck liegen zu laßen.“ Wir hören aus Silbermanns Worten deutlich heraus, daß es ihn geärgert hat, wenn jemand seine Verpflichtungen nicht pünktlich erfüllte.

Am 15. August 1724 richtete Gottfried Silbermann einen weiteren ausführlichen Brief an Pastor Olischer und bedankte sich dafür, daß er mit Carl Metzsch gesprochen hat. Aber der Meister hatte trotzdem noch kein Geld bekommen. Er schrieb: „Allein es wundert mich doch, daß ich bis dato von Seiner Excellenz, dem Herrn Land-Cammer-Rath, weder Schreiben noch Geld bekommen, ohngeachtet der Herr Creys-Amtmann Weidlich allhier seit Ostern schon zu dreyen mahlen meinetwegen an Seine Excellenz geschrieben, hierauf aber noch keine Antwort erhalten.“ Silbermann betonte, daß er „doch schon über neunhundert Thaler darein gestecket, auch noch unterschiedene Handwercks-Leute zu befriedigen“ und deshalb „noch mehr Geld vonnöthen habe“. Er fügte seinem Brief den Kontrakt bei, damit man daraus ersehen konnte, „zu welcher Zeit die Zahlungs-Termine fällig sind und wenn ich die Orgel überliefern soll“. Gottfried Silbermann gab am Schluß seines Briefes seiner Überzeugung Ausdruck, daß es Pastor Olischer gewiß nicht gerne sehen würde, „wenn ich wider meinen Willen wegen der zurückbleibenden Zahlung genöthigt würde, andere Arbeit vorzunehmen und die Reichenbacher Orgel unterdeßen hintanzusetzen“. Anscheinend ist Landkammerrat Metzsch seinen Verpflich-

tungen dann doch nachgekommen, denn Silbermann traf sechs Wochen später in Reichenbach ein, und zehn Tage vor Pfingsten 1725 war die Orgel fertig.
Auch bei der Greizer Orgel mußte Gottfried Silbermann bei der Auszahlung der Termine erhebliche Verspätungen in Kauf nehmen. Die erste Rate war zur „Leipziger Neujahrs-Messe“ 1736 fällig, aber erst am 12. März schickte man an „Monsieur Godefroy Silbermann“ in Dresden[52] vierhundert Taler „in Louis d'or“.[53] Man begründete die Verspätung damit, daß „die versprochenen Geldsorten hiesiger Lande sehr rar sind oder doch mit einem gar zu hohen Aufgeld eingewechselt werden müssen“.[54] Aber auch der nächste Termin wurde nicht pünktlich gezahlt.[55] Der Meister war aber bereit, Nachsicht zu üben, und in einem Brief vom 18. Januar 1737 teilte er Hofrat Fickweiler in Greiz mit: „Ich will übrigens wegen Auszahlung derer fälligen Termin-Gelder mir noch einigen Anstand gefallen lassen.“[56]

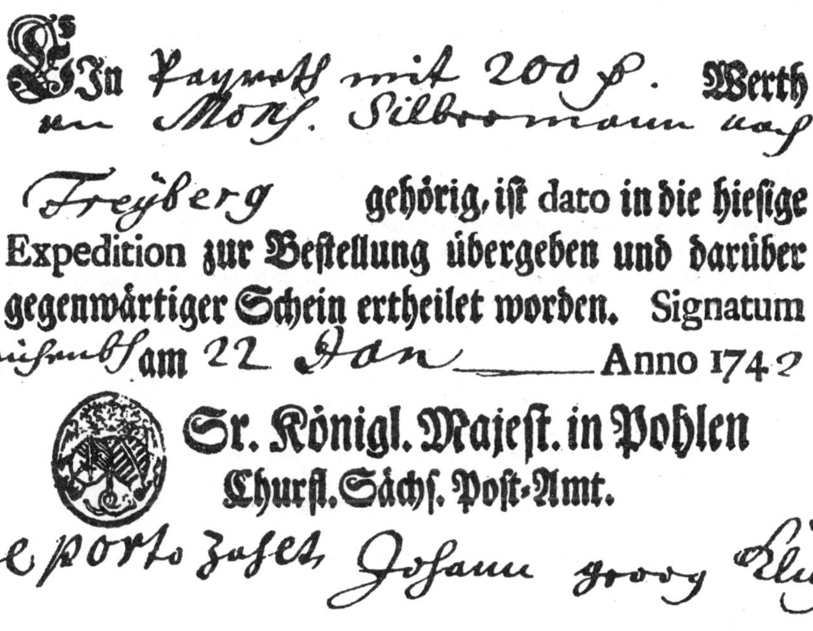
Ein ... mit 200 ... Werth an Mons. Silbermann ...
Freyberg gehörig, ist dato in die hiesige Expedition zur Bestellung übergeben und darüber gegenwärtiger Schein ertheilet worden. Signatum ... am 22 Jan Anno 1742
Sr. Königl. Majest. in Pohlen Churfl. Sächs. Post-Amt.
... porto zahlet Johann ...

Posteinlieferungsschein aus dem Jahre 1742 über ein Paket mit zweihundert Talern an Gottfried Silbermann

Beim Studium der Fraureuther Orgelbauakten müssen wir feststellen, daß es schon beim ersten Zahlungstermin Schwierigkeiten gab.[57] Auch der „Termin Martini 1740" wurde erst am 20. Dezember, also etwa fünf Wochen später, bezahlt.[58] Auch zu Martini 1741 war wieder eine Rate von zweihundert Talern fällig. Regierungsrat Thomas Heydrich in Greiz ließ aber erst am 22. Januar 1742 „ein Paquet" (Paket) an Silbermann mit zweihundert Talern beim „Churfl. Sächs. Post-Amt" zu Reichenbach aufgeben. In den Orgelbauakten finden wir sogar noch den Einlieferungsschein für dieses Paket.[59] (Siehe S. 197.) Das am 22. Januar in Reichenbach im Vogtland aufgegebene Paket war bereits am übernächsten Tag in Gottfried Silbermanns Händen,[60] wie seine in den Akten befindliche, am 24. Januar 1742 in Freiberg ausgestellte Quittung beweist. Gottfried Silbermann ließ an Regierungsrat Heydrich daraufhin einen besonderen Brief schreiben, in welchem er nicht nur „vor das Geld gehorsamsten Danck" sagte, sondern es auch als Zeichen „der besondern Gewogenheit" gegen sich erkannte, daß Thomas Heydrich „sich selbst die hohe Mühe gegeben, das Geld eingepacket und mit Dero Petschafft versiegelt" hatte. Silbermann betonte noch, er werde sich von Herzen freuen, „wenn Gott Leben und Gesundheit geben wird, künfftig bey Ew. Hoch-Edel-Gebohrnen meine unterthänige Aufwarttung zu machen".
Abschließend können wir feststellen, daß auch die mit einem Orgelbau verbundenen „Geldfragen" sehr interessant sind.

1 Ein Orgelbau verursachte auch allerhand Nebenkosten für Maler- und Zimmererarbeiten, Fuhrlöhne, Orgelmahlzeiten usw. So kostete zum Beispiel die Fraureuther Orgel an sich nur achthundert Taler. Die Gesamtausgaben beliefen sich aber auf über eintausendzweihundert Taler. Wenn mit dem Orgelbau auch der Neubau einer Orgelempore verbunden war, dann wurde die Sache besonders aufwendig.

2 In dieser Hinsicht ist erwähnenswert, daß der Dresdner Rat zunächst meinte, für die Frauenkirche genüge eine Orgel von derselben Größe wie in der Sophienkirche. Bei den Beratungen am 8. Mai 1732 äußerte ein Senator aber seine Bedenken, daß „ein klein Werk sich in so eine große Kirche nicht schicken werde". Wir kommen darauf nochmals zurück.

3 Der Kirchenpatron, Freiherr von Friesen, gewährte dem Meister für die Zeit der Arbeit an Ort und Stelle noch freie Wohnung und freie Kost.

4 Wir werden uns mit der Erbauung der Hofkirchenorgel in einem besonderen Kapitel ausführlich befassen.

5 Dieses Werk wurde 1722 für die Johanniskirche zu Chemnitz gebaut und kam später über Auligk nach Bad Lausick.

6 Es handelt sich um die „kleine" Orgel, die 1718/19 für die Freiberger Johanniskirche gebaut wurde und 1939 in den Dom versetzt worden ist.

7 Das war die im Kontrakt vereinbarte Summe. Da Silbermann zusätzlich drei „besondere Register" angefertigt hatte, wurden ihm noch sechzig Taler als „billige Discretion" gezahlt.

8 Freiherr Christian August von Friesen und Frau „Generalin“ Johanne Eleonore von Brause.

9 Der Meister hatte für eine achtzehnstimmige Orgel mit Rückpositiv erst tausend und dann neunhundertfünfzig Taler und für eine vierzehnstimmige Orgel ohne Rückpositiv erst achthundert und dann siebenhundert Taler gefordert.

10 Das hat er unter dem 19. Februar 1715 auch getan. Der Kostenanschlag für die einmanualige Orgel belief sich auf insgesamt achthunderteinundfünfzig Taler.

11 Bei der Jakobikirche handelte es sich um eine sogenannte kurfürstliche Lehenskirche, so daß August der Starke das entscheidende Wort zu sprechen hatte. Es ist bezeichnend, daß er den Amtmann aufforderte, die neue Orgel so billig wie möglich bauen zu lassen, aber darauf bedacht zu sein, die alte Orgel „auffs theuerste zu verkauffen“.

12 Das ist das erste Mal, daß uns etwas von einer Erkrankung Silbermanns mitgeteilt wird. Erst siebenundzwanzig Jahre später, im Frühjahr 1742, anläßlich des Orgelbaues in Zöblitz, wird wieder von einer mehrwöchigen „Unpäßlichkeit“ des Meisters berichtet.

13 Ursprünglich hatte er für ein solches Werk neunhundertundfünfzig Taler gefordert. Es hat den Anschein, daß Gottfried Silbermann anfangs doch etwas mehr gefordert hat, denn sonst hätte er kaum einhundertfünfzig Taler „nachlassen“ können.

14 Der Amtmann wurde bei dieser Gelegenheit nochmals aufgefordert, die alte Orgel „auffs theuerste“ zu verkaufen.

15 Wahrscheinlich hat Silbermann die Orgel zu Pfaffroda gemeint. Er hatte dafür, wie der „dabey producirte Contract bestärcket“, zwar nur sechshundert Taler Bargeld zu bekommen. Der Kirchenpatron Caspar Heinrich von Schönberg gewährte dem Meister und seinen Gehilfen aber für etwa fünfzehn Wochen freie Kost, Wohnung und Lager, stellte das nötige Holz zur Verfügung und übernahm außerdem „alles Fuhr- und Handlanger-Lohn, so weit mehr denn 100 Thaler ausmache ...“.

16 Man hatte zwar Mitte Januar 1724 auch den Hoforgelbauer Johann Jakob Donati, Zwickau, und den Döbelner Orgelmacher Johann Gottlieb Döltzschen um Vorschläge gebeten. Außerdem bewarb sich am 17. Mai 1724 Zacharias Hildebrandt schriftlich um den Orgelbau. Sie hatten aber alle keine Chancen.

17 Der Chemnitzer Stadtsyndikus Klebe hatte bei einem Besuch in Rochlitz dem Amtmann berichtet, daß Silbermann in Chemnitz „vor einiger Zeit in der Johannis-Kirche ein recht feines Werk vor fünfhundert Thaler gemachet hätte“.

18 Er bemerkte hierbei, wenn dieser Termin „nicht bequem“ wäre, so müsse er sich „in Zeiten umb andere Gelegenheit umbthun“, da die Kirchfahrt den Orgelbau gern beschleunigt sähe. Aber Gottfried Silbermann ließ sich den Rochlitzer Orgelbau nicht entgehen.

19 Es ist erstaunlich, daß Silbermann hier von seiner ursprünglichen Forderung um über hundert Taler abging. Offenbar hatte er ein Gefühl dafür, wann man mit ihm „handeln“ will, und kalkulierte in solchen Fällen von vornherein einen gewissen Spielraum ein.

20 Interessant ist die Vorgeschichte: Am 13. Juni 1732 richtete Gottfried Silbermann einen ausführlichen Brief an den Rat zu Dresden. Der Meister brachte zum Ausdruck, daß er die Disposition der Orgel, wie es „die Peripherie und Höhe der Kirche erfordert, wohlbedächtig entworffen“ habe. Nur eine solche Disposition sei zulänglich, die Kirche „mit einer geschickten Gleichheit des Tones auszufüllen“. Silbermann forderte für die projektierte Orgel: 1. viertausend Taler „an Geld“, 2. freie Ab- und Zufuhren, 3. Kohlen und Brennholz und 4. freie und geräumige Wohnung für eineinhalb Jahre in Dresden. – Gottfried Silbermann schrieb weiter, er wäre zwar bereit, für die Frauenkirche eine Orgel zu bauen, wie er sie für die Sophienkirche verfertigt habe. Es wäre aber, „um des Prospects willen“ und um den vorhandenen Platz auszufüllen,

noch ein sechzehnfüßiges Prinzipalregister „unentbehrlich". Für ein solches Werk verlangte Silbermann als „mindesten" Preis dreitausend Taler. Er machte aber ausdrücklich darauf aufmerksam, daß man „meine Wenigkeit" nicht verantwortlich machen könne, wenn „die Orgel nach der Größe und Beschaffenheit der Kirche nicht genugsamen Effect thun, sondern die Gemeinde mit Singen derselben Klang superiren [= übertreffen] sollte".

21 Silbermann hatte viertausend Taler exklusive Ab- und Zufuhr, Kohlen und Brennholz gefordert. Nach den Vorstellungen des Dresdner Rates sollten in den viertausend Talern die genannten Aufwendungen aber inbegriffen sein.

22 Warum man Gottfried Silbermann dazu ausersehen hatte, die Orgel für die neue Frauenkirche zu bauen, erfahren wir aus einem Attest des Dresdner Rates vom 26. November 1736. Hiernach erhielt Silbermann den Auftrag „wegen seiner besonderen Erfahrenheit und seinem dadurch erlangten Ruhm" und „weil er bereits vorher mit dem Wercke in der Sophienkirche sich bey uns in guten Estim [= Achtung] gesetzt".

23 Am 16. Februar 1737 hatten die für den Orgelbau zuständigen „Deputierten" vorgeschlagen, „den berühmten Orgel-Bauer H. Silbermannen von Freyberg wegen Ferttigung einer neuen Orgel anhero zu beruffen und deßen Gedanken darüber zu vernehmen". Gottfried Silbermann ist am 12. April in Zittau eingetroffen, wie wir aus der Rechnung des Gastwirts Gampe ersehen können, bei welchem er mit einem Bedienten (Johann Georg Schön?) wohnte und speiste.

24 Nach der in der Johannis-Kirchrechnung befindlichen Quittung erhielt er für „Besichtigung und Untersuchung der defecten Orgel und für gefertigte Disposition zu einem neuen Werke" zwanzig Taler „pro Honorario". Außerdem wurden ihm sieben Taler „verlegtes Fuhrlohn" erstattet.

25 Der Zittauer Musikdirektor Carl Hartwig hatte die Orgel schon vorher einmal untersucht und dabei festgestellt, daß die Pfeifen „von schlechten Zinn" sind und „viel Zusatz an Bley" haben.

26 Leider muß die Frage, ob Gottfried Silbermann seine Orgelbaurisse selbst gezeichnet hat, unbeantwortet bleiben. Es ist erwähnenswert, daß sich im Nachlaß des Meisters „ein Reißzeug, bestehend in drei Zirkeln" und außerdem „ein Zirkel mit drei Einsetzfedern und einer doppelten Reißfeder" befanden.

27 Gottfried Silbermann war damals vierundfünfzig Jahre alt.

28 Silbermann hatte ursprünglich einen geräumigeren Platz für die Orgel vorgeschlagen.

29 Dem Rat ist die Entscheidung sehr schwergefallen. Am 2. September 1737 wurde der Beschluß gefaßt, die alte Orgel zu reparieren und mit der Erbauung einer neuen noch anzustehen. Doch wenig später trug man Bedenken, „eine Reparatur von ungewissem Effecte vornehmen zu lassen".

30 Wir sind auf dieses – leider nicht verwirklichte – Projekt an anderer Stelle schon eingegangen.

31 Wir können verstehen, daß Silbermann in einem Brief vom 16. Februar 1737 dem Hofrat in Greiz die Maße der Orgel mitteilte und darum bat, „die Sache so zu veranstalten, daß ich den angegebenen Platz gewiß bekomme, indem ich meine gantze Arbeit darnach eingerichtet ...".

32 Silbermann meinte die von Eugen Casparini in der St.-Peter-und-Paul-Kirche erbaute sogenannte „Sonnenorgel", welche 1703 vollendet wurde.

33 Man hat den Eindruck, daß Silbermann die Görlitzer Orgel selbst einmal gehört hat, sonst hätte er sich kaum in diesem Sinne geäußert.

34 Silbermann hat zum Beispiel erwähnt, daß er fünfundsiebzig Zentner englisches Zinn benötigt und ein Zentner etwa dreißig Taler kostet. Eigentlich hatte Zittau es gar nicht nötig, mit dem Orgelbauer wegen des Preises zu „handeln". Die Deputierten hatten nämlich in ihrem Vortrag vom 6. Juni 1737 festgestellt, daß „die Kirche imstande ist, die zu Anlegung eines großen Wercks erforderlichen Kosten nach und nach von denen außenstehenden Resten und eingehenden Zinßen zu bestreiten, ohne daß die Capitalia dieserhalb geschwächt werden ...".

35 Gottfried Silbermann hatte zwar „nach vielem Zureden“ erklärt, daß er mit sechstausend Talern, „exclus. derer Fuhren und der in der Disposition beniemten Pfosten und Bretter, welche die Kirche nebst freyen Logament, Holtz und Kohlen auf ihre Kosten tragen und anschaffen müsse, zufrieden zu seyn“. Der Rat ging hierauf aber nicht ein, sondern beschloß am 27. Januar 1738, mit Silbermann „in Bausch und Bogen vor jedes und alles ein Abkommen vor eine Summa von 7000 Thalern zu treffen“.

36 In der Ratssitzung am 27. Januar 1738 erklärte der Meister, daß er „das gantze neue Orgelwerck, ohne daß ihm weiter ein Heller weder unter dem Nahmen eines Douceurs noch sonsten im geringsten etwas bonificiret würde, vor siebentausend Thaler mit Gottes Hülffe annehmen wolle“.

37 „Flageolett“ 1 Fuß im Oberwerk, „Chalmeaux“ im Brustwerk und „Clarin“ 4 Fuß im Pedal.

38 Von der Gesamtsumme entfielen vierundsiebzig Taler auf die drei zusätzlichen Register. Sechzig Taler forderte Silbermann, weil er das Pedal durch besondere Ventile an das Manual gekoppelt hatte. Für die Zieratspfeifen berechnete der Meister vierundfünfzig Taler „ohne die Arbeit“. Silbermann setzte dann noch zweiundzwanzig Taler Spesen für seine Reise von Freiberg nach Zittau auf, die er im Juli 1739 unternommen hatte, um die Zimmer- und Tischlerarbeiten für den Orgelbau zu begutachten.

39 Silbermanns „Kollege“, der Zittauer Orgelbauer Tamitius, stellte folgendes Zeugnis aus: „Es ist Herr Gottfried Silbermann vermöge des Accords verbunden, zu machen und zu geben alle Festhaltung was zu dem inwendigen Orgelbau nöthig ist, worunter aber nichts anderes zu verstehen, als die Befestigung aller Pfeiffen, Windladen, Wellen, Bretter, die ganzen Tracturen und übrigen Sachen. Dahingegen die Zimmerarbeit mit dem Bauholtze, als da ist der gantze Stuhl des Wercks in und auswendig mit der Verbündung des Zimmer-Holtzes, da die Hauptladen aufruhen und die Fußböden, ingleichen das gantze Balggehäuse mit seiner Zimmerarbeit, allemahl auf der Kirchen eigene Kosten bleibet und hat niemahln kein Orgelmacher mit dergleichen Baueweßen zu schaffen ...“ Und der Rat zu Dresden bestätigte in seinem Attest vom 8. Dezember 1741, daß „das gantze Orgel-Gehäuße in der hiesigen Frauenkirche mit denen Stellagen, worauf die Windladen geleget werden müssen, ingleichen die Gestelle, auf denen die Bälge ruhen, nicht minder die Fußböden und Treppen in besagten Orgel-Gehäuse und Bälgen-Cammer dem Architekt und Zimmermeister George Bähr, vermöge des zwischen uns und ihm den 1. December 1733 geschlossenen Contracts, unter andern mit verdungen worden“ ist.

40 Anscheinend hat man den Meister ein halbes Jahr auf das Geld warten lassen, denn die im Pfarrarchiv zu Zittau befindliche Quittung trägt das Datum: 28. Februar 1742. Silbermann bestätigte, daß der getroffene Vergleich „endlich zu völliger Richtigkeit gekommen“ sei und ihm die einhundertfünfzig Taler „nunmehro [!] baar bezahlet“ worden sind.

41 Am 15. August 1741 schrieb er nämlich dem Fraureuther Pfarrer: „Kann ungemeldet nicht laßen, daß am 11. hujus [= dieses Monats] ich Gott sey Danck gesund und glücklich wiederum nach Freyberg kommen“ bin.

42 So heißt es in einem „Attest“ des Dresdner Rates vom 26. November 1736. Man hat zunächst den Eindruck, daß hier Silbermanns Qualitätsarbeit besonders „prämiiert“ wurde und aus freien Stücken noch fünfhundert Taler zugelegt worden sind. Ein Blick in die im Stadtarchiv verwahrten „Acta, die Übergabe der in der Frauen-Kirche von Gottfr. Silbermann neuerbauten Orgel betr.“ belehrt uns aber eines anderen. Das Attest ist etwas irreführend, weil die fünfhundert Taler als „Douceur“ oder Geschenk bezeichnet wurden. Natürlich hatte der Meister keinen Rechtsanspruch auf Bezahlung, wenn er mehr lieferte, als im Kontrakt vereinbart war. Er konnte nur mit der Gutwilligkeit des betreffenden Rates rechnen, aber sich hierbei auch einmal irren, wie im Falle Zittau. –

Übrigens haben die vier Orgelprüfer in ihrem Bericht festgestellt, daß an der Frauenkirchenorgel „nicht der geringste Tadel zu finden gewesen ist". Die Orgel wäre als ein „Haupt-Werck" anzusehen, was „auch frembde Virtuosen dieser Kunst, wenn sie solches hören und recht genau betrachten, gestehen müssen". Die Prüfer bestätigten auch, daß „die musicalische Temperatur passable und in allen Accorden annehmlich zu gebrauchen ist". Erwähnenswert ist noch, daß der Dresdner Rat am 23. November 1736 „denen Herren Examinatoribus [= Prüfern], Herrn Silbermann und dessen Leuthen eine Mahlzeit gegeben" hat.

Acht Tage später erhielt die neue Orgel ihre künstlerische Weihe. Darüber berichtet der „Kern Dreßdnischer Merckwürdigkeiten": „Den 1. December [1736] hat der berühmte Hoch-Fürstl. Sachsen-Weisenfelß. Capell-Meister und Director Musices zu Leipzig, Herr Johann Sebastian Bach, Nachmittags von 2 biß 4 Uhr sich in der Frauen-Kirche auf der Neuen Orgel in Gegenwarth Sr. Excell, des Rußisch-Kayserl. Gesandten, Herrn Baron von Kayserlings, und vieler Procerum auch starcker Frequenz anderer Personen und Künstler, auf der neuen Orgel mit besonderer Admiration [= Bewunderung] hören lassen ..."

43 Wir wissen schon, daß diese Orgel leider nicht mehr existiert.

44 Allerdings gewährte Heinrich von Bünau dem Orgelbauer und seinen Gehilfen „bey Aufsetzung des Orgelwercks freye Kost", was in Nassau nicht der Fall war. Dagegen hatte sich Nassau verpflichtet, für sechzig Taler „Holzwerck" anzuschaffen.

45 Von der Orgel existiert nur noch die beschädigte Manualklaviatur. Pfarrer Klaholz stellte sie im August 1964 dem Heimatmuseum Frauenstein zur Verfügung.

46 Eine Ausnahme liegt nur bei der Orgel der Katholischen Hofkirche zu Dresden vor. Da Silbermann vor Vollendung des Werkes starb, hat er von den zwanzigtausend Talern nur die Hälfte bekommen. Die restlichen zehntausend Taler sind dann seinem Neffen und Universalerben Johann Daniel Silbermann ausgezahlt worden.

47 Bei den eintausendfünfhundert Talern für die Orgel zu Reichenbach wurden drei Raten zu je zweihundert Talern und neun Raten zu je einhundert Talern, also insgesamt zwölf „Termine", vereinbart.

48 Der Verfasser konnte bisher sieben solche Originalquittungen auffinden (Niederschöna, Rochlitz, Püchau, Zittau, Nassau, Großkmehlen und Helbigsdorf).

49 Auch in anderer Hinsicht besitzt die Helbigsdorfer Quittung großen Wert. In dem Kapitel über Silbermanns Handschrift werden wir mehr darüber erfahren.

50 Auf Grund der Orgelbaurechnung können wir feststellen, daß der Bote Hans Ulbricht hieß und acht Groschen Botenlohn erhalten hat.

51 Am Abend des 26. Februar ist Silbermann in Rochlitz eingetroffen, und am folgenden Tage wurden ihm schon die einhundert Taler ausgezahlt. Amtmann Weidlich war nicht nur äußerst gewissenhaft, er hat auch den Orgelbau uneigennützig gefördert. Das ist daraus zu erkennen, daß er bereits am 3. Januar 1724 (!) mehr als dreiundvierzig Taler spendete. Und als die von ihm geführte Orgelbaurechnung mit einem Vorschuß (= Mehrausgabe) von über zweiundsiebzig Talern abschloß, hat er kurzerhand auch diesen Betrag als sein persönliches Geschenk verbucht.

52 Gottfried Silbermann hatte in einem Brief vom 21. Januar 1736 mitgeteilt, daß er nach Dresden verreisen will, um die Frauenkirchenorgel „zu verfertigen". Er wollte dies besonders „notificiren" (= mitteilen), damit „es nicht fehl herum gehen möge, wenn man den verfloßnen Neujahrs-Termin mir gütigst zu übersenden beliebt". Das sollte wahrscheinlich eine versteckte Mahnung sein. Silbermann erwähnte in dem Brief: „Mein Logier ist auf der Breiten Gaße in dem Breyhahn-Hauße." Dort hatte der Meister übrigens schon 1720 einmal gewohnt, als er die Sophienkirchenorgel schuf. Das Haus hatte seinen Namen von der 1652 dort eingerichteten Breihahnbrauerei.

53 Das Wertpaket wurde beim Postamt in Reichenbach aufgegeben, wie die noch vorhandene Postquittung beweist. Am 19. März stellte Silbermann in Dresden die Quittung über das Geld aus und bedankte sich dafür nochmals in einem besonderen Brief in untertänigster Weise.

54 Der Meister hatte im Kontrakt die Bezahlung der zweitausend Taler „in Franz. oder Span. Golde" verlangt. Aus dem Begleitbrief vom 9. März können wir entnehmen, daß die „Hochgräfliche Herrschaft" keine weitere Verzögerung eintreten lassen wollte und „sich selbst ins Mittel geleget" und den Betrag „einstweils" vorgeschossen hatte.

55 Silbermann hat im August 1736 dem Geraer Organisten Petzold brieflich mitgeteilt, daß der „Oster-Termin" noch rückständig ist.

56 Da man Silbermann aber über Gebühr warten ließ, bat er in einem Brief vom 12. März 1737 den Hofrat, „die Veranstaltung zu treffen, daß ich doch den zu Ostern 1736 [!] fällig gewesenen Termin des ehesten erhalten möge, mit dem übrigen will ich noch anstehen". In einem weiteren Brief vom 18. Mai 1737 hat Silbermann betont, er werde „dem Contract Genüge leisten, lebe aber auch der guten Hoffnung, daß an der andern Seite daran nichts ermangeln werde". Der Hofrat hat diese Worte richtig verstanden, denn er schrieb in einem Bericht vom 2. Juni 1737: „Der ehrl. Mann ist höfl. genug, wenn man aber die Worte ansiehet ... so versteht man gar leicht, was er mit der Erfüllung des Contracts meinet ..." Als Silbermann dann (ab Juni 1737) an der Ponitzer Orgel arbeitete, benutzte er die Gelegenheit, persönlich nach Greiz zu reisen, um sich u. a. zu erkundigen, „wie es mit der außenbliebenen Zahlung beschaffen". Hofrat Fickweiler versuchte, den Meister „zu besänfftigen". Soweit die Akten darüber Aufschluß geben, hat Silbermann den größten Teil der für die Greizer Orgel vereinbarten zweitausend Taler offenbar erst während der Arbeit an Ort und Stelle ausgezahlt bekommen.

57 Am 2. Juni 1739 stellte der Untergreizer Amtmann Thomas Heydrich fest, daß die zu Pfingsten fällig gewesenen einhundert Taler von der Gemeinde Fraureuth noch nicht bezahlt worden sind, „vielmehr sich viele dießfalls gar widerspenstig erweißen". Um „den Credit der Gemeinde zu retten", könne keine weitere Nachsicht geübt werden. Alle diejenigen Gemeindeglieder, „welche ihre Anlage noch schuldig sind", wurden aufgefordert, sie „ohne den geringsten weitern Verzug einzuliefern", andernfalls sie gewärtigen müßten, „auf nechsten Dienstag ohnfehlbar ausgepfändet zu werden".

58 Da sich Silbermann damals in Zittau befand, wurde ihm das Geld dorthin gesandt. In einem Brief vom 4. Januar 1741 sagte er dem Amtmann für die einhundert Taler „gantz ergebensten Dank". In einem Brief vom 15. August 1741 an Pfarrer Rothe in Fraureuth bat sich Silbermann aus, „daß mir kein Spanisch Gold, sondern entweder Frantz. Louis'dor oder Ducaten oder allenfalls Batzen" geschickt werden.

59 Dasselbe kostete von Reichenbach bis Freiberg zwölf Groschen Porto. Weiter wurden vier Groschen Botenlohn gezahlt, denn das Paket mußte von Greiz erst durch einen Boten zur Post in Reichenbach gebracht werden.

60 Wir sind erstaunt über die schnelle Beförderung des Pakets vor über zweihundert Jahren, und noch dazu im Winter.

Transport- und Quartierprobleme

Gottfried Silbermann verlangte bei jedem Orgelbau „freye Zu- und Abfuhr". Eine entsprechende Klausel wurde in den Orgelkontrakt aufgenommen.[1] Ausnahmen gab es nur bei der Dresdner Frauenkirchenorgel und der Zittauer Johannis-Orgel.[2] Es soll nicht unerwähnt bleiben, daß Gottfried Silbermann beim Bau seines letzten Werkes in der Katholischen Hofkirche zu Dresden bereit war, „die benöthigten Fuhren, nebst dem Brenn-Holz und Kohlen vor sich zu bestreiten".[3]

Wir wollen uns nun mit den Transportproblemen, die mit den Orgelbauen zusammenhingen, etwas eingehender beschäftigen.

Im Rochlitzer Kontrakt forderte Silbermann fünf vierspännige Wagen „zu Anherobringung der Materialien und Werckzeuge". In einem Brief vom 18. Februar 1727 bat er Amtmann Weidlich, daß „vier tüchtige Fracht-Wagen zur Abholung derer Materialien" nach Freiberg geschickt werden, „damit ich alles ohne Schaden fortschaffen kann".[4] Eine Woche später trat der Rochlitzer Amtsfron mit den vier Wagen die Fahrt nach Freiberg an. Er erhielt den Befehl, „auf der Rückreiße bey denen Wagen zu bleiben, umb mit nöthige Obsicht [= Aufsicht] zu haben". Amtmann Weidlich wollte Silbermann besonders gefällig sein und hatte angefragt, ob man ihm ein paar Pferde für die Kutsche nach Freiberg schicken soll. Die Antwort des Meisters überrascht uns: „Vor mich verlange nicht mehr als ein gutes Reit-Pferd." Silbermanns Wunsch wurde erfüllt und am 25. Februar 1727 der „Amtsfrohn" Johann Adam Rudolph mit einem Reitpferd nach Freiberg „zu Herrn Silbermanns Bedienung abgeschickt".[5] Am Abend des nächsten Tages kam Silbermann in Rochlitz an. Seine Gehilfen trafen mit den Frachtwagen erst „Tages darauff" (27. Februar) ein.[6]

Wir erinnern uns daran, wie sich Amtmann Carl Erdmann Weidlich bemüht hat, Silbermann nach Rochlitz zu bekommen. In einem Brief vom 30. Oktober 1726 schrieb er: „Wegen der Fuhren zur Abholung sowohl als Transportierung des Orgel-Wercks erwarte mit ehester Post gleichfalls Nachricht, welchen Tag sie nach Freyberg kommen sollen." Silbermann hatte aber noch in Oederan zu tun und antwortete erst am 4. Dezember 1726 von dort aus: „Wegen derer Fuhren kann ich deswegen noch keine gewisse Zeit ansetzen, weil die abzuhohlenden Sachen und bereits gefertigte Arbeit in Freyberg zu befinden. Bey deren Auffladung aber ich und jemand von meinen Leuthen, wie ingleichen bey der Abladung jemand von diesen letztern seyn muß, aniezo [= jetzt] aber ich unmöglich von der nöthigen Arbeit von hier abzukommen vermag." Wir sehen: Gottfried Silbermann hat das Auf- und Abladen der Orgelteile keinen fremden Personen überlassen, denn er war darum besorgt, daß die Sachen keinen Schaden leiden.

In dieser Hinsicht ist auch folgendes interessant. In einem Brief vom 15. August 1724 an Pfarrer Olischer in Reichenbach schrieb Gottfried Silbermann: „Anbey kann ungemeldet nicht lassen, daß der Herr Creys-Amtmann Weidlich alhier [= in Freiberg] mir unlängst referiret, ob wollte sich Seine Excellenz, der Herr Land-Cammer-Rath einige Hof-Fuhren unter dem Freybergischen, Chemnizer und Zwickischen [= Zwickauer] Amte ausbitten, welche Fuhren ich aber nicht gebrauchen kann, da die großen Kästen, so viele Centner schwer, ohne Schaden nicht können ab- und etliche mahl wieder auf die Wagen gebracht werden, wird derowegen höchstnöthig seyn, daß die Fuhren von Reichenbach hierher gesendet werden, welches auch Seine Excellenz der Herr Land-Cammer-Rath mir allbereit versprochen." Der Landkammerrat hatte sich die Sache anscheinend so vorgestellt, daß die Orgelteile jeweils bis zur Grenze eines Amtes gefahren und dort umgeladen werden. Damit konnte sich Gottfried Silbermann aber nicht einverstanden erklären, denn die Gefahr, daß die Pfeifen und die anderen Teile durch das mehrmalige Umladen Schaden erleiden könnten, war viel zu groß.

Amtmann Weidlich in Rochlitz hatte Gottfried Silbermann einmal mündlich angeboten, schon früher einige Wagen nach Freiberg zu schicken, um fertige Orgelteile abholen zu lassen. In einem Brief vom 15. Juni 1726 kam der Meister darauf zurück und schrieb, daß ihm das lieb wäre, „weil ich die Sachen bey Ihnen besser verwahret weiß, als bey mir in meinem Hauße, da ich jetzt so lange verreisen muß".[7] Silbermann ließ offenbar nicht gern fertige Teile für eine Orgel in der Freiberger Werkstatt zurück, wenn er verreisen mußte. Das wird uns verständlich, wenn wir bedenken, wie leicht damals in der Nähe Feuer ausbrechen und die Früchte monatelanger Arbeit vernichten konnte.[8]

Wenn eine Gemeinde mit Gottfried Silbermann einen Orgelbauvertrag abgeschlossen hatte, wartete sie sehnsüchtig auf die Ankunft des Orgelbauers. Das beweisen einige Briefe, die der Fraureuther Pfarrer Rothe an Silbermann geschrieben hat. In einem Brief vom 27. Juli 1741 heißt es: „Wie die Kinder sich freuen auf den Heiligen Christ, und Tage, Wochen und Stunden zählen, biß die angenehme Zeit herbeykommt, also habe ich mich nun über neunviertel Jahr gefreut und gehoffet auf Herrn Silbermanns Ankunft,[9] solche mit Verleyhung göttlicher Gnade und Hülffe zu erleben." Pfarrer Rothe ließ Silbermann wissen, daß er „täglich von hiesigen Leuthen gefraget werde", wann der Orgelbauer nach Fraureuth kommt.[10] Am 6. Februar 1742 bat er den Meister um Nachricht, „wieviel er Pferde und Wagen nöthig habe". Pfarrer Rothe bemerkte in seinem Brief: „... weil die hiesigen Einwohner mehrerentheils Fuhrleute sind, so wollen sie gerne selber das Geld verdienen und die Ehre haben, ihre bestellte Orgel nebst dem berühmten Maitre [= Meister] abzuholen."

Reichlich vier Monate später, am 15. Juni 1742, schrieb Pfarrer Rothe an Gottfried Silbermann: „Je näher die Stadt, je schwehrer der Sack! Diese Wahrheit fühlt und erfährt ein armer Bauer, wenn er Getreyde oder eine andere Last zu Markte trägt. Mir geht es anietzo auch also, denn je näher die Zeit herbeykommt, da unser neues Werk in völligen Stand soll übergeben werden, je schwehrer wird die Hoffnung, da der Johannistag vorhanden und niemand biß dato noch weiß, wenn Herr Silbermann kommen wird.[11] Ohnerachtet nun mir an dero schrifftlichen Versicherungen wohl könnte genügen lassen,[12] dennoch aber, da unsere gantze Gemeine gar sehr wünschet und verlanget, es möchte doch Herr Silbermann sich gütigst gefallen laßen, noch vor der Erndte-Zeit anhero zu kommen, damit sie [= die Fraureuther Bauern] nicht hernach mit deßen [= Silbermanns] Fuhren ihre nöthigste Arbeit versäumen müßen." Gottfried Silbermann respektierte den Wunsch der Gemeinde. Am 9. Juli 1742 teilte er „in Eil" von Zöblitz aus mit, daß er „überall parat" ist. Er hatte den Überbringer seines Briefes gleich gebeten, in Fraureuth „redliche Abrede wegen der Fuhren zur Orgel zu pflegen". Das geschah auch, und Pfarrer Rothe antwortete dem Meister schon zwei Tage später, daß der „Expresse" die Fuhrleute informiert habe, „wie die Kästen und übrigen Sachen am besten fortzubringen".[13] Pfarrer Rothe versicherte Gottfried Silbermann, daß „mit Verleyhung göttlicher Hülffe auf den 1. August nach Freyberg kommen: vier Karren, zwei Leiter-Wagen und eine Kutzsche".

Der letzte Brief Pfarrer Rothes an Gottfried Silbermann vom 30. Juli 1742 beweist, wie groß die Freude des Geistlichen war, daß es nun endlich soweit ist. Er schrieb: „Gelobet sey Gott, der unser Gebeth nicht verwirfft, noch seine Güte von uns wendet! Gott sey Dank, daß wir die Zeit erlebet, da Herr Silbermann die versprochene Arbeit bey uns anfangen will! Gott sey Dank, daß wir noch Friede allhier haben, und bey unserm Orgelbau keinen Einbruch der Feinde fürchten dürffen, wie man zu gewisser Zeit sich besorget! Nun gehen morgen [= 31. Juli] die

Fuhren allhier ab, und werden auf den 1. August[14] versprochenermaßen gegen Abend zu rechter Zeit in Freyberg seyn, und nach dero [= Silbermanns] Befehl sich zu richten wißen. Indeßen gratulire zur Reise und hoffe, Herrn Silbermann zu Ende dieser Woche gesund hier zu sehen, da dann nicht ermangeln will, bey aller Gelegenheit meinen schuldigen Respect zu bezeigen, womit unter hertzlicher Empfehlung der Gnade Gottes und gehorsamsten Compliment auch an dero Herrn Vetter [Johann George Silbermann] von mir und den meinen verharre ..."

Die Fraureuther Fuhre wurde vom Gerichtsschöppen Paul Lippold geleitet. Er erhielt vom Gräflichen Amt in Untergreiz einen entsprechenden Reisepaß.[15]

Zu dem Thema „Transportprobleme" finden wir auch in den Greizer Orgelbauakten einige interessante Briefe Gottfried Silbermanns. Am 25. Juli 1738 teilte der Meister dem Greizer Hofrat mit: „Ich brauche vier rechte vierspännige Fracht-Fuhren und eine Kutzsche." Silbermann erwähnte dabei, wenn er die Fuhren „von hier nehmen soll, verlangen die Fuhrleute von jedem vierspännigen Fracht-Wagen zwölf Thaler". In einem weiteren Brief Silbermanns vom 8. November 1738 lesen wir: „... melde hierdurch gehorsamst, daß ich nunmehro mit Gott zum Abreißen parat bin und gerne sehe, wenn auf den 1. December vier recht große Land-Fuhrmanns-Frachtwagen nebst einer Kutzsche hier wären, da auf einen jeden Fracht-Wagen vierzig bis fünfzig Centner geladen werden können". Falls „dergleichen Wagen" nicht vorhanden sein sollten, bat der Meister, ihm „so viel andere Wagen" zu schicken, „worauf obige Lasten gebracht werden können".

Aus Silbermanns Brief vom 27. November 1738 müssen wir schließen, daß es der Stadt Greiz nicht möglich gewesen ist, Wagen zur Abholung der Orgel nach Freiberg zu schicken, so daß sich Silbermann gezwungen sah, Freiberger Fuhrleute zu nehmen. Der Meister schrieb dem Greizer Hofrat nämlich folgendes: „... melde hierdurch gehorsamst, daß ich vier Fracht-Wagen allhier [= in Freiberg] nebst einer Kutzsche gedungen und habe jeden Fracht-Wagen vor fünfzehn Thaler und die Kutzsche vor zwölf Thaler und also die gantze Fuhre vor zweiundsiebzig Thaler aufs genaueste behandelt, und damit ich die Fuhre auch gewiß bekomme, so habe etwas abschlägig darauf gegeben, damit ich Montags [= 1. Dezember] hier weggehen und auf die Mittwoche in Graitz seyn könne,[16] hoffe auch es werde das Fuhrlohn parat seyn, damit die Fuhrleute nicht auffgehalten werden ..."

Hier handelte Gottfried Silbermann wieder als der umsichtige Mann, der alles gut organisierte: Den Fuhrleuten gab er eine Vorauszahlung, um sie sich zu sichern, und Greiz forderte er auf, den Fuhrlohn bereitzuhalten, damit die Fuhrleute gleich wieder zurückfahren konnten, ohne erst warten zu müssen, bis man die zweiundsiebzig Taler beisammen hat.

Am 22. Juni 1739 trat Gottfried Silbermann von Greiz aus die Heimreise nach Freiberg an, nachdem die ihm „veraccordirte“ (in Auftrag gegebene) Orgel in der Stadtkirche vollendet und ordnungsgemäß übergeben worden war.[17] Dem Reisepaß, den das Gräfliche Amt in Greiz ausgestellt hatte, können wir folgende Einzelheiten entnehmen: Silbermanns „Instrumente und Sachen“ befanden sich auf zwei vierspännigen Frachtwagen, des Meisters „zu dieser Arbeit gebrauchten Leute“ reisten in einer „mit drei Pferden bespannten Post-Caleche“, er selbst aber in einer ebenfalls mit drei Pferden bespannten Kutsche.

Sehr anschaulich schilderte der Gräfliche Amtsverwalter Rudolph August Heinrich Geldern Silbermanns Abreise von Schloß Burgk. Die kleine Orgel in der Schloßkapelle war am ersten Osterfeiertag (14. April) des Jahres 1743 mit Predigt und Orgelmahlzeit eingeweiht worden. Die Mahlzeiten wurden aber „bey schönen Tractamenten“ (= Bewirtung) noch „die zwey folgenden Tage“ fortgesetzt,[18] „biß Mittwochß endlich der Auffbruch geschah“. Nach dem Bericht des Amtsverwalters sind Gottfried Silbermann, sein „Vetter“ Johann George, der Greizer Stadtschreiber und Organist Donati [19] und Silbermanns Köchin „in einer Kutzsche“ früh um acht Uhr abgereist. Gegen elf Uhr folgten dann die „zwei Wagen und drei Karren mit der völligen Bagage [20] und vielem Werckzeug“ nach.[21]

Gottfried Silbermann mußte oft beruflich verreisen. Wir finden deshalb in seinen Briefen hin und wieder Bemerkungen über seine Reisen. Als er (Ende April 1716) zum Beispiel den Freiberger Kreisamtmann Weidlich um eine baldige „Resolution“ wegen der Jakobi-Orgel bat, tat er das mit dem Hinweis, daß er „sonsten hin und wieder viele Arbeit und Orgelwercke vor sich habe und deshalb verreisen müsse“.

In einem Brief vom 3. September 1725 an den Rochlitzer Amtmann Weidlich heißt es: „... daß auf Dero Schreiben nicht eher geantworttet, bitte nicht übel zu deuten, da ich von meiner Reise heute erstlich nach Hauße kommen bin.“ [22]

Am 1. April 1732 hatte der Dresdner Rat Gottfried Silbermann um einen Besuch in Dresden gebeten, um wegen der Frauenkirchenorgel mit ihm zu verhandeln. Eine Woche später schrieb der Meister dem Dresdner Bürgermeister: „Euer Hoch-Edlen werden nicht ungütig nehmen, daß auf Dero wertheste Zuschrifft nicht alsbald geantworttet, da ich vorige Woche verreiset gewesen ...“ [23] Er teilte mit, er werde „auf die Mittwoche nach denen heiligen Oster-Feyertagen [= 16. April

1732] nach Dresden reisen" und beim Rat seine „unterthänigste Aufwarttung machen".

In einem Brief vom 2. April 1737 berichtete Gottfried Silbermann dem Zittauer Aktuar Schroth, daß er die Absicht habe, am 10. April nach Dresden zu reisen und „allda ein paar Tage gewisser Verrichtungen wegen zu bleiben", und von da aus wolle er gleich nach Zittau kommen, um die alte Johannis-Orgel zu untersuchen. Als Silbermann im Januar 1738 nochmals nach Zittau reiste, ließ er sich von dem Dresdner „Lohnkutscher" Johann Martin Teichert fahren.[24]

Das waren einige Beispiele für Reisen, die Gottfried Silbermann zweifellos in geschäftlichen Angelegenheiten unternommen hat. In einem Schreiben des Meisters vom 13. März 1723 an den Stadtorganisten Angermann in Altenburg[25] finden wir einen Hinweis, daß Silbermann anscheinend auch einmal privat verreist ist. Er schrieb nämlich, daß er „nebst etlichen guten Freunden verreiset gewesen" sei.[26] Offenbar ist ihm die Reise aber nicht gut bekommen, denn in seinem Brief erwähnte er, daß er „von der Luft böse Augen mit nach Hauße gebracht" hat. Deshalb konnte er die Reise nach Altenburg erst eine Woche nach Ostern antreten.[27]

Gottfried Silbermann hat jedenfalls eine ziemlich umfangreiche Reisetätigkeit entwickelt. Deshalb ist es nicht verwunderlich, wenn darauf in einem Orgelgedicht hingewiesen wurde: „Es fordert Deine Kunst von Dir ein öffters Reisen, darum bestätige mein Gott an Dir sein Wort, daß Dich des Tags die Sonn' auf rechten Weg mög weisen und bring' Dich allezeit vergnügt an sichern Port [= Ruheort]. Der Herr behüte Dich, wenn Du nach Hause gehest und schütze gnädig Dich vor allem Ungemach, damit Du freudenvoll Dein Freyberg wieder sehest."[28]

Wenn Gottfried Silbermann auf Reisen war, mußte er in Gasthäusern einkehren und übernachten. Ganz vereinzelt finden wir in einem Orgelbauaktenband auch einmal einen Gasthausbeleg. Als der Meister Ende Mai 1725 wegen der Besichtigung der Kirche und Abschluß eines Orgelbaukontrakts nach Rochlitz reiste, entstanden der Gemeinde achtzehn Groschen Unkosten für „Auslößung". Der entsprechende Beleg des Gastwirts Menge ist noch vorhanden.[29]

In Gottfried Silbermanns „Orgelcontracten" haben wir gelesen, daß jede Gemeinde, ob Dorf oder Stadt, dem Orgelbauer und seinen Gehilfen für die Zeit der Arbeit an Ort und Stelle „freyes Logiment" (= Wohnung) zur Verfügung stellen mußte. In einigen Orgelbauakten finden wir zu diesem Thema sehr aufschlußreiches Material. Wir wollen deshalb einiges davon ans Licht bringen, denn auch das gehört dazu, wenn wir die Spuren des Orgelbauers verfolgen.

Wir beginnen mit Rochlitz. Daß der dortige Amtmann darauf bedacht war, Silbermann entgegenzukommen, ist uns schon an einigen Beispielen klargeworden. Selbstverständlich sollte der berühmte Meister in Rochlitz auch ein gutes Quartier bekommen. Am 5. März 1726 schrieb Amtmann Weidlich an Silbermann: „Zum künfftigen Quartier offerirt [= bietet] mein Bruder[30] sein ganzes neues Hauß." Im Herbst desselben Jahres bestätigte Weidlich das nochmals mit folgenden Worten: „Meines Bruders ganzes Hauß steht zu Ihrem Quartier offen." Der Amtmann versprach außerdem, „vor die im Winter unentbehrliche Holz-Provision besorgt zu seyn". Trotzdem wurde Gottfried Silbermann, als es dann soweit war, im Schloß einquartiert, weil des Hofrats Haus von der Kirche zu weit entfernt war, der Meister sein Quartier aber immer in nächster Nähe wünschte.

Amtmann Weidlich teilte Silbermann Mitte Februar 1727 mit, daß ihm „zum Logis" angewiesen werden: „zwey große lichte [= helle] Stuben par terre zur Arbeit, eine Kammer daran, ein apartes Retirade-Stübgen [= „feines Rückzugsstübchen"] vor Herrn Silbermannen im Obern Stocke, zwey gute ausgetafelte lichte Kammern auf dem Boden als Schlaf-Kammern vor die Leute, ferner steht auch zum Gebrauch ein großer geräumlicher Vorsaal[31] nebst einer bequemen Küche." Gottfried Silbermann teilte daraufhin mit, daß er „mit denen Kammern und anderm Gelaß sehr wohl zufrieden sei".

Der sehr umsichtige Amtmann wollte kurz vor Silbermanns Ankunft noch wissen, „vor wieviel Span-Betten" er zu sorgen habe. Silbermanns Antwort lautete: „drey zweymännische und zwey einmännische Span-Betten werden vonnöthen seyn."[32] Große Sorge machte Amtmann Weidlich allerdings die Beschaffung der Federbetten für die achtköpfige Orgelbauerfamilie. Und deshalb schrieb er dem Meister: „Wird hoffentlich Herr Silbermann vor seine Leute die nöthigen Betten mitbringen", da es „sehr schwer fallen dürfte, dergleichen Nothwendigkeit zu besorgen, jedoch soll vor Herrn Silbermanns eigene Persohn endlich noch wohl ein gutes Bette zu Diensten stehen". Weidlichs Sorgen waren aber völlig überflüssig, denn Gottfried Silbermann antwortete: „Wegen derer Federbetten dürffen Sie sich keine Sorge machen, da ich vor mich und die Meinigen selbst Betten mitbringen werde." So wurde in Rochlitz das Quartierproblem zur beiderseitigen Zufriedenheit gelöst.

Pfarrer Rothe in Fraureuth war ebenfalls sehr darum bemüht, den Orgelbauer gut unterzubringen. Am 27. Juli 1741[33] teilte er Gottfried Silbermann mit, daß bereits „ein nahes Quartier an der Kirche mit drei Stuben, etlichen Kammern, Küche und

Küchengewölbe" bestellt wurde. Der Pfarrer hatte außerdem schon „vier Claffter Holtz zu Kohlen" brennen lassen.[34]

Wie sah es in Zittau mit dem Quartier für den Orgelbauer aus? Als der Meister im Januar 1738 in Zittau weilte und man sich soweit einig war, um den Kontrakt entwerfen zu können, wurde ihm auch gleich das Quartier angewiesen, welches „man ihm im Waisen-Hause einräumen könne". Es bestand aus zwei großen und einer kleinen Stube, „womit er zufrieden" war. Bei einem späteren Besuch in Zittau (im Juli 1739) „erinnerte" Silbermann allerdings, „daß in die Stube im Waisen-Hause ein Ofen gesetzt und auch vor seine Leute zum Schlafen ein Verschlag gemacht werden müsse". In einem Brief vom 11. Mai 1740 an Aktuar Schroth schrieb Silbermann: „Übrigens bitte mir die Gefälligkeit zu erweisen, daß in meinem Quartier drey zweimännische und zwey einmännische Bettladen nebst Stroh angeschaffet werden möchten, die benöthigten Betten aber bringe ich mit." So war auch in Zittau das Quartierproblem gelöst, und einen Monat später, am 13. Juni 1740, traf der Meister „nebst seinen Leuten" in Zittau ein, um die „Einbauung des Wercks nunmehr vorzunehmen". Die Arbeiten nahmen über ein Jahr in Anspruch,[35] denn erst am 11. August 1741 traf Gottfried Silbermann „Gott sey Danck gesund und glücklich wiederum in Freyberg" ein.[36]

Nicht alle Orgelbauakten berichten über die uns interessierenden Einzelheiten. Aber in den Greizer Akten finden wir noch einige Briefe Gottfried Silbermanns, die die Quartierfrage betreffen. Schon am 25. Juli 1738 schrieb er an Hofrat Fickweiler: „Wollte mir drei Stuben ausgebeten haben, weil ich so viel nöthig." Es ist bemerkenswert, daß der Meister hier gleich Forderungen stellte, während er anderswo meist mit dem zufrieden war, was ihm geboten wurde. Am 6. Oktober 1738 wiederholte Silbermann seine Forderung nochmals mit folgenden Worten: „Ich hoffe, es werde die Veranstaltung dergestalt getroffen werden, daß ich drei große Stuben bekomme, die Kammern und Küche nicht gerechnet, indem ich selb acht Personen dahin kommen werde." Silbermann bat den Greizer Hofrat, auch dafür zu sorgen, daß Brennholz und Kohlen „inmittelst angeschaffet" werden. Wenige Tage vor der Abreise nach Greiz teilte der Meister dem Hofrat „wegen des Logiaments" mit, daß er „mit dem am Marckte" zufrieden sei. Anscheinend wollte man Silbermann erst woanders einquartieren, denn er schrieb, daß er das Quartier „neben dem Herrn Bürgermeister" nicht gebrauchen könne, „weil es finster und dumpficht" (= feucht) ist. Deshalb bat der Meister darum, ein „lichtes [= helles] und nicht dumpfichtes Logiament" zur Verfügung zu stellen.

Als Gottfried Silbermann mit seinen Gehilfen von Anfang Dezember 1742 bis Mitte April 1743 an der Orgel in der Schloßkapelle zu Burgk arbeitete, wohnte er auch im Schloß. Der gräfliche Amtsverwalter Rudolph August Heinrich Geldern schrieb darüber in einem Bericht folgendes: „Es wurden ihm sofort [nach der Ankunft] zu seiner Wohnung die neue Eckstube, denen Leuten aber zu ihrer Werckstadt das Tafel-Gemach gegenüber, und zu ihrem Nachtlager die darunter befindliche Laquaien-Stube [= Dienerstube] angewiesen, die sie auch sogleich bezogen." Anscheinend ist es bei der Arbeit der Orgelbauer nicht besonders fein und sauber zugegangen. Unter den Unkosten für die Burgksche Orgel finden wir nämlich einen Posten von drei Talern und sieben Groschen, „dem Maurer, vor die ruinirten Zimmer, darin Silbermann mit seinen Leuten gearbeitet, wieder zu repariren und auszuweißen".[37] –
Weit verbreitet ist die Ansicht, daß es sich bei den Akten, die in den Archiven gepflegt und aufbewahrt werden, um altes und verstaubtes „Zeug" handelt. Zugegeben: Alt sind solche Akten, und verstaubt sind sie oft genug auch, aber in ihnen ist das pulsierende Leben vergangener Zeiten eingefangen. Hier finden wir die Lebensspuren Gottfried Silbermanns und seiner Zeitgenossen, denen nachzugehen sich lohnt. Hier reden Menschen in der Sprache ihrer Zeit, die uns Heutige etwas fremd und altmodisch anmutet. Aber wenn wir uns ein wenig hineinvertiefen, stehen wir mittendrin in der Zeit, in welcher Gottfried Silbermann lebte und wirkte.
So hatten wir dank der Fülle der vorhandenen Quellen in den vorangegangenen Kapiteln die Möglichkeit, Gottfried Silbermann kennenzulernen, ihn bei seiner Arbeit zu beobachten, seinen Verhandlungen beizuwohnen und ihn auf seinen Reisen zu begleiten. Dabei erkannten wir, wieviel unscheinbare, aber wichtige Fragen und Probleme mit einem Orgelbau zusammenhingen und was es alles zu bedenken, zu planen und zu organisieren gab. Wir erlebten, wie souverän und zielstrebig Silbermann alles gemeistert hat, wie er es verstand, mit Adligen, Hofräten, Amtmännern, Bürgermeistern, Geistlichen und anderen Persönlichkeiten zu verhandeln und zu korrespondieren, und wie er – ein Bauern- und Zimmermannssohn! – diesen Herrschaften, wenn es nötig war, seinen Standpunkt klargemacht hat.
Wir sahen aber auch, wie der „Orgelmacher" Gottfried Silbermann als Künstler geehrt und geachtet wurde.

1 Reichenbach mußte sich im Kontrakt verpflichten, zur Heranschaffung der Materialien und Werkzeuge fünf mit je vier Pferden bespannte Wagen und für die Rückfahrt einen Wagen „ohne Entgeld herzugeben“. Amtmann Weidlich in Rochlitz hat sich in seinem Kontrakt mit Silbermann sogar bereit erklärt, zwei vierspännige Wagen „zu Herrn Silbermanns Rückkehr ohne Entgeld zu verschaffen“.

2 In beiden Fällen wurden die Transportkosten zwar von Silbermann übernommen, dies aber bei der Festsetzung des Preises der Orgel berücksichtigt.

3 Das war in Anbetracht der Summe von zwanzigtausend Talern, die Silbermann für das Werk bekommen sollte, allerdings nicht verwunderlich.

4 Es fällt uns auf, daß der Meister nicht fünf Wagen, wie im Kontrakt festgelegt, sondern nur vier anforderte. Der Grund ist aus den Akten ersichtlich: Am 17. Februar hatte ein Rochlitzer Färber, der mit Gerste nach Freiberg gefahren war, auf der Rückfahrt mit seinem vierspännigen Wagen schon fünf Kästen mit „Orgelsachen“ mitgenommen. Obwohl es sich um eine Gelegenheitsfuhre handelte, wurden dem Färber Georg Lohse acht Taler Fuhrlohn ausgezahlt.

5 Nach der Orgelbaurechnung hat Rudolph einen Taler „Roßlohn“ bekommen. Offenbar wußte der Rochlitzer Amtmann, daß Gottfried Silbermann in der Reitkunst geübt ist. Als er am 5. März 1726 Silbermann bat, Ostern nach Rochlitz zu kommen, „offerirte“ er nicht nur die Zahlung der Reisekosten, sondern war auch bereit, „auf Verlangen“ mit einem Reitpferd zu dienen.

6 Offenbar hat man den Fuhrleuten nach der anstrengenden Fahrt eine richtige Mahlzeit vorgesetzt, denn nach der Orgelbaurechnung wurde ein Taler „vor ein Kalb [!] zur Speißung der Fuhrleute“ ausgegeben.

7 Der Meister wollte nach Dittersbach bei Stolpen reisen, um die vom Geheimen Kriegsrat Kiesenwetter bestellte Orgel zu bauen.

8 Es ist deshalb auch verständlich, daß Silbermann seine Wäsche, Kleidung, den Hausrat usw. mit „auf Reisen“ nahm.

9 Hierzu ist zu bemerken, daß der Fraureuther Orgelbaukontrakt am 20. März 1739, also vor „über neunviertel Jahr“, geschlossen worden ist.

10 Die Fraureuther konnten es anscheinend kaum erwarten, und dabei sollte die Orgel – laut Kontrakt – erst Ende September 1742, also in einem reichlichen Jahr, fertig sein.

11 Wahrscheinlich hat Gottfried Silbermann früher davon gesprochen, daß er zum Johannisfest 1742 mit dem Aufbau der Orgel anfangen will.

12 Mit den „schrifftlichen Versicherungen“ meinte Pfarrer Rothe wahrscheinlich Silbermanns Briefe vom 24. Januar und 30. März 1742. In dem ersteren hatte der Meister versichert, die Orgel „zu gesetzter Zeit zu verfertigen“, und zugleich den Wunsch ausgesprochen „daß der liebe Gott sowohl E. Hoch-Wohl-Ehrwürden als auch mir Gesundheit verleihen wolle, daß wir einander gesund sprechen mögen“. In seinem zweiten Brief teilte Silbermann mit, er werde „4 bis 5 Wochen vorhero“ mitteilen, wann er nach Fraureuth kommt.

13 Wahrscheinlich ist der Bote ein Geselle Silbermanns gewesen, der über alles gut unterrichtet war.

14 Das war ein Mittwoch.

15 Das Dokument hat folgenden Wortlaut: „Demnach zu Abholung Tit. Herrn Gottfried Silbermanns ... und seiner Leute, ingleichen seiner Instrumenten und übrigen zum Orgelbau gehörigen Sachen, von Freyberg, nach dem hieher gehörigen Flecken Fraureuth, allwo derselbe eine Orgel in die Kirche zu verfertigen gedungen, eine dreyspännige Kutzsche, zwey Fracht-Wagen und vier Karren nebst dem Kasten-Vorsteher und Gerichts-Schöppen, Vorzeiger dieses [Passes], Paul Lippold dato abgeschicket worden; Als werden hiedurch alle und jede Obrigkeiten, auch Zoll- und Gleits-Officianten [= Beamten], und sonsten männiglich [= jedermann] dienst- und freundlich

ersuchet, sothane [= diese] Fuhren und Personen, aller Orten sicher und ungehindert, auch Zoll- und Gleitsfrey, pass- und repassiren zu lassen, welches man hiesigen Ortes bey ereignender Gelegenheit zu verschulden nicht ermangeln wird ..."

16 Es ist bemerkenswert, daß sich Bürgermeister Grünrath noch nach fünfzehn Jahren genau an Silbermanns Ankunft in Greiz erinnerte. Er schrieb nämlich 1753: „... als er hier ankam mit 12 Personen und einer alten bösen Magd [!] ..." Silbermann war mit fünf Gehilfen in Greiz. Bei den übrigen Personen handelte es sich um die Fuhrleute.

17 Die Orgelprüfung hatte am Freitag (19. Juni) durch den Greizer Organisten Donati stattgefunden. Am gleichen Tage hat man Gottfried Silbermann ein Attest ausgestellt, wonach „dieses Werck wegen seiner Lieblichkeit, Gravitaet und wohl intonirten Stimmen, bey allen, die es spielen hören, vollkommenen Beyfall und verdientes Lob erhalten" hat. Die eigentliche Weihe nebst Orgelmahlzeit fand am Sonntag, dem 21. Juni, statt.

18 Nach der Orgelbaurechnung sind insgesamt zweiunddreißig Taler und vierzehn Groschen „bey der Orgelmahlzeit die drey Feyertage über an Eßen und Trincken auffgangen".

19 Er hatte die Orgel abgenommen und „das erste mahl bey dem Gottesdienst" gespielt. Donati hatte 1742 auch die Fraureuther Orgel geprüft.

20 Darunter sind wohl Silbermanns Betten, Wäsche und Kleidung zu verstehen.

21 So eine Fuhre war nicht billig. In der Orgelbaurechnung finden wir zwei Posten à dreißig Taler für die Fuhrleute, die Silbermanns „Equipage von Freyreuth heraufgefahren und solche wieder hinuntergefahren". Neun Taler kosteten die Kutschpferde, „so ihn von Freyreuth hergefahren". Denselben Betrag mußte man für die Rückfahrt bezahlen. Wahrscheinlich haben von Fraureuth bis Freiberg andere Fuhrleute Silbermann und seine Sachen wieder abtransportiert.

22 Um welche Reise es sich handelte, konnte der Verfasser leider nicht feststellen.

23 Über Ziel und Zweck der Reise erfahren wir leider nichts. Offenbar war es Silbermanns Prinzip, alle Briefe baldigst zu beantworten. Hieran hinderten ihn aber manchmal seine Reisen. So bat er in einem Brief vom 3. November 1723 den Rat zu Oederan, die verspätete Antwort nicht übelzunehmen, „indem mich eine Reiße nacher Dreßden davon abgehalten hat". Und am 24. August 1739 schrieb er dem Pfarrer zu Fraureuth: „... einige Reißen und andere Hinderniße haben mich vom Schreiben abgehalten."

24 Teichert forderte sieben Taler „Fuhr-Lohn", Herrn Silbermann, „vornehmer Orgel-Bauer aus Freyberg von Dreßden nach Zittau zu schaffen". Eine solche Fahrt war demnach eine kostspielige Sache. Wir brauchen uns nur zu erinnern, daß Silbermanns Gehilfe Johann Georg Schön einen monatlichen Barlohn von fünf Talern erhielt. Wer damals das einzige öffentliche Verkehrsmittel, die „ordinäre Post" benutzte, reiste auch nicht wesentlich billiger. Aus den Zittauer Orgelbauakten können wir ersehen, daß dem Freiberger Organisten Erselius, der Silbermanns Johannis-Orgel mit geprüft hatte, zwölf Taler „Post-Spesen von Freyberg nach Zittau hin und her" erstattet wurden. Der Freiberger Ratskämmereischreiber Krauße, Gottfried Silbermanns Freund, erhielt eine Monatsbesoldung von rund sieben Talern. Durch diesen Vergleich dürfte bewiesen sein, daß sich damals nur wenige eine Reise leisten konnten.

25 Nach Gerbers Tonkünstler-Lexikon (1790) wurde Angermann „als Komponist unter die vorzüglichsten seiner Kunst gezählt". Übrigens sollte Silbermann nach Altenburg kommen, um die Arbeit des Hoforgelbauers Donati zu beurteilen.

26 Leider erfahren wir nicht, wer diese Freunde gewesen sind. Wahrscheinlich gehörte Johann Gottfried Krauße, der spätere Freiberger Kämmereischreiber, mit dazu.

27 Als weiteren Hinderungsgrund hatte Silbermann angegeben: „Ueber dieses habe ein Clavecin [= Klavier] nach Dresden zu machen in Arbeit, welches gewiß noch vor den Oster-Ferien hin-

unter muß." Orgelbauer beschäftigten sich auch mit dem Bau von Klavieren. Da machte Gottfried Silbermann keine Ausnahme. Im Gegenteil, er hat auf diesem Gebiet Hervorragendes geleistet.

28 Das Gedicht entstand 1737 zur Weihe der Ponitzer Orgel und stammt von Pastor Leopold, Meerane.

29 Das Schriftstück ist hinsichtlich der Rechtschreibung sehr originell. Es lautet: „Waß Herr silber Mann bei Mier verzehret hatt vor Essen und drincken, und futter vor daß ferth [= Pferd] und vor die Botten [= Betten] zusammen 18 Gr. [= Groschen], denn [= den] 28. Meys [= Mai]. Johann Lehardt Menge."

30 Der Bruder des Amtmannes war Hofrat.

31 Hier wollte der Amtmann für Silbermanns Magd noch ein „Kämmergen, von Brettern verschlagen", zurechtmachen lassen.

32 Silbermann hatte dem Amtmann gleichzeitig mitgeteilt, daß er mit vier Gesellen, zwei Lehrlingen und einer Magd nach Rochlitz kommen wird. Die beiden „einmännischen" Betten waren für den Meister und seine Haushälterin bestimmt, während zwei Gehilfen zusammen in einem „zweimännischen" Bett schliefen.

33 Das war fast genau ein Jahr vor Silbermanns Ankunft.

34 Wie wir in den Orgelkontrakten gelesen haben, mußten die Gemeinden stets für Brennholz und Kohlen sorgen.

35 Nach seiner Disposition vom 15. April 1737 hatte Silbermann sogar mit einem Aufenthalt von eineinhalb Jahren gerechnet.

36 Das teilte er vier Tage später dem Fraureuther Pfarrer in einem Brief mit, denn dieser hatte dem Meister „zu dem glücklich vollendeten Zittauer großen Werke von Hertzen gratuliret".

37 In der offiziellen Rentrechnung der Herrschaft Burgk drückte man sich etwas derber aus. Dort war die Rede von der Ausbesserung der Zimmer, „so die Orgelmacher eingesauet".

Der „Hof- und Land-Orgelbauer“

Gottfried Silbermann wohnte schon zwölf Jahre in Freiberg, hatte während dieser Zeit eine ganze Anzahl Orgeln gebaut und sich damit allgemeine Anerkennung verdient. Dem selbstbewußten und ehrgeizigen Meister fehlte nur noch die „staatliche“ Anerkennung oder, wie er es selbst ausdrückte: ein „besonderes Praedicat“ und eine „schriftliche Protection“ (= Schutz) seitens des Kurfürsten und Landesherrn. Darauf legte Gottfried Silbermann sehr großen Wert. Und deshalb richtete er am 10. Juni 1723 eine Bittschrift an den Landesherrn Friedrich August,[1] „König in Pohlen, Herzog zu Sachßen und Churfürst“, um ihn wegen Verleihung des „Praedicats eines Königlichen Hof- und Landorgelbauers allerunterthänigst anzuflehen“.

Die Bittschrift beginnt mit folgenden Worten: „Eure Königliche Majestät geruhen allergnädigst in gegenwärtiger Bittschrift sich allerunterthänigst vortragen zu laßen, welchergestalt ich als ein gebohrner Unterthan von Eurer Königlichen Majestät aus Frauenstein gebürtig, auff meinen Reisen von dem weit und breit berühmten Raths-Orgelbauer der Stadt Straßburg, meinem leiblichen Bruder, die Orgelbauer-Kunst erlernet und mich darinnen dergestalt perfectioniret [= vervollkommnet], daß ich nicht nur nach ausgestandenen Lehrjahren in Straßburg und Elsaß hin und wieder sondern auch überall in der Fremde[2] und hernach an vielen Orten in Sachsen,[3] sonderlich aber vor wenig Jahren zu Freyberg[4] und allhier in dero Königlichen und Churfürstlichen Residenz Dreßden[5] verschiedene große Capital-Orgeln mit allgemeinem Beyfall der Kunstverständigen erbauet ...“

Gottfried Silbermann spielte in seiner Bittschrift sehr geschickt auf die Geldbedürfnisse und die Kunstliebe Augusts des Starken an. Er schrieb nämlich, daß er „des Jahrs über eine große Anzahl an Clavisins, Clavicordien, Positiven und Orgeln theils nach Engelland, theils nach andern Orten zu verfertigen habe“, und seine Arbeit somit dem Landesherrn „ein erkleckliches an Accise und Abgaben einbringt“,[6] er zweifle deshalb nicht, „Eure Königliche Majestät werden als ein weltberühmter Beschützer und Beförderer der Künste dieses mein allerunterthänigstes Ansuchen mir in Gnaden gewähren“. Silbermann versicherte, daß ihn „diese hohe königliche Gnade“ dazu bewegen würde, seinen Aufenthalt „wie bißhero ferner in Freiberg zu behalten, wozu er sich bißhero noch nicht habe ent-

schließen können". Andererseits mußte Gottfried Silbermann zugeben, daß die Stadt Freiberg für ihn wegen des Holzes und anderen Materialien, die er für seine „Profession" (= Beruf) benötigte, sehr günstig gelegen ist. Er vergaß auch nicht, auf die „sehr vortheilhafften" Angebote „aus der Fremde" hinzuweisen.[7]
Gottfried Silbermann versicherte dem Landesfürsten, daß er das „von Gott verliehene Talent täglich mehr und mehr ausüben" wolle. Die Bittschrift schließt mit den Worten„ meines allergnädigsten Königs, Churfürsten und Herren allerunterthänigster Knecht Gottfried Silbermann".
Hatte Silbermanns Gesuch Erfolg? Ja, August der Starke erfüllte den Wunsch seines „Untertanen" sehr schnell, zumal schon ein Attest über Silbermanns Werke vorlag, welches der königliche „Maitre de Concert" (= Konzertmeister) Jean Baptiste Woulmyer,[8] der königliche Kammerorganist Christian Petzold[9] und der königliche Kammermusiker Johann Georg Pisendel[10] am 3. Juni 1723 ausgestellt hatten.[11]
Am 21. Juni des Jahres 1723 wurde der „Landes-Regierung" der Befehl erteilt, das „Privilegium sofort zu entwerfen und es zu unserer Vollziehung einzureichen". Und neun Tage später, am 30. Juni, wurde das Privilegium für Gottfried Silbermann ausgefertigt, vom Landesherrn „eigenhändig unterschrieben" und mit dem „größeren Insiegel" bekräftigt.
August der Starke „declarirte" (= erklärte) den vierzigjährigen „Orgelmacher" Gottfried Silbermann damit „zu unserm Hoff- und Land-Orgel-Bauer". Es war der Wille des Landesherrn, daß Gottfried Silbermann als solcher im gesamten Kurfürstentum von jedermann „geachtet, tractiret und geschrieben" wird.[12]
Gottfried Silbermann hat die wichtige Urkunde bis zum Tode aufbewahrt, so daß Notar Langbein unter den „schrifftlichen Uhrkunden" im Nachlaß des Meisters auch das „Original-Privilegium als Hoff- und Land-Orgel-Bauer" vorfand.[13]
Mit der Bittschrift vom 10. Juni 1723 suchte Gottfried Silbermann aber nicht nur um den Titel eines „Hof- und Landorgelbauers" nach. Er bat vielmehr auch um „ein Privilegium" für ein von ihm „durch unermüdetes Nachsinnen und länger als Jahr und Tag dauernden Fleiß und Arbeit gantz neu erfundenes musicalisches Instrument". Ein solches Musikinstrument war nach Silbermanns Worten noch „niemahls in der Welt gewesen". Es wurde „wegen seiner gantz besonderen harmonischen Anmuth, scharffen und silberhafften Schalls und gantz neuer mühsamer Eintheilung nach dem Monochordo von allen Kennern und Zuhörern hochgeschätzt und wegen seines der Laute und Viol d'Amour sehr nahe kommenden Klanges"

von den königlichen Virtuosen[14] „Cembal d'Amour" genannt. Man bewunderte Gottfried Silbermanns neues Instrument um so mehr, weil die berühmtesten Instrumentenmacher vorher „dergleichen für unpracticabel gehalten" hatten. Im Juli 1721 war über das neue Musikinstrument in den „Breßlauischen gedruckten Sammlungen von Natur-, Medicin-, Kunst- und Literatur-Geschichten" schon ein ausführlicher Artikel erschienen. Derselbe ging auf Mitteilungen des „gelehrten Medicus und Physicus" Henckel in Freiberg zurück.[15]

In dem Artikel wird das Instrument als „ein wahrhafftes neues Kunst-Stück" bezeichnet. Gottfried Silbermann hatte das Instrument auf die Bitte „der unvergleichlichen Künstlerin", der Frau des königlichen geheimen Sekretärs König, konstruiert. Sie wünschte ein Musikinstrument, „welches die Krafft und Dienste eines kleinen Clavessins, und doch die Zärtlichkeit eines Clavichordii behaupten könne", aber niemand hat ihr „hierinnen zu helffen gewust", obwohl sie ihren Wunsch „bey nicht schlechten Meistern" vorgebracht hatte. Endlich hatte sie in Gottfried Silbermann einen Mann gefunden, „der in seiner Kunst nichts für unmöglich ansiehet und ihr ein solches Saiten-Schlage-Werck" anfertigte. Und „das allerzärtlichste Gehör grosser Musicorum [= Musiker] und Musik-Liebhaber" hat daran „ein vollkommenes Vergnügen gefunden". Außerdem hat das Instrument „vielen Virtuosen in Dreßden einstimmig gefallen".

Auf Grund dieser guten Beurteilungen bewilligte der Kurfürst Gottfried Silbermann für sein neu erfundenes „Instrumentum Musicum oder Saiten-Schlage-Werck" ein Privilegium auf fünfzehn Jahre.[16] Auf Grund dessen war Silbermann berechtigt, das Instrument „in- und außerhalb Landes zu verkauffen und vorzuführen". Kein Instrumentenmacher „oder sonst jemand" durfte dieses Musikinstrument nachbauen.[17] Gottfried Silbermann war jedoch verpflichtet, „bey Verkauffung solcher musicalischen Instrumente die Billigkeit zu beobachten und im Preiße niemanden zu übersetzen" (= zu übervorteilen) und „die Accissen und andere Landesabgaben" zu entrichten.

In seinem Artikel von 1721 über Silbermanns „Cembal d'Amour" hat Henckel besonders betont, daß Silbermann „nicht allein an einigen neuen Orgeln, insonderheit an der zu Freyberg in der Dom-Kirche und an der zu Dreßden in der Sophienkirche,[18] sondern auch an vielen gefertigten, theils nach Engelland verschickten, ungemein schönen Clavessins und Clavichordien seine sonderbare Geschicklichkeit vor denen grösten Musicus in der Welt, so Wissenschaft und Geschmack haben", unter Beweis gestellt hat.

Gottfried Silbermann hat somit auch im Klavierbau Hervorragendes geleistet, obwohl diese Tätigkeit gegenüber dem Orgelbau eine etwas untergeordnete Rolle spielte.[19] Es dürfte übrigens kaum einen Orgelbauer gegeben haben, der sich nicht auch mit dem Bau von Klavieren beschäftigte.[20]

Ganz vereinzelt finden wir in Silbermanns Briefen, soweit sie in den Orgelbauakten erhalten geblieben sind, Bemerkungen über seine Tätigkeit als Klavierbauer. Am 13. März 1723 erwähnte der Meister in einem Brief an den Altenburger Stadtorganisten Angermann, er habe „ein Clavecin nach Dresden zu machen, welches gewiß noch vor den Oster-Ferien hinunter muß". Dieses Instrument war zweifellos für den königlichen Kammerorganisten Petzold in Dresden bestimmt.[21] In einem Brief vom 28. Juli 1724 an den Reichenbacher Pastor teilte Silbermann mit: „... des Herrn Magisters Clavichordium ist fertig, welches ich auch bey Überbringung der Orgel zugleich mit überbringen werde". Regierungsrat Heydrich in Greiz hatte sich in Silbermanns Werkstatt ebenfalls ein Klavier bauen lassen. In einem Brief vom 27. September 1743[22] entschuldigte sich der Meister, daß er „das schon längst versprochene Clavier nicht eher" geschickt habe. Dr. Johann Tobias Peinemann aus Leipzig hatte etwa Anfang Januar 1752 bei Silbermann ein Klavier bestellt und dafür dreißig Taler im voraus geschickt. Er hat das gewünschte Instrument aber nicht mehr bekommen. Nach Silbermanns Tod wurden ihm vielmehr die dreißig Taler erstattet,[23] obwohl sich im Nachlaß des Meisters „ein ganz neues gefertigtes Clavier in hölzernem Futteral befand". Dasselbe hatte einen Wert von zwanzig Talern und entsprach wahrscheinlich nicht dem von Peinemann gewünschten Instrument.

Über das Schicksal der von Silbermann gebauten Musikinstrumente ist so gut wie nichts bekannt. In der Musikinstrumentensammlung zu Markneukirchen befindet sich „ein Clavicord", das aus Silbermanns Werkstatt stammen soll.[24] Ernst Flade schrieb im Jahre 1952: „Es ist bedauerlich, daß so wenig echte Silbermannsche Clavichorde erhalten geblieben sind. Wir haben auch keine Möglichkeit zu erfahren, an wen Silbermann seine Instrumente verkaufte. Die Ursache, warum so viele Klaviere bedeutender Meister verschwunden sind, liegt in dem Schicksal begründet, das jedes Möbelstück trifft, wenn es alt und unbrauchbar wird und wenn moderne Formen das Alte ablösen."

1 Friedrich August, genannt „August der Starke", wurde am 12. Mai 1670 in Dresden geboren und starb am 1. Februar 1733 in Warschau.

2 Mit Silbermanns Tätigkeit in Straßburg und „in der Fremde" haben wir uns schon im Kapitel

„Die Lehrzeit" beschäftigt. Wir wollen hier nur nochmals feststellen, daß wir darüber keine völlige Klarheit gewinnen können.

3 Silbermann hatte damals in folgenden Orten Orgeln gebaut: Frauenstein, Pfaffroda, Oberbobritzsch, Niederschöna, Großkmehlen, Rötha und Chemnitz.

4 In Freiberg befanden sich damals schon drei Orgeln von Gottfried Silbermann: im Dom, zu St. Jakobi und zu St. Johannis.

5 Silbermann meinte damit seine Orgel in der Dresdner Sophienkirche, die am 18. November 1720 geweiht worden war.

6 Wieviel und welche Akzisen und Abgaben Silbermann entrichten mußte, ist schwer festzustellen. In einem Brief vom 13. Juni 1732 an den Dresdner Rat hat Silbermann erwähnt, daß bei einem Orgelbau die Materialien „bey der General-Accise frey gehen", wenn sie vom Magistrat angeschafft werden. Wenn aber „solche einem Orgelbauer verdungen worden, so ist bey der General-Accise kein Remiß [= Nachlaß] zu hoffen". Silbermann hat in dem erwähnten Brief hervorgehoben, daß seine vor sechzehn bis achtzehn Jahren angeschafften Pfosten und Bretter ordnungsgemäß „veraccisiret" worden sind. Hinsichtlich der von Silbermann zu zahlenden Steuern ist bisher nur bekannt, daß sich in seinem Nachlaß ein Bündel „Kopff-Steuer-Quittungen über bezahlte Kopff-Steuern vor den Defunctum [= Silbermann] und sämtliche Domestiquen" (= Bediente) befand.

7 An anderer Stelle haben wir schon nachgewiesen, daß es sich um einen Ruf nach Petersburg gehandelt hat.

8 Nach den „Kirchlichen Wochenzetteln" (Stadtarchiv Dresden) wohnte der königliche Konzertmeister zuletzt in der Großen Brüdergasse und starb 1728 im Alter von dreiundsechzig Jahren an „Seitenstechen". Er wurde am 9. Oktober „nachmittags auff den Röm. Cathol. Begräbnis-Platz nach Ostra" beerdigt. Durch landesherrlichen Beschluß vom 1. Oktober 1731 wurde Johann Georg Pisendel Woulmyers Nachfolger.

9 Petzold wurde 1711 als „Cammer-Componist und Organist" erwähnt und hatte in landesherrlichen Diensten eine Jahresbesoldung von vierhundertundfünfzig Talern. Nach Gerbers Tonkünstler-Lexikon (1790) gehörte Petzold auch als „Cembalist" der Dresdner Hofkapelle an und war nicht allein „ein vorzüglicher Künstler auf seinem Instrumente", sondern gehörte auch „zu den gefälligsten Kirchenkomponisten der Zeit".

10 Pisendel wurde am 26. Dezember 1687 in Cadolzburg bei Nürnberg als Sohn des dortigen Kantors geboren. Im Jahre 1711 finden wir ihn mit einer Jahresbesoldung von vierhundert Talern beim Dresdner Hof als „Violist und Cammer-Musicus" angestellt. Sieben Jahre später bezog er nach einer „Specification derer königlichen Musicorum" als „Violinist" schon eine Jahresbesoldung von fünfhundert Talern. Nach dem Tode von Jean Baptiste Woulmyer (1728) wurde Pisendel dessen Nachfolger als „königlicher Konzertmeister". Als solcher erhielt er ab 1. Februar 1730 ein Jahresgehalt von eintausendzweihundert Talern.

11 Wir bringen in dem Kapitel „Das Urteil der Zeitgenossen" ein Zitat aus diesem wichtigen Dokument.

12 Beim Studium der nach 1723 abgeschlossenen Orgelbaukontrakte kann man feststellen, daß dem Namen Gottfried Silbermanns stets das Prädikat eines „Königlich-polnischen und kurfürstlich-sächsischen Hof- und Landorgel-Bauers" beigefügt wurde. Gottfried Silbermann selbst hat seiner Unterschrift nur in einzelnen Fällen dieses Prädikat hinzugesetzt. Als Beispiel möchten wir erwähnen, daß er seinem Namenszug unter dem Rochlitzer Kontrakt noch die Worte „Hoff- und land Orgel bauer" beifügte. Der Verfasser fand diesen Zusatz von Silbermanns Hand noch auf den Kontrakten mit Oederan und Reichenbach und auf weiteren zehn Dokumenten.

13 Die im Staatsarchiv Dresden befindlichen Unterlagen über die Verleihung dieses Prädikats an Silbermann sind bisher anscheinend überhaupt nicht bekannt gewesen, denn weder Ernst Flade noch Dr. Dähnert haben darauf hingewiesen. Demgegenüber erwähnte aber bereits Johann Gottfried Walther (1732) in seinem „Musikalischen Lexikon", daß Gottfried Silbermann 1724 (?) „den Charakter eines Hof- und Land-Orgelbauers" erhalten hat.

14 Damit waren Konzertmeister Woulmyer, Kammerorganist Petzold und Kammermusiker Pisendel gemeint.

15 Der Artikel beweist, daß der spätere Freiberger Bergrat Henckel über das Wirken seines Zeitgenossen Gottfried Silbermann bestens unterrichtet gewesen ist.

16 Der Diakon C. A. Bahn, der Silbermann 1738 beim zweiten Frauensteiner Orgelbau kennenlernte, hat in seiner 1748 gedruckten Chronik nicht versäumt zu erwähnen, daß Silbermann für sein „Cembal d'Amour" 1723 ein Privilegium erteilt worden ist.

17 Einige Jahre später führte Silbermann mit dem Meißner Orgelbauer Johann Ernst Hähnel einen Prozeß, weil dieser nach Silbermanns Meinung das „privilegierte" Instrument nachgebaut hatte. Nach dem Tode Augusts des Starken traf dessen Sohn am 27. August 1734 die Entscheidung, „daß so wohl Hähnel als Silbermann zu ungehinderter Fertigung ihrer bereits erfundenen oder annoch inventirenden musicalischen Instrumente gleiche Befugniß und Freyheit haben, und keiner sich disfalls eines Juris prohibendi gegen den andern anmaßen soll". Diese Entscheidung entsprach den Wünschen Gottfried Silbermanns nicht, aber er mußte sich ihr beugen.

18 Die Dresdner Sophienkirche ist bei den Luftangriffen im Februar 1945 ausgebrannt. Hierbei wurde auch das schöne Orgelwerk Gottfried Silbermanns vernichtet. Die Ruine der Kirche ist inzwischen abgetragen worden und hat Neubauten Platz gemacht.

In den „Kurtzgefaßten Sächsischen Kern-Chroniken" erschien 1720 eine sehr interessante Beschreibung der Sophienorgel. Danach ist sie am 15. November 1720 geprüft worden. Leider werden die Prüfer nicht genannt. Es heißt nur, daß das Werk „durch viel anwesende Kenner dieser Kunst examiniret und approbiret worden" ist. Die eigentliche Weihe fand am Montag, dem 18. November, in dem früh acht Uhr beginnenden Vormittagsgottesdienst „mit einer Predigt und vortrefflichen Music" statt. Der Rat hat „vor Speiße und Tranck bey übergabe der neuen Orgel" fast neunundzwanzig Taler ausgegeben. Am übernächsten Tag stellte der Rat Silbermann auf sein Ersuchen ein Zeugnis aus, wonach die Orgel „so wohl gerathen" sei, daß in der Kirche nun „ein gutes Kunst-Stück zu befinden". Man bestätigte dem Meister, daß er „seine Profession wohl verstehe und an seinem Fleiß und Vorsichtigkeit nichts habe ermangeln laßen". Da während der Bauzeit eine „unvermuthete theure Zeit eingefallen" war und Silbermann „mehr Kosten und Mühe zur Beßerung des Wercks" aufgewendet hatte, als der Kontrakt besagte, hat der Dresdner Rat dem Meister „noch ein Billiges über das abgehandelte Quantum zahlen laßen", damit Silbermann „von seiner aufrichtigen Arbeit keinen Schaden haben möge".

Als besondere Auszeichnung können wir die Tatsache werten, daß 1731 kein Geringerer als Johann Sebastian Bach auf Silbermanns Orgel spielte.

Es soll nicht unerwähnt bleiben, daß Rupp in seiner „Entwicklungsgeschichte der Orgelbaukunst" (1929) geschrieben hat: „Deshalb werden die Namen J. S. Bach und Silbermann immer in einem Atem genannt werden, denn des einen Musik und Spielkunst bedingt des andern Orgel, um völlig kongruent [= übereinstimmend] zur Darstellung zu kommen."

19 Eine „gelehrte Feder" schrieb: „Er [Silbermann] belebet die metallene Sayten des Clavecins auf eine besondere Art, daß der zitternde Thon derselben sich nicht so leicht, noch weniger aber das Lob seiner Erfindung sich verliehret, denn diese ist schon in den Jahr-Büchern der Gelehrten ... zum unverwelcklichen Lobe aufgezeichnet werden." („Curiosa Saxonica", 1736, Seite 58.)

Sehr interessant ist auch eine Mitteilung, die im selben Jahre in der gleichen Zeitschrift (Seite 42/43) veröffentlicht wurde. Hier wurde zunächst auf Silbermanns „Cymbal d'amour" hingewiesen und dann erwähnt, daß derselbe jetzt „abermahln ein neues Musicalisches Instrumente, welches er piane & forte nennet, der curieusen Welt vor Augen geleget" hat. In diesem Instrument waren „als in einen Clavicin besondere Klöppel auf eine höchst curieuse und mühsame Art angebracht, die von unten auf nach einer siebenfachen vorhergehenden Bewegung an die Sayten entweder starck oder schwach schlagen", so daß man „durch den blossen Druck der Finger [auf die Tasten] das forte und piano in einer so unvergleichlichen und anmuthigen Raisonence herausbringt, daß man mit Recht sagen kan, daß dieses Instrument seines gleichen nirgends habe, auch alle Kenner der Music erstaunend mache". Im gleichen Jahr (1736) finden wir in „Curiosa Saxonica" (Seite 55) folgende Worte: „Durch dein piano-fort, das du zuerst erdacht, dadurch des Königs Ohr selbst aufmerksam gemacht, hast du desselben Huld dir also zugezogen, daß kaum ein Künstler ist, dem er so wohl gewogen. Da dich der König schützt, liebt dich mit Recht das Land ..." (Mit dem König war August III., der Sohn Augusts des Starken, gemeint.) Gerber schrieb (1790) in seinem Tonkünstler-Lexikon, daß man Silbermann „noch mehreren Danck wegen dem so sehr beliebten Pianoforte schuldig" ist, denn er habe durch seinen „Fleiß und Kunstkenntniß dieß Instrument zu der Vollkommenheit gebracht, welche wir daran bewundern". Nach Gerber hat auch Johann Sebastian Bach eines dieser Instrumente „gesehen und bespielet". Er habe zwar „bey dieser Gelegenheit den Ton desselben gerühmt, allein zu gleicher Zeit daran ausgesetzt, daß es in der Höhe zu schwach laute und gar zu schwer zu spielen sey". Gerber schrieb weiter: „Ob nun gleich Silbermann, welcher äußerst empfindlich gegen den Tadel an seiner Arbeit war, lange Zeit deswegen mit Herrn Bach zürnete, so mußte er dennoch in seinem Herzen dem Urtheile desselben beyfallen. Er gab also gar keines dieser Instrumente weiter aus, war aber im Stillen desto fleißiger, die von Bachen gerügten Fehler daran zu verbessern. Hierüber verflossen viele Jahre, ohne daß man weiter etwas von diesem Instrumente gehöret hätte. Bis er endlich durch unablässiges Nachdenken und Versuchen selbiges wenigstens von der Seite des Tractaments unendlich verbessert fand und eines davon an den Fürsten von Schwarzburg-Rudolstadt verkaufte. Kurz darauf ließ sich der letztverstorbene König von Preußen [Friedrich II., gestorben 1786] eines dieser Instrumente verfertigen, und da selbiges seinen Beyfall fand, noch verschiedene mehr dergleichen nach Berlin verschreiben." Nach Ernst Flade befindet sich heute noch ein Silbermannscher Hammerflügel von 1746 im Schloß Sanssouci zu Potsdam. Gerber berichtete, daß Silbermann nicht vergessen hat, eines der verbesserten Instrumente von Bach spielen zu lassen, „und sein Ehrgeiz hatte dießmahl die Genugthuung, daß es von selbigem vollkommen gut geheißen wurde". Der Freiberger Kantor Fischer berichtete um 1800, daß die Freimaurerloge „Zu den drey Bergen" in Freiberg ein von Silbermann verfertigtes „Pianoforte" besessen hat.

20 So schrieb zum Beispiel Johann Gottfried Hildebrandt, der Sohn von Silbermanns ehemaligem Gehilfen Zacharias Hildebrandt, am 6. Februar 1758 an den Dresdner Rat: „... da man sonst auch unter währenden Orgelbauen mit Clavecins und Clavieren oder anderen kleinen Arbeiten etwas darneben verdienen kann ..."

21 Das können wir aus folgendem schließen: Am 3. Juni 1723 erstatteten der königliche Konzertmeister Woulmyer, der königliche Kammermusiker Johann Georg Pisendel und der erwähnte königliche Kammerorganist Christian Petzold ein Gutachten über Silbermanns Werke. In demselben heißt es: Silbermann habe „für den hiesigen königlichen Cammer-Organisten Herrn Petzolden ein solches rares [= seltenes] Clavissein vor kurzer Zeit [!] verfertiget, dergleichen, der saubern Arbeit zu geschweigen, weder an starcken und lieblichen Klange noch vielen Registern,

vor ihm niemahl eines zum Vorschein gekommen, indem es mehr als zwantzigmahl an verschiedenen Stimmen, deren immer eine schöner als die andere, verändert werden kann und alle unpartheiische Kenner und verständige Musicos in die größte Verwunderung setzet".

22 Der Brief befindet sich in den Fraureuther Orgelbauakten.

23 Gottfried Silbermanns Gewissenhaftigkeit drückte sich auch in Kleinigkeiten aus, denn er hat, wie aus den Nachlaßakten hervorgeht, diese dreißig Taler gesondert aufbewahrt.

24 Nach Ernst Flade stammt das Instrument aus dem Nachlaß des Musikdirektors Christoph Wolfgang Hilf in Bad Elster.

Der „undankbare Schüler"

Es war Anfang November des Jahres 1713, als ein fünfundzwanzigjähriger, aus Schlesien gebürtiger Orgelmachergeselle namens Zacharias Hildebrandt nach Freiberg zu dem berühmten „Orgelmacher" Gottfried Silbermann kam und „ganz flehentlich" darum bat, bei ihm die Orgelmacherkunst lernen zu können. Der Meister tat „das Werck der Barmherzigkeit" und nahm Hildebrandt auf, obwohl er „nicht das geringste in bonis hatte". Das heißt, Hildebrandt besaß keine Mittel und konnte Silbermann kein Lehrgeld zahlen. Die Ausbildung sollte drei Jahre dauern und begann zu Martini (11. November) 1713.

Nachdem Hildebrandt etwa vier Wochen gearbeitet hatte, wobei Silbermann sich von den Fähigkeiten seines neuen Gesellen überzeugen konnte, schloß der Meister am 9. Dezember 1713 mit ihm einen besonderen „Contract", worin die gegenseitigen Rechte und Pflichten festgelegt wurden.[1]

Silbermann verpflichtete sich, Hildebrandt „in der Orgelmacherkunst treulich und fleißig zu informieren und ihn in solcher Wissenschaft zu perfectioniren". Hildebrandt dagegen versprach, ab Martini 1713 „auf drey Jahr" seinem Meister „in allen seinen Verrichtungen treu und fleißig zur Handt zu gehen" und mit einem wöchentlichen Lohn von zehn Groschen zufrieden zu sein. Zacharias Hildebrandt verpflichtete sich außerdem, „in Sachßen und Elsaß in keinerley Wege, ihm [= Silbermann] zum Nachtheil, etwas zu arbeiten". Sollte dies aber geschehen, war Silbermann jederzeit befugt, Hildebrandt „aufzutreiben" und ihm „die Arbeit zu verwehren".[2] Hildebrandt erbat sich von seinem Meister „nach ausgehaltener Zeit ein Attest seines Wohlverhaltens und Perfectionirung in der Orgelmacherkunst", was Silbermann „zu thun verwilligte".

Die gegenseitigen Pflichten waren somit völlig klar. Hildebrandt hatte nach Beendigung der dreijährigen Qualifizierung die Möglichkeit, sich irgendwo selbständig zu machen, nur nicht in Sachsen oder im Elsaß. Er konnte aber auch als Gehilfe bei Gottfried Silbermann bleiben. Was tat Zacharias Hildebrandt? Das erfahren wir aus seinem Schreiben vom 11. August 1724 an August den Starken: „Als mir nun nachhero[3] Gott in Euer Königlichen Majestät Landen [= in Sachsen] mein Stück Brodt zu verdienen gezeiget, da bey Dero Cammer-Herrn von Fullen zu Störmthal[4] und sonsten ich unterschiedene neue Orgeln erbauet und aufgerichtet ..." Hilde-

brandt schrieb, Silbermann habe sich „aber hefftig darwider gesetzet". Und wir müssen sagen: mit Recht. Hatte sich Hildebrandt nicht ausdrücklich verpflichtet, in Sachsen nicht zu arbeiten? Warum hat er sein Versprechen nicht gehalten?
Gottfried Silbermann hat mehrfach betont, daß er seinem Bruder Andreas einst versprechen mußte, dort nicht zu arbeiten, „wo er sich aufhält". Was Andreas Silbermann einst von seinem Bruder Gottfried erwartete, das verlangte Gottfried Silbermann nun auch von Hildebrandt.
In seinem Schriftsatz vom 10. Oktober 1724[5] an August den Starken hat Gottfried Silbermann besonders betont, daß er von seinem leiblichen Bruder während der Lehrzeit keinerlei Lohn erhalten hat. Hildebrandt dagegen habe er „aus Mittleyden" wöchentlich zehn Groschen Lohn gegeben, und dieser sei „mit dieser Wohltat herzlich zufrieden" gewesen.
Zacharias Hildebrandt machte seinem Meister zunächst auch keinen Kummer, und Silbermann schrieb darüber: „Hildebrandt wußte sich gegen mich so aufrichtig anzustellen, daß ich nach vollendeten Lehrjahren ihm in Langhennersdorf eine neue Orgel zum Meisterstück zu bauen gab,[6] den Vorschuß dazu that und so viele Liebe erwieße, welche auch der Undankbarste nicht aus seinem Gedenken kommen lassen würde."
Und dann wurde Gottfried Silbermann von Hildebrandt schwer enttäuscht: „Alleine als Hildebrandt sein Meisterstück gemachet und ein Attest seiner Geschicklichkeit halber von mir erlanget hatte, fing er sogleich an, die von mir genoßenen Wohlthaten zu vergeßen, da er sah, daß ich viele Arbeit auf mir hatte, nicht aber genug Leute darzu bekommen konnte, er unter dem erdichteten Vorgeben, ob wollte er sein Glück weiter suchen, mich nöthigte, daß ich ihm so viel Lohn, als er verlangte, geben mußte,[7] nachgehends aber ging er gar von mir und setzte den zwischen uns errichteten Contract vollends außer Augen und übernahm nicht nur eine Orgel zu Freyberg,[8] sondern auch zu Wolckwitz ..."
Wenn wir versuchen, Hildebrandts Handlungsweise sachlich und unvoreingenommen zu beurteilen, dann müssen wir sie mindestens als nicht korrekt bezeichnen. Und Gottfried Silbermann schrieb deshalb in seiner Verärgerung: „Mir aber gereichet zum größten Nachtheil, daß Hildebrandt nicht nachdencket, wie er sein ganzes Glück von mir hat, ja er mir noch nicht alles bezahlet, was ich ihm zu seinem Fortkommen vorgestrecket." Zweifellos hatte Silbermann von seinem Standpunkt aus recht, wenn er schrieb: „Hätte er [= Hildebrandt] mit der Condition [= Bedingung], daß er in Sachßen und Elsaß nicht arbeiten sollte, die Orgelbau-

kunst bey mir nicht erlernen wollen, so hätte er solches bleiben lassen oder mir Lehrgeld geben dürfen."

Hildebrandt hat Silbermann den Vorwurf gemacht, der Kontrakt laufe „auf ein verbothenes Monopolium" hinaus. Nach Hildebrandts Ansicht war es „eine Sache von gefährlichen Folgerungen, wenn bey einzelnen Personen beruhen und in deren Händen stehen sollte, einen andern von gleicher Profession zu dulden oder nicht". Silbermann konnte aber mit gutem Gewissen entgegnen, er habe „noch keinem Orgelmacher die Arbeit verbothen" und jetzt „drey Gesellen in der Lehre, die, weil sie mir Lehrgeld geben, nach verfloßener Lehrzeit arbeiten mögen wie sie wollen".[9]

Dem Freiberger Rat gegenüber begründete Silbermann seinen Standpunkt mit folgenden Worten: „Auch ist mir nicht verborgen, daß freylich ein Künstler dem andern die Arbeit schlechterdings nicht verbiethen dürffe, daß aber ich dergleichen wider Hildebrandten zu thun befugt bin, ist etwas erlaubtes, da er sich zu dem Contract einmahl wohlbedächtig engagiret, und wenn er solchem nachzuleben sich nicht getrauet hätte, nur von mir wegbleiben und die Kunst bey einem andern lernen mögen, da ich ihm denn so wenig als andern Orgelmachern das Exercitium [= die Ausübung] seiner Kunst in Sachßen verbothen haben würde."

Gottfried Silbermann hatte zweifellos das Recht auf seiner Seite, wenn er feststellte, es sei vollkommen erlaubt, „wenn ein Künstler einen andern seine Kunst" unter der Bedingung lehrt, „solche an diesem oder jenem Orte nicht zu treiben". Und bei Hildebrandt sei er hierzu insofern berechtigt gewesen, weil er von ihm „kein Lehrgeld bekommen, sondern aus christlichen Mittleyden ihm noch Geld darzu gegeben" habe.[10] Auch in seiner Eingabe vom 10. Oktober 1724 an den Landesherrn hat Gottfried Silbermann betont: „Als ich ihn [= Hildebrandt] in die Lehre genommen, ist es mit der Condition geschehen, daß er nach Ausgang der Lehrzeit in Sachßen und Elsaß nicht arbeiten sollte. Hätte nun Hildebrandt dieses nicht thun wollen, so hätte er es mögen unterwegs laßen."

Wir haben Gottfried Silbermann als einen Menschen kennengelernt, für den es ein unumstößlicher Grundsatz war, daß man ein gegebenes Versprechen auch halten und erfüllen muß. Das erwartete er auch von Hildebrandt, „weil Recht und Billigkeit anbefiehlet, daß einer dem andern sein Wort hält".

Weil Hildebrandt das aber nicht getan hatte, war er in Silbermanns Augen „der allerundankbarste Mensch von der Welt, der alle von seinem Lehrmeister genossenen, mehr als brüderlichen Wohlthaten in den Wind schlägt".

Nachdem Zacharias Hildebrandt das in dem Kontrakt von 1713 gegebene Versprechen nicht eingehalten hatte, wäre Gottfried Silbermann berechtigt gewesen, ihm „alle und jede Orgelmacher-Arbeit gänzlich zu verbieten“. In seiner Eingabe an August den Starken führte Silbermann aber aus, Hildebrandt habe ihn „flehentlich gebeten“, ihm „die Barmherzigkeit zu erweisen und ihm die Arbeit einigermaßen zu gestatten“. Der Meister hat sich hierauf „durch vieles gütliches Zureden bewegen lassen“, mit Hildebrandt am 21. September 1722 einen neuen Kontrakt abzuschließen.[11] Hiernach durfte Hildebrandt unter gewissen Bedingungen in Sachsen als Orgelbauer arbeiten.

In dem neuen Kontrakt verpflichtete sich Hildebrandt: „... von derjenigen Arbeit, welche etwa Herrn Silbermann bereits verdinget oder verdinget werden möchte, das geringste nicht anzunehmen.“ Falls Hildebrandt Arbeiten „angetragen werden sollten“, durfte er sie nur mit Silbermanns Bewilligung „annehmen und veraccordiren“. Er mußte in einem solchen Falle „von jedem Hundert der veraccordirten Arbeit vier Thaler ohne alle Weigerung“ an Silbermann zahlen.[12] Ausgenommen waren die Einnahmen für den Bau von Klavieren und „Instrumenten“. Diese Musikinstrumente durfte Hildebrandt „nach Belieben“ anfertigen.

In dem neuen Kontrakt vom 21. September 1722 hatte sich Gottfried Silbermann bereit erklärt, „bey gegebener Gelegenheit von demjenigen [an Orgelbauerarbeit], was ihm anzunehmen nicht beliebig, Herrn Hildebrandt gegen Bezahlung der vier Thaler von jedem hundert Thalern etwas zuzuweisen“. Gottfried Silbermann behielt sich ausdrücklich vor, falls Hildebrandt „diesem Vergleich nicht nachkommen möchte“, denselben eigenmächtig aufzuheben und ihm nach dem früheren Kontrakt von 1713 „die Arbeit in ganz Sachßen und Elsaß vollkommen zu verbieten“.

Der neue Kontrakt bot Zacharias Hildebrandt zweifellos genügend Arbeitsmöglichkeiten. In einem Brief vom 6. August 1724 an seinen „undankbaren“ Gehilfen führte Silbermann einige Orgeln an, die Hildebrandt hätte bauen können.[13] Bei entsprechender Kalkulation wäre es ihm bestimmt auch nicht zu schwergefallen, für je hundert Taler „Umsatz“ vier Taler an Silbermann zu entrichten, ohne seinen Gewinn wesentlich zu schmälern.

Aber Hildebrandt beachtete offenbar den neuen Kontrakt ebensowenig wie den früheren. Am 17. Mai 1724 hat er sich um den Rochlitzer Orgelbau beworben, obwohl Amtmann Weidlich bereits im Februar 1724 mit Silbermann Verbindung aufgenommen hatte.[14]

Ende Juli 1724 ließ sich Hildebrandt aber einen regelrechten Kontraktbruch zuschulden kommen. Er war mit dem Oberaufseher Römer „wegen Versetzung seiner Orgel zu Lengefeld“ übereingekommen, hatte die Arbeit für zweihundertfünfundzwanzig Taler angenommen und Silbermann erst nachher davon Mitteilung gemacht. Und dieser hat „solches sehr übelgenommen“, weil ihm eigentlich die Lengefelder Orgel verdingt werden sollte.[15] Gottfried Silbermann verlangte von Hildebrandt innerhalb von acht Tagen Antwort, ob er dem Kontrakt vom 21. September 1722 nachkommen will. Andernfalls werde er sein Recht suchen und „sollte es auch etliche hundert Thaler kosten“. Er habe in Dresden „verständige Leute, welche auch wissen, was schwarz und weiß ist“.

Zacharias Hildebrandt wendete sich schließlich von Liebertwolkwitz aus mit einem Schreiben vom 27. August 1724 hilfesuchend an den Freiberger Rat, „doch mein Bestes zu suchen, daß ich auff freyen Fuß komme und mein Stücklein Brod ungehindert suchen mag“.[16] Hildebrandt schrieb weiter: „Hatte ich jemahls Furcht und Angst außgestanden, war es dieses mahl, wüßte mir nun keine Hülffe und Rath, bekam auch nirgends Trost, alß das ich an Ihro Königliche Majestät suppliciren müßte, umb da Gnade zu erlangen.“[17]

Hildebrandt hatte in seiner Bedrängnis, an der er eigentlich selbst schuld war, am 11. August 1724 tatsächlich schon eine Bittschrift an August den Starken gerichtet. Er stellte die Sache hier so dar, als habe Silbermann ihn „nöthigen wollen, schrifftlich zu versprechen, in ganz Sachßen und Elsaß keine Arbeit zu verfertigen“. Davon konnte aber keine Rede sein, und Gottfried Silbermann entgegnete hierauf: „Es hat ja in Hildebrandts freyer Willkühr gestanden und ich versichere, daß ich nicht eine verdrüßliche Mine gemacht hätte, wenn er von mir weggegangen wäre und die Kunst an anderen Orten hätte lernen wollen.“

Hildebrandts „allerunterthänigstes gehorsamstes Suchen“ beim Landesherrn gipfelte darin, „angeregtes ungültiges Pactum[18] aus landesväterlicher Hoheit zu annuliren und aufzuheben, mir auch allergnädigst zu verstatten, daß in dero Churfürstenthum und Landen die Orgelmacherkunst, so ich redlich erlernet, gleich andern Kunsterfahrnen forttreiben möge“. Zacharias Hildebrandt war davon überzeugt, daß dem Landesherrn daran gelegen ist, „daß gute Künstler erhalten, nicht aber von andern gleichsam aus dem Lande gewiesen und getrieben werden“.

In seinen Entgegnungen an den Freiberger Rat und den Kurfürsten blieb Gottfried Silbermann nichts schuldig und verteidigte sehr weitläufig seinen rechtlich kaum anfechtbaren Standpunkt. Silbermann bezeichnete es als „boßhaffte Unwahrheit“, wenn Hildebrandt angegeben hatte, er sei zu dem Kontrakt gezwungen worden, denn es wäre wohl das „Lächerlichste auf der Welt, wenn ein Künstler jemand zur Erlernung einer Kunst" durch Bedrohung mit einem Prozeß „forciren wollte". Silbermann betonte, der Abschluß des Kontraktes sei „mit Hildebrandts gutem Willen geschehen". Hierzu entgegnete Hildebrandt in seinem Brief vom 27. August 1724 an den Freiberger Rat: „Er [= Silbermann] wird zwar einwenden, guttwillig habe ichs Ihm alles versprochen, aber nichts, sondern auß Furcht und Noth vor Ihm, weil mir keines weges zu helffen wuste, und er auff seyn Geld trotzete[19] und ihm damahls nichts geben konnte."

Versetzen wir uns einmal in die Lage Hildebrandts: Als er 1713 nach Freiberg kam, wird er froh gewesen sein, daß Silbermann ihn aufnahm. Als er aber die Verpflichtung einging, nach beendeter Ausbildung weder in Sachsen noch im Elsaß zu arbeiten, war er sich wahrscheinlich nicht darüber klar, was das für ihn bedeutet. Praktisch hat sich Hildebrandt damit selbst in eine Fessel begeben. Vielleicht hat er gedacht: Kommt Zeit, kommt Rat. Wenn er aber glaubte, der Meister werde es mit dem Versprechen seines „Schülers" später doch nicht so genau nehmen oder nicht mehr daran denken, dann hatte er Gottfried Silbermann offenbar ganz falsch eingeschätzt.

Unwillkürlich drängt sich uns eine Frage auf: War der „Orgelmacher" Zacharias Hildebrandt für den „Hof- und Landorgelbauer" Gottfried Silbermann wirklich ein ernsthafter Konkurrent? Zweifellos hätte Hildebrandt immer irgendwie im Schatten seines berühmten Meisters gestanden, zumal ihm auch dessen kaufmännische Fähigkeiten fehlten.[20] Trotzdem erblickte Silbermann in Hildebrandt einen oder vielleicht *den* Konkurrenten. Das gab er in seinem Brief vom 1. September 1724 an den Freiberger Rat ganz offen zu, und zwar mit folgenden Worten: „Da ich von Hildebrandten vor meine mühsame Information keinen Groschen Lehrgeld bekommen, sondern ihm noch wöchentlich zehn Groschen Lohn gegeben,[21] würde ich auslachenswerth gewesen seyn, wenn ich ihm meine Kunst umsonst mitgetheilet und dadurch einen Mann, so mir einmahl bey meiner Arbeit und Verdienst Eintrag thun könnte, gezogen hätte." An einer anderen Stelle seines Schreibens drückte Gottfried Silbermann seine Konkurrenzfurcht nochmals mit folgenden Worten aus: „Mir würde zur größten Einfalt gerechnet werden, wenn ich an Hildebrandten, ohne einigen davon zu gewartten habenden Vortheil, einen Orgel-Macher gezogen hätte, der nachgehends mir meine Arbeit abspenstig machen oder mich sonsten beeinträchtigen könnte."

Gottfried Silbermann betrachtete Zacharias Hildebrandt somit ganz offensichtlich als Konkurrenten. Das ist aber zugleich der Beweis dafür, wie hoch er die künstlerischen Fähigkeiten Hildebrandts eingeschätzt hat.[22]

Zu welchem Ergebnis führten die „Irrungen" zwischen Silbermann und Hildebrandt? Beide hatten sich an den Landesherrn gewendet. Welche Entscheidung traf August der Starke?

Unter dem 29. Dezember 1724 erging an den Freiberger Rat folgender Bescheid: „Wir haben die zwischen Gottfried Silbermann ... und Zacharias Hildebrandten ... wegen des vom leztern in Unseren Landen unternommenen Orgelbauens entstandenen Irrungen ... vor Unserer Landes-Regierung in Verhör ziehen und durch Unsere hierzu deputierte Räthe dahin in Güte beylegen laßen, daß es dießfalls bey dem zwischen beyden Theilen am 21. September 1722 lezthin getroffenen Vergleiche nochmals sein Bewenden haben, jedoch mit der Erläuterung, daß Hildebrandt, wenn ihm eine Arbeit angetragen und er auff vorhergehende Nachfrage, die er jedesmahl zu thun gehalten seyn solle, vernehmen würde, daß solche Silbermannen noch gar nicht angetragen, selbige anzunehmen zwar befugt, Silbermannen aber, solches sogleich zu melden, jedoch nicht deßen Antwort zu erwarten, verbunden seyn. Dahingegen aber in dem Fall, wenn er auff beschehene genaue Nachfrage, daß Silbermannen sothane Arbeit bereits vorher angetragen, befinden würde, deßen Antwort und Resolution, ehe und bevor er solche Arbeit übernehme, vorher zu erwarten allerdings schuldig und gehalten seyn solle ..."

Damit hat Gottfried Silbermann prinzipiell recht behalten.

1 Wir finden den Vertrag im Freiberger Gerichtsbuch Nr. 33 (Staatsarchiv Dresden). Er wurde von Silbermann und Hildebrandt und außerdem von zwei Zeugen (Domorganist Elias Lindner und Christian Zeiß) unterschrieben und „besiegelt".

2 Nach Jablonskis „Allgem. Lexicon der Künste" (1748) verstand man unter „Auftreiben", wenn Handwerker „einen gesellen, der sich nicht wohl verhalten, bey ausländischen fremden handwercksznüften anrüchig und gleichsam ehrlos machen, daß er nirgend gelitten, sondern allenthalben, wo er hinkommt, wieder fortgeschaffet wird".

3 Das heißt, nachdem die Ausbildungszeit bei Gottfried Silbermann zu Ende war.

4 Die Störmthaler Orgel wurde (nach Dr. Dähnert) am 2. November 1723 geweiht und von Johann Sebastian Bach „für tüchtig und beständig erkannt und gerühmt".

5 Derselbe hat am Schluß den Vermerk „Concepit Lic. George Gottlieb Krauß". Das Schriftstück wurde somit von dem damaligen berühmten Freiberger „Rechtsconsulenten" verfaßt. Das dürfte nach eingehenden Aussprachen mit Gottfried Silbermann geschehen sein.

6 Am 12. Mai 1722 wurde die Orgel von Kantor und Musikdirektor Johann Samuel Beyer und Domorganist Elias Lindner, beide aus Freiberg, in Gegenwart von Gottfried Silbermann geprüft. Das Original des Prüfungsberichtes, in welchem Hildebrandt als „kunsterfahrner Orgel- und Instrumentenmacher" bezeichnet wurde, entdeckte der Verfasser in den Akten über den Bau

der Freiberger Jakobi-Orgel (Stadt- und Bergbaumuseum Freiberg). Hier hat es niemand vermutet und deshalb ist das wichtige Dokument auch Dr. Dähnert verborgen geblieben.

7 Wenn Hildebrandt höhere Lohnforderungen stellte, so war das berechtigt. Nachdem er seine Ausbildungszeit beendet und sein Meisterstück gemacht hatte, brauchte er sich nicht mehr mit Gesellenlohn zu begnügen.

8 Aus dem 1722 zwischen Silbermann und Hildebrandt geschlossenen „Wechsel-Contract" geht hervor, daß es sich um eine Reparatur der alten Orgel zu St. Petri in Freiberg handelte. Das Werk ist dann am 1. Mai 1728 einem Brand zum Opfer gefallen. – Es soll nicht unerwähnt bleiben, daß (nach Dr. Dähnert) der Kontrakt über die Orgel zu Liebertwolkwitz am 10. Januar 1724 geschlossen worden ist. Das einmanualige Werk sollte vierhundertundsechzig Taler kosten.

9 Wir haben schon an anderer Stelle erwähnt, daß von zwei Gesellen die Namen bekannt sind: Johann Georg Schön und Johann Jakob Graichen. Der letztere befand sich seit Ostern 1724 bei Silbermann in der Lehre. Wie wir schon wissen, ist Schön als Gehilfe bei Silbermann geblieben, während Graichen seinen Meister kurz nach beendeter Lehrzeit verlassen hat.

10 Objektiv betrachtet, war Hildebrandt für Silbermann eine wertvolle Arbeitskraft. Hildebrandt hatte deshalb auch Anspruch auf Lohn und war nicht nur auf Silbermanns „Mitleid" angewiesen. Es soll nicht unerwähnt bleiben, daß Silbermann, wie aus dem Lehrvertrag hervorgeht, auch seinem Schüler Johann Jacob Graichen neun Groschen Wochenlohn gezahlt hat. Und dieser war zunächst noch Tischlergeselle, Hildebrandt aber bereits Orgelmachergeselle.

11 Eine Abschrift dieses Kontraktes finden wir in den Freiberger Ratsakten. Derselbe wurde von drei Zeugen mit unterschrieben, und zwar von den beiden Freiberger Lizentiaten George Gottlieb und Gotthelf Friedrich Krauß und dem „privil. Orgelbauer" Trost aus Altenburg.

12 Gottfried Silbermann hat später erklärt, Hildebrandt habe ihm sogar zehn Taler „offeriren" lassen.

13 Der Meister schrieb: „... und kann er aus beyliegendem Brieff ersehen, daß er in Strehla die mir zugewiesene Arbeit, wenn er Lust hat darzu, verfertigen soll. Wenn er nur seinem mir gegebenen Contract nachlebet, hätte ich ihn gleichfalls nach Kreppen recommendiret [= empfohlen], allwo gleichfalls eine neue Orgel soll gebaut werden. Die Frau Generalin von Brausen in Lindenau verlanget gleichfalls eine neue Orgel, welche ich ihm gar gerne hätte gönnen wollen." Für die „Frau Generalin" hatte Gottfried Silbermann 1718 in Großkmehlen schon eine Orgel gebaut.

14 Gottfried Silbermann scheint von Hildebrandts Bewerbung nichts erfahren zu haben. Ebenso dürfte Hildebrandt nicht gewußt haben, daß man für den Rochlitzer Orgelbau praktisch schon Gottfried Silbermann ausersehen hat. Wir wollen aus Hildebrandts Bewerbungsschreiben einige Sätze zitieren, weil sie von großem Interesse sind: „Wenn ich dann, sowohl anderweitig als auch nur vorm Jahre, in der Kirche zu Störmthal dem Hochwohlgebohrnen Cammerherren von Fullen gehörig, eine gantz neue Orgel erbauet, welche durch Herrn Bachen [= Johann Sebastian Bach], Cantorem aus Leipzig, visitiret und ohne Ruhm zu melden ohne Tadel erfunden worden, weswegen auch auff bedürffenden Fall einige Attestata [= Zeugnisse] könnten gezeuget werden, auch ietzo in Wolckwitz der Anfang zu einem neuen Werck von sechzehn Stimmen gemachet, welches mit Gott binnen Jahresfrist stehen soll. So unterwinde mich Eure Hoch-Edlen hierdurch dienstlich anzugehen, sich hochgeneigt gefallen zu lassen, bey dero angestellten Orgelbau meine Wenigkeit in hohe Consideration zu ziehen, und solche Arbeit mir zu gönnen, weil gerne wolte mehrere Kundschafft erlangen. Ich werde solche Wohlgewogenheit nicht allein mit dienstlichem Danck erkennen, sondern auch gedachtes Werck so verfertigen, daß hieran nicht der allergeringste Mangel zu spüren" (!).

15 Am 6. August 1724 richtete Silbermann an seinen ehemaligen Schüler einen ausführlichen Brief, der mit den Worten „Monsieur mon cher Amy" (= Sehr geehrter Herr, mein lieber Freund) beginnt. Der Meister schrieb dann: „Nun wundert mich sehr, daß derselbe die Lengefelder Orgel angenommen, in Ansehen ihm nicht nur wohl bewust seyn wird, daß ich zu unterschiedenen mahlen bey dem Herrn Oberaufseher Römern gewesen, mit ihm den Contract zu vollziehen, weil wir aber nicht mit einander eins werden können, hat es sich verzögert, habe auch nicht einen Dreyer Reise-Kosten bis dato noch bekommen ..." Silbermann war zu der Überzeugung gekommen, daß Hildebrandt „mit dieser Orgel dergleichen Intriquen als wie mit der Störmthalischen Orgel vornehmen will ... da er doch, wenn er zuvor an mich geschrieben, beßeren Nutzen als so gehabt hätte, indem der Herr Oberaufseher mir 350 Thaler geboten, welche ich ihm [= Hildebrandt] auch hätte gönnen wollen ..." Hildebrandts „Intrigen" bestanden anscheinend darin, daß er seinen ehemaligen Meister im Preis unterbot, um Aufträge zu bekommen. Man hat den Eindruck, daß Silbermann bestrebt war, mit Hildebrandt zu einer gütlichen Einigung zu gelangen, denn er schloß seinen Brief mit den Worten: „Es hätte mich sollen gut düncken, als er zu Rauenstein gewesen, und nur ein paar Meilen von hier sind, daß er wäre hierher zu mir gekommen, welches nicht sein Schade, sondern Nutzen hätte seyn sollen." Silbermann übersandte Hildebrandt eine Abschrift des Kontraktes, falls er ihn „etwa verlohren" habe, damit er solchen „noch einmahl durchlesen" konnte.

16 Hierzu ist zu bemerken, daß Zacharias Hildebrandt 1722 geheiratet hatte und ihm zwei Jahre später ein Sohn geboren wurde. Er hatte somit nicht nur für seinen eigenen Lebensunterhalt zu sorgen.

17 Hildebrandt wußte weder aus noch ein, weil Silbermann in seinem Brief angedeutet hatte, daß er ihm nach dem Kontrakt von den zweihundertfünfundzwanzig Talern für die Lengefelder Orgel je hundert Taler nicht nur vier, sondern auch noch zehn Taler als Strafe zu zahlen hat. Silbermann drohte mit einem „Captur-Befehl". Ein solcher war „zur Arretirung [= Verhaftung] eines flüchtigen Debitoris" (= Schuldners) bestimmt. Silbermann hatte betont, daß er die Strafgelder nicht in seine Verwahrung nehmen, sondern „dem Waldheimischen Waysen-Hauße zuschicken" wolle, was er zu tun versprochen habe, als er in Dresden das Prädikat als Hof- und Landorgelbauer erhielt. Hildebrandt hatte ausgerechnet, daß er unter Umständen „ohne Uncosten" zweiunddreißig Taler zahlen muß, und klagte dem Freiberger Rat sein Leid: „Mein gantzes Vermögen mit Meines Weibes und Kiendes erstrecket sich nicht so weit, was gleich bey mir zu finden von Zien [= Zinn] und andern Materialien ist nicht mein, sondern derjenigen, den ich die arbeit verfertigen soll und unter Händen habe."

18 Hildebrandt meinte damit den Kontrakt vom 21. September 1722. Er war der Ansicht, daß derselbe, obwohl er ihn unterschrieben hatte, „dennoch von keiner Gültigkeit und Würckung seyn kann", weil er auf die „Anmaßung eines verbothenen Monopolii hinausläufft".

19 Damit meinte Hildebrandt das Lehrgeld, das Silbermann verlangt hatte.

20 Dr. Ulrich Dähnert ist in seiner Monographie über Hildebrandt zu der Überzeugung gekommen, daß dieser „bei Regelung finanzieller Angelegenheiten zu nachgiebig war".

21 Hildebrandt war 1713, wie der Lehrvertrag beweist, bereits „Orgelmachergeselle". Ihm lag daran, sich bei Silbermann zu vervollkommnen. Für Silbermann war Hildebrandt demnach von Anfang an eine brauchbare Arbeitskraft, so daß er auch Anspruch auf Lohn hatte. Es war deshalb nicht in Ordnung, daß Silbermann den Eindruck erwecken wollte, er habe Hildebrandt die zehn Groschen Wochenlohn bloß aus „Mitleid" gezahlt, obwohl dieser sie gar nicht „verdient" habe.

22 Dr. Dähnert stellte in seinem Buch über Hildebrandt fest, daß aus Silbermanns Schreiben her-

vorgehe, „wie sehr er ihn [= Hildebrandt] als Konkurrenten ernst nahm". Dr. Dähnert ist allerdings der Ansicht, daß Silbermann keinen Grund hatte, Hildebrandt als Konkurrenten zu fürchten, und begründet dies mit den Worten: „... denn nur zu sehr gebrach es dem jüngeren Orgelmacher an der erforderlichen Energie, deren ein selbständiger Meister bedarf, um sich auch unter schwierigen Verhältnissen durchzusetzen".

Eine zweite Orgel für die Heimatstadt

Der Freiberger Organist Johann Christoph Erselius hat 1735 in einem Gedicht zur Weihe der Freiberger Petri-Orgel Gottfried Silbermann und seine Orgeln mit einem Vater und seinen Kindern verglichen. Er schrieb: „Ich wünsch', daß Du lebst, doch wenn auch einst der Tod, wie andern Sterblichen, Dir die Verweesung droht, so wird Dein Name blüh'n und werden nach dem Sterben die Kinder Deiner Kunst Dir annoch Ruhm erwerben. Wie mancher Vater lebt, der, wenn er Kinder zieht, zuletzt gar wenig Lust an denen meisten sieht! Doch Deine Kinder sind vollkommen wohl geraten und diesen Deinem Ruhm kann auch der Neid nicht schaden."
Wenn wir bei diesem Vergleich bleiben, können wir feststellen, daß alle „Kinder" Gottfried Silbermanns ihren „Vater" überlebt haben bis auf eins: Das erste „Kind" des Meisters fiel 1728 im „jugendlichen Alter" von nur siebzehn Jahren einem Brand zum Opfer.[1] Nur knapp sechzehn Jahre alt wurde übrigens die große Orgel in der Johanniskirche zu Zittau. Als sie am 23. Juni 1757 bei der Belagerung der Stadt zerstört wurde, lebte ihr Schöpfer allerdings nicht mehr.
Heute sind noch zweiunddreißig „Kinder" von Silbermanns Kunst „am Leben",[2] das sind rund zwei Drittel von allen Orgeln, die Gottfried Silbermann geschaffen hat.
Wäre der Wunsch eines Zeitgenossen Silbermanns in Erfüllung gegangen, dann müßte auch der Meister noch am Leben sein. Im Jahre 1737 schrieb nämlich „ein Liebhaber künstlicher Orgel-Wercke": „O! könnt' Dein Lebensziel ich nur von Gott erbitten, so schlöß ein Seculum [= Jahrhundert] noch nicht die Jahre ein. Wiewohl, kunstreicher Orgelbauer, Gott geb' sie nur so lang, als Deiner Wercke Dauer!"[3]
Gewiß hat es Gottfried Silbermann schmerzlich berührt, als er erfuhr, daß seine Heimatstadt am 12. März 1728 innerhalb weniger Stunden fast völlig in Schutt und Asche gesunken ist. Die Frauensteiner wünschten sich in ihre neue Kirche (Bild 19) wieder eine Orgel von Gottfried Silbermann. Und der Meister wird herzlich gern die Gelegenheit wahrgenommen haben, seiner Heimatstadt ein neues Zeugnis seiner Kunst zu geben.[4]
Am 28. Dezember 1734 wurde der Kontrakt geschlossen und von Bürgermeister Johann Salomon Zacharias und den Erbrichtern der eingepfarrten Dörfer Rei-

chenau und Kleinbobritzsch unterschrieben und besiegelt.[5] Der Kontrakt wurde erst jetzt im Frauensteiner Stadtarchiv wiederentdeckt.[6] Man mußte annehmen, daß er verlorengegangen ist. Vor einem reichlichen Jahrhundert hätte das sehr leicht geschehen können, aber der Schulrektor und Organist Eduard Ferdinand Köhler bewahrte die Urkunde vor der Vernichtung.[7] Er fand sie im Juni 1859 kurz nach seinem Amtsantritt „im Rectorat zu Frauenstein als Maculatur unter dem Oberboden-Dache im Staube".[8] Wenn man andernorts mit wertvollen Schriftstücken auch so umgegangen ist, brauchen wir uns nicht zu wundern, wenn diese oder jene Orgelbauakten nicht mehr vorhanden sind.

In dem Kontrakt versprach Gottfried Silbermann, „ein gantz neues und tüchtiges, wohlproportionirtes Orgel-Werck mit zwey Claviren[9] und einem Pedal" und insgesamt einundzwanzig Stimmen zu bauen.[10] Der Meister verpflichtete sich auch, das Orgelgehäuse „sauber und geschickt mit Bildhauer- und Tischler-Arbeit" zu machen, alle Materialien „zu verschaffen" und die benöthigten „Handwercks- und Arbeits-Leute" auf seine Kosten zu halten und zu befriedigen. Das Pfeifenwerk der Orgel sollte „bedungener maßen von geschlagenen Engl. Zien" angefertigt werden.

Gottfried Silbermann hatte für die Orgel zunächst achthundert Taler gefordert,[11] dann aber dreihundert Taler „remittiret [= nachgelassen] und geschencket", und zwar „Gott zu Ehren und der abgebrandten Stadt Frauenstein zum Besten". Gottfried Silbermann stellte damit seine Liebe zur Heimat ein zweites Mal unter Beweis.[12]

Über die zweite Frauensteiner Orgel gibt es – außer dem Kontrakt – keine Urkunden oder Akten. Nach der im vorigen Jahrhundert entstandenen „Raths-Chronik"[13] ist am 7. Februar 1738 „der Orgelmacher, Herr Silbermann, aus Freiberg mit einer Kutsche und vier Wagen nach Frauenstein geholet worden, das neue Orgelwerk zu machen, darzu die Rathsstube zu seiner Handtierung erhalten".[14] Hinsichtlich des Datums muß dem Ratschronisten ein Fehler unterlaufen sein, denn am 7. Februar 1738 weilte Gottfried Silbermann noch in Zittau.[15] Und am 18. desselben Monats schrieb er von Freiberg aus an Aktuar Benjamin Schroth und bedankte sich für die vielen in Zittau „genossenen Höflichkeiten". Er versicherte gleichzeitig: „... und werde mich bemühen, auf alle Art und Weise mein danckbares Gemüthe an den Tag zu legen." Hiernach kann Gottfried Silbermann kaum vor Ende Februar 1738 nach Frauenstein gekommen sein.

Wenn der Ratschronist weiter erzählt, der Orgelbauer habe am 28. April 1738 damit begonnen, „die Orgel zusammenzusetzen", dann müssen wir diese Angabe ebenfalls mit einem Fragezeichen versehen. Es ist nämlich ganz unmöglich, daß Gottfried Silbermann die Orgel in etwa zwei Monaten „aufgesetzt", intoniert und gestimmt hat, denn am 2. Juli 1738 wurde sie nachweislich schon geweiht. Das Werk muß etwa eintausendzweihundertundfünfzig Pfeifen besessen haben.[16] Die Intonierung und Stimmung derselben nahm allein schon etwa neun Wochen Zeit in Anspruch.[17] Außerdem müssen wir fragen: Was hat der Meister vorher, von Ende Februar bis Ende April gemacht? Selbstverständlich mußte vor dem Aufsetzen der Orgel das Gehäuse errichtet werden, aber das kann keinesfalls zwei Monate gedauert haben. Wir sehen an diesem Beispiel, daß wir einer Chronik nicht alles glauben können.

Der Weihetag der Orgel, der 2. Juli 1738, ist sowohl urkundlich als auch zeitgenössisch-literarisch belegt.[18] An diesem Tage wurde die Orgel auch geprüft. Das besorgte der Freiberger Organist Erselius. Er hat das Werk „ohne den geringsten Mangel" befunden.[19]

Wie in anderen Städten, wurde Gottfried Silbermann selbstverständlich auch in seiner Heimatstadt anläßlich der Orgelweihe mit Gedichten geehrt. Friedrich Ehregott Mäcke[20] widmete dem Meister folgende Zeilen: „... Wo ist denn aber wohl ein solcher Mann zu finden, der ein so großes Werck zu Ende bringen kann? Wer kann denn so geschickt Verstand und Fleiß verbinden? Das kann wohl keiner sonst als unser Silbermann, der ietzo wiederum in meiner Vater-Stadt ein trefflich Meister-Stück durch Kunst verfertigt hat ... Von Dir, mein theurer Mann, wird noch die Nachwelt sagen, Daß Du der Arhimed [= Archimedes] des Sachßen-Landes seyst. Und gehest Du dereinst in Salems Auen ein, so wird Dein Nahme doch bey uns unsterblich seyn." Was der junge Zeitgenosse Silbermanns geahnt hat, ist Wirklichkeit geworden, denn Silbermanns Name ist bis heute unsterblich geblieben und wird auch in Zukunft unsterblich sein.[21]

Ein anderer junger Frauensteiner, Johann Christoph Lippmann,[22] dichtete zur Orgelweihe folgende Zeilen: „... Beglücktes Frauenstein, Du kannst Dich glücklich schätzen, daß sich Herr Silbermann in Dir gebohren nennt. Die Bürger können sich an seinem Werck ergötzen, da jeder ihn, die Kunst und seine Arbeit kennt. Gott aber lasse ihn noch viele Jahre leben, nichts als nur Freud und Heyl empfinde seine Brust, er lasse lauter Glück um seinem Haupte schweben! So ist Herr Silbermann des gantzen Landes Lust."

Einhunderteinunddreißig Jahre hat Silbermanns Orgel ihren Dienst zur Ehre Got-

Als Der
Wohl-Edle, Kunsterfahrne und Weitbe-
rühmte Herr,
HERR
Gottfried Silbermann,
Königl. Pohln. und Chur-Fürstl. Sächs. wohlbestalter
Hof- und Land-Orgel-Bauer in Freyberg,
Das Ein und Viertzigste
Vortreffliche Meisterstück
Durch das
Neuverfertigte Orgelwerck
in Frauenstein,
Den 2. Julii 1738.
Am Fest Mariä Heimsuchung
rühmlichst abgeleget,
Wolten ihre sonderbahre Hochachtung
gegen diesen grossen Freund und Gönner
durch diese schlechte Zeilen an den Tag legen
Innengenannte.

Freyberg,
gedruckt bey Christoph Matthäi.

Gedicht (Titelseite) aus dem Jahre 1738 zur Weihe der zweiten Silbermann-Orgel zu Frauenstein tes und zur Erbauung der Gemeinde verrichtet,[23] und dann wurde auch sie – wie einst ihre Schwester – das Opfer verzehrender Feuerflammen. In der Nacht vom 2. zum 3. Oktober 1869 wurde das Städtchen Frauenstein nochmals fast völlig eingeäschert. Superintendent Dr. Hermann Gustav Hasse, der damals in Frauenstein wirkte,[24] hat uns in seinen handschriftlichen „Annalen" einen Augenzeugenbericht dieses größten Frauensteiner Stadtbrandes hinterlassen.[25] Hiernach brach das Feuer kurz nach Mitternacht an der Nordseite des Marktes, wo heute das Rathaus steht, im Hintergebäude eines baufälligen Hauses aus.[26] Früh um zwei Uhr hatte das Feuer bereits „unaufhaltsam um sich gegriffen". Eine Stunde später schlug die alte Kirchturmuhr „ihre letzte Stunde". Um diese Zeit hatten die Flammen alle vier Häuserreihen des Marktes, die Kirche und das Rathaus ergriffen. Niemand konnte das Feuer bändigen, und so schritt es weiter „von Dach zu Dach" in die vier Gassen des Städtchens und vernichtete insgesamt fünfundsiebzig Bürgerhäuser.[27]

Als am Morgen des 3. Oktober 1869, es war ein Sonntag, die Sonne aufging, lag Frauenstein größtenteils in Schutt und Asche.[28]

Wie unsagbar schwer mag es dem damaligen Organisten Eduard Ferdinand Köhler gefallen sein, „seine" Silbermann-Orgel den Flammen überlassen zu müssen, denn wir wissen, wie gerade er den großen Orgelbaumeister verehrt hat. Köhler ist es gelungen, wenigstens die Orgelbank den Flammen zu entreißen. Er selbst hat sie mit folgender Aufschrift versehen: „Diese Orgelbank gerettet bei dem großen Brandunglück am 3. October 1869. Köhler, R[ektor] und Organist." Die Orgelbank befindet sich jetzt im Heimatmuseum zu Frauenstein.[29]

Ein reichliches Jahr nach dem großen Brand waren alle Privathäuser wieder aufgebaut, so daß die Bürger „noch vor Eintritt des Winters" 1870/71 ihre neuen Häuser beziehen konnten.[30] Am 3. Oktober 1873, genau vier Jahre nach der Brandkatastrophe, wurde die auf den alten Grundmauern wieder errichtete Stadtkirche geweiht.[31] Sie konnte aber keine Silbermann-Orgel bekommen,[32] denn der Meister ruhte schon einhundertundzwanzig Jahre lang auf dem Dresdner Johanniskirchhof.[33]

1 Es handelte sich um das Frauensteiner Erstlingswerk, mit dem wir uns eingehend beschäftigt haben.

2 In dem Kapitel „Orgel-Contracte" wurden sie alle aufgezählt.

3 Dieses Gedicht wurde zur Weihe der Orgel in Ponitz gedruckt und befindet sich mit einigen anderen Orgelgedichten in der Christian-Weise-Bibliothek zu Zittau.

4 Leider ist über etwaige Verhandlungen zwischen dem Rat der Stadt Frauenstein und Gottfried Silbermann nichts überliefert. Auch irgendwelcher Schriftwechsel über den geplanten Orgelbau scheint nicht (oder nicht mehr) vorhanden zu sein.

5 Das vom Kleinbobritzscher Erbrichter Gabriel Fritzsche benutzte Siegel muß sehr alt gewesen sein, denn die Umschrift lautet „KLEINE BOBERTZ".

6 Eigenartigerweise trägt das Dokument keine Unterschrift von Gottfried Silbermann.

7 Wir haben schon an anderer Stelle auf die Verdienste Köhlers um die heimische Silbermann-Ehrung hingewiesen.

8 Das geht aus einem Randvermerk hervor, den Köhler selbst auf den Kontrakt geschrieben hat.

9 Die erste Frauensteiner Silbermann-Orgel hatte nur ein „Clavir" (= Manual).

10 Hinsichtlich der Disposition sollte das Werk dem zu Reinhardtsgrimma entsprechen.

11 Dieser Betrag war ohne weiteres angemessen, denn die Frauensteiner Orgel sollte das Ebenbild der zu Reinhardtsgrimma werden, und diese kostete auch achthundert Taler.

12 Diakon C. A. Bahn hob in seiner Chronik (1748) besonders hervor, daß Silbermann bei diesem Orgelbau „der Kirchfahrt ein ansehnliches geschencket hat, weil er ein gebohrener Frauensteiner war".

13 Dieselbe besteht aus zwei Bänden und befindet sich im Stadtarchiv zu Frauenstein. Sie wurde von Buchbindermeister Christian Gottlob Benjamin Kliemann geschrieben. Kliemann wurde am 13. Januar 1774 in Frauenstein geboren, wo sein Vater als öffentlicher Notar, Advokat und Stadtschreiber wirkte. Der „Rathschronist" starb am 30. Januar 1855 an Altersschwäche. Offenbar hat er trotz seines hohen Alters bis kurz vor seinem Tode noch an der Chronik gearbeitet, denn die letzte Eintragung betrifft den 18. September 1854.

14 Die Ratsstube befand sich in dem damaligen großen Rathaus, das neben der Kirche auf dem Marktplatz stand, 1869 bei der großen Feuersbrunst ausbrannte und dann abgerissen wurde.

15 Nach einer Niederschrift des Zittauer Aktuars Schroth wurde an diesem Tage mit Gottfried Silbermann vereinbart, daß ihm der Kontrakt über den Bau der Johannis-Orgel „zur Vollziehung nachgesendet" wird.

16 Auf dem Kontrakt hat eine spätere Hand (vermutlich Rektor Köhler) bei jeder Stimme die Zahl der zugehörigen Pfeifen vermerkt.

17 Wir erinnern dabei an unsere früheren diesbezüglichen Berechnungen.

18 Und zwar durch das noch vorhandene Orgelgedicht und durch C. A. Bahns Frauensteiner Chronik von 1748.

19 Das geht aus einer „Registratura" vom 2. Juli 1738 hervor, die der Amtsaktuar Hoffmann geschrieben hat. Der Verfasser entdeckte sie im Frauensteiner Kirchrechnungsbuch 1725 bis 1776.

20 Er wurde 1722 (!) geboren, ging 1734 nach Freiberg und 1740 nach Leipzig, wo er „die berühmtesten Lehrer in der Juristen-Facultät" hörte. Sein Vater war in Frauenstein Amtssteuereinnehmer.

21 Wenn das vorliegende Lebensbild Gottfried Silbermanns ein wenig dazu beiträgt, daß Silbermanns Name unsterblich bleibt, dann ist der Wunsch des Verfassers erfüllt.

22 Er wurde 1718 geboren und zog (nach Bahns Chronik) 1730 nach Freiberg aufs Gymnasium und 1739 nach Leipzig auf die Universität. Sein Vater war in Frauenstein Huf- und Waffenschmied.

23 Nach den Aufzeichnungen von Superintendent Dr. Hasse hat sich insbesondere der 1815 in Adorf geborene Albin Friedrich Horlbeck „durch seine Virtuosität auf der Silbermannschen Orgel" ausgezeichnet. Er wirkte von 1846 bis 1859 in Frauenstein als Schulrektor und Organist. Aber auch sein Nachfolger, Rektor Eduard Ferdinand Köhler, hat (nach Dr. Hasse) die Gemeinde zehn Jahre lang „durch sein Orgelspiel auf der alten Silbermannschen Orgel erbaut".

Übrigens hat Dr. Hasse in seiner Chronik erwähnt, daß Silbermanns Orgel auf der zweiten Empore „gleich einem Schwalbennest knapp unter der Decke gestanden" hat.

24 Frauenstein war von 1836 bis 1878 Sitz einer Superintendentur.

25 Ein weiterer aufschlußreicher Augenzeugenbericht aus der Feder des damaligen Bürgermeisters Dr. Reinhard befindet sich in den „Acten, die Erörterungen wegen des Brandes der Stadt Frauenstein am 3. Oct. 1869 betr." (Stadtarchiv Frauenstein).

26 Die Brandursache konnte trotz der von einem Freiberger Staatsanwalt angestellten Untersuchungen nicht geklärt werden. Maurermeister Herrmann war einer der ersten, die sich an der Brandstelle eingefunden hatten. Er erklärte dem Staatsanwalt: „Hätten wir gleich zu Anfang etwas mehr Wasser dagehabt, so hätte das Feuer, welches noch keinen großen Umfang hatte, als ich hinkam, gelöscht werden können, aber mir wurden nur 3 oder 4 Kannen Wasser zugereicht, und als ich diese ins Feuer gegossen hatte, weiteres Wasser aber nicht herbeigebracht wurde, mußte ich mit anderen, die mit oben [auf dem Boden] waren, fort, weil der Rauch zu stark wurde." Nach dem Bericht des Bürgermeisters brannten, nachdem das Feuer das Dach des Hauses durchbrochen hatte, wenige Minuten später schon weitere drei Häuser. Wir müssen hierbei bedenken, daß ganz Frauenstein damals schindelgedeckte Häuser hatte.

27 Frauenstein hatte damals 1435 Einwohner. Durch die Feuersbrunst wurden 715 Personen obdachlos. Sie fanden inzwischen bei Bürgern, deren Häuser nicht abgebrannt waren, oder bei Verwandten und Bekannten in den benachbarten Dörfern Unterkunft.

28 „Noch ehe der Winter die Ruinenstadt in Schnee hüllte, nahmen Fotografen sie von verschiedenen Seiten auf", schrieb Dr. Hasse. Drei dieser Aufnahmen befinden sich im Frauensteiner Heimatmuseum. Nach Dr. Hasses Bericht hat das Ephoralarchivgewölbe in der Superintendentur der Glut widerstanden, es sei darin aber acht Tage nach dem Brand noch warm „wie in einer Backstube" gewesen.

29 Das Schicksal der Orgelbank ist sehr interessant. Da die Ehe von Rektor Köhler kinderlos war, hat er zwei Pflegekinder angenommen. Die Pflegetochter Anna Küchler heiratete den Frauensteiner Kirchner und Lehrer Ernst Benno Haupt. Dadurch gelangte auch die Orgelbank in seine Hände. Haupt vererbte sie an seine Tochter Marie (geboren 1884, gestorben 1967), die sie als wertvolle „Antiquität" jahrzehntelang hütete. Erst im hohen Alter entschloß sie sich, die inzwischen zu einem Familienerbstück gewordene Orgelbank Reinhold Preißler in Kleinbobritzsch geschenkweise zu überlassen. Da sie das einzige ist, was von der zweiten Frauensteiner Silbermann-Orgel gerettet wurde, stellte Preißler die Orgelbank 1958 dem Heimatmuseum Frauenstein zur Verfügung, wo sie das Interesse vieler Besucher gefunden hat und auch in Zukunft noch finden wird.

30 Das geht aus einem Bericht vom 27. Oktober 1871 hervor, den der interimistische Bürgermeister W. E. Richter in den Turmknopf des neuen Rathauses einlegen ließ. Bei Erneuerungsarbeiten wurde der Bericht aufgefunden und am 26. Juli 1925 im „Frauensteiner Anzeiger" veröffentlicht. Hiernach ist der Bauplan für den Wiederaufbau erst im Mai 1870 festgelegt worden, so daß Frauenstein innerhalb eines halben Jahres aus den Ruinen wiedererstanden ist! Eine bewundernswerte Leistung unserer Väter!
Es soll nicht unerwähnt bleiben, daß der „Hilferuf", den das Frauensteiner Hilfskomitee in verschiedenen Zeitungen veröffentlicht hatte, einen enormen Widerhall gefunden hat. Nach dem noch vorhandenen Spendenverzeichnis gingen aus ganz Sachsen und noch von weiter her insgesamt fast genau dreißigtausend Taler an freiwilligen Spenden ein, abgesehen von ungezählten Spenden an Lebensmitteln, Kleidungsstücken usw.

31 Dr. Hasse schrieb: „Fast jeder Stein und Balken darin ist erkämpft." Der Kirchenbau kostete

(ohne Glocken, Orgel und Taufstein) 17000 Taler. Der Landtag hat hierzu eine Beihilfe von 6100 Talern bewilligt, nicht zuletzt durch die Fürsprache von König Johann, der die niedergebrannte Stadt am 4. Oktober 1869 persönlich besichtigt hatte.

32 Man ließ die neue (jetzige) Orgel von Kreuzbach in Borna bauen, nachdem sich Superintendent Dr. Hasse „von dessen trocknem Hölzervorrath" persönlich überzeugt hatte.

33 Genaugenommen existierte dieser Friedhof damals gar nicht mehr, man hatte ihn inzwischen säkularisiert. Außerdem war Silbermanns letzte Ruhestätte lange vorher schon nicht mehr aufzufinden, denn „kein Denkmal bezeichnete sein Grab".

Das Urteil der Zeitgenossen

Nicht jedem Künstler sind zu Lebzeiten Ruhm und Ehre zuteil geworden. Gottfried Silbermanns Leistungen in der Orgelbaukunst wurden jedoch schon von seinen Zeitgenossen bewundert. Besonders in den „Orgel-Carmina“, in den Gedichten, die anläßlich der Orgelweihen entstanden, hat die Bewunderung für Silbermanns Orgelwerke einen überschwenglichen Ausdruck gefunden. Wir wollen uns an der nachstehenden Auswahl genügen lassen:

„Wieviel Schrifften sind zu lesen, welch Künstler Du gewesen, hochgeehrter Silbermann! – Du wirst ein Künstler stets auch bey der Nachwelt bleiben. Dein Ruhm verwelket nicht, ob Dich der Todt gleich streckt.“ (Organist Erselius, Freiberg; 1735.)[1]

„Seine Arbeit wird mit allgemeinem Beyfall begleitet und ich wollte fast behaupten, daß sich solcher von dem Purpur der höchsten Personen, biß auf die Leinwand des geringsten Häußlers erstrecke.“ (Hof-Advokat Brem, Altenburg; 1737.)[2]

„In unsers Silbermanns kunstreich erbauten Sachen, steckt die geheime Krafft, die Tadler stumm zu machen. Wohlan, berühmter Mann, so weit hast Du's gebracht, daß Dich nun viertzigmahl Dein Fleiß berühmt gemacht.“ (Organist Kalb, Ponitz; 1737.)[3]

„So ein Werckzeug hoher Dinge, die man nie satt rühmen kann, ist der theure Silbermann. Ach, mein Kiel[4] ist zu geringe, daß er dieses Künstlers Preiß würdig zu erheben weiß.“ (Pastor Rothe, Fraureuth; 1742.)

„Gottfried Silbermann ist mit vollkommenem Recht unter die Virtuosen Sachßens zu zählen. – Gantz Sachsen sieht auf Dich, es hält Dich lieb und werth. – Das an Silber ergiebige Freyberg, als Silbermanns Sitz, beweiset, daß, wie man aus den Gebürgen Silber, also aus dem Gehirn kluger Menschen mehr als Silber zieht, denn seine Orgel daselbst[5] wird von der Welt bewundert, als ein güldenes Kleinod unserer Zeit.“ („Curiosa Saxonica“ 1736.)

„Wär diß das erste Werck, womit Du uns ergötzet, so wär es schon genug vor Dich zum Meister-Stück; So aber, da Du nun schon vierzig hast gesetzet, mit gantz besonderm Ruhm, auch Beyfall, Kunst und Glück, so muß der Neid Dir selbst gestehen: daß keiner über Dich im Orgel-Bau wird gehen.“ („Liebhaber künstlicher Orgelwercke“, 1737.)

„Vollkomm'ner Silbermann!, den alle Welt bewundert, weil Du durch Deine Kunst dieselbe hast ermuntert. Fahr fort in Deinem Thun, Dein Nahme wird stets seyn in meinem hohlen Ertz, biß daß Dein Ruhm und Schein in aller Welt erthönt. Gott woll Dich ferner schützen, daß Du dem Vaterland noch lange Zeit kannst nützen." (Organist Johann Ludwig Krebs, Zwickau; 1737.)
„Von eines Künstlers Geist, Erfindung, Fleiß und Hand macht sich hier abermahls ein Meister-Stück bekannt. Man brauchet solchen nicht mit Nahmen zu benennen, der edle Silbermann läßt sich durch's Werck erkennen. Der Bau ist ordentlich, vernünfftig, nicht gemein, der Klang scharff, lieblich, süß, durchdringend, prächtig, rein, die Stimmen ausgesucht, bequem das Wind-Verführen, die Arbeit dauerhafft, anmuthig das Poliren. – Kurtz alles ist allhier nett, künstlich, schön im Spiel, Pedal wohl angelegt, wohl gangbar das Ventil, bey leicht ansprechenden sanfft sincken-den Claviren wird keines Spielers Hand Krampf, Schwulst noch Blasen spühren." (Organist Kalb, Ponitz; 1737.)
„Je mehr Dir Orgeln aufgetragen, Je mehr sie zur Verwundrung ziehn, Weil Du bey jedem Werck probirest, Wie jedes zu verbessern sey. Und wenn es fertig, noch studirest, So sieht man klährlich Deine Treu." (Johann Gottfried Donati, Organist und Stadtschreiber in Greiz; 1739.)
„Geehrter Silbermann! Was ein besond'rer Fleiß und Kunsterfahrenheit nur aus-zuüben weiß, zeigt Dein sehr nettes Werck, das Du uns aufgeführet, das nicht nur äusserlich hier uns're Kirche zieret; Weil dessen Bau so schön und auserlesen ist. Nein, wer das Inn're noch mit allem Fleiß beschauet, wird recht genöthiget, daß er recht sicher schließt: die Orgel hat gewiß ein Meister aufgebauet, der redlich, klug, geschickt, erfahren sey zu nennen, dem keines Neiders Zahn den Ruhm wird rauben können ... Doch sieht man hier auf Dich, geschickter Silbermann, und was Dein kluger Fleiß an diesem Werck gethan, so wird ein jeder gleich den edlen Ursprung haben und schließen, diß entspringt aus Deines Geistes Gaben. Allein, wie sich bey Dir kein böser Eigen-Nutz, und an dem gantzen Werck kein falscher Vortheil zeiget; So eben hassest Du den übertünchten Putz, der Eigen-Ehre heißt und Gottes Ruhm verschweiget. Denn Dein bescheid'ner Mund spricht: Gott ist es gewesen, der mich zum Werckzeug nur hierzu hat auserlesen. Der sey denn auch davor gelobt, erhöht, gerühmt. Dir aber bleibt demnach das Lob, das Dir geziemt. Diß wird, so lange hier das Orgel-Werck wird klingen, Dir Deinen Ruhm hinaus auf späte Zeiten bringen. Wir gratuliren Dir hierzu, sehr werther Freund, und wünschen, daß Gott Dich noch lange leben lasse, daß seine Weißheit sey noch stets

mit Dir vereint, und Dich sein Gnaden-Schutz zu jeder Zeit umfasse! Ja will er Dich einst spät in seinen Himmel heben, so laß er Dich noch lang in Deinen Wercken leben." („Zwey gute Freunde", 1739.)[6]

Zur Weihe der Johannis-Orgel zu Zittau sind auch einige Gedichte im Druck erschienen, und zwar von Johann Conrad Mayer und „von einem Bewunderer und vielfachen Zeugen der Silbermannischen GeschicklIChkEit".[7] Der letztere schrieb u. a.: „Berühmter Silbermann, verzeihe, daß mein Kiel hier voll Verwundrung stockt. Dein Ruhm hat sich das Ziel durch dieses Meister-Stück nunmehr so weit gestecket, daß dessen Grösse mir die sich're Furcht erwecket, daß meine Poesie ihr nicht gewachsen sey." In dem Gedicht von Johann Conrad Mayer heißt es: „Dein Nahme bleibt demnach berühmt in unsern Thoren, und Zittau liebet Dich und lobet Deine Müh, so hast Du Zeit und Krafft hier nicht umsonst verlohren,[8] und bringst Erkenntlichkeit und Kunst in Harmonie ... Und weil an manchen Ort und in so manchen Jahren durch Dich und Dein Bemühn des Höchsten Lob erthönt, so gönne nun der HErr auch Deinen Silber-Haaren den angenehmen Schmuck, daß sie der Seegen krönt!"

Unter den Zittauer Orgelgedichten finden wir etwas Einmaliges, denn ein Carmen wurde von einer Frau verfaßt. Leider geschah dies anonym. Die Verfasserin bezeichnete sich lediglich als „eine VerpfliCHtete Freundin"[9] und schrieb u. a.: „Demnach so stammet von den Musen der gröste Theil von Deiner Kunst, die Pfeiffen in der Orgel Busen sind Meister-Stücke deren Gunst. Sie lehrten Dich den Circul [= Zirkel] führen, sie theilten Dir den Maßstab ein, sie stimmen Deine Töne rein, durch deren Zauberwerk uns Deine Pfeiffen rühren. Da Musen nun von dem Geschlechte, zu dem auch uns der Schöpffer zehlt: So dencken wir, und zwar mit Rechte, daß, was noch Deinem Lobe fehlt, weil noch kein Glied von unsern Orden dasselbige besungen hat, weil noch kein einzig Lorber-Blat durch eine Weiber-Hand für Dich geweyhet worden. Doch wenn man dieses wagen wolte, so sollte wohl der Lobgesang, der Dich nach Würden preisen sollte, so schön, so prächtig wie der Klang an Deinen Orgeln sich erheben: Jedoch das übersteigt den Sinn von einer schlechten Dichterin. Es solte Deutschland auch Dir eine Sappho geben."[10]

Selbst Heinrich VI. Graf Reuß hat anläßlich der Weihe der Orgel in der Schloßkapelle Burgk ein Gedicht drucken lassen, dessen Worte uns allerdings etwas gekünstelt erscheinen.

Diese aus der Fülle der noch vorhandenen Orgelgedichte ausgewählten Beispiele sollen genügen. Sie haben uns gezeigt, wie begeistert die Zeitgenossen von Silbermanns Kunst gewesen sind. Die Wertschätzung und Verehrung, die Gottfried Silbermann zu seinen Lebzeiten genießen durfte, kamen aber nicht nur in den Orgelgedichten, sondern auch in amtlichen Dokumenten zum Ausdruck.

Am 3. Juni 1723 erstatteten der Konzertmeister, der Kammerorganist und ein Kammermusiker Augusts des Starken ein Gutachten über Silbermanns Werke.[11] In demselben heißt es wörtlich: „Wir Endesunterschriebene attestiren hiermit, daß wir verschiedene Werke des berühmten Orgelbauers in Freyberg, Herrn Gottfried Silbermanns, und darunter sowohl Clavicordia, Claviseins, als auch Positive und Orgeln gesehen und gehört, dieselben auch so unvergleichlich sauber gearbeitet, so vortrefflich von Klange und mit einem Worte in allen Stücken so vollkommen befunden, daß wir uns nicht wundern, warum gedachter, in seiner Kunst so treffliche Meister, weit und breit, seiner Arbeit wegen, vor andern hochgeschätzt und gesucht wird ... Daher wir auch nicht unbillig gewünscht haben, einen solchen habilen [= befähigten] Mann beständig in Sachsen zu behalten." Diesem Urteil ist nichts mehr hinzuzufügen, denn es spricht für sich allein.

Weitere Zeugnisse für Silbermanns Ruhm und Können sind die von manchen Städten oder Persönlichkeiten ausgestellten Atteste. Der Meister hat diese Urkunden – ebenso wie die Orgelkontrakte – gut aufbewahrt. In seinem Nachlaß befanden sich „vierzehn Stück Attestata, so dem Defuncto von denen Stadt-Räthen und andern Orten, wo er Orgeln gebauet, zu seiner Legitimation ertheilet worden".

In einigen Fällen ist uns der Wortlaut dieser Urkunden überliefert worden. Die Ponitzer Kirchenpatroninnen[12] bestätigten in ihrem Zeugnis vom 20. November 1737, daß Gottfried Silbermann „den veraccordirten neuen Orgelbau in der Kirche alhier nunmehro glücklich und mit allgemeiner Zufriedenheit vollführet und an diesem Werck sein von Gott verliehenes Talent, Fleiß und weitbekandte rühmliche Geschicklichkeit besonders erwiesen" habe.[13] Graf Heinrich III. von Reuß stellte Gottfried Silbermann am 19. Juni 1739 ein „eigenhändig vollzogenes" Attest über die Greizer Orgel aus und lobte „die Lieblichkeit und Gravität der außerordentlich wohl intonirten Stimmen".

Auch die von den Orgelprüfern erstatteten Berichte müssen wir als Beweise für Silbermanns Ruhm und Können nochmals besonders nennen, obwohl wir davon schon an anderer Stelle gesprochen haben.

Als der Leipziger Nikolai-Organist Johann Gottlieb Görner am 15. Oktober 1729 die Püchauer Orgel geprüft hatte und sie „genau durchgegangen“ war, konnte er nach seinem Wissen und Gewissen nichts anderes bezeugen, als daß dieses Werk „in allen Stücken nach dem errichteten Contract gebauet und ohne Mangel und Tadel sey“ und Gottfried Silbermann „als ein rechtschaffener Künstler“ gearbeitet habe.[14]

Es ist kein Fall bekannt, wo bei der „Examination“ einer Silbermann-Orgel von den Prüfern etwas beanstandet worden wäre. In den Greizer Orgelbauakten fanden wir eine bemerkenswerte Bestätigung dafür. Als Gottfried Silbermann die Orgel in der Greizer Stadtkirche vollendet hatte, waren sich alle darüber einig, daß es nicht nötig ist, einen „frembden Musicum zum Examiniren zu verschreiben, indem ermeldter Silbermann seine gemachten Orgeln überall ohne Mängel geliefert und kein Frembder von dem Vermögen ist, etwas mit Bestand daran auszusetzen“.[15] Auch der Obergreizer Rat Junius hat in einer Stellungnahme hervorgehoben, daß Silbermann „ein sehr renomirter Orgelbauer ist“.

Es ist nicht verwunderlich, daß zur Weihe der Greizer Orgel ein Verwandter von Hofrat Fickweiler ein Gedicht drucken ließ. Wir wollen daraus nur einige Worte zitieren: „Mein Silbermann, die schönen Wercke, Die uns Dein kluger Sinn erdacht, und auch zur Würcklichkeit gebracht, die zeugen einst der Welt von Deines Geistes Stärcke. Sieh, Du mehrst unsers Teutschlands Ruhm; Drum wird so lang Dein Nachruf grünen, biß einst der letzte Tag erschienen, denn großen Künstlern bleibt dies stets zum Eigenthum ...“

Zur Weihe der von Gottfried Silbermann in Greiz gebauten Orgel erschien auch ein in Zwickau gedrucktes Gedicht, das „ein ergebenster Freund, den derselbe gar wohl Kennt“, geschrieben hat. Die letzten Zeilen lauten: „Auf! reißt den alten Cram verstimmter Orgeln ein; Jetzt kan ein Silbermann der Bau-Herr neuer seyn. Die Nach-Welt wird gewiß noch manchen Künstler zehlen, Allein ein Silbermann wird ihr, vermuthlich, fehlen.“[16]

Auch Silbermanns Fachkollegen versagten ihm ihre Anerkennung nicht. Dafür ein Beispiel: Der Altenburger Orgelbauer Tobias Heinrich Gottfried Trost hatte im Jahre 1722 darauf aufmerksam gemacht, daß die von Hoforgelbauer Johann Jacob Donati geschaffene Altenburger Schloßorgel und auch andere „von ihm verfertigte Land-Orgel-Wercke“ Mängel aufweisen. Trost schlug vor, mit der Untersuchung der „angegebenen Defecte“ Gottfried Silbermann zu beauftragen, „welcher ein weltberühmter Meister ist“. Silbermann reiste daraufhin Anfang April 1723 nach Altenburg, um die Orgel zu untersuchen. Die Prüfung erfolgte am 8. April 1723,

nachdem Gottfried Silbermann vorher vereidigt worden war.[17] Der Meister hatte an der Orgel sehr viel zu beanstanden, denn überall war „ein großer Unfleiß zu spühren", und den geübten Blicken Gottfried Silbermanns entging nichts.[18]
In einem Brief vom 28. Januar 1727 zählte der Orgelbauer Trost Gottfried Silbermann zu den „berühmten und rechtschaffenen Orgelmachern". Der Hoforgelbauer Donati jedoch verstieg sich zu der Behauptung: „Und bin ich gewiß versichert, daß, wenn solches von mir verlanget würde, ich Silbermann und Trosten in ihren erbaueten Wercken Defecta genug zeigen wollte." Aus diesen Worten sprechen Mißgunst und Neid.
Gottfried Silbermann dagegen konnte auch die Leistung eines anderen anerkennen. Dafür finden wir in den Akten über den Orgelbau in der Schloßkirche zu Altenburg einen Beweis. Da die Arbeiten nur langsam vorankamen, entschloß sich das „Hochfürstliche Hochlöbliche Cammer-Collegio", bei Gottfried Silbermann, „der wegen seiner Erfahrenheit in der Orgelbaukunst einen guten Ruff hat", Erkundigung einzuziehen, ob das Werk „binnen Jahr und Tag nach gegenwärtiger Beschaffenheit zur Perfection gebracht werden kann". Gottfried Silbermann befand sich damals gerade in Ponitz, also in der Nähe, und deshalb war die Gelegenheit besonders günstig. Am 13. Juli 1737 wurde der Kammerrevisor Tobias Heinrich Schubart, „welcher mit ihm bekannt" war, nach Ponitz geschickt, um Silbermann nach Altenburg zu bitten. Der Meister versprach, innerhalb von vierzehn Tagen zu kommen. Er traf aber schon am 19. Juli in Begleitung des Ponitzer Schulmeisters und Organisten Johann Heinrich Kalb in Altenburg ein.[19] Wie beurteilte Gottfried Silbermann die Arbeit seines Kollegen Trost? Das hat uns Revisor Schubart aufgeschrieben: Silbermann stellte fest, daß die Orgel „ein gar ansehnliches und gutes Werck werden würde, darinnen sich Herr Trost viel Mühe und Arbeit gäbe und keinen Fleiß sparete, auch allem Ansehen nach vor seine Persohn schlechten Profit haben dürffte".[20]
Obwohl Gottfried Silbermann zeit seines Lebens viel Ruhm und Ehre zuteil geworden sind, haben ihn „zwey gute Freunde" in einem Gedicht zur Weihe der Greizer Orgel (1739) als einen Mann geschildert, der Gottes Ehre über die eigene stellte.[21]
In Anbetracht der zahlreichen zeitgenössischen Zeugnisse über Silbermanns Ruhm wundert es uns um so mehr, daß es von ihm kein Bildnis gibt. Auf diese erstaunliche Tatsache ist schon im vorigen Jahrhundert hingewiesen worden.[22] Im Jahre 1899 veröffentlichte Archivrat Dr. Distel, Dresden, in den Mitteilungen des Frei-

berger Altertumsvereins folgende Notiz: „Ein Porträt Gottfried Silbermanns (1683–1753), des berühmten Orgelbauers aus der Freiberg'schen Pflege, ist – meines Wissens – noch nicht nachgewiesen worden. Herr Hofmusikalienhändler Klemm in Dresden (Firma C. A. Klemm) besitzt nun eine Silhouette, die jenen darstellen soll. Vielleicht gelingt es, daß der Beweis dafür erbracht werde."
Bis heute ist ein solcher Beweis aber nicht erbracht worden und wird auch nicht erbracht werden können. Trotzdem ist diese Silhouette bis heute vielfach als Bildnis Gottfried Silbermanns veröffentlicht worden. Die Silhouette zeigt den Kopf eines Mannes, der eine Zopfperücke trägt. Diese Perückenart gehörte aber der Mode in der zweiten Hälfte des achtzehnten Jahrhunderts an. Zur Zeit Gottfried Silbermanns trug man noch sogenannte Merleton-Perücken[23] oder Stutzer. Auch der große Orgelbaumeister machte diese Mode mit, denn in seinem Nachlaß befanden sich „drey Merleton-Peruquen". Durch diese Entdeckung, die der Verfasser beim Studium des von Notar Langbein aufgestellten Verzeichnisses über Silbermanns Nachlaß machte, ist die erwähnte Silhouette als Bildnis Silbermanns endgültig erledigt.[24] Wir finden uns deshalb damit ab, daß es von dem berühmten „Orgelmacher" kein Bild gibt.[25] –
Wir erwähnten an anderer Stelle, daß Ernst Ludwig Gerber in seinem „Historisch-Biographischen Lexikon der Tonkünstler"[26] Gottfried Silbermann „als einen unserer größten Meister in der Orgelbaukunst" bezeichnet hat. Gerber betonte besonders, daß man an Silbermanns Orgeln allgemein „die vortreffliche Sauberkeit, Güte und Dauerhaftigkeit der Materialien sowohl der Arbeit, die große Simplicität [= Einfachheit] der innern Anlage, und die ungemein prächtige und volle Intonation" bewunderte. Andererseits schrieb Gerber: „Kenner tadeln zwar an seinen Werken die allzu einförmige Disposition." Diese sei einer „übertriebenen Behutsamkeit" des Meisters zuzuschreiben, „nichts von Stimmen zu wagen, wovon er nicht ganz versichert war, daß ihm nichts daran mißrathen würde".[27]

1 Was Erselius in fast prophetischer Weise geahnt hat, können wir heute – weit über zwei Jahrhunderte nach Silbermanns Tod – bestätigen: Silbermanns Ruhm ist nicht „verwelkt" und wird auch in Zukunft nicht „verwelken".

2 Brems Worte müssen wir auch so verstehen, daß sich an dem Klang der Silbermann-Orgeln nicht nur Fürsten und „höchste Personen", sondern auch die ärmsten „Untertanen" erfreuen konnten; denn die Kirchentüren standen – ohne Ansehen der Person – jedermann offen. So hat Gottfried Silbermanns Kunst auch den untersten Schichten des Volkes gedient. In diesem Sinne hat sich auch Dr. Ulrich Dähnert ausgesprochen. Er schrieb 1953: „Die Orgel soll in erster Linie den Gemeindegesang einleiten und begleiten, sowie außerdem bei der Liturgie unterstützend mitwir-

ken. Sie ist also für die Gemeinde da. Wenn sie ihre gewaltige eherne Stimme ertönen läßt, dann werden alle Unterschiede belanglos, welche Menschen voneinander trennen. So ist die Orgel in einem höheren Maße volkstümlich, als es manchem unter uns scheinen mag. Denn auch der Ärmste kann sich an ihrem Klang erfreuen."

3 Die Orgel zu Ponitz wurde damals als vierzigstes Werk des Meisters gezählt. Hierbei sind wahrscheinlich auch die von Silbermann gebauten Positive mit berücksichtigt worden, deren Zahl wir heute nicht mehr feststellen können.

4 Der Verfasser des Gedichtes meinte damit seinen Federkiel.

5 Damit war die Freiberger Petri-Orgel gemeint, die im vorhergehenden Jahr geweiht worden war.

6 Die beiden Freunde waren Amtmann Heydrich und Regierungssekretär Metzler. Das Gedicht wurde zur Weihe der Greizer Orgel gedruckt. Der im letzten Satz ausgesprochene Wunsch ist in Erfüllung gegangen, denn Silbermanns Geist lebt noch heute in seinen Werken weiter.

7 Die in das Wort „Geschicklichkeit" eingefügten Großbuchstaben ICE sind das Monogramm des Verfassers. Ohne Zweifel stammt das Gedicht von Johann Christoph Erselius, dem Freiberger Organisten, der die Zittauer Orgel (und andere Werke Silbermanns) mit geprüft hat.

8 Knapp sechzehn Jahre später war doch alles verloren, weil die schöne Orgel im Siebenjährigen Krieg zerstört wurde.

9 Wer mag sich hinter dem Monogramm „VCH" verborgen haben?

10 Sappho war die bedeutendste griechische Lyrikerin der Antike. Sie lebte um 600 v. Chr.

11 Dasselbe befindet sich im Staatsarchiv Dresden bei Silbermanns Bittschrift wegen des Prädikats „Hof- und Landorgelbauer".

12 Das waren Dorothea Elisabeth von Schönberg geborene von Zehmen und Christiane Sibylle Edle von der Planitz geborene von Zehmen.

13 Gottfried Silbermann hat dieses Attest wahrscheinlich dem Zittauer Rat vorgelegt, denn der Verfasser fand in den Akten über den Johanniskirchen-Orgelbau eine Abschrift davon. Außerdem enthalten die genannten Akten eine Abschrift des Attestes, welches Silbermann vom Rat zu Dresden über die Frauenkirchenorgel erhalten hat.

14 Nach der noch vorhandenen Originalquittung hat der Kirchenpatron Heinrich von Bünau dem Organisten Görner „vor Examination und Übernehmung" der Orgel zwölf Taler ausgezahlt.

15 Drei Jahre später, anläßlich der Weihe der Orgel zu Fraureuth, kamen „zwey Orgel-Freunde in einigen Discursen" (= Gesprächen) zu dem Ergebnis, „daß man keine von seinen [= Silbermanns] Orgeln mehr zu examiniren" braucht, sondern man „sich auf ihn, als einen ächten und grossen Künstler, der in dieser Profession gantz besond're Wissenschaft besitzet, verlassen" kann, zumal „Herr Silbermann nur nach Ehre und nicht nach Profit arbeitet".
Aus dem Freiberger Ratsprotokoll vom 3. Oktober 1735 geht hervor, daß der Rat davon überzeugt war, daß die der Vollendung entgegengehende Petri-Orgel „tüchtig" ist. Man hielt es deshalb „vor unnötig, zur Examination des Werkes jemanden anhero zu verschreiben". Das sind schöne und wertvolle Beweise dafür, welches Vertrauen man zu Silbermann hatte.

16 Es kann keinen Zweifel darüber geben, daß dieses Gedicht von dem Zwickauer Organisten und Bachschüler Johann Ludwig Krebs stammt. Er spielte offenbar darauf an, daß Silbermann auch in Zwickau eine Orgel bauen soll.

17 Der von Silbermann geleistete Eid lautete: „Ich, Gottfried Silbermann, schwöre hiermit zu Gott dem Allmächtigen mit Mund und Hertzen einen leiblichen Eyd, daß ich die mir anitzo auffgetragene Untersuchung derer bey dem allhiesigen Schloß- und Trebener Orgel-Werke angegebenen Trostischen Mängel und defecte, nach meinem besten Verstande und Wissenschaft dergestalt verrichten will, daß niemanden hierunter einige Gefährde wieder der Sachen wahrer Beschaffen-

heit zugezogen werde, inmaßen ich denn weder um Gunst, Gabe, Geschenke, Freundschafft, Haß oder Feindschafft etwas dißfalls thun noch unterlaßen will, so wahr mir Gott helffe und sein heiliges Wort, Jesus Christus mein Erlöser und Seeligmacher. Amen!"

18 Schon bei den Blasebälgen der Orgel war manches nicht in Ordnung, so daß Silbermann erklärte, „daß es auch ein Zimmermann hätte beßer machen können". – Am nächsten Tage untersuchte Silbermann noch die Orgel zu Treben und fand an dem Werk sehr viel, was nicht in Ordnung war.

Nur in einem Punkt nahm Silbermann den Orgelbauer Donati in Schutz, indem ihm „das Werck vor 200 Thaler allzu genau verdungen worden" sei. Aus diesem Grunde habe er auch die Prinzipal-Stimme „aus bloßen Zinn nicht verfertigen können". Da Donati dieses aber im Kontrakt versprochen hatte, „müsse er es auch verantworten".

19 Silbermann und Kalb konnten mit „zufälliger Gelegenheit nacher Altenburg kommen, indem der Herr von Planitz über Altenburg fahren und uns in Ihrem Wagen mitzunehmen die Gnade haben wollen".

20 Damit hat Silbermann zum Ausdruck bringen wollen, daß Trost für die Orgel einen höheren Preis hätte fordern können.

21 Wir haben das Gedicht auszugsweise schon in diesem Kapitel wiedergegeben, möchten aber die entscheidenden Worte hier nochmals wiederholen: „Denn Dein bescheid'ner Mund spricht: Gott ist es gewesen, der mich zum Werckzeug nur hierzu hat auserlesen."

22 Am 17. Januar 1883 sagte Konsistorialrat Dr. Dibelius aus Dresden in einem Vortrag im Freiberger Altertumsverein: „Ein Bild des Meisters von Malerhand scheint nicht auf uns vererbt zu sein." – Gerber hat seinem Tonkünstler-Lexikon (1790) ein Verzeichnis beigefügt, von welchen Künstlern ihm Bilder bekannt waren. Silbermann ist nicht darunter. Sollte es von ihm jemals ein Bildnis gegeben haben, so wäre das damals bestimmt bekannt gewesen.

23 Man nannte diese Perücken auch „Muffer", und zwar wegen der Röhrenform der Locken. Die Bezeichnung „Merleton"-Perücke geht auf das französische „mirliton" (= Rohrflöte) zurück.

24 Es soll nicht unerwähnt bleiben, daß Ernst Flade in der ersten Auflage seines Buches „Der Orgelbauer Gottfried Silbermann" (Leipzig 1926) geschrieben hat: „Zwar versuchte Archivrat Distel einen Schattenriß, gefunden in einer Dresdner Altertumshandlung, als Bild Silbermanns glaubhaft zu machen, wobei er sich auf äußerliche Merkmale stützte, und eben deshalb wenig zu überzeugen vermochte."

25 Der einzige Silbermann, von dem uns ein Bild überliefert wurde, war Johann Andreas (1712 bis 1783), ein Sohn von Gottfrieds Bruder und Lehrmeister Andreas. Rupp (1928) und Flade (1952) haben das Bildnis veröffentlicht.

26 Dasselbe erschien 1790 bei Johann Gottlob Immanuel Breitkopf in Leipzig.

27 Der Dresdner Orgelsachverständige Dr. Ulrich Dähnert hat sich in seinem Buch „Die Orgeln Gottfried Silbermanns" (Leipzig 1953) auch mit der „Frage nach einer Entwicklung im Schaffen Gottfried Silbermanns" beschäftigt. Er stellte folgendes fest: „Wenn auch bei einer vergleichenden Betrachtung der Dispositionen Gottfried Silbermanns eine gewisse Einförmigkeit in ihrer Gestaltung zu bemerken ist, so offenbart sich dennoch in ihnen eine Entwicklungsrichtung, die allerdings nicht mit der Deutlichkeit zutage tritt wie bei anderen Meistern." Anhand verschiedener Beispiele wies Dr. Dähnert nach, daß Silbermanns Dispositionen sich „durch große Einheitlichkeit" auszeichnen und schon „in seinen frühen Werken das für ihn charakteristische Gepräge tragen". Trotzdem können wir bei Silbermann „von einer Entwicklung reden", die aber „weniger das Große und Ganze als vielmehr die Ausführung des Einzelnen, seine Verfeinerung und Vervollkommnung betrifft".

„. . . zumahl er keine Familie hat“

Wir haben uns bisher fast ausschließlich mit dem Orgelbauer Gottfried Silbermann beschäftigt. Uns interessiert aber auch der Mensch Gottfried Silbermann. Wir möchten zum Beispiel gern wissen, ob er verheiratet war, ob er Kinder hatte und ob heute noch Nachkommen von ihm leben.

Gottfried Silbermann war nicht verheiratet und hatte keine Nachkommen.[1] Das bezeugen einige seiner Zeitgenossen.

Der erste, den wir nennen können, ist der Verfasser der „Kurtzen Nachricht“ über Gottfried Silbermann und seine vier Freiberger Orgeln.[2] Er schrieb: „Die Haupt-Berg-Stadt Freyberg, alwo dieser Künstler, welcher noch in Coelibatu[3] und außer der Ehe lebet, sein eigentliches Domicilium und Wohnung hat ...“

Der Zwickauer Organist Johann Ludwig Krebs[4] bezeugt uns ebenfalls, daß Gottfried Silbermann nicht verheiratet gewesen ist. In einem ausführlichen Brief vom 23. Oktober 1742 an den Zwickauer Rat schrieb er,[5] daß Gottfried Silbermann „bey seinem herannahenden Alter[6] ungleich mehr Vermögen und Lebensunterhalt besitzt, als er vor seine Persohn, zumahl er keine Familie hat, consumiren kann ...“[7]

Ein weiterer Beweis für Silbermanns Ehelosigkeit ist die Tatsache, daß er eine Köchin und Magd beschäftigt hat. Auch das Testament des Meisters können wir als Beweis heranziehen. Wir werden uns in einem besonderen Kapitel noch eingehend mit Silbermanns „Letztem Willen“ beschäftigen und wollen jetzt nur vorwegnehmen, daß Gottfried Silbermann seinen Straßburger Neffen Johann Daniel Silbermann als Universalerben eingesetzt hat. Hätte er das getan, wenn er verheiratet gewesen wäre und eigene Kinder gehabt hätte?

Das letzte Glied in der Beweiskette ist die Nachricht über Silbermanns Tod in den „Kirchlichen Wochenzetteln“ (Stadtarchiv Dresden), wo ausdrücklich vermerkt wurde, daß er „ledigen Standes“ gestorben ist.[8]

Gottfried Silbermann war somit zeitlebens unvermählt.[9] Natürlich möchten wir gern wissen, warum er nicht geheiratet hat. Diese Frage könnte uns nur Gottfried Silbermann selbst beantworten, da sich keiner seiner Zeitgenossen darüber ausgesprochen hat.

Wir können uns vorstellen, daß vor allem durch die mit Silbermanns Beruf verbundenen vielen und langen Reisen ein Familienleben hätte leiden müssen. Wäre Silbermann Familienvater gewesen, dann hätte er immer zwischen zwei „Übeln" wählen müssen: entweder seine Familie während eines Orgelbaues monatelang in Freiberg allein zurückzulassen oder Frau und Kinder mit auf Reisen zu nehmen.[10]

Oder müssen wir den Grund für Silbermanns Ehelosigkeit in seinem angeblich verschlossenen und in sich gekehrten Wesen suchen?[11] Es entspricht aber bestimmt nicht den Tatsachen, wenn manche Leute Gottfried Silbermann als „Murrkopf" bezeichnet haben.[12]

Beim Studium der Geschäftsbriefe Silbermanns finden wir öfters sehr verbindliche, ja „galante" Redewendungen. Ein Brief vom 20. Juni 1725 an den Rochlitzer Amtmann schließt zum Beispiel mit den Worten: „Übrigens bitte bey Dero Herrn Bruder, dem Herrn Hof-Rath und Frau Gemahlin mein ergebenstes Compliment abzustatten ..." Ein andermal schrieb er dem Amtmann: „Unterdessen freue mich schon auf die Ehre Ihrer vergnügten Conversation [= Unterhaltung] und wünsche, daß die Zeit Ihnen aufzuwarten bereits vorhanden wäre." Wir erinnern uns, daß der Bruder des Rochlitzer Amtmannes sein Haus Gottfried Silbermann als zeitweilige Wohnung während des Orgelbaues zur Verfügung stellen wollte. In einem Brief vom 20. März 1726 an den Amtmann bedankte sich der Meister dafür mit folgenden Worten: „Inzwischen habe alle Obligation [= Verpflichtung] vor die Güte Ihres Herrn Bruders, so er in Offerirung seines Logis erwiesen, bitte mich demselben bestens zu empfehlen, auch dero Frau Liebste meine Ergebenheit zu contestiren [= bezeugen]." Ein Brief Silbermanns vom 20. Dezember 1730, der an den Pastor in Stolpen gerichtet war, endet mit den Worten: „Übrigens empfehle Sie, nebst ergebensten Compliment an dero wertheste Frau Eheliebste, in göttlichen Schutz, mich aber zu dero beharrlichen Andenken und verbleibe Ihr gehorsamer Diener ..." Einen Brief vom 21. Dezember 1738 an Aktuar Schroth in Zittau leitete Gottfried Silbermann mit folgenden Worten ein: „So dieselben nebst Dero werthesten Angehörigen bey solchem Wohlergehen sich befinden, wie ich es wünsche, können Sie nicht vergnügter leben."

Nun könnte jemand einwenden, die zitierten Redewendungen seien von den Personen, die die Briefe für Silbermann geschrieben haben, nur so hinzugefügt worden, weil es eben damals Mode war. Wir sind aber davon überzeugt, daß jedes Wort mit Silbermanns Willen in Einklang stand. Man darf vor allem nicht vergessen, daß Silbermann mit Menschen korrespondierte, die ihn persönlich kannten.

Und wer möchte da im Ernst behaupten, daß Silbermann etwas schreiben ließ, was gar nicht seinem Wesen entsprach?
Gottfried Silbermann war ohne Zweifel, seinem künstlerischen Können und seiner ganzen Persönlichkeit entsprechend, ein Mann, der die Umgangsformen der Barockzeit nicht nur schriftlich, sondern auch im persönlichen Verkehr mit seinen Zeitgenossen anwendete und beherrschte.
Eine Frage beschäftigt uns noch: Hatte Gottfried Silbermann Freunde?
Wir erinnern an einen Brief Silbermanns vom 13. März 1723 an den Altenburger Stadtorganisten Angermann, in welchem er erwähnt hatte, daß er „nebst etlichen guten Freunden" verreist gewesen sei. Leider bleibt es ein Geheimnis, wer diese Freunde waren.
Zu Silbermanns Freiberger Freundeskreis gehörte auf alle Fälle der „Bettmeister" (= Schloßverwalter) Elias Dietze. Ihm hat Gottfried Silbermann „aus guter Freundschafft und zu einem Andencken" testamentarisch einhundert Taler vermacht.[13]
Manchmal entwickelte sich aus geschäftlichen Beziehungen ein gewisses freundschaftliches Verhältnis. Das war anscheinend mit dem Zittauer Aktuar Schroth der Fall.[14] Wahrscheinlich hat Gottfried Silbermann seinen Geschäftsfreunden manchmal kleine Gefälligkeiten erwiesen. Am 20. Juni 1725 schrieb er dem Rochlitzer Amtmann: „Anbey übersende die Canaster-Dosen [= Tabakdosen], wünschend, daß Sie solche lange Jahre bey hohem Wohlseyn gebrauchen mögen."
Manche Zeitgenossen Silbermanns bezeichneten sich selbst als Freunde des Orgelbauers, so zum Beispiel Amtmann Heydrich und Regierungssekretär Metzler in Greiz. Auch der berühmte Bachschüler Johann Ludwig Krebs bezeichnete sich als „ergebenster Freund" Silbermanns.[15] Nicht vergessen sei auch die „verpflichtete Freundin" in Zittau, die dem Meister das schöne „Carmen" gewidmet hat.
Es ist behauptet worden, der Ratszimmermeister und „Architect" George Bähr, der Erbauer der Dresdner Frauenkirche,[16] wäre ein Freund Gottfried Silbermanns gewesen. Aber nirgends findet sich dafür ein Beweis. Wäre Silbermann wirklich mit Bähr befreundet gewesen, hätte er sich vielleicht nicht offiziell beim Rat darüber beschwert, daß Bähr für die Frauenkirchenorgel die Balgenkammer und das Gehäuse nicht fristgemäß fertig hatte. Warum hat er nicht „mit seinem Freund Bähr" persönlich darüber gesprochen? Wir erinnern uns auch, daß der Zittauer Rat Meister Silbermann fragte, ob der von Tischlermeister Langner „wegen des erbauten Chores und Orgelgehäuses" geforderte Preis von fast achthun-

dert Talern angemessen sei. Als Silbermann diese Frage entschieden bejahte, fügte er noch hinzu: „Das Dresdner Orgel-Gehäuße in der Frauen-Kirche habe Herr Bär vor eintausendzweihundert Thaler gedungen gehabt, es wäre aber gegen dem hiesigen kein Vergleich zu machen."[17] Silbermann wollte damit gewiß zum Ausdruck bringen, daß Bähr einen ziemlich hohen Preis gefordert hat. Man gewinnt jedenfalls nicht den Eindruck, daß beide miteinander befreundet gewesen sind.

Gottfried Silbermann soll ein freundschaftliches Verhältnis zu Johann Georg Pisendel[18] gehabt haben, der 1723 als „königlicher Cammer-Musicus" das Zeugnis über Silbermanns Werke mit unterschrieben hatte. Im Jahre 1736 hat Pisendel die von Gottfried Silbermann in der Frauenkirche zu Dresden erbaute Orgel mit geprüft. Fünf Jahre später finden wir den „königlichen Concert-Meister" unter den Prüfern der ebenfalls von Silbermann erbauten Zittauer Johannis-Orgel wiederum an erster Stelle. Für längere Beziehungen zwischen Silbermann und Pisendel spricht vor allem die Tatsache, daß Notar Langbein unter den schriftlichen Urkunden im Nachlaß Gottfried Silbermanns „ein Convolut [= Bündel] Briefe von Pisendeln, Gräbnern[19] und Bachen"[20] vorfand. Es ist sehr bedauerlich, daß diese Dokumente verschollen sind.

Mit einem, ja vielleicht dem besten Freund Gottfried Silbermanns müssen wir uns noch bekannt machen: Johann Gottfried Krauße. Er wurde am 6. Oktober 1692 in Freiberg geboren. Sein Vater Gottfried Krauße war Schuhmacher von Beruf. Am 7. Januar 1715 reichte er beim Freiberger Rat ein Gesuch ein und bat darum, seinem Sohn den „Stuhl-Schreiber-Dienst" zu übertragen. Krauße erwähnte, daß er seinen Sohn „von Jugend auf bis hieher dergestalt zur Schulen gehalten" habe, daß er „durch Göttliche Hülffe es darinne so weit möchte gebracht haben, daß er nunmehro die Universität beziehen könnte, wenn nur die darzu erforderten Mittel bey mir vorhanden wären". Das Gesuch hatte Erfolg, und Johann Gottfried Krauße wurde „bestallter Stuhlschreiber". Am 3. August 1716 heiratete er die Jungfer Johanna Zacharias aus Freiberg. Krauße erteilte Unterricht im Schreiben und Rechnen. Aus verschiedenen Eingaben, die er an den Freiberger Rat richtete, geht hervor, daß er sich in einem „miserablen Zustand" befand.[21] Später wurde Krauße beim Freiberger Rat das Amt des „Kammer-Schreibers" übertragen. Als solcher hatte er 1735 eine Jahresbesoldung von siebenundachtzig Talern und zwölf Groschen.[22]

Woher wissen wir, daß Johann Gottfried Krauße mit Gottfried Silbermann befreundet war? In den Greizer Orgelbauakten fanden wir ein Gedicht von 1739. Es stammt von einem „durch Liebe und besondere Freundschafft von Vier mahl Sieben Jahren her wohlbekandten und aufrichtig-ergebenen Freund". Wir könnten heute nicht mehr feststellen, wer dieser Freund gewesen ist, wenn es der Greizer Hofrat Fickweiler damals nicht auf dem Gedicht vermerkt hätte. Er schrieb: „Der Autor ist Joh. Gottfr. Kraußе, Raths-Cammer-Schreiber in Freyberg." Und nun will uns Johann Gottfried Krauße selber etwas über sein Freundschaftsverhältnis mit Gottfried Silbermann sagen. Er schrieb in seinem Orgelgedicht: „Silbermann! Geehrter Freund, in der Orgel-Kunst erfahren, Du bist mir sehr wohl bekandt, nun vor Vier mahl Sieben Jahren. Und ich hab in solcher Zeit liebenswürdig Dich geacht, weil wir in Vergnügsamkeit manches Stündgen zugebracht."

Silbermann und Krauße müssen seit 1711 miteinander befreundet gewesen sein und sich kennengelernt haben, als Gottfried Silbermann seine Tätigkeit in Freiberg aufnahm. Und die Freundschaft währte bis zum Tode.[23] Johann Gottfried Krauße überlebte seinen berühmten Freund um reichlich vier Jahre. Er starb im sechsundsechzigsten Lebensjahr, am 18. März 1758, als „wohlansehnlicher Cämmerer" in Freiberg.[24]

1 Gottfried Silbermanns Bruder Andreas dagegen hatte vier Söhne, die ihn überlebt haben. Heute noch in Paris lebende Nachkommen haben Marc Schaefer, Professor am Konservatorium in Straßburg, beauftragt, sämtlichen handschriftlichen Nachlaß, vor allem die sogenannten „Manuskriptbände" von Johann Andreas Silbermann (geboren 1712, gestorben 1783), Andreas' ältestem Sohn, zu veröffentlichen.
Wir wollen in diesem Zusammenhang daran erinnern, daß ein letzter Nachkomme von Gottfried Silbermanns Stiefbruder Georg 1950 in Großhennersdorf gestorben ist.

2 Sie erschien 1736 in der Zeitschrift „Curiosa Saxonica". Der Name des Verfassers wurde leider nicht genannt.

3 Mit dem Wort „Zölibat" bezeichnet man sonst die Ehelosigkeit katholischer Priester.

4 Er wurde 1713 in Buttelstedt bei Weimar geboren und starb Anfang Januar 1780 als „Herzogl. Gothaischer Hoforganist" in Altenburg.

5 Mit diesem Brief machte Krebs den Vorschlag, zu St. Marien von Silbermann eine Orgel bauen zu lassen.

6 Silbermann war damals fast sechzig Jahre alt.

7 Unabhängig davon hat der Zwickauer Rat in einem langen Schriftsatz vom 11. März 1743 zum Ausdruck gebracht, Silbermann habe selbst erklärt, daß er keine Familie hat.

8 Der vollständige Wortlaut der Beurkundung ist im Kapitel „Der Tod des Meisters" zu finden.

9 An sich ist das ziemlich allgemein bekannt. Wir haben uns nur deshalb so ausführlich mit der Frage nach dem Familienstand Silbermanns beschäftigt, weil sein Schüler und Gehilfe Adam Gottfried Oehme „mehrfach" als Silbermanns Schwiegersohn bezeichnet worden sein soll, wie Ernst Flade erwähnt hat, ohne darüber aber genauere Angaben zu machen.

10 Silbermanns ehemaliger Gehilfe Zacharias Hildebrandt hat, als er selbständig arbeitete, offenbar das letztere getan. Als Hildebrandt in Störmthal bzw. Liebertwolkwitz tätig war, wurde sein Sohn Johann Gottfried geboren. (Der Geburtsort läßt sich nicht mehr feststellen.) Am 5. September 1726 erblickte eine Tochter das Licht der Welt, und zwar in Lengefeld, wo Hildebrandt damals beschäftigt war. Das Kind starb im September 1727 in Sangerhausen. Schon diese wenigen Tatsachen (nach Dr. Dähnert) machen uns deutlich, welches „Wanderleben" Hildebrandt mit seiner Familie auf sich nehmen mußte, zumal er anscheinend keinen festen Wohnsitz hatte, an dem sich – wie bei Gottfried Silbermann – auch die Werkstatt befand.

11 Wir wollen nicht unerwähnt lassen, daß man im vorigen Jahrhundert der Meinung war, Silbermann sei Junggeselle geblieben, um der Straßburger Nonne die Treue zu halten, deren Befreiung aus dem Kloster ihm damals mißglückt sei. Diese Version ist aber schon vor hundert Jahren auf Widerspruch gestoßen, denn in der Zeitschrift „Saxonia" von 1877 kann man lesen: „Auf ganz unerbürgten Nachrichten beruht das, was wir neulich als Ursache der Ehelosigkeit Silbermanns gelesen zu haben uns erinnern, nämlich eine ganz hoffnungslose Liebschaft mit einer Nonne während seines Aufenthalts in Straßburg."

12 Das tat Dr. Gustav Eduard Benseler in seiner „Geschichte Freibergs" (1853). Er charakterisierte Gottfried Silbermann als „einen mürrischen finsteren Mann".

13 Wir kommen darauf nochmals zurück, wenn wir Silbermanns Testament betrachten.

14 Als Silbermann am 18. Februar 1738 dem Zittauer Aktuar den unterschriebenen Orgelbaukontrakt übersandte, fügte er „2 Gläßgen quint Essenz Rosmarin" bei und bat, das eine „der Frau Dr. Wentzeln nebst Abstattung eines Compliments" und das andere „der Frau Liebste" zu übergeben.

15 Das geschah, als Krebs 1739 zur Weihe der von Silbermann erbauten Greizer Orgel ein Gedicht drucken ließ.

16 Dieses Wahrzeichen von Dresden wurde ein Opfer des zweiten Weltkrieges. Von George Bähr stammen übrigens u. a. auch die Kirchen zu Schmiedeberg (Kreis Dippoldiswalde), Hohnstein (Kreis Sebnitz) und Forchheim (Kreis Marienberg).

17 Das erklärte Gottfried Silbermann am 1. Dezember 1740, und damals lebte George Bähr schon nicht mehr. Nach dem „Kurtzgefaßten Kern Dreßdnischer Merckwürdigkeiten" ist „der bekannte Architectus und Rathszimmermeister" am 16. März 1738 in Dresden gestorben. Er wurde am 20. März auf dem Johanniskirchhof zu Dresden beerdigt, wo reichlich fünfzehn Jahre später auch Gottfried Silbermann seine letzte Ruhestätte fand. Laut „Kirchlichen Wochenzetteln" starb Bähr in der Seegasse im eigenen Hause. Er war „ein Ehemann", ist zweiundsiebzig Jahre alt geworden und an „Steckfluß und Verzehrung" gestorben. Nach einer Legende, die etwa ein Jahrhundert später auftauchte, soll Bähr vom Gerüst der Frauenkirche gestürzt sein, also durch einen Unfall (oder gar Selbstmord) geendet haben. Aber das ist – wie gesagt – eine Legende.

18 Pisendel war einer der berühmtesten Geiger der damaligen Zeit und mit Johann Sebastian Bach befreundet. Gerber hat in seinem „Tonkünstler-Lexikon" (1790) diesem Künstler fünf Spalten gewidmet.
Nach den Dresdner „Kirchlichen Wochenzetteln" ist Johann Georg Pisendel im Alter von achtundsechzig Jahren und „ledigen Standes" (!) an einem „Stick- und Schlagfluß" (= Lungenödem und Schlaganfall) gestorben. Er hat in Dresden am „alten Marckte" (= Altmarkt) gewohnt. Pisendel wurde am 29. November 1755 „in der Raths-Grufft St. Joh[annis]" beerdigt. Der „Kurtzgefaßte Kern Dreßdnischer Merckwürdigkeiten" brachte über das Ableben „des berühmten königlichen Concert-Meisters" eine kurze Mitteilung. Hiernach hat Pisendel „etl. 40 Jahr an hiesigen königl. Hofe in Diensten gestanden".

19 Mit „Gräbnern" ist wahrscheinlich der Dresdner Frauenkirchenorganist Christian Heinrich Gräb-

ner gemeint. Er hatte zur Weihe der Freiberger Petri-Orgel am 31. Oktober 1735 als „ein dem weltberühmten Herrn Silbermann ergebenster Diener" ein Gedicht drucken lassen.

20 Damit ist aller Wahrscheinlichkeit nach Johann Sebastian Bach gemeint gewesen. Auf eine Anfrage beim Bach-Archiv zu Leipzig erhielt der Verfasser den Bescheid, daß von dem Briefwechsel zwischen Bach und Silbermann anscheinend nichts erhalten ist. Wir wollen nicht unerwähnt lassen, daß Ernst Flade den Gedanken geäußert hat, Gottfried Silbermann könnte auch mit Johann Sebastian Bachs Sohn, Wilhelm Friedemann, in Briefwechsel gestanden haben, zumal dieser von 1733 bis 1747 in Dresden als Organist an der Sophienkirche gewirkt und dort Silbermanns Orgel gespielt hat.

21 Am 3. März 1721 bat er den Rat, „mir zu meinem Unterhalt nicht nur die bißhero gegönneten sechs Scheffel Korn jährlich fernerhin genießen zu lassen, sondern auch mir wöchentlich etliche Groschen an Geld oder jährlich noch zwei bis drei Scheffel Korn zuzulegen, damit ich die Meinigen nicht unversorgt sehen und mit ihnen am Hungertuch nagen muß, anerwegen mit vier oder fünf Groschen wöchentlich nicht Hauß zu halten, noch Borg und Sorg zu vermeiden seyn will". Krauße erwähnte in seinem Gesuch, daß in den letzten zwei Jahren dreißig Schüler „aus seiner Information in Herren-Dienste gekommen sind". Er wollte es sich fernerhin angelegen sein lassen, „die mir anvertraute Jugend in Schreiben, Rechnen, Unterweisung der Ortographie, Abfaßung eines Briefes und andern zur Schreiberey gehörigen Wissenschafften treu und unermüdet zu unterrichten".

22 Das beweist seine eigenhändige Quittung in der Ratsrechnung von 1735/36. Später ist die Besoldung wesentlich erhöht worden, denn 1750 erhielt Krauße jährlich einhundertundfünfzig Taler. Nicht lange danach wurde ihm das Amt des Kämmerers übertragen.

23 Das werden wir noch an Hand von Silbermanns Testament beweisen.

24 Kirchenarchivpfleger Heinz Lehmann, Freiberg, teilte dem Verfasser freundlicherweise den Wortlaut der Todesbeurkundung mit. Hiernach wurde Kraußes „entseelter Leichnam" auf dem sogenannten „Grünen Kirchhof" in Freiberg in der Stille beigesetzt und „in seine allda zubereitete Ruhe-Cammer gebracht". Der „Grüne Kirchhof" liegt zwischen der Südseite des Domes und den Kreuzgängen. Er trägt seinen Namen schon seit dem Mittelalter, wird aber als Friedhof seit Jahrzehnten nicht mehr benutzt.

Die Briefe Gottfried Silbermanns, die wir in den Orgelbauakten gefunden haben, gehören zu den wertvollsten und aufschlußreichsten Dokumenten, weil wir daraus vieles erfahren können, was unmittelbar mit seiner Tätigkeit zusammenhing.

Beim Studium der Briefe fällt aber auf, daß der Meister sie nicht selbst geschrieben hat. Offenbar war er in der Schreibkunst nicht geübt und ließ sich deshalb

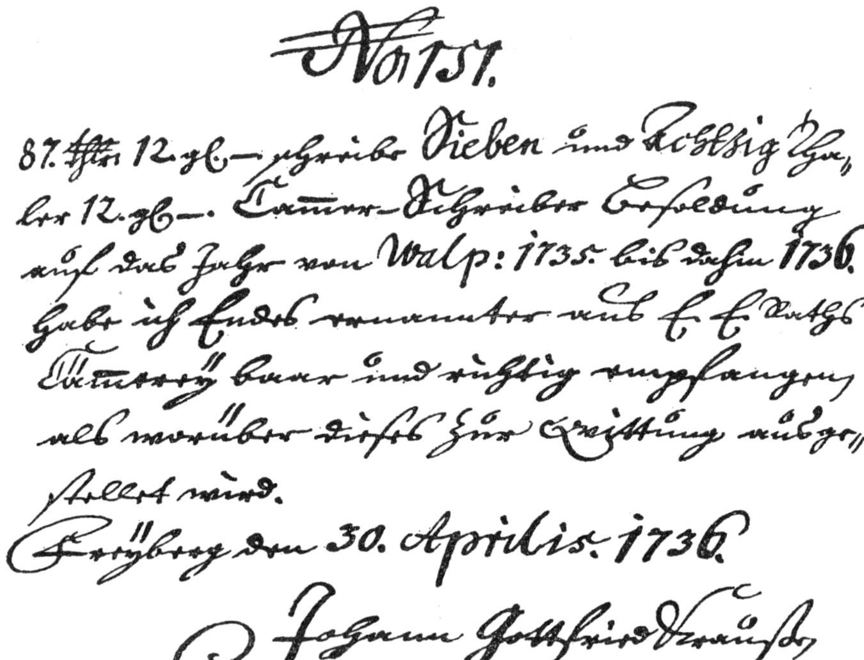
No 151.
87. thlr. 12 gl. – schreibe Sieben und Achtzig Thaler 12 gl. – Cammer-Schreiber Besoldung auf das Jahr von Walp: 1735. bis dahin 1736. habe ich Endes benannter aus E. E. Raths Cämmerey baar und richtig empfangen, als worüber dieses zur Quittung ausgestellet wird.
Freyberg den 30. Aprilis: 1736.
Johann Gottfried Kraußer

Quittung von Johann Gottfried Krauße aus dem Jahre 1736 über die Jahresbesoldung als Kämmereischreiber zu Freiberg. Krauße war über vierzig Jahre mit Gottfried Silbermann befreundet und hat ihm viele geschäftliche Briefe geschrieben seine Geschäftsbriefe von Leuten schreiben, die die „barocke“ Schreibkunst beherrschten. Zu ihnen gehörte sein Freund Johann Gottfried Krauße, den wir eben kennengelernt haben. Kraußes Handschrift ist uns durch seine Eingaben an den Freiberger Rat und seine in den Ratsrechnungen befindlichen Besoldungsquittungen bekannt.

Wir finden die leicht lesbare Handschrift in vielen Briefen Gottfried Silbermanns wieder.[1] Hatte der Meister einen Brief zu schreiben, brauchte er von seiner Wohnung oder Werkstatt nur zwei Häuser weiter „um die Ecke“ zu gehen, denn dort wohnte sein Freund Krauße.[2]

Gottfried Silbermann hat seine Briefe wahrscheinlich den jeweiligen Schreibern diktiert. Wenn er in einem Brief vom 24. August 1739 an den Fraureuther Pfarrer betont hat, daß ihn „einige Reißen vom Schreiben abgehalten“ haben, muß man daraus schließen, daß er an der Abfassung der Briefe persönlich und aktiv beteiligt war. Da Gottfried Silbermann sämtliche Briefe eigenhändig unterschrieben hat, können wir sie ohne Bedenken als authentische Zeugnisse betrachten, die seinen Willen, seine Absichten und seine Meinung unverfälscht kundtun und widerspiegeln. Wir haben auch genügend Beispiele dafür kennengelernt, daß die Briefe sogar etwas über das Wesen Gottfried Silbermanns aussagen können.

Die Unterschrift Gottfried Silbermanns ist unverkennbar, und ihre charakteristischen Merkmale haben sich in reichlich vier Jahrzehnten kaum verändert.[3] Vielleicht drückt sich darin Silbermanns unwandelbarer Charakter aus?

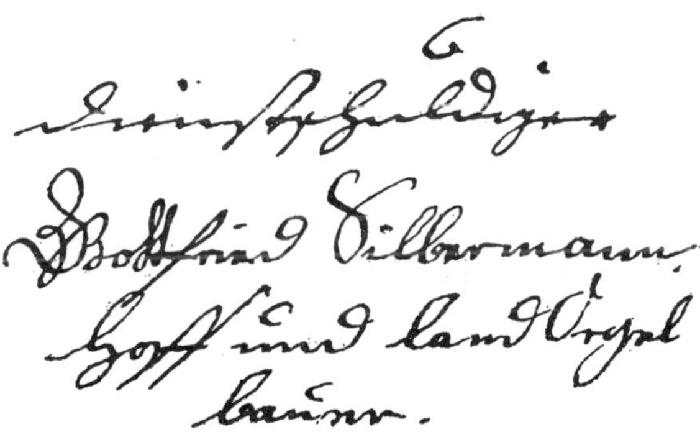

Unterschrift von Gottfried Silbermann aus dem Jahre 1724

Leider gibt es von Gottfried Silbermann außer seinen zahlreichen Unterschriften[4] nur zwei eigenhändige Schriftstücke aus den Jahren 1718 und 1726/28. Bei dem ersteren handelt es sich um eine Gesamtquittung über eintausend Taler für die Orgel zu Großkmehlen.[5] Im zweiten Falle quittierte Gottfried Silbermann eigenhändig über die vier Termine für die Orgel zu Helbigsdorf (Bild 20).
Die beiden Quittungen haben als einzige Autographen[6] des berühmten Orgelbaumeisters einen unschätzbaren Wert.[7]

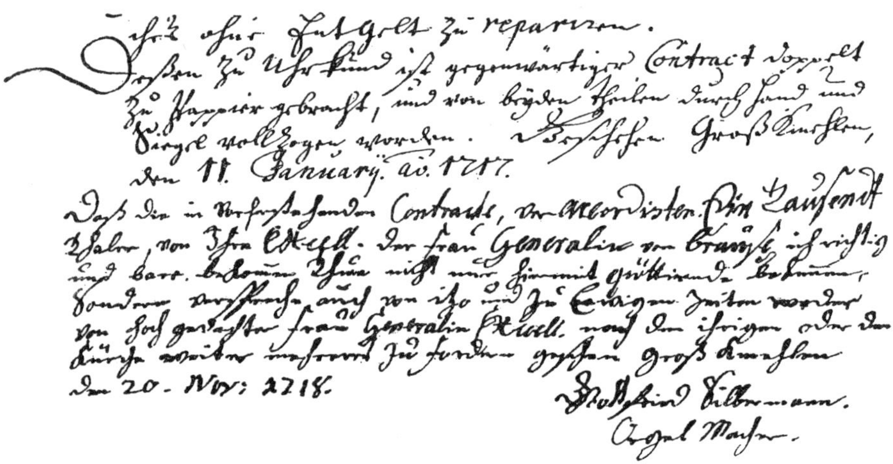

Eigenhändige Quittung Gottfried Silbermanns von 1718 über eintausend Taler für die Orgel zu Großkmehlen

Wenn es sich um ein wichtiges Dokument, einen Kontrakt oder eine Quittung, handelte, bekräftigte Gottfried Silbermann es nicht nur mit seiner Unterschrift, sondern auch mit seinem Siegel.
Der Meister hat während seines über vierzigjährigen Wirkens zwei verschiedene Siegel benutzt. Das erste verwendete er nur wenige Jahre.[8] Ernst Flade hat 1953 in einer Gedenkschrift der Stadt Freiberg zur 200. Wiederkehr von Silbermanns Todestag das Siegel wie folgt beschrieben: „Man sieht einen Zirkel,[9] dessen gespreizte Schenkel auf einem gerollten Bogen Papier stehen. Als Unterlage dient ein viereckig behauener Holzklotz, auf dessen Vorderseite die Buchstaben G. S. zu sehen sind“ (Bild 22). Wir möchten diese Beschreibung noch ergänzen, indem wir

den Wortlaut der Siegelumschrift wiedergeben.[10] Sie lautet: QUIA SECRETIS AB OMNIBUS. Ins Deutsche übersetzt, ergibt das keinen „vernünftigen“ Sinn. Nimmt man aber an, daß der Siegelschneider das Wort „SECRETIS“ irrtümlich anstelle von „SECRETUS“ gesetzt hat, dann lautet die übersetzte Umschrift: „Weil er von allen abgesondert ist.“ Wie sollen wir das verstehen?[11]

Ab 1716 benutzte Silbermann dann das andere Siegel.[12] Es zeigt einen „Orgelbauer“, der einen Zirkel und eine Orgelpfeife in den Händen hält, und die Buchstaben „G. S.“, also Gottfried Silbermanns Monogramm. Im unteren Teil des Siegels ist ein stilisiertes Positiv (= pedallose Kleinorgel) dargestellt (Bild 23). Wir finden in den Orgelbauakten zahlreiche, teilweise ausgezeichnet erhaltene Abdrücke des schönen Siegels.[13] Der Meister hat es bis an sein Lebensende benutzt. Es wird deshalb auch im Nachlaßverzeichnis mit aufgeführt.[14]

1 Silbermanns Brief vom 8. November 1738 an den Greizer Hofrat stammt zum Beispiel unzweifelhaft von Kraußes Hand.

2 Am 21. Juli 1734 kaufte Krauße in der Domkirchgasse ein Haus in unmittelbarer Nähe von Silbermanns Wohn- und Werkstattgebäude. Wo Krauße vorher gewohnt hat, ist nicht bekannt.

3 Die erste bekannte Unterschrift Silbermanns finden wir unter dem Straßburger St.-Nikolaus-Orgelkontrakt vom 18. Januar 1707. Sein letzter noch auffindbarer Namenszug steht unter dem Kontrakt über die Hofkirchenorgel zu Dresden vom 29. Juli 1750. Vergleicht man beide Unterschriften miteinander, dann spürt man natürlich, daß die Hand des siebenundsechzigjährigen Meisters nicht mehr den jugendlichen Schwung hatte. Aber sonst stellt man nur geringfügige Abweichungen hinsichtlich der Form der Buchstaben „f“ und „S“ fest. Das spätere „S“ finden wir schon 1710 in Silbermanns Unterschrift unter dem Freiberger Domorgelkontrakt. Übrigens hat Gottfrieds Namenszug „Silbermann“ hier eine auffallende Ähnlichkeit mit dem seines Stiefbruders Michael.

4 Der Verfasser fand auf Orgelkontrakten, Quittungen und Briefen bis jetzt rund zweihundert eigenhändige Unterschriften des großen Orgelbaumeisters.

5 Auf diese Quittung wurde der Verfasser von Felix Hoffmann, Bad Liebenwerda, früher Elsterwerda (gestorben 1968) aufmerksam gemacht.

6 Die Einmaligkeit dieser Dokumente ist bisher noch nicht gewürdigt worden. Der Verfasser hat überhaupt zum ersten Male darauf aufmerksam gemacht, daß es sich um eigenhändige Schriftstücke Silbermanns handelt.

7 Trotz des geringen Materials hat Hanna Just, wissenschaftliche Graphologin in Dresden (gestorben 1970), in mühevoller und uneigennütziger Arbeit versucht, nach Silbermanns Handschrift ein „Charakterbild“ anzufertigen. Dieses stellte sie dem Heimatmuseum zu Frauenstein zur Verfügung.

8 Wir finden es auf dem Kontrakt über die Freiberger Domorgel (8. Oktober 1710), auf dem Niederschönaer Kontrakt vom 10. Januar 1715 und auf dem Kostenanschlag für die Freiberger Jakobi-Orgel (19. Februar 1715).

9 Der Zirkel ist (nach Ernst Flade) das Sinnbild dafür, daß jede wahre Orgelbaukunst eine mathematische Grundlage hat. Kein Wunder, daß auch die Siegel von Zarachias Hildebrandt,

Johann George Silbermann und Johann Georg Schön einen Zirkel zeigen. Der Verfasser entdeckte das Siegel des letzteren in den Cämmerswalder Orgelakten. Schön hat damit seine Briefe an den dortigen Pfarrer verschlossen. Das Siegel zeigt in einem ovalen Feld einen Zirkel und eine Orgelpfeife, so daß es in diesem Detail fast völlig mit dem Siegel Johann George Silbermanns übereinstimmt.

10 Ernst Flade stellte in der erwähnten Gedenkschrift fest, daß die Umschrift „nicht mehr zu entziffern" sei. Auf Grund fotografischer Aufnahmen und Vergrößerungen gelang es dem Verfasser aber, die wenigen Worte zweifelsfrei zu entziffern.

11 Es wird kaum möglich sein, den Sinn der Umschrift zu ergründen. – Die Umschrift auf Zacharias Hildebrandts Siegel gibt uns dagegen kein Rätsel auf. Sie lautet (nach Dr. Dähnert): „Labore et constantia" = Arbeit und Beständigkeit. Außerdem zeigt Hildebrandts Siegel „eine Hand, welche einen Zirkel nach unten hält".

12 Der Abdruck auf der Niederschönaer Quittung vom 28. November 1716 scheint der erste zu sein, der noch auffindbar ist.

13 Gottfried Silbermann hat fast ausnahmslos roten Siegellack verwendet.

14 Dort heißt es: „Des Defuncti in Stahl gestochenes Petschaft mit G. S."

Das Testament

Das Originaltestament Gottfried Silbermanns, das sich im Stadtarchiv zu Freiberg befand, ist nicht mehr vorhanden.[1] Glücklicherweise hat der Freiberger Stadtrat Gerlach den Wortlaut der wertvollen Urkunde 1878 veröffentlicht.[2] Inzwischen ist im Staatsarchiv Dresden der sehr aufschlußreiche Aktenband „Des verstorbenen Hoff-Orgelmachers Herr Gottfried Silbermanns Nachlaß betr." wiederentdeckt worden.[3] Er enthält zwei beglaubigte Abschriften des Silbermannschen Testaments, so daß wir über den Letzten Willen des Orgelbaumeisters zuverlässig unterrichtet sind.

Nach dem Gerlachschen Bericht befand sich das Testament in einem großen Einschlagbogen, der durch zwei Silbermannsche Siegel und das Freiberger Ratssiegel verschlossen war. Auf diesen Umschlag hat der Stadtschreiber Carl Christian Hennig das Protokoll über die Übergabe des Testaments durch Gottfried Silbermann geschrieben.

Hiernach war es am 27. Juli des Jahres 1751, als Gottfried Silbermann „in Persohn" vor Bürgermeister Johann Christian Pistorius erschien, eine „versiegelte Chartam" (= Urkunde) übergab und „dabey vermeldete, wie darinnen sein letzter Wille enthalten sey, welchen er gerichtlich übergeben, und zugleich angesucht haben wolle, solchen anzunehmen, auf dem Rathhauße verwahrlich beyzulegen und nach seinem in Gottes Willen beruhenden Ableben selbigen gebührend zu publiciren".[4]

Nach Gerlachs Beschreibung lag in dem größeren Umschlag ein zweiter, kleinerer, der mit Silbermanns Siegel verschlossen und mit folgender Aufschrift versehen war: „Hier innen ist mein letzter Wille. Gottfried Silbermann." In diesem kleineren Umschlag befand sich das eigentliche Testament, eine „zwei Schreibebogen in Folio[5] füllende Urkunde, mit zusammengelegten schwarzen, roten und weißen Seidenfäden geheftet, welche wieder mit dem Silbermannschen Siegel befestigt" waren. Gerlach erwähnte besonders, daß Gottfried Silbermann nur die letzten drei Worte des Testaments „mein letzter Wille" eigenhändig geschrieben hat.[6]

Wir wollen uns nun Gottfried Silbermanns Testament etwas genauer ansehen. Die Einleitung lautet wörtlich:

„Im Nahmen Gottes. Sey hiermit zu wissen denen es zu wissen von nöthen, daß, nachdem der Allerhöchste durch seine Güte und Gnade mich nunmehro zu ziemlichen Jahren gelangen lassen,[7] und ich daher nicht wissen kann, wenn derselbe über mich gebiethen und mich von dieser Welt seelig abfordern möchte. Wie denn zu der Zeit und Stunde, da es geschehen sollte, auf das theuere Blut und Verdienst meines Herrn und Heylandes Jesu Christi deßen mich tröste und versichere, in wahren festen Glauben und Vertrauen willig und fröhlich sterbe, auch der gewissen Hoffnung und Zuversicht lebe, es werde meine theuer erlösete Seele zum himmlischen Freuden-Leben eingehen, am jüngsten Tage aber mit dem Leibe wiederum vereinbahret [= vereinigt] werden, nebst anderen Auserwähleten die Hochgelobete Heilige Dreyeinigkeit ewiglich zu rühmen, zu loben, zu preißen und zu dancken. So bin ich entschloßen, voriezo, bey annoch gesunden Tagen, darüber kürzlich zu disponiren, auf was maße [= wie] es mit meinem mir von Gottes Seegens-Hand gegönneten Vermögen nach solch meinem Todte zu halten."

Diese Worte beweisen, daß Gottfried Silbermann ein gläubiger Mann war. Sein ganzes Leben lang ist er sich dessen bewußt gewesen, daß seine Arbeit der Ehre Gottes dient, daß er für sein Wirken aber auch Gottes Segen braucht und von Gottes Hilfe und Gnade abhängig ist. Deshalb lasen wir in seinen Briefen, wenn er einen neuen Orgelbau oder eine Reise vorhatte, sehr oft die Worte „... so Gott Leben und Gesundheit schenken wird". Das waren bestimmt keine bloßen „Redensarten" oder „fromme Formeln". Bei Silbermanns Gewissenhaftigkeit und Ehrlichkeit, die er bei jeder Gelegenheit unter Beweis gestellt hat, ist es einfach nicht denkbar, daß er etwas schreiben ließ, was nicht seiner innersten und tiefsten Überzeugung entsprach. Und so legte er auch sein Lebensende in Gottes Hand.

In diesem Zusammenhang ist erwähnenswert, daß Gottfried Silbermann, wie wir aus dem notariellen Nachlaßverzeichnis ersehen können, etliche religiöse Bücher besaß.[8]

Worin bestand der Letzte Wille des Orgelbaumeisters? Nach dem Wortlaut des Testaments setzte Gottfried Silbermann als „einzigen wahren Universal-Erben" seinen Neffen Johann Daniel Silbermann, Orgelmacher und Organist[9] bei der Neuen Kirche zu Straßburg, ein.[10] Für den Fall, daß Johann Daniel vor ihm sterben sollte, hatte Gottfried Silbermann seine beiden anderen Straßburger Neffen, nämlich Johann Andreas und Johann Heinrich Silbermann, als Erben vorgesehen.[11]

Gottfried Silbermann bekundete in seinem Testament seinen Willen, daß sein Neffe Johann Daniel sich „meines gesammten Vermögens, es bestehe worinnen es wolle, nichts davon ausgeschloßen, als seines wahren wohlerlangten Eigenthums anmaßen und damit nach eigenem Belieben und Gefallen schalten und walten solle".

Wir werden uns im letzten Kapitel noch ausführlich mit Silbermanns Nachlaß beschäftigen. Jetzt sei nur erwähnt, daß nach den Aufzeichnungen des Notars Langbein der „Bestand des Silbermannischen Nachlasses" zehntausenddreihundertundacht Taler betrug.

Johann Daniel Silbermann hat sich an der Erbschaft nicht allzu lange erfreuen können, denn er starb, fast neunundvierzig Jahre alt, am 9. Mai 1766 in Leipzig.[12]

Gottfried Silbermann hat seinen Universalerben testamentarisch verpflichtet, den „bey mir in Diensten und Arbeit stehenden" Johann Georg Schön „in Ansehn der mir geleisteten treuen Dienste" einen Steuerschein über „zweytausend Thaler zu extradiren und auszuantworten [= auszuhändigen] und zwar samt den Zinßen, die darauf zu Ostern oder Michaelis gefällig werden".[13] Weiter sollte Schön Silbermanns „Kleider, Wäsche, Geräthe und Betten", das Werkzeug und die Materialien „zum Orgel-Bau und Instrumentenmachen" bekommen.

Hinsichtlich der Werkzeuge und Materialien hat Gottfried Silbermann aber ausdrücklich betont, daß Schön sie nur dann bekommen soll, „wenn zur Zeit meines Absterbens mein einzig instituireter Universal-Erbe oder die ihm substituirete zwey Brüder in hiesigen Landen nicht zugegen und darinnen zu bleiben gedächten". Diese Bedingung ist bisher immer übersehen worden.[14] Auf Grund der Nachlaßakten läßt sich leicht beweisen, daß Johann Georg Schön von Silbermann „nur" Kleider, Wäsche, Zinn-, Kupfer- und Messinggegenstände, Betten und Hausgeräte erbte. Da er aber nach Silbermanns Tod die Werkstatt in Freiberg fortgeführt hat, ist es durchaus möglich, daß Johann Daniel Silbermann die Werkzeuge und Materialien, insgesamt oder mindestens zum Teil, Johann Georg Schön überließ,[15] zumal er sich selbst nicht mehr als Orgelbauer betätigt hat.[16]

Aus Gottfried Silbermanns Testament können wir weiter ersehen, daß er dem Freiberger „Cämmerer und Rathsverwandten" Johann Gottfried Krauße „zu Bestellung der Caution bey der ihm anvertrauten Cämmerey-Function" mit einem Steuerschein im Werte von eintausendfünfhundert Talern „ausgeholffen oder gedienet" hat.[17] Silbermann verpflichtete seinen Erben, Krauße diesen Schein zu belassen, „biß er nach Gottes Willen mit Todte abgehet oder berührten Steuer-Schein bey seinem Leben meinen Erben selbsten zurückgiebet". Wie wir schon wissen, waren Silbermann und Krauße seit 1711 eng miteinander befreundet.

Das Testament Gottfried Silbermanns enthält noch einige kleinere „Legate". So erhielten der Freiberger „Bettmeister" Elias Dietze[18] „aus guter Freundschafft und zu einem Andencken" einhundert Taler und Organist Klemm zu St. Petri in Freiberg fünfzig Taler. Ebenfalls fünfzig Taler vermachte Silbermann „derjenigen Magd oder Köchin, die sich zur Zeit meines Ablebens in meinen Diensten befinden und darinnen wohl verhalten wird".[19]

Das Testament Gottfried Silbermanns schließt mit folgenden Worten: „Worinnen mein letzter Wille bestehet, darüber ich gehalten wissen will. Zu dem Ende ersuche einen Hoch-Edlen Rath hiesigen Orthes darüber nach meinen in Gottes Händen stehenden Todte zu halten und denselben zur Execution [= Ausführung] zu bringen ... Um mehrerer Beglaubigung willen habe denselben auf jeder Seite und am Ende eigenhändig unterschrieben und mein gewöhnlich Petschafft vorgedrücket."

Das Testament trägt das Datum „20. July Anno 1751" und die Ortsangabe „Freyberg". Genau einen Monat nach dem Tode des Meisters, am 4. September 1753, wurde es „publicirt". Hierbei waren Johann Daniel Silbermann aus Straßburg, Michael Silbermann aus Dresden, Johann Georg Schön, Orgelmacher, und Christian Silbermann, Schuhmacher in Freiberg, anwesend.[20] In der Freiberger Ratsstube wurde ihnen Gottfried Silbermanns Testament „von Wort zu Wort" vorgelesen. Die drei Erstgenannten erhielten „auf ihr Ansuchen" eine Abschrift des Testaments. Dasselbe bedeutete für Michael und Christian Silbermann eine große Enttäuschung. Sie hatten nämlich damit gerechnet, Erben des berühmten Verwandten zu werden, denn sie waren leibliche Brüder von Johann George Silbermann.[21]

Michael und Christian Silbermann erhoben Einspruch gegen Gottfried Silbermanns Testament. In ihrem diesbezüglichen Schreiben vom 12. September 1753 erklärten sie, „mit größter Verwunderung sehen zu müssen", daß Gottfried Silbermann nur Johann Daniel „zum einzigen Universalerben" eingesetzt und „nicht einmahl uns Miterben, da wir doch in einem Grad seyn, ein Legatum ausgesetzt" habe. Michael und Christian Silbermann machten geltend, der Verstorbene habe „jederzeit theuer versichert, daß nach seinem Ableben er uns allerseits, als seines Bruders[22] Kinder und Erben, bedacht hätte". Weiter habe Gottfried Silbermann vor seinem Tode versprochen, „es tausendfältig vergelten" zu wollen, weil er mit seinen Gehilfen oft bei Michael Silbermann in Dresden „Logier, Kost und Licht" erhalten hatte.[23] Inwieweit diese Angaben der Wahrheit entsprechen, können wir heute nicht mehr feststellen.[24] Bemerkenswert ist aber, daß nach Michael Silbermanns Darstellung Gottfried Silbermann schon 1744 ein Testament gemacht, es aber durch das von 1751 nicht widerrufen habe.[25]

Michael und Christian Silbermann erklärten in ihrer Eingabe, sie könnten „zur Zeit das publicirte Testament nicht agnosciren" (= anerkennen) und auch Johann Daniel Silbermann nicht als rechtmäßigen Universalerben „erkennen". Sie hätten sich auch gleich bei der Testamentseröffnung ihre „Jura" (= Rechte) vorbehalten. Abschließend „protestirten" die beiden enttäuschten Brüder „wider eine Verabfolgung der Erbschaffts-Effecten" an Johann Daniel Silbermann.

Die Eingabe hatte allerdings keinen Erfolg, denn Gottfried Silbermanns rechtmäßiger Testamentserbe war Johann Daniel Silbermann. Und an dem Letzten Willen des großen Orgelbaumeisters gab es nichts zu deuteln.

1 Am 8. Januar 1955 teilte Stadtarchivar Dr. Paul Krenkel dem Verfasser mit: „Das berühmte Testament Silbermanns ist, wie ich leider schon lange festgestellt hatte, der Auslagerung zum Opfer gefallen; es ist nicht zurückgekommen."

2 Das geschah in der Zeitschrift „Saxonia" (Nr. 2/1878).

3 Er ist 1753 „beym Ambte Dreßden ergangen" und befand sich im Bestand des ehemaligen Amtsgerichts zu Dresden.

4 Silbermanns Ansuchen wurde stattgegeben und ihm ein entsprechender Hinterlegungsschein „ertheilet".

5 „Folio" ist ein altes, nicht mehr gebräuchliches Papierformat (21 × 33 cm).

6 Gerlach fügte hinzu: „... und zwar mit ziemlich kerniger, doch aber auch schon etwas zitternder Hand." Übrigens hat Gottfried Silbermann jede Seite seines Testaments mit seiner Unterschrift und seinem Siegel versehen. Wir können annehmen, daß er bei der Abfassung des Testaments einen Juristen zu Rate gezogen hat. Insofern ist es erwähnenswert, daß der Dresdner Tischlerobermeister Michael Silbermann geschrieben hat, „dem Verlaut nach" habe Gottfried Silbermann sein Testament „bey H. Licent. Kraußen [in Freiberg] aufsezen laßen". Damit ist George Gottlieb Krauß, „beyder Rechte Lic. und berühmter Rechts-Consulente", gemeint, der am 26. September 1756 im Alter von fünfundsechzig Jahren in Freiberg starb.

7 Silbermann war damals reichlich achtundsechzig Jahre alt.

8 Notar Langbein führte folgende auf: „Johann Arnds Auslegung des Psalter Davids", zwei Bände, Lüneburg 1710; „Johann Arnds Postilla über die Sonntäglichen Evangelia", Frankfurt 1713; „Johann Arnds wahres Christenthum, samt Paradies-Gärtlein", Leipzig 1737; „Hasens Leipziger Bibel ... mit Kupffern [= Kupferstichen] und silbernen Schlößgen", Leipzig 1710; „M. Nicolai Haasens Todtes-Betrachtungen", Dresden 1720; „M. Friedrich Werners Himmels-Weg", Leipzig 1736; „Das Chemnizer Gesang-Buch", 1720; „Schmolckens zu seinen Jesu sich nahender Sünder in Corduan-Band", Chemnitz 1730; „Ein geschriebenes Choral-Buch"; „M. David Büttners Israelitischer Waßer-Brunn", Zwickau 1687.

9 Es verdient besonders festgehalten zu werden, daß Johann Daniel Orgelbauer *und* Organist war, denn es kam nicht allzuoft vor, daß ein Orgelbauer zugleich auch Orgelspieler war oder umgekehrt.

10 Johann Daniel wurde 1717 in Straßburg geboren. Sein Vater Andreas Silbermann war, wie wir

schon wissen, der leibliche Bruder und Lehrmeister von Gottfried Silbermann. Bemerkenswert ist, daß Gottfried seinen Neffen zum Erben bestimmte, noch bevor dieser nach Sachsen kam, um beim Bau der Dresdner Hofkirchenorgel zu helfen. Übrigens hat Johann Daniel die Orgelbaukunst bei seinem Vater Andreas gelernt.

11 Beide hatten bei ihrem Vater Andreas die Orgelbaukunst gelernt. Johann Andreas Silbermann (1712–1783) übernahm nach dem Tode des Vaters (1734) dessen Geschäft und soll im Elsaß und in Baden fünfzig Orgeln geschaffen haben. „Neben seiner Berufstätigkeit fand er noch Zeit zu literarischen Arbeiten und war ebenso berühmt als Altertumsforscher, Numismatiker [= Münzenkundiger] wie als Orgelbauer" (nach Rupp). Im Jahre 1775 hat er eine umfangreiche „Localgeschichte der Stadt Straßburg" herausgebracht. – Johann Heinrich Silbermann (1727–1799) war (nach Lobstein) ein „besonders ausgezeichneter Klaviermacher". Ernst Ludwig Gerber schrieb (1790) in seinem Tonkünstler-Lexikon: „Seine Fortepianos sind weit und breit berühmt, besonders in Frankreich. Und man kann behaupten, daß die besten, welche Paris besitzt, von seiner Arbeit sind."

12 Nach seinem Tode erschien in Hillers „Wöchentlichen Nachrichten und Anmerkungen die Musik betreffend" ein Nachruf. Daraus erfahren wir, daß Johann Daniel Silbermann 1751 seine Frau durch den Tod verloren hatte. Im Frühjahr des folgenden Jahres hat er Straßburg verlassen und ging zu seinem Onkel Gottfried nach Freiberg, um ihn beim Bau der Dresdner Hofkirchenorgel zu unterstützen. Im Januar 1766 heiratete Johann Daniel ein zweites Mal, und zwar Susanna Christiana verwitwete Theile geborene Rockenthien. Sie war die Tochter des Leipziger Kaufmanns Johann Friedrich Rockenthien und wurde am 11. Dezember 1745 in Leipzig getauft. Sie war somit noch nicht ganz achtzehn Jahre alt, als sie am 18. Oktober 1763 in der Leipziger Thomaskirche mit dem Dresdner „Kauff- und Handelsmann" Christian Gottlob Theile getraut wurde. Doch die Ehe wurde bald durch den Tod des Mannes aufgelöst. Der zweite Lebensbund mit Johann Daniel Silbermann währte nur ein reichliches Vierteljahr. Wo er geschlossen wurde, ist noch unbekannt. Bemerkenswert ist, daß zwischen Johann Daniel Silbermann und seiner Frau ein Altersunterschied von siebenundzwanzig Jahren bestand.

Nach Hillers Nachruf ist Johann Daniel Silbermann „nach einer kurzen Krankheit" gestorben. Wörtlich heißt es: „Sein Aufenthalt war eigentlich zu Dreßden, und es geschahe bey Gelegenheit eines Besuches, den er seinen Anverwandten in Leipzig gab, daß er allhier sein Grab fand." Nach dem Leipziger „Ratsleichenbuch" ist Johann Daniel Silbermann, „Churfürstl. Sächß. Hoff-Commissair und Hoff-Orgelbauer Dreßden", am 12. Mai 1766 in Leipzig beerdigt worden. Die beiden Titel sind ihm vom Kurfürsten wahrscheinlich gleich nach Vollendung der Dresdner Hofkirchenorgel (Februar 1755) verliehen worden. Der Titel „Hofkommissar" bedeutete, daß sein Träger eine dem Hofe erwünschte und von ihm anerkannte Tätigkeit ausübte. Johann Daniel Silbermann schrieb schon am 14. Juli 1755, daß ihn der Landesherr „aus allerhöchst eigener Bewegnüß mit einer Pension und dem Charakter Dero Hoff-Orgelbauers begnadigt" habe. Besondere Unterlagen darüber konnten im Staatsarchiv Dresden bisher nicht aufgefunden werden. Aus den Akten „Reglement der Besoldungen ..." können wir aber ersehen, daß Johann Daniel Silbermann bis 1764 als Hoforgelbauer eine jährliche Besoldung von vierhundert Talern hatte. Etwa ein reichliches Jahr vor seinem unerwarteten Tode wurde die Besoldung auf zweihundertundvierzig Taler herabgesetzt. Trotzdem war das noch eine verhältnismäßig gute Bezahlung, denn Silbermanns Aufgabe bestand hauptsächlich nur darin, die Hofkirchenorgel zu stimmen und notwendige Reparaturen vorzunehmen.

13 An anderer Stelle mußten wir erfahren, daß Schön dieses Wertpapier später verpfändet hat, weil er sich in sehr schlechten finanziellen Verhältnissen befand.

14 So schrieb auch Ernst Flade, daß Schön Werkzeuge und Materialien von seinem Meister geerbt hat.

15 Die Frage, ob Gottfried Silbermann Materialvorräte hinterlassen hat, war bisher noch nicht entschieden. Inzwischen entdeckte der Verfasser in den bisher anscheinend unbekannt gebliebenen „Cammer-Acta, Des verstorbenen Hof-Orgel-Machers Silbermanns Verlaßenschafft betr., Anno 1753" (Staatsarchiv Dresden) einen Brief Johann Daniel Silbermanns vom 14. Juli 1755. Daraus geht hervor, daß auf seine Veranlassung die von Gottfried Silbermann „in Freyberg [!] hinterlassenen Vorräthe an Holtz und Zinn [!], nebst wenigen andern Mobilien von geringem Werth ... versiegelt und dergestelt seithero in gerichtlicher Verwahrung behalten" worden sind. Die Materialvorräte und Mobilien befanden sich sowohl in Gottfried Silbermanns „zur Miethe inne gehabten Hauße" als auch in den ihm im Schloß Freudenstein „allergnädigst eingeräumten Kammern". Nach Johann Daniel Silbermanns Brief ist klar, daß sein Onkel tatsächlich Holz- und Zinnvorräte hinterlassen hat.

16 In dem bereits erwähnten Nachruf heißt es: „Seit einigen Jahren beschäfftigte er sich, außer der Aufsicht über die neue Dreßdner Orgel, meistentheils mit Verfertigung allerley künstlicher [= kunstvoller] Drehe-Orgeln. Seine Clavecins können von Kennern nicht genung gerühmt werden, ingleichen auch seine Claviere. Er war sogar in der Compositon nicht unerfahren." In gleichem Sinne hat sich auch Gerber in seinem Tonkünstler-Lexikon geäußert.

17 Das ist der Beweis dafür, wenn wir im Kapitel „... zumahl er keine Familie hat" festgestellt hatten, daß die Freundschaft zwischen Silbermann und Krauße bis zum Tode gewährt hat.

18 Der Freiberger Stadtrat Gerlach hat bei der Veröffentlichung des Silbermannschen Testaments (1878) die Bezeichnung „Bettmeister" im Sinne von „Todtenbettmeister" oder „Todtengräber" gedeutet. Das ist aber ein Irrtum. Elias Dietze ist am 3. Januar 1772 in Freiberg als „bestalt gewesener Bettmeister aufm Churf. Sächs. Schloße Freudenstein" (!) im Alter von achtundsiebzig Jahren gestorben.

19 Aus den Akten über Silbermanns Nachlaß geht hervor, daß Anna Magdalena Poltermann des Meisters letzte Haushälterin war. Durch „Entdeckerglück" fand der Verfasser sie in dem 1752 angelegten Freiberger Einwohnerbuch. Sie wohnte als „Hausgenossin" (= Mieter) mit einer Tochter im Nikolai-Viertel Haus Nr. 551 (= heute Theatergasse 8). Kirchenarchivpfleger Heinz Lehmann, Freiberg, teilte dem Verfasser aus den Kirchenbüchern noch folgende Einzelheiten mit: Anna Magdalena wurde am 1. Juni 1693 geboren und war die Tochter des Altenburger Müllers Christoph Jünger. Am 25. Februar 1726 heiratete sie den Freiberger Böttcher Michael Poltermann, der 1742 in Freiberg starb. Wahrscheinlich ist Anna Magdalena Poltermann dann in Gottfried Silbermanns Dienste getreten. Sie überlebte ihn um einundzwanzig Jahre und starb „unvermuthet" in der Nacht vom 26. zum 27. April 1774 im Hospital St. Johannes zu Freiberg. Anna Magdalena Poltermann ist somit fast einundachtzig Jahre alt geworden.

20 Außerdem wohnten der Testamentseröffnung noch bei: Christian Gottlob Heber von Höckendorf, Gottlob Burkert, Bäcker aus Dippoldiswalde, und Johann Christian Neubauer, „wegen seines Eheweibes Annen Christianen gebohrner Helmertin". Welche Beziehungen diese Personen zu Gottfried Silbermann hatten, ist noch nicht geklärt.

21 Wir erinnern uns, daß Gottfried Silbermann in einigen Orgelbaukontrakten Johann George Silbermann als seinen Erben bezeichnet hatte. Nachdem dieser aber schon 1749 starb, konnten Michael und Christian Silbermann um so mehr erwarten, anstelle ihres Bruders Erben Gottfried Silbermanns zu werden.

22 Michael und Christian waren Söhne von Gottfried Silbermanns Stiefbruder (!) Michael.

23 Der enttäuschte Tischlerobermeister stellte wenig später eine Spezifikation auf, was ihm Gottfried

Silbermann an Logis, Betten, Kost, Licht, Holz, Bier, Tee und Aufwartung „schuldig verblieben" ist. Hiernach hat sich der Meister von 1749 bis 1752 insgesamt einhundertundvier Tage bei seinem Verwandten in Dresden aufgehalten. Michael Silbermann berechnete insgesamt einhundertundsieben Taler und bekam diese Summe aus Gottfried Silbermanns Nachlaß ausgezahlt.

24 Wir können uns kaum denken, daß Gottfried Silbermann etwas versprochen und dann nicht gehalten hat. Andererseits ist schon manchem Menschen nach dem Tode noch etwas „in den Mund gelegt" worden, was er zuletzt gesagt oder versprochen haben soll. Und ein Toter kann sich nicht mehr rechtfertigen oder verteidigen.

25 Falls Gottfried Silbermann 1744 wirklich schon ein Testament machte, was allerdings nicht bewiesen ist, so könnte er darin durchaus Johann George Silbermann als Erben eingesetzt haben. Nachdem dieser aber fünf Jahre später starb, mußte Gottfried Silbermann selbstverständlich einen anderen Erben bestimmen.

Das letzte Werk

Gottfried Silbermanns letztes und zugleich größtes Werk war die Orgel der Katholischen Hofkirche zu Dresden (Bild 24). Der Grundstein zu dem Gotteshaus ist im Jahre 1739 gelegt worden. Von Anfang an muß geplant gewesen sein, den Bau einer der Kirche entsprechenden großen Orgel keinem anderen als Gottfried Silbermann zu übertragen.[1]

Eigenartigerweise sind aber bis heute noch keine Akten über die Vorgeschichte dieses Orgelbaues gefunden worden, obwohl man annehmen muß, daß mit Silbermann schon lange vor Abschluß eines Kontrakts korrespondiert oder verhandelt wurde.[2] Die im Staatsarchiv Dresden befindlichen Akten über die Erbauung der Hofkirche geben über den Orgelbau auch keine Auskunft.[3]

In den Greizer Orgelbauakten befindet sich ein Brief Gottfried Silbermanns vom 9. August 1747. Darin hat der Meister erwähnt, daß „ein unvermutheter Befehl[4] von Ihro Königlichen Majestät durch Ihre Excellenz den Premier-Minister Herrn Graffen von Brühl,[5] an mich kommen, um eine neue Orgel in die neue Schloß-Kirche zu Dresden zu bauen". Es dauerte aber noch drei Jahre, bis der Kontrakt geschlossen wurde.[6] Das geschah am 27. Juli 1750.[7]

Für den Kurfürsten unterzeichnete Johann Christian Graf von Hennicke. Gottfried Silbermann unterschrieb den Kontrakt zwei Tage später, am 29. Juli, in Freiberg. Er versprach, ihm „in allen Puncten, Conditionen und Clauseln auf das genaueste nachzukommen". Ob der Meister geahnt hat, daß der Tod ihn an der vollständigen Erfüllung der übernommenen Verpflichtungen hindern wird? Wahrscheinlich hat Gottfried Silbermann gefühlt, daß sein Ende nahe ist, denn genau ein Jahr später machte er, wie wir schon wissen, sein Testament. Es ist erstaunlich, daß Gottfried Silbermann im Alter von siebenundsechzig Jahren noch so einen großen Auftrag übernommen hat. Vielleicht tat er das, weil er wußte, daß ihm gute und zuverlässige Mitarbeiter zur Seite standen.

Nach dem Kontrakt sollte die Hofkirchenorgel siebenundvierzig Stimmen erhalten. Dem Meister wurden für das Werk zwanzigtausend Taler bewilligt. Diese Summe war in zehn Teilbeträgen fällig. Viertausend Taler sollten „während der Arbeit in Dreßden von 1752 biß 1754" ausgezahlt werden.[8] Die letzte Rate von zweitausend Talern hatte Gottfried Silbermann „bey Übergabe des ganzen Werckes

zu Michaelis 1754" zu beanspruchen. Für das prächtige Orgelwerk war demnach eine Bauzeit von nur vier Jahren vorgesehen.
In Anbetracht des ansehnlichen Preises von zwanzigtausend Talern hatte Gottfried Silbermann „alles auf seine Kosten zu liefern, nicht minder die benöthigten Fuhren, nebst dem Brenn-Holz und Kohlen, vor sich zu bestreiten,[9] desgleichen die erforderlichen Neben-Arbeiter zu befriedigen, folglich alles aus eigenen Mitteln anzuschaffen". Das Orgelgehäuse, die Bildhauer-, Tischler-, Schlosser-, Schmiede- und die Zimmererarbeit gingen allerdings „auf königliche Kosten".
Gottfried Silbermann wurden in Dresden „soviel gelegene geräumliche Behältnüße, als vor zehn Personen zu arbeiten erforderlich sind, auf zwey Jahr lang eingeräumt".[10] Der Meister erhielt sein Quartier in der alten katholischen Kirche,[11] in unmittelbarer Nähe der neuen Hofkirche und des Schlosses.
Gottfried Silbermann ist in den letzten Jahren seines Lebens gesundheitlich offenbar nicht mehr voll auf der Höhe gewesen. Das erfahren wir von David Schubert, einem ehemaligen Gehilfen des Meisters. In einem Brief vom 6. Juni 1769 an den Kurfürsten[12] schrieb Schubert, der Bau der Hofkirchenorgel sei damals zwar „dem Hof-Orgelbauer Silbermann zu Freyberg anvertraut worden", derselbe wäre aber „alters- und schwachheitshalber nicht viel mehr zu verrichten vermögend" gewesen.[13]
Wir haben an anderer Stelle schon erwähnt, daß Gottfried Silbermann nur zwei Wochen nach Unterzeichnung des Kontraktes über die Hofkirchenorgel mit seinem ehemaligen „undankbaren" Gehilfen Zacharias Hildebrandt einen Vertrag über dessen Mitarbeit an dem großen Werk abgeschlossen hat. Wenn der Vertrag auch nicht mehr vorhanden ist,[14] so können wir doch aus den Akten über Silbermanns Nachlaß etwas sehr Wichtiges erfahren. Auf Grund des Vertrages bekam Hildebrandt sechs Taler und zwölf Groschen Wochenlohn.[15] Außerdem hat der Meister seinem Mitarbeiter nach Vollendung der Orgel die ansehnliche Summe von zweitausend Talern versprochen.[16]
Zacharias Hildebrandt muß hiernach entscheidenden Anteil an der Erbauung der Hofkirchenorgel gehabt haben.[17] Notar Langbein hat in seinem Bericht über Silbermanns Nachlaß ausdrücklich erwähnt, daß Zacharias Hildebrandt „die Direction jedesmahl bey Abwesenheit des Defuncti [= Silbermann] über die übrigen Gesellen, Arbeiter und Gehülffen" hatte.[18]
Wenn eine Persönlichkeit wie Gottfried Silbermann einem Mitarbeiter so viel Verantwortung übertrug, muß ihn ein triftiger Grund dazu gezwungen haben. Und

diesen können wir nur in dem schlechten Gesundheitszustand des Meisters suchen.

Wenn David Schubert in seiner erwähnten Eingabe an den Kurfürsten behauptet hat, Silbermann habe *ihm* damals den Bau der Hofkirchenorgel überlassen, da er bei dem Meister als „Altgeselle" in Arbeit stand, dann widerspricht das den Tatsachen.[19] David Schubert hat gegenüber den anderen Gehilfen keine besonders hervorragende Rolle gespielt. Das kann man aus der Höhe der den einzelnen Gehilfen zustehenden Löhne schließen.[20] Bemerkenswert ist allerdings, daß Gottfried Silbermann mit Hildebrandt und Schubert Schriftwechsel geführt hat.[21]

Ende September 1754 sollte die Hofkirchenorgel übergeben werden. Ein reichliches Jahr vorher, am 4. August 1753, starb Gottfried Silbermann. Er hat die Vollendung seines größten Werkes nicht erlebt.

Wie weit mag der Orgelbau zur Zeit des Ablebens von Gottfried Silbermann gediehen gewesen sein? Das läßt sich heute leider nicht mehr genau feststellen.[22] David Schubert hat in seiner Eingabe an den Kurfürsten zum Ausdruck gebracht, daß Silbermann „mitten im Bau" verstorben ist.[23] Wenn wir uns daran erinnern, daß für die Arbeit in Dresden die Jahre 1752 bis 1754 vorgesehen waren, ist Gottfried Silbermann tatsächlich „mitten im Bau" gestorben.

Wie ging es nach dem Tode des Meisters weiter? Wahrscheinlich hat der Orgelbau trotz des Todes von Gottfried Silbermann keine wesentliche Unterbrechung erfahren. So hat Notar Langbein von vornherein erklärt, daß er die Versiegelung des Silbermannschen Nachlasses nur insoweit bewerkstelligen will, „als hierunter dem angefangenen Orgel-Bau keine Hinderung geschähe". Aus diesem Grunde wurden „sämmtliche vorhandenen, zum Orgel-Bau gehörigen Instrumente", obwohl sie zu Silbermanns Nachlaß gehörten und sein Eigentum waren, nicht mit versiegelt, um den Orgelbau nicht zu „sistiren" (= aufzuhalten). Aus dem Bericht des Notars geht auch hervor, daß alle Gehilfen und Mitarbeiter des verstorbenen Meisters „biß auf hohe und allerhöchste Anordnung" zunächst an Zacharias Hildebrandt „gewiesen" wurden. Sie hatten sich nach „seinem Ge- und Verboth" genau zu richten und „ihr Officium [= Obliegenheiten] treulich fortzusetzen".

Die „allerhöchste Anordnung" erfolgte Ende Oktober 1753. Auf Grund einer mündlichen Anordnung des sächsischen Premierministers, Reichsgraf von Brühl, erklärte der Orgelbauer Johann Daniel Silbermann, der Neffe des toten Meisters, am 27. Oktober 1753, daß er in den „mit dem verstorbenen Hof- und Landorgelbauer Gottfried Silbermann ehedem unterm 27. Juli 1750 geschlossenen Contract"

eintritt.[24] Johann Daniel Silbermann verpflichtete sich durch seine Unterschrift, den Kontrakt „auf das genaueste zu erfüllen".[25] Weiter mußte er versprechen, „von denenjenigen Arbeits-Personen", die bisher beschäftigt waren, „die besten und geschicktesten, solange es die Nothdurfft erfordern werde, beyzubehalten". Wir können annehmen, daß Zacharias Hildebrandt seine leitende Stellung weiterhin beibehalten hat.[26] Auch die übrigen Gehilfen[27] sind weiterbeschäftigt worden.[28]
Nachdem Johann Daniel Silbermann in alle Rechte und Pflichten seines verstorbenen Onkels eingetreten war, wurde „ihm die Versicherung ertheilet", daß er die auf den Gesamtbetrag von zwanzigtausend Talern „annoch rückständigen" zehntausend Taler aus der königlichen Rentkammer ausgezahlt bekommt.[29] Gottfried Silbermann hat, wie wir auch aus der notariellen Vermögenszusammenstellung ersehen können, bis zum Tode die Hälfte der „veraccordirten" Summe erhalten. Wären die im Kontrakt festgelegten „Termine" eingehalten worden, hätte er bis Juli 1752 vierzehntausend Taler bekommen müssen.[30]
Am 2. Februar 1755 wurde die Orgel geweiht.[31] In der Literatur ist sonst immer der 2. Februar 1754 angegeben worden. Das stimmt aber nicht.[32]
Im Kapitel „Der Meister und seine Gehilfen" haben wir hervorgehoben, daß alle Orgeln Gottfried Silbermanns in guter Zusammenarbeit zwischen Meister und Gehilfen geschaffen worden sind. Das ist bei dem letzten Werk des Meisters sogar aktenkundig geworden.
Die Katholische Hofkirche zu Dresden blieb bei den Luftangriffen im Februar 1945 nicht verschont und brannte aus. Durch rechtzeitigen vorherigen Ausbau und Auslagerung im Kloster St. Marienstern sind sämtliche Pfeifen, Windladen und Wellenbretter, die Spielmechanik, Registertraktur und der Spielschrank der kostbaren Orgel erhalten geblieben.[33] Das prächtige Gehäuse und die Blasebälge sind allerdings den Flammen zum Opfer gefallen.
Die Wiederherstellung der Orgel war nicht einfach und nahm einige Jahre in Anspruch. Die Arbeiten wurden von der bekannten Orgelbauanstalt Gebrüder Jehmlich in Dresden (jetzt VEB Orgelbau Dresden) ausgeführt. Zum Pfingstfest 1971 erklang das Werk zum ersten Male in einem öffentlichen Konzert.

1 In einem „Vortrag" der Zittauer „Orgel-Bau-Deputation" vom 7. November 1740 (!) war nämlich schon von dem Silbermann „aufgetragenen sehr großen Orgelbau in der neuen königlichen Kirche zu Dresden" die Rede.
2 Diese Annahme wird durch einen an den Dresdner Ratsaktuar gerichteten Brief Gottfried Silbermanns vom 21. Juli 1740 bestätigt. Darin heißt es: „Wann ich nun lezthin Brieffe [!] von

Dreßden erhalten, daß ich die Orgel in der neuen Schloß-Kirche, woran ietzo gebauet wird, ebenfalls bauen soll, und nur biß dahero auf Ordre [= Befehl] warte, wann ich kommen und deßwegen meine Gedancken eröffnen soll." Außerdem befanden sich im Nachlaß Gottfried Silbermanns „Brieffe von dem Herrn Ober-Land-Baumeister Knoeffeln, Hoff-Conducteur Locken und Bildhauer Hackeln, den neuen Orgel-Bau betr.". Es ist bedauerlich, daß diese Schriftstücke nicht mehr vorhanden sind. Sie könnten uns gewiß mancherlei Aufschluß geben.

3 In einem Bericht des Baumeisters der Hofkirche, des Römers Chiaveri, vom 1. August 1747 (!) heißt es lediglich: „Es wird nötig sein, dem bekannten Silbermann, Orgelmacher in Freiberg, wenn derselbe sein Werk anfangen soll, etwas zu bezahlen."

4 Warum sprach der Meister von einem „unvermutheten Befehl"? Nach dem Zittauer Bericht war ihm doch der Bau schon sieben Jahre früher „aufgetragen" worden. Wahrscheinlich hat man damals zwar mit Silbermann gesprochen, aber noch keine festen Vereinbarungen abgeschlossen. Vielleicht hat Silbermann mit dem Dresdner Orgelbau gar nicht mehr gerechnet?

5 Er gehörte einem thüringischen Uradelsgeschlecht an und wurde im Jahre 1700 geboren. Seit 1720 war Brühl Leibpage Augusts des Starken. Nach dessen Tod gelang es ihm, August III. allmählich völlig unter seinen Einfluß zu bringen. Im Jahre 1746 wurde Graf von Brühl Premierminister. Er ist 1763 in Dresden gestorben.

6 Am 20. Juli 1750 hat Gottfried Silbermann von Freiberg aus den Entwurf des Kontraktes an Oberlandbaumeister Knoeffel nach Dresden gesandt und mitgeteilt, daß er „mit dem Entwurff dieses Contractes völlig content" (= zufrieden) sei.

7 Eine beglaubigte Abschrift des Kontraktes mit Gottfried Silbermanns Siegel und eigenhändiger Unterschrift befindet sich im Staatsarchiv Dresden, und zwar in den Akten „Die Kosten zur Erbauung eines großen Orgelwerks ... 1750" (Locat 35825). In Silbermanns Nachlaß befand sich der Originalkontrakt und eine Quittung über die für den Vertrag bezahlten fünfundzwanzig Taler Gebühren.

8 Wann Gottfried Silbermann mit der Arbeit in Dresden angefangen hat, läßt sich leider nicht mehr feststellen. In einem Bericht des Amtes Altdresden vom 3. September 1753 an das „Hochlöbliche Cammer-Collegium" wurde erwähnt, daß sich „Silbermann mit seinen Leuthen schon geraume Zeit [!] alhier in dem zur Wohnung ihm angewiesenen Gebäude, worinne sonst die Hoff-Capelle gewesen, aufgehalten und gearbeitet" hat, aber am 4. August verstorben ist.

9 Wir erinnern uns, daß sonst die Gemeinden grundsätzlich die Transportkosten und das Brennholz nebst Kohlen zu bezahlen hatten.

10 Hiernach kann man annehmen, daß Gottfried Silbermann etwa im Spätsommer des Jahres 1752 nach Dresden gekommen ist, denn zwei Jahre später, Ende September 1754, sollte die Orgel fertig sein.

11 Das Gebäude wurde 1664 von Klengel als Opern- und Komödienhaus erbaut. Nach einem Umbau wurde es 1707 zur ersten Katholischen Hofkirche und 1755 in ein Ballhaus umgestaltet. Später diente es als Hauptstaatsarchiv, und Ende des vorigen Jahrhunderts wurde es abgebrochen.

12 Schubert suchte darum nach, daß ihm im Falle des Ablebens des Hoforgelbauers Schramm dessen Stelle übertragen wird. Das Gesuch konnte aber keinen Erfolg haben, da durch eine „Resolution" vom 8. November 1768 bereits Johann Gottfried Hildebrandt zum Nachfolger Schramms bestimmt worden war.

13 Schubert hat in seinem Schreiben offenbar versucht, seine eigene Person ins rechte Licht zu stellen, indem er behauptete, Silbermann habe den Bau dieser Orgel ihm überlassen. Er (= Schubert) habe auch „sowohl den Riß mit eigener Hand gezeichnet, als auch das Werck selbst angeleget". Nach Schuberts Worten sei zwar nach Gottfried Silbermanns Tod dessen Vetter Johann Daniel

„eingetreten", dessen ungeachtet „ich jedoch bey diesem Bau verblieben und selbigen mit meinen andern Neben-Gesellen [?] in fertigen Stand gebracht". Man gewinnt den Eindruck, daß nach dem Tode des Meisters einzelne Gehilfen sich selbst in den Vordergrund stellen wollten.

14 Offenbar wurde der Vertrag nicht an öffentlicher Gerichtsstelle abgeschlossen, sonst wäre er in das Vertragsbuch des Stadtgerichts Freiberg eingetragen worden, wie einst der Lehrvertrag mit Hildebrandt.

15 Das war etwa das Sechsfache des normalen Lohnes eines Gehilfen in Silbermanns Werkstatt.

16 Auf diesen Betrag hat Hildebrandt bereits zu Lebzeiten seines Meisters dreihundertundsiebzig Taler als Abschlag erhalten, wie wir aus den Nachlaßakten ersehen können. Der Rest ist Hildebrandt aus Silbermanns nachgelassenem Vermögen ausgezahlt worden.

17 Das hat uns sein Sohn ausdrücklich bestätigt, als er sich am 10. Oktober 1768 um die Hoforgelbauerstelle bewarb. Johann Gottfried Hildebrandt schrieb: „Da ich nun bey Erbauung gedachter Orgel die meisten und wichtigsten Theile derselben, an Windladen, Pfeiffwerk und andern Dingen, nebst meinem verstorbenen Vater [!] als damahligen Silbermannischen Mitmeister [!], gearbeitet habe ..."

18 Wir haben genügend Beispiele dafür kennengelernt, daß Gottfried Silbermann in früheren Jahren viel verreisen mußte und deshalb nicht immer mit in der Werkstatt sein konnte. Wenn aber jetzt von seiner „Abwesenheit" die Rede ist, so muß sie einen anderen Grund gehabt haben, denn andere Orgelbauaufträge lagen nicht vor.

19 Wenn sich Schubert als „Altgeselle" bezeichnete, dann ist das nicht glaubwürdig. In seinem ersten Gesuch vom 14. Mai 1766 um Übertragung der Hoforgelbauerstelle hat Schubert nämlich selbst geschrieben, daß er nur „siebenundeinhalb Jahr" bei Gottfried Silbermann „in Condition gestanden" habe. Johann Georg Schön, der ja auch am Bau der Hofkirchenorgel beteiligt war, hätte sich mit Recht als „Altgeselle" bezeichnen können, denn Gottfried Silbermann hat in seinem Testament (1751) hervorgehoben, daß ihm Schön „dreyßig Jahr hintereinander [!] treu und redlich beigestanden" hat. Übrigens hat David Schubert schon in seinem ersten Gesuch behauptet, daß er an der Hofkirchenorgel „zuerst mit daran gearbeitet" und bei Silbermanns Abwesenheit „sogar den Bau dirigieret" habe.

20 Nach den Nachlaßakten hatte Adam Gottfried Oehme für neun Monate neununddreißig Taler und acht Groschen Lohn zu bekommen, aber Schubert für den gleichen Zeitraum drei Taler weniger. Johann Georg Schön dagegen hatte für die Zeit von Januar bis August 1753 vierzig Taler Lohn zu beanspruchen.

21 Im Nachlaß des Meisters befand sich nämlich ein Bündel Briefe „von H. Hildebranden und H. Schubardten".

22 Wir werden auf diese wichtige Frage trotzdem im folgenden Kapitel noch eingehen.

23 Bei den Worten „mitten im Bau" handelt es sich ohne Zweifel um eine Zeitangabe. Diese Worte sind aber anscheinend später als Ortsangabe aufgefaßt oder ausgelegt worden. Wie soll man sich sonst die weitverbreitete Legende erklären, daß der Meister beim Intonieren der Pfeifen „mitten in der Orgel" gestorben sei? Auf diese Version gehen wir im folgenden Kapitel noch ein.

24 Durch das am 4. September 1753 „publicirte" Testament war Johann Daniel Silbermann ja der Universalerbe Gottfried Silbermanns geworden.

25 Die entsprechende „Registratur" wurde auf Schloß Hubertusburg geschrieben. Wir wollen nebenbei erwähnen, daß am 15. Februar 1763 in dem gleichen Schloß Preußen, Österreich und Sachsen den sogenannten „Hubertusburger Frieden" unterzeichneten, wodurch der Siebenjährige Krieg beendet wurde.

26 Nach dem von Johann Georg Schön bis zum 3. September 1753 geführten „Haußhaltungs-Regi-

ster“ sind Zacharias Hildebrandt am 11., 18. und 28. August und am 1. September je sechs Taler und zwölf Groschen „Wochen-Geld“ ausgezahlt worden. Für die Zeit vom 8. September bis 6. Oktober 1753 hat Johann Daniel Silbermann fünfmal den Wochenlohn von je sechseinhalb Talern an Zacharias Hildebrandt ausgezahlt. Später ist dann darüber nicht mehr Buch geführt worden. Das war ja auch nur so lange notwendig, wie die Erbschaftsregelung noch lief.

27 Das waren Johann Georg Schön, Adam Gottfried Oehme, David Schubert, der Tischler Manner und nicht zuletzt Johann Gottfried Hildebrandt, der Sohn von Zacharias Hildebrandt.

28 David Schubert hat in seiner Eingabe an den Kurfürsten betont, daß er das Orgelwerk „mit in fertigen Stand gebracht“ habe. In einer Druckschrift zur Weihe der 1767 von Oehme in Cämmerswalde erbauten Orgel wurde hervorgehoben, daß er auch die Dresdner Hofkirchenorgel mit erbauen half. Dabei sei Oehme Gottfried Silbermanns Erben bekannt geworden, und Johann Daniel Silbermann habe ihn als „einen in seiner Kunst verständigen und bewährten Mann“ bei dem Cämmerswalder Orgelbau empfohlen. Auch das von Schön geführte Haushaltungsregister können wir als Beweismittel heranziehen. Am 5. August hat er „Mr. Oehm 4 Thaler Lohn gegeben“. Am 27. August hat Schön fünf Taler „vor mich Lohn behalten“ und am 1. September zahlte er zwei Taler Lohn an „Mons. Schubardten“ aus. Außerdem hat nach Johann Daniel Silbermanns Aufzeichnungen der Geselle Manner vier Taler Lohn erhalten.

29 In den Monaten November 1753 bis Juni 1754 sollten je tausend Taler und der Rest von zweitausend Talern bei der Übergabe der Orgel ausgezahlt werden. Die Termine wurden aber nicht eingehalten. Das beweist ein Schreiben von Johann Daniel Silbermann vom 26. Juni 1754 an den Reichsgrafen und Premierminister von Brühl. Dasselbe befindet sich in der Sächsischen Landesbibliothek zu Dresden. Der „hochverordnete Orgelbauer“ schrieb, daß für die letzten drei Monate des vorigen Jahres insgesamt dreitausend Taler gezahlt worden sind, aber es habe „damit sein Bewenden gehabt“, und für die sechs Monate des laufenden Jahres sei ihm noch nichts gezahlt worden. Johann Daniel Silbermann betonte, daß er „dem Contracte in allem am genauesten nachkomme“, und bat deshalb „unterthänigst“, daß der „beträchtliche Rückstand auf die bereits verfallenen 6 Monathe zur Beförderung meines Orgel-Wercks“ baldigst ausgezahlt werden möchte, zumal Graf von Brühl „bereits so gnädigen und vielfältigen Antheil an diesem Wercke genommen“ habe. Johann Daniel Silbermann betonte besonders, er müsse „zur Unterhaltung und Beybehaltung meiner Leute [!] wöchentlich einen großen Aufwand machen ...“

30 Von seiten des Landesherrn waren gewisse „Unregelmäßigkeiten“ in der Auszahlung der einzelnen Termine anscheinend von vornherein eingeplant. Am 16. Dezember 1750 wurde das „Cammer-Collegium“ angewiesen, die zwanzigtausend Taler nach den festgesetzten Terminen an Gottfried Silbermann „aus unserer Rentcammer von denen daselbst einkommenden Geldern, wie es der Cassenzustand erleiden möchte“ (!), auszuzahlen.

31 Darüber erschien im „Neueröffneten Historischen Curiositäten-Cabinett aufs Jahr Christi 1755“ eine kurze Mitteilung.

32 Auf diesen Irrtum hat erstmalig Dr. Dähnert, Dresden, hingewiesen, und zwar in seinem Buch über Zacharias Hildebrandt. Der Irrtum ist um so erstaunlicher, weil nach dem Kontrakt die Übergabe der Orgel Ende September 1754 erfolgen sollte. Wie konnte man da schreiben, die Orgel sei schon Anfang Februar desselben Jahres geweiht worden? Es ist auch erwähnenswert, daß in dem Schreiben an Graf von Brühl von Johann Daniel Silbermann Ende Juni 1754 betont wurde, daß er mit dem Orgelbau „bereits sehr weit avanciret“ ist, so daß das Werk „zur versprochenen Zeit ferttig und vollkommen seyn möchte“. Wenn die Vollendung sich doch um rund vier Monate verzögerte, so war das bei einem so großen Werk nicht verwunderlich.

33 Das teilte Dr. Ulrich Dähnert, Dresden, dem Verfasser mit.

Der Tod des Meisters

Gottfried Silbermann starb am 4. August 1753 in Dresden. Leider sind die Totenregister der zuständigen Dresdner Kirche aus dieser Zeit nicht mehr vorhanden. Die Kirchen meldeten damals aber jede Woche alle Taufen, Trauungen und Beerdigungen an den Rat.[1] Über Gottfried Silbermanns Beerdigung erstattete der Kirchner Johann Gottfried Michaelis folgende Meldung: „[Mittwoch], 8. Aug. [1753], Gottfried Silbermann, Königl. Hoff-Orgel-Bauer, ledigen Standes, 71. Jahr, an Verzehrung,[2] große Brüder-Gaße in H. Silbermanns H[aus], St. Joh[annis].“[3]
Eine weitere Todesanzeige finden wir in den „Dresdnischen wöchentlichen Frag- und Anzeigen“ vom 14. August 1753. Sie lautet: „Dreßden. Hieselbst ist am 4ten dieses [Monats] der berühmte Künstler und K. P. und Ch. Sächß. Hof-Orgelbauer, Hr. Silbermann von Freyberg, so sich allhier in Dreßden, wegen des Orgelbaues in der Königl. Hofkapelle, aufgehalten, in dem Hause seines Vaetters, etl. 70 Jahre alt, verstorben und am 6. dito beygesetzt worden.“
Da Gottfried Silbermann seit 1711 in Freiberg seinen Wohnsitz hatte, wurde sein Tod auch im Totenbuch des Freiberger Doms beurkundet. Die Eintragung hat folgenden Wortlaut: „H. Gottfried Silbermann, Königl. Pohln. und Churfl. Sächß. Hoff- und Landorgelbauer allhier, welcher in seinem Erlöser sanfft und seelig in Dreßden entschlaffen, den 4ten Augusti abends ¼ auf Uhr,[4] deßen entseelter Leichnam ist den 7. hujus auf dem Johannis-Kirchhoff[5] früh um 5 Uhr[6] in der Stille beygesetzt worden. Alt 71 Jahr.“
Nach den beiden ersten zeitgenössischen Berichten soll Gottfried Silbermann in der Großen Brüdergasse im Hause seines Vetters, des Tischlerobermeisters Michael Silbermann, gestorben sein. Das stimmt aber gar nicht. Gottfried Silbermann starb vielmehr in der alten katholischen Kirche, wo er sein Quartier hatte. Das erfahren wir, wenn wir die Akten über den Nachlaß des Meisters zur Hand nehmen und darin den Bericht von Notar Langbein studieren.
Langbein schrieb, er habe sich am 4. August 1753, nachdem ihm der Orgelbauergeselle David Schubert im Auftrage von Michael Silbermann abends einhalb neun Uhr Gottfried Silbermanns Ableben angezeigt hatte, „alsofort“ in des Verstorbenen allhier „in der alten ehemaligen Catholischen Kirche innengehabtes Quartier und in das daselbst eine Treppe hoch befindliche Zimmer begeben“. Der Notar

traf dort folgende Personen an: Michael Silbermann, Johann Daniel Silbermann, Zacharias Hildebrandt, Johann Gottfried Hildebrandt, Johann Georg Schön, David Schubert, Adam Gottfried Oehme und Nicolaus Wilhelm Manner. Notar Langbein schrieb ausdrücklich, er habe dort auch „den entseelten Leichnam" Gottfried Silbermanns, „annoch im Bette liegend", vorgefunden.

Damit ist zweifelsfrei bewiesen, daß Gottfried Silbermann in der alten katholischen Kirche zu Dresden[7] gestorben ist und nicht im Hause seines „Vetters", der in der Großen Brüdergasse wohnte.[8]

Wir haben an diesem Beispiel gesehen, daß auch in zeitgenössischen Berichten Irrtümer enthalten sein können. Wir brauchen uns dann nicht zu wundern, wenn über die näheren Umstände des Todes Gottfried Silbermanns in späteren Veröffentlichungen verschiedene Versionen verbreitet worden sind. Meist ist die Sache so dargestellt worden, als wäre der Meister unmittelbar bei der Arbeit, beim Stimmen oder Intonieren der Orgelpfeifen, vom Tode überrascht worden. Dafür gibt es aber keinerlei Beweise.[9] Die legendäre Ausschmückung des Todes von Gottfried Silbermann setzte in der Mitte des vorigen Jahrhunderts, also erst rund hundert Jahre später, ein.[10]

Wir wollen uns trotzdem ernsthaft mit der nicht unwichtigen Frage beschäftigen: War zur Zeit des Todes Silbermanns der Orgelbau in der Hofkirche schon so weit vorgeschritten, daß sich der Meister mit dem Intonieren und Stimmen der Pfeifen befassen konnte?

Zunächst müssen wir feststellen, daß Gottfried Silbermann fast vierzehn Monate vor dem im Kontrakt festgelegten Übergabetermin gestorben ist.[11] Das Intonieren und Stimmen der Pfeifen war die letzte Arbeit.

Bevor der Meister und seine Gehilfen überhaupt mit dem Aufbau der Orgel und dem Aufsetzen des Pfeifenwerkes beginnen konnten, mußte das Orgelgehäuse errichtet werden. Dies scheint noch zu Lebzeiten Gottfried Silbermanns geschehen zu sein.[12] Fast ein Jahr nach Silbermanns Tod, am 26. Juni 1754, berichtete Johann Daniel Silbermann an Graf von Brühl: „Alldieweil aber bereits sehr weit mit meinem Wercke avanciret ..." Da die Orgel aber erst am 2. Februar 1755 geweiht wurde, bleibt es ungewiß, ob Johann Daniel Silbermann und seine Mitarbeiter im Juni 1754 schon mit dem Stimmen der Pfeifen begonnen hatten.

Wahrscheinlich war man, als Gottfried Silbermann starb, noch mit der Anfertigung der Pfeifen beschäftigt.[13]

Ernst Flade hat in seinem 1952 erschienenen Silbermannbuch von einem „plötzlichen Tod" des Meisters geschrieben und als Todesursache einen „Schlagfluß"" angenommen. Den Beweis blieb er allerdings schuldig. Es gibt einige zeitgenössische Nachrichten und Hinweise, die man bisher anscheinend völlig übersehen oder unbeachtet gelassen hat, die aber geeignet sind, uns zu neuen Erkenntnissen über die näheren Umstände des Todes von Gottfried Silbermann zu führen.[14]

Die einzigen zeitgenössischen Angaben über die Todesursache bei Gottfried Silbermann finden wir in den bereits zitierten Dresdner „Kirchlichen Wochenzetteln" und im „Kern Dresdner Merkwürdigkeiten" vom August 1753. Der letztere berichtet: „Den 8. Aug. wurde allhier der berühmte Königl. Orgelbauer, Herr Gottfried Silbermann, so im 71. Jahre an der Verzehrung verstorben, nach St. Johannis begraben."

Die beiden Quellen stimmen darin überein, daß Gottfried Silbermann an einer „Verzehrung" gestorben ist. Die Angabe „Verzehrung" ist natürlich sehr allgemein gehalten, denn ein Kräfteverfall kann bei den verschiedensten Krankheiten eintreten. Er ist nur die Folge oder das Symptom einer schweren inneren Erkrankung. Und an einer solchen muß Gottfried Silbermann gelitten haben. Allerdings muß das Grundleiden unbekannt bleiben, solange uns keine weiteren Angaben zur Verfügung stehen.

Es kann keinen Zweifel darüber geben, daß sich Gottfried Silbermanns Krankheit über einen längeren Zeitraum, vielleicht sogar über Jahre erstreckte. Gewiß ist der Meister nicht zuletzt durch den zunehmenden Kräfteverfall gezwungen gewesen, seinem Mitarbeiter Zarachias Hildebrandt die Aufsicht beim Bau der Hofkirchenorgel zu übertragen und ihn dafür entsprechend zu entlohnen.

Wir müssen in diesem Zusammenhang an die Eingabe des Orgelbauers David Schubert an den Kurfürsten erinnern, die wir schon im vorigen Kapitel zitiert haben. Schubert hat nämlich betont, daß Silbermann „alters- und schwachheitshalber" beim Orgelbau „nicht viel mehr zu verrichten vermögend" gewesen ist. Es war somit nicht das Alter allein, sondern auch „Schwachheit", ohne Zweifel durch Krankheit verursacht, die den Meister an einer tätigen Mitarbeit hinderten. Nirgends finden wir den geringsten Beweis oder Anhaltspunkt dafür, daß Gottfried Silbermann plötzlich verstorben ist.[15]

Wer die Einleitung zu Gottfried Silbermanns Testament aufmerksam gelesen hat, wird sich erinnern, daß der Meister betont hatte, er wolle „bei annoch gesunden Tagen" über sein Vermögen „disponiren". Hiernach wäre der Meister zwei Jahre vor dem Tode noch völlig gesund gewesen? Wie sollen wir seine Worte verstehen? Wir haben sie wohl ganz einfach so aufzufassen, daß er damals noch im Vollbesitz seiner geistigen Kräfte war, um seinen Letzten Willen zu erklären. Ein Mensch kann bekanntlich körperlich geschwächt und krank, aber trotzdem geistig noch völlig auf der Höhe sein. Und das ist bei Gottfried Silbermann ganz gewiß der Fall gewesen. Vielleicht hat er mit den Worten „bei annoch gesunden Tagen" nur zum Ausdruck bringen wollen: Jetzt lebe ich noch, jetzt bin ich noch in der Lage zu bestimmen, was nach meinem Tode mit meinem Vermögen geschehen soll. Ob ich das in einigen Monaten noch kann, weiß ich nicht.

Infolge zunehmender Schwäche war Gottfried Silbermann wahrscheinlich in den letzten Wochen seines Lebens an das Bett gefesselt. In den Nachlaßakten fanden wir eine Quittung des „Chirurgus" Johann Christian Weichardt über einen Taler und vier Groschen „vor vierzehn Wochen Raßier-Bedienung, wöchentlich zweymahl a einen Groschen" und über sechzehn Groschen für „ein Clystier".[16] Dürfen wir diesen Beleg als „Beweis" für eine etwa dreimonatige Bettlägerigkeit Silbermanns betrachten?

Im Nachlaß Gottfried Silbermanns befanden sich neben den uns schon bekannten religiösen Büchern und einem Fachbuch[17] noch zwei Bücher medizinischen Inhalts, und zwar „Hundertmarcks Cur der Gicht und Podagra" (Leipzig 1719) und „Christian Weisbachs Cur aller Kranckheiten" (Straßburg 1722).[18] Ohne Grund hat sich Gottfried Silbermann diese beiden Bücher bestimmt nicht angeschafft.[19] Besonders das Buch über die Gicht scheint zu beweisen, daß der Meister von dieser Krankheit geplagt worden ist.[20]

Hinsichtlich der Ursachen der Gicht kann als „besonderes Gift" das Blei eine Rolle spielen und zu einer mit schwerer Schrumpfniere verbundenen Gicht führen. Und mit Blei hatte Gottfried Silbermann dauernd umzugehen. Es drängt sich deshalb die Frage auf, ob der Meister etwa an einer „Bleigicht" gelitten hat, die als Folge einer chronischen Bleivergiftung entstehen kann. Als Ursachen einer chronischen Bleivergiftung kommen insbesondere dauernde Zuführung kleiner Bleimengen (durch Einatmen oder Verschlucken) und häufiges Angreifen bleihaltiger Stoffe in Betracht. Diese Voraussetzungen waren bei Gottfried Silbermann erfüllt.[21] Ist damals schon bekannt gewesen, daß der Umgang mit Blei zu Gesundheitsschädigungen führen kann? Diese Frage ist unbedingt zu bejahen.[22] Allerdings ist es wenig wahrscheinlich, daß die Ärzte des 18. Jahrhunderts in der Lage waren, die Symptome der primären Gicht von denen der sekundären Gicht (Bleigicht) zu unterscheiden.[23]

Welche Symptome sind bei einer chronischen Bleivergiftung zu beobachten? Da ist zuallererst eine schwarzgraue Verfärbung der Zahnfleischränder, der sogenannte „Bleisaum", zu nennen.[24] Später können Hirnerscheinungen, zum Beispiel melancholische Geistesstörungen, auftreten. Gottfried Silbermann scheint tatsächlich zeitweise an solchen gelitten zu haben.[25] Eine chronische Bleivergiftung kann, vor allem wenn sie nicht rechtzeitig erkannt wird, schließlich zu schwerem körperlichem Verfall führen. Der Arzt nennt das eine „Bleikachexie". Die zeitgenössischen Nachrichten über die Todesursache bei Gottfried Silbermann sprachen allgemein von einer „Verzehrung", deren wahre Ursache man damals nicht erkannt hat und gar nicht erkennen konnte.[26]

Unsere Untersuchungen haben zu der Erkenntnis geführt, daß die bisherige Meinung über den Tod Gottfried Silbermanns nicht mehr haltbar ist. Danach soll er ja plötzlich, bei guter Gesundheit und noch mitten in der Arbeit stehend, gestorben sein.[27]

Unsere Hypothese, daß Gottfried Silbermann an einer chronischen Bleivergiftung gelitten hat und an ihren Folgen starb, ist nicht von der Hand zu weisen, denn einige Tatsachen, die bisher nicht bekannt waren, sprechen sehr für sie. Wir müssen uns allerdings darüber klar sein, daß heute nicht mehr zweifelsfrei nachgewiesen werden kann, woran Gottfried Silbermann gestorben ist. Es fehlt ganz einfach an weiteren und genaueren Angaben über seine Krankheit, so daß es leider unmöglich ist, eine exakte Diagnose zu stellen.

1 Diese Meldungen, die sogenannten „Kirchlichen Wochenzettel", befinden sich im Stadtarchiv Dresden. Sie sind ein fast vollwertiger Ersatz für die verlorenen Kirchenbücher.

2 Die Angabe über die Todesursache ist besonders wertvoll, obwohl sich hinter der Bezeichnung „Verzehrung" die verschiedensten inneren Krankheiten verbergen können.

3 „St. Joh." ist die Bezeichnung des Friedhofes, auf dem Silbermann seine letzte Ruhestätte fand.

4 Der Geistliche hat vergessen, die Todesstunde genau anzugeben. Nach dem Bericht von Notar Langbein war es am 4. August 1753 „abends halb IX Uhr", als bei ihm der Orgelbauergeselle David Schubert vorsprach, um ihn zur „Obsignirung des Nachlasses" zu holen, nachdem „es dem Allerhöchsten Gott gefallen" hat, Gottfried Silbermann „vor wenig Minuten [!] aus dieser Welt abzufordern". Wir können hiernach annehmen, daß Gottfried Silbermann gegen 20.15 Uhr gestorben ist.

5 Damit ist der Johanniskirchhof in Dresden gemeint.

6 Wir erinnern uns, daß Gottfried Silbermann am 14. Januar 1683 „morgens umb 5 Uhr" geboren wurde. Ob er gewünscht hat, zu derselben Tageszeit beigesetzt zu werden?

7 Wir haben im vorigen Kapitel die wichtigsten Tatsachen über die Geschichte dieses Hauses mitgeteilt.

8 Als Michael Silbermann 1727 Dresdner Bürger wurde, wohnte er (laut Bürgerbuch) „vorm Pir-

naischen Thor auf Berlichs Schenke". Auch 1740 wohnte er noch dort, denn Gottfried Silbermann erwähnte in einem Brief vom 11. Mai 1740 an Aktuar Schroth in Zittau, daß sein Vetter Michael Silbermann in Dresden „auf Berlichs Schencke" wohnt. Am 3. August 1748 schloß Michael Silbermann mit der Goldarbeiterswitwe Rebecca Elisabeth Haase einen Ehevertrag. Die Witwe besaß in Dresden „auf der Großen Brüdergasse am Quergäßchen nach der Wilsdruffer Straße zu" ein großes Eckhaus, welches sie am 2. Januar 1750 an ihren zweiten Ehemann Michael Silbermann verkaufte.

9 Es darf nicht unerwähnt bleiben, daß in den „Beiträgen zur Dresdner Chronik", die sich mit Gottfried Silbermann befaßten und 1877 (!) in der Zeitschrift „Saxonia" (Nr. 12) veröffentlicht wurden, ausdrücklich gesagt worden ist: „Ebenso ist in das Gebiet der Sage zu verweisen, daß Silbermann in der Orgel selbst vom Tode überrascht worden sein soll."

10 Die folgenden Zitate aus der einschlägigen Literatur beweisen das.
„Er starb in Dresden den 4. August 1753 im 73sten Jahre [?], beym Bau der Orgel in der katholischen Kirche ..." (Kantor Fischer in den „Freybergischen gemeinnützigen Nachrichten", 1800.)
„Sie [= die Hofkirchenorgel] war Silbermanns letztes und schönstes Werk. Er starb während des Baues [!], am 4. August 1753 im 73. Jahr [?] seines thätigen und ruhmvollen Lebens." (Hohlfeldt in „Der Sammler im Elbthal", 1837.)
„Seine letzte Arbeit war die Orgel in der katholischen Kirche zu Dresden, doch starb er noch vor Vollendung derselben, den 4. August 1753 im 73ten Jahre [?]." (Engelhardt in „Denkwürdigkeiten aus der sächsischen Geschichte", um 1850.)
„Im Jahre 1753 setzte er die Orgel [der Hofkirche] auf ... Einige Gesellen sprangen herbei, fingen den hinsinkenden Meister in ihren Armen auf und trugen den röchelnden Alten vom Orgelchore. Noch hatte er den Tempel nicht verlassen, als man gewahrte, daß der Meister eine Leiche sei ... So starb Silbermann einen schönen Tod [?], mitten in seinem letzten Meisterwerke [?], am 4. August 1753 im 70. Lebensjahr ..." (Ludwig Mooser, „Gottfried Silbermann, der Orgelbauer", 1857.)
„Schon war das herrliche Orgelwerk [der Hofkirche] größtentheils ausgebaut [?], als den Meister, mitten in den Orgelpfeifen sitzend [?], der Schlag rührte [?]. Seine Gehilfen fingen den hinsinkenden Alten in ihren Armen auf; als Leiche trug man ihn vom Orgelchore und aus des Tempels Hallen. Dieß geschah am 4. August 1753. Sein letztes Stündlein überraschte den großen Meister im 71sten Lebensjahre mitten in seinem größten und erhabensten Werke [?]." (Ludwig Mooser, „Das Brüderpaar, die Orgelbaumeister Andreas und Gottfried Silbermann", 1861.)
„Mitten in der Arbeit, am 4. August 1753, überraschte den Meister der Tod. Offenbar hatte ein Schlagfluß seinem Leben ein Ende gesetzt." (Ernst Flade, „Gottfried Silbermann", 1952.)

11 Hierbei bleibt die Frage offen, ob der Termin hätte eingehalten werden können, wenn Gottfried Silbermann noch nicht gestorben wäre.

12 Der Verfasser fand in den Bauakten der Hofkirche eine Notiz, wonach am 30. Dezember 1752 (!) zwei Zimmerleute „durch Herabstürtzung vom Gerüst der Orgel sehr beschädigt, aber auch durch Adhibirung inn- und äuserlicher Mittel völlig wieder restituiret [= wiederhergestellt] worden" sind.

13 Dafür sprechen folgende Tatsachen. Notar Langbein erwähnte in seinem Bericht, daß Silbermanns Kleider und Wäsche nicht in dem Sterbezimmer bleiben konnten, weil darin „die Gesellen die verfertigten Pfeiffen von der Orgel verwahrlich aufbehalten" (= aufbewahren) wollten. Wir dürfen auch nicht übersehen, daß Notar Langbein an dieser und noch an einer anderen Stelle von dem „angefangenen Orgelbau" gesprochen hat. In dem von Johann Georg Schön für die Zeit vom 5. August bis 3. September 1753 geführten Haushaltungsregister sind zweimal je

zehn Groschen und drei Pfennige Ausgabe „vor Kohlen zum Löthen" verzeichnet, und zwar am 17. und 30. August. Damit dürfte bewiesen sein, daß man u. a. noch mit der Herstellung der Pfeifen beschäftigt war, als Silbermann starb. Offenbar wurden diese Arbeiten nicht in Freiberg, sondern in Dresden ausgeführt. Wir müssen auch noch darauf hinweisen, daß sich in Gottfried Silbermanns Nachlaß in Dresden „eine Parthie Zien- und Metall-Spähne" befand, „die wiederum eingeschmolzen und zu dem angefangenen Orgelbau verwendet" werden sollten.

14 In diesem Zusammenhang ergibt sich die Frage, ob Gottfried Silbermann in seinem siebzigjährigen Leben öfter krank gewesen ist. Dafür sind aber kaum Anhaltspunkte zu finden. Beim Studium seiner zahlreichen Briefe gewannen wir den Eindruck, daß der Meister stets mit einer guten Gesundheit gesegnet und rastlos tätig war.

15 Als Tischlerobermeister Michael Silbermann nach dem Tode Gottfried Silbermanns die Erstattung der Auslagen für Beköstigung und Beherbergung seines Verwandten (in den Jahren 1749 bis 1752) verlangte, berechnete er auch zehn Taler „vor meine Bemühungen bey der Krankheit des Verstorbenen und seine Beerdigung". Damit haben wir einen weiteren Beweis dafür gefunden, daß Gottfried Silbermann nicht plötzlich und unerwartet verstorben sein kann, sondern vorher krank gewesen sein muß. Es bliebe noch die Möglichkeit, daß Silbermann zwar längere Zeit krank war, diese Krankheit aber nicht unmittelbar zum Tode führte, und er einem plötzlich eintretenden Schlaganfall erlegen ist. Das scheidet aber praktisch aus, weil in der Todesnachricht dann ohne Zweifel ein „Schlagfluß" mit erwähnt worden wäre. In den Todesbeurkundungen der beiden Zeitgenossen Silbermanns, des Dresdner Ratszimmermeisters und Architekten George Bähr und des königlichen Konzertmeisters Johann Georg Pisendel, wurden zum Beispiel ausdrücklich „Steckfluß und Verzehrung" bzw. „Stick- und Schlagfluß" als Todesursachen genannt.

16 Weichardt hat das Geld erst am 24. August, also nach Silbermanns Tod, aus dessen Nachlaß ausgezahlt bekommen.

17 Es handelte sich um das 1619 in Wolfenbüttel erschienene Werk „De organographia", eine Abhandlung über die Musikinstrumente der damaligen Zeit, insbesondere auch eine Beschreibung von Orgeln. Der Verfasser des Buches war Michael Prätorius, einer der bedeutendsten deutschen Musiker des 17. Jahrhunderts. Er lebte von 1571 bis 1621.

18 Die genauen und vollständigen Titel der beiden Bücher lauten: „D. Heinrich Eliae Hundertmarcks, Physici & Ord. Sen. in Zeitz, Natur und Cur der Gicht und des Podagra, oder wie diese sonst vor unheilbar gehaltene Kranckheiten beschaffen, auch, bey jungen Personen gantz unfehlbar, sicher, gründlich und beständig; bey Alten aber, und wo diese Kranckheiten erblich, oder lange Jahre gewähret, und tief eingewurtzelt, ohne Gebrauch des Opii, oder anderer gefährl. Dinge, dennoch gantz gewiß in so weit zu curiren, daß der sonst schmertzliche paroxysmus lange Zeit aussen bleibet, oder, wenn er nach langer Zeit wieder kommt, viel erträglicher, und gar bald wieder vorbey gehet ..."

„Wahrhaffte und gründliche Cur aller dem Menschlichen Leibe zustossenden Kranckheiten, nach der vernünfftigen und unverrückten Methode der Natur, samt einem physico-moralischen Vorbericht, von dem Menschlichen Leibe, und der darinn würckenden Seele, entworffen, und mit vielen Medicamentis specificis versehen, von Doct. Christian Weißbach."

Von dem ersten Werk finden wir heute in der Sächsischen Landesbibliothek zu Dresden noch ein Exemplar. Das zweite Buch muß damals ziemlich begehrt und verbreitet gewesen sein, denn bei der 1722 in Straßburg erschienenen Ausgabe, die Gottfried Silbermann besaß, handelte es sich schon um „die vierdte Auflag". Die Nachforschungen nach einem heute noch vorhandenen Exemplar dieses Buches führten bis in das Britische Museum zu London. Durch Vermittlung der Deutschen Akademie der Wissenschaften – Literaturdienst – zu Berlin ist im Britischen Museum zu London von dem gesamten Buch ein Mikrofilm hergestellt worden. Derselbe wurde vom Karl-Sudhoff-Institut an der Karl-Marx-Universität zu Leipzig erworben.

19 Es wäre denkbar, daß Gottfried Silbermann die beiden Bücher von seinem in Glashütte als Bader und Wundarzt tätigen Stiefbruder Georg empfohlen worden sind.

20 Die erste diesbezügliche Andeutung finden wir in den „Nachrichten" über Silbermann, die der Freiberger Kantor Fischer im Jahre 1800 veröffentlichte.

21 Der Verfasser bat den Dresdner Orgelbaumeister Otto Jehmlich um eine Stellungnahme hierzu. Er antwortete: „... und so kann ich sehr gut verstehen, daß Silbermann bei der Ausübung seines Berufes (Herstellung von Metallpfeifen, Anblasen, Vorintonieren der Metallpfeifen mit dem Mund) der Gefahr einer chronischen Bleivergiftung oder Bleigicht ausgesetzt war."

22 Die gesundheitsschädigende Wirkung des Schwermetalles Blei war den Ärzten im 18. Jahrhundert gut bekannt. Als Beispiel sei der Hallenser Medizinprofessor Hoffmann (1660–1742) angeführt, der in seiner „Medicina consultatoria" (1721) von der irrtümlichen Handlungsweise einer Person berichtete, die des öfteren „Pulver von Orgelpfeifen abgeschabt" und es in der Überzeugung eingenommen hatte, daß es heilsam sei. Es wurde an dieser Stelle hinzugefügt, daß die schädlichen Wirkungen dieses „Pulvis Saturni" den Ärzten genugsam bekannt seien.

23 Der Verfasser verdankt die medizingeschichtlichen Hinweise Dr. Pilz vom Karl-Sudhoff-Institut der Karl-Marx-Universität in Leipzig.

24 Im Verzeichnis des Silbermannschen Nachlasses wird ein „Zahn-Bürstgen" aufgeführt. Wir wollen diese Tatsache nicht überbewerten. Aber eine Zahnbürste war damals kein alltäglicher Gebrauchsgegenstand. Sollte Gottfried Silbermann – wie wir annehmen – an einer chronischen Bleivergiftung gelitten haben, dann muß ihm sein „schmutziges" Zahnfleisch aufgefallen sein. Vielleicht hat er versucht, dieses Übel zu beseitigen, ohne die wahre Ursache zu kennen?

25 Wir wissen, daß der Tischlerobermeister Michael Silbermann glaubte, Gottfried Silbermann habe ihn in seinem Testament berücksichtigt. Als er aber bei der Testamentseröffnung hören mußte, daß dies nicht der Fall war, erhob er gegen das Testament Gottfried Silbermanns Einspruch. Michael Silbermann erwähnte dabei, und das interessiert uns jetzt besonders, Gottfried Silbermann sei schon vor 1751 „zuwellen sehr schwermuthig gewesen" und habe zu einer „starken Melancholie" geneigt.

26 Nach einer Mitteilung von Dr. Pilz, Leipzig, an den Verfasser hat erst der Holländer de Haes (gestorben 1776) dem Symptom „Abmagerung" mehr Aufmerksamkeit geschenkt und sie neben Delirium, Konvulsion, Gliederschmerz und Lähmung als weiteres Kennzeichen der Bleiintoxikation beschrieben.

27 Schriftstellerischer Phantasie sind natürlich keine Schranken gesetzt. Wie weit sie sich aber von der historischen Wahrheit entfernen kann, soll an einem Beispiel gezeigt werden. In dem Büchlein „Der Orgelbauer Gottfried Silbermann" von Hans und Dora Habermann (Verlag Neues Leben, Berlin, 1953) lesen wir, was am Abend des 4. August 1753 geschehen sein soll. Gottfried Silbermann unterhielt sich mit seinem Neffen Johann Daniel und sagte zu ihm: „‚Ich gehe noch einmal in die Kirche, Daniel. Sorge dafür, daß mich niemand stört!' Gottfried Silbermann ging, und Daniel setzte sich an den Entwurf zu einer neuen Orgel, an dem er seit einiger Zeit arbeitete. Bald war er in seine Zeichnungen und Berechnungen vertieft, so daß er erschrak, als es vom Kirchturm plötzlich elf Uhr schlug. Der Onkel ist immer noch nicht zurück! war sein erster Gedanke. Und es ist doch schon dunkel draußen. Ihm wird doch nichts ... Daniel wehrte sich gegen diesen Gedanken und versuchte sich damit zu beruhigen, daß der Onkel schon oft bei Kerzenlicht in der Kirche gearbeitet hatte. Aber es gelang ihm nicht mehr, sich auf die Arbeit zu konzentrieren. Daniel faßte den Entschluß, den Meister zu holen, obwohl er insgeheim fürch-

tete, daß dieser ärgerlich über die Störung sein würde. Als er leise die Kirchentür öffnete, sah er oben auf der Empore den Schein einer Kerze. Er erwartete schon den zornigen Ruf des Onkels, der sicherlich durch das von dem plötzlichen Luftzug flackernde Licht aufmerksam geworden war. Aber es blieb alles ruhig, auch der Lichtschein auf der Empore verbreitete sich wieder gleichmäßig auf die blinkenden Pfeifen der Orgel. Daniel wurde von Unruhe ergriffen. Er lief durch die Kirche zu der Treppe, die auf das Chor führte, und stürzte atemlos hinauf. Neben der Orgelbank lag Gottfried Silbermann. Während der Arbeit hatte ihn der Tod ereilt." Das ist alles schön ausgedacht, nur die Wirklichkeit sah ganz anders aus. Das zitierte Büchlein bietet auf insgesamt einhundertachtundzwanzig Seiten eine bunte Mischung von Wahrheit und Legende, wobei die Wahrheit und die historischen Tatsachen nur eine ganz bescheidene Rolle spielen. Nur wer genügend Sachkenntnis hat, vermag Wahrheit und Legende voneinander zu trennen.

Die Beerdigung

Gottfried Silbermann hat in seinem Testament bestimmt, daß „Johann Georg Schön, Orgelmacher, hier bey mir in Diensten, vor meine Beerdigung besorget seyn und was darzu nöthig und erforderlich, veranstalten" soll. Das sollte allerdings nur für den Fall gelten, wenn „der große Gott zu der Zeit über mich gebiethen würde", bevor der Universalerbe Johann Daniel Silbermann „in hiesigen Landen zugegen wäre". Da Johann Daniel aber schon im Frühjahr 1752 zu seinem Onkel kam und nach Notar Langbeins Bericht zu dem Hofkirchen-Orgelbau „mit anhero verschrieben" war, hat er gewiß auch alles in die Wege geleitet, was zur Beerdigung seines Onkels erforderlich war. Die Rechnung über alle Beerdigungs-, Trauer- und Wirtschaftskosten wurde allerdings von Michael Silbermann, dem Tischlerobermeister, geführt.[1]

Die Nachlaßakten berichten über viele interessante Einzelheiten der Beerdigung Gottfried Silbermanns. Vor allen Dingen finden wir in den Akten Abschriften fast aller Rechnungsbelege und anderes.

Hiernach beliefen sich die „Trauer-Kosten" auf einhundertundzwei Taler[2] und die „Begräbnüß-Kosten" auf einhundertfünfundachtzig Taler und sechzehn Groschen. Die Aufzeichnungen über die Begräbniskosten sind sehr aufschlußreich und interessant.

Wir sehen uns zunächst einmal die Rechnung der „Grabebitterin" Marie Elisabeth Rümmler an. Sie verlangte zehn Taler für „zwölf Ellen Tafft zum Kleide und Kißen", achtzehn Groschen für viereinhalb Ellen Glanzleinwand in den Sarg und acht Groschen für zehn Ellen Band in den Sarg.[3] Für Abwaschung und Einkleidung der Leiche forderte die „Grabebitterin" zwei Taler und achtzehn Groschen. Weitere sechzehn Groschen wurden für das Rasieren der Leiche bezahlt. Das Leichentuch kostete zwei Taler und acht Groschen.

Wir erfahren auch, womit der tote Orgelbaumeister bekleidet worden ist. Notar Langbein hatte nämlich vor der Versiegelung des Nachlasses von Silbermanns Wäsche folgende Stücke „zur Bekleidung der Leiche" ausgesondert und der „Grabebitterin" übergeben: „ein halb Oberhemde, ein Unterhemd, eine Halß-Binde, ein paar Vorsteck-Ermel, ein paar Manchetten, ein Bettuch und eine Mütze". Gottfried Silbermann wurde in einem „eichnen abgekehlten Sarg mit schwarzen

Leisten" beigesetzt. Der Sarg kostete vierzig Taler.[4] Er ist wahrscheinlich in der Werkstatt Michael Silbermanns angefertigt worden, denn er berechnete einen Taler und achtzehn Groschen „vor sieben Persohnen den Sarg nüber und die Leiche in mein Hauß zu tragen". Offenbar ist der Sarg von Michael Silbermanns Werkstatt in Gottfried Silbermanns Quartier getragen und der tote Meister dort eingesargt worden. Die Aufbahrung geschah aber im Hause von Michael Silbermann in der Großen Brüdergasse. Von dort aus ist Gottfried Silbermann auch beerdigt worden.[5] Zwei Taler erhielten die beiden Wächter „an der Hauß-Thüre", die abends und früh ihren Dienst verrichteten.
Nach Michael Silbermanns Rechnung wurden zweiundzwanzig Groschen „vor große und kleine Lichter bey der Leiche" und außerdem ein Taler und sechzehn Groschen für zwölf „Wachs-Lichter" ausgegeben. Für die Trauerfeier sind aufgewendet worden: fünf Taler für zwanzig Kannen Landwein zu je sechs Groschen, einundzwanzig Groschen für Zucker,[6] drei Taler und sechs Groschen für siebenundzwanzig Zitronen, neun Groschen für achtzehn „Loth Coffee", sechseinhalb Groschen für Semmeln, je ein Taler und acht Groschen für „eine Bäbe" (= Napfkuchen) und für Bier.
Aus Michael Silbermanns Abrechnung ist weiter zu ersehen, daß der Leichenwagen von zehn Schülern begleitet wurde, die insgesamt einen Taler und sechzehn Groschen bekamen. Die zehn Sargträger erhielten je sechzehn Groschen. Fast acht Taler wurden „in die Creuz-Kirche und vors Lauten" (= Geläut) bezahlt. Aber auch an die Frauen- und Johanniskirche zahlte man je über einen Taler, und zwar u. a. auch „vors Lauten".[7] Neunzehn Taler wurden an verschiedene Geistliche, einschließlich Hofprediger Hauschild, ausgezahlt. Der „Hoff-Kirchner" erhielt einen Taler und acht Groschen.[8] Insgesamt zehn Taler gab man „ins Armen- und Weysen-Hauß", in die sechs „Hospitaeler" und in die „Armen-Büchße". Den „Schul-Collegen" wurden vier Taler gezahlt, und zwei Taler und achtzehn Groschen erhielten „die Schüler vors Singen".[9] Der „Begräbniß-Besteller" Johann Benjamin Ehrlich verlangte für seine Bemühungen drei Taler, und der „Todten-Gräber" bekam einen Taler und achtzehn Groschen. Die Grabstelle kostete drei Taler.
Wo hat Gottfried Silbermann seine letzte Ruhestätte gefunden? Die zeitgenössischen Berichte stimmen darin überein, daß er auf dem Johanniskirchhof zu Dresden beigesetzt wurde. Wir finden das Grab Gottfried Silbermanns heute nicht mehr, denn der Johannisfriedhof ist um 1861 säkularisiert worden.[10] Aber auch

alle Verehrer Gottfried Silbermanns, die vor weit über hundert Jahren lebten, haben vergeblich nach seiner letzten Ruhestätte gesucht, denn „kein Denkmal bezeichnet sein Grab".[11]

Die im vorigen Kapitel zitierten Berichte über das Ableben Gottfried Silbermanns stimmen hinsichtlich des Beerdigungstages eigenartigerweise nicht überein, obwohl es sich um zeitgenössische Quellen handelt. Am zuverlässigsten dürften die „Kirchlichen Wochenzettel" sein, und danach ist Gottfried Silbermann am Mittwoch, dem 8. August 1753, beerdigt worden.[12] Aus den Aufzeichnungen von Michael Silbermann können wir noch ersehen, daß Gottfried Silbermann in Freiberg, wo er rund vierzig Jahre gewohnt hat, und in Frauenstein, wo er seine Jugendzeit verlebte und seine erste Orgel baute, kirchlich „abgekündigt" worden ist.[13] In beiden Städten und auch in vielen anderen Orten des Landes haben gewiß viele Menschen aufrichtig um den berühmten Orgelbaumeister getrauert.

In den Abendstunden des 4. August 1753 ist Gottfried Silbermanns Mund für immer verstummt. Aber schon wenige Stunden später, in den Gottesdiensten des folgenden Sonntags, ließen seine Orgeln, nicht nur in den großen Kirchen Dresdens und Freibergs, sondern auch in den Kirchen kleinerer Städte bis hin zu den Dorfkirchen des Erzgebirges, ihre „tausendfachen Stimmen" erklingen, um Gott zu loben und zu preisen, der diesen Mann zum „Werkzeug nur hat auserlesen".

1 Das ist insofern nicht verwunderlich, weil er aus Gottfried Silbermanns Nachlaß vierhundert Taler zur Bestreitung aller Ausgaben empfangen hatte. Als einen Monat später, nach der Testamentseröffnung, Johann Daniel Silbermann als Erbe feststand, mußte Michael ihm gegenüber Rechenschaft über die Verwendung des Geldes ablegen.

2 Fast einundzwanzig Taler wurden „vor 13 Stück Flöre" ausgegeben, die aus dreiundachtzig Ellen schwarzer Seide hergestellt wurden. Gottfried Silbermanns ehemalige Haushälterin Anna Magdalena Poltermann und ihre Tochter Maria Rosina empfingen zwanzig Taler „zum Trauern". Je zehn Taler wurden den Verwandten des toten Orgelbauers „zur Trauer" ausgezahlt, und zwar George Friedrich, Johann Daniel, Michael, Abraham, Christian und Immanuel Silbermann.

3 Offenbar wurde der Sarg zuerst mit Heu ausgelegt und schließlich mit Nägeln verschlossen, denn die Grabebitterin berechnete „vor Nägel und Heu" sechs Groschen.

4 Hinzu kamen noch acht Taler, die dem Schlosser für „8 große Handhaben" gezahlt wurden, und ein Taler und acht Groschen für „ein Eichnes Creuz".

5 Wir können uns nun leicht erklären, wie man zu der im vorigen Kapitel erwähnten irrtümlichen Annahme kam, daß Gottfried Silbermann im Hause seines „Vetters" gestorben ist.

6 Der Zucker war damals sehr teuer, denn ein Pfund kostete fünf Groschen.

7 Wir können hiernach annehmen, daß anläßlich der Beerdigung Gottfried Silbermanns auf drei Dresdner Kirchtürmen die Glocken läuteten.

8 Weiter wurden noch ein Taler und zwölf Groschen an andere „Kirchner" ausgezahlt.

9 Es waren schon einmal acht Groschen „denen Schülern, ein Lied zu singen", ausgezahlt worden.

Außerdem hatte man für zwei Taler drei Fackeln für die Schüler gekauft. Wahrscheinlich waren es Kreuzschüler, die an Silbermanns Grab gesungen haben.

10 Wir erinnern uns an den Brief des Dresdner Orgelvirtuosen August Fischer vom 13. März 1859 an den Frauensteiner Stadtrat. Fischer hatte damals mitgeteilt, daß der Johanniskirchhof, „auf welchem die Gebeine Silbermanns ruhen“, aufgehoben wird und damit „das letzte Andenken“ an den berühmten Orgelbauer verschwindet.

11 Das stellte Hohlfeldt in einem Artikel über „Die Orgeln Gottfried Silbermanns in Dresden“ fest, der 1837 veröffentlicht wurde. Er fügte noch hinzu: „Aber von ihm [= Silbermann] gilt Horazens Ausspruch: Dignum laude virum, Musa vetat mori!“ Ins Deutsche übersetzt heißt das: Die Würde zeichnet den Mann aus. Die Muse gebietet, daß er nicht stirbt im Andenken der Menschen. – Als E. Gottwald in den „Gaben für Geist und Gemüt“ (1853) eine kurze Biographie Gottfried Silbermanns veröffenlichte, schloß er mit den Worten: „Die irdischen Überreste dieses schlichten, berühmten Mannes ruhen auf dem Dresdner Johanniskirchhofe; kein Denkmal zeigt dem Besucher dieses Friedhofs die Ruhestätte Silbermanns, aber in seinen Werken lebt er noch nach Jahrhunderten unsterblich fort.“

12 Übrigens wird der 8. August 1753 als Silbermanns Beerdigungstag auch durch die Jahresrechnung 1753/54 der Dresdner Johanniskirche bestätigt. Wir finden darin unter den Einnahmen „3 Groschen an Laute-Geld“ vom 8. August 1753 für „H. Gottfried Silbermann, Hoff-Orgelmacher“.

13 Für jede „Abkündigung“ wurden sechzehn Groschen bezahlt.

Vermögen und Nachlaß des Meisters

Nachdem Gottfried Silbermann am Abend des 4. August 1753 seine Augen für immer geschlossen hatte, erteilte Michael Silbermann, „Oberältester des Tischler-Handwercks" in Dresden, als naher Verwandter des Verstorbenen,[1] dem Orgelbauergesellen David Schubert den Auftrag, den „öffentlichen geschwornen und bey der Hochlöblichen Landes-Regierung zu Dresden immatriculirten" Notar Traugott Friedrich Langbein zu benachrichtigen und ihn zu bitten, die Versiegelung des Nachlasses des toten Orgelbaumeisters vorzunehmen. Notar Langbein hatte keine Bedenken, „diesem an mich beschehenen Suchen stattzugeben", und begab sich noch am selben Abend „alsofort" in Gottfried Silbermanns Quartier, das er in der alten katholischen Kirche innegehabt hatte. Langbein bestimmte Zacharias Hildebrandt und Johann Georg Schön als Zeugen, welche „sich willig finden" ließen, dem Versiegelungsakt beizuwohnen und „auf alles genau Acht zu haben".
Traugott Friedrich Langbein hat über alles, was an diesem Abend geschah, ein ausführliches und sehr aufschlußreiches Protokoll geschrieben. Danach wurde zuerst die Leiche Gottfried Silbermanns, die der Notar noch im Bett liegend vorgefunden hatte, abgewaschen und in die „neben der Stube befindliche Cammer geschaffet". Dann wurden „sämmtliche Kleider und Wäsche" des Verstorbenen zusammengepackt und in eine „neben der großen Werckstadt befindliche Cammer gebracht". Vorher hatte man einige Stücke ausgesondert, die zur Bekleidung der Leiche bestimmt waren.

Zu Silbermanns Nachlaß gehörten auch sämtliche Betten, „worauf die Orgel-Macher-Gesellen schlafen". Natürlich wurden diese Sachen nicht mit versiegelt.[2] Das zur Führung der Wirtschaft „als unentbehrlich angegebene" und in der Küche befindliche „Zinn und Kupffer" wurde ebenfalls von der Versiegelung ausgenommen[3] und der Haushälterin Poltermann übergeben.[4] Auch die zum Orgelbau nötigen „Instrumente" wurden nicht versiegelt.[5]

Endlich entnahm der Notar „aus des Verstorbenen Beinkleidern die Schlüßel zu dem Coffre [= Truhe], worinnen das Geld und Documenta befindlich". Die Truhe wurde geöffnet, daraus vierhundert Taler entnommen und Michael Silbermann übergeben. Das Geld war zur Bezahlung der Begräbniskosten und zur Bestreitung „der großen und weitläuffigen Wirthschaft" bestimmt.[6] Gottfried Silbermanns

Truhe wurde dann wieder verschlossen, außerdem versiegelt und ebenfalls in die genannte Kammer geschafft. Auch der „sich aufgefundene silberne Degen“ des Verstorbenen wurde dorthin gebracht. Hierauf verschloß der Notar die Kammer. Über das Schlüsselloch wurde „eine Bandage von Papier geleget“ und dieselbe vom Notar und den beiden Zeugen versiegelt. Zur größeren Sicherheit hatte Langbein das über der Kammertür befindliche Glasfenster von innen mit Brettern vernageln lassen.

Als Notar Langbein dann das Sterbezimmer Gottfried Silbermanns „nochmals genau durchsuchte“, fand er, am Bett des toten Meisters hängend, noch dessen silberne Taschenuhr.[7] Man hatte das wertvolle Stück einfach übersehen. Da alle „Behältnisse“ bereits versiegelt waren, übergab der Notar die Uhr inzwischen an Johann Georg Schön. Er erhielt auch den vom Freiberger Rat ausgestellten „Recognitions-Schein“ über Silbermanns Testament.[8]

Die Nachlaßversiegelung, der „Actus Obsignationis“, nahm etwa zwei Stunden in Anspruch. Abends „drey Viertel auf XI Uhr“ war die Amtshandlung beendet.

Obwohl am 4. September 1753 das Testament Gottfried Silbermanns „publiciret“ worden war und Johann Daniel Silbermann als Universalerbe feststand, dauerte es noch einige Wochen, bis die „Resignation [= Entsiegelung] und Verabfolgung der ihm zugefallenen Silbermannischen Verlaßenschafft“ erfolgte.[9] Trotzdem hat der Notar am 15. September auf Ersuchen Johann Daniel Silbermanns „einige hundert Thaler“ aus dem Nachlaß Gottfried Silbermanns herausgegeben,[10] damit der Orgelbau „nicht ins Stocken geräth“, zumal die am 4. August an Michael Silbermann übergebenen vierhundert Taler „biß auf etliche wenige Thaler“ ausgegeben waren.

Nachdem das Kammerkollegium die „Entsiegelung“ des Nachlasses endlich gestattet hatte, begann der Notar am 27. September 1753 mit einer sogenannten „Inventur“, worum ihn Johann Daniel Silbermann tags zuvor gebeten hatte.

In Gegenwart der beiden Zeugen Zacharias Hildebrandt und Johann Georg Schön wurde die Silbermannsche „Verlaßenschafft“ urkundlich niedergelegt. Hierbei wurde jedes Stück genau und gewissenhaft erfaßt und von Johann Christian Crell, „verpflichteter Amts-Taxator“, der Wert geschätzt.[11] Am 3. Oktober konnte die „Consignation“ des Silbermannschen Nachlasses endlich abgeschlossen werden. Der Notar forderte für seine Bemühungen vierundfünfzig Taler und achtzehn Groschen an Gebühren. Am 30. Oktober 1753 erschien Johann Daniel Silbermann beim Amt zu Dresden und bat darum, „daß seines verstorbenen Vetters alhier befindlicher Nachlaß ihm als deßen Erben nunmehro freygegeben" wird.[12] Noch am selben Tag erstattete das Amt an das Kammerkollegium einen entsprechenden Bericht.[13]

Am 12. November 1753 fiel endlich die landesherrliche Entscheidung: „Da Johann Daniel Silbermann sein Domicilium [= Wohnung] in hiesigen Landen behalten will, können Wir gnädigst geschehen lassen, daß demselben mehr berührter Nachlaß verabfolgt werden möge."

Dem Amt zu Dresden wurde befohlen, „das Nöthige dißfalls allenthalben weiter gebührend zu verfügen". Diesem Befehl entsprechend wurde Notar Langbein am 29. November 1753 schriftlich aufgefordert, den Nachlaß „sofort zu resigniren und an den Universalerben verabfolgen zu laßen".

Nun stand der Erfüllung des Letzten Willens Gottfried Silbermanns nichts mehr im Wege.

Die von Notar Langbein erstellte Übersicht über Silbermanns Nachlaß ergab folgendes Bild:

Taler	Groschen	Pfennige	
5936	5	–	an barem Gelde
16	12	–	an Goldstücken
182	1	9	an Gold- und Silberwerk
9500	–	–	an Dokumenten [14]
–	–	–	an schriftlichen Urkunden [15]
8	16	–	an Büchern [16]
20	–		an musikalischen Instrumenten [17]
23	7	–	an Kleidern
22	20	–	an Wäsche
19	21	6	an Zinngeräten
43	5	–	an Betten
10	5	9	an Hausrat
45	2	9	an Kunst- und Handwerkszeug [18]
15828	1	3	„Summa Capitum"

Wir sehen, daß Gottfried Silbermann ein wohlhabender Mann gewesen ist. Wahrscheinlich haben Zacharias Hildebrandt und Johann Georg Schön gestaunt, als die Geldtruhe ihres toten Meisters geöffnet wurde und fast sechstausend Taler zum Vorschein kamen. Gottfried Silbermanns Mitarbeitern scheint aber schon früher bekannt gewesen zu sein, daß der Meister ein ansehnliches Vermögen besitzt. Wir brauchen uns nur an den Brief von Adam Gottfried Oehme zu erinnern, den er 1774 an den Freiberger Rat geschrieben hat: „... da wir wußten, daß er [= Silbermann] ohnediß schon ein großer Capitaliste war, wozu er zwar nicht durch seine Arbeit, sondern blos zufälligerweise gelanget, auch die damaligen Zeiten geseegneter und nicht so geldbedürftig wie jetzige waren." Wie soll Gottfried Silbermann „zufälligerweise" zu seinem Vermögen gekommen sein? Wie mag Oehme das gemeint haben?[19]

Wenn wir Silbermanns Vermögensverhältnisse beurteilen und einschätzen wollen, müssen wir insbesondere folgende Tatsachen berücksichtigen: Silbermann war nicht verheiratet und hatte für keine Familie zu sorgen. Gottfried Silbermann war ein guter Kaufmann. Er hat die Materialien günstig eingekauft und die Preise seiner Orgeln gut kalkuliert. Durch seine gute Arbeitsorganisation und Umsicht konnte er mit seinen fünf oder mehr Gehilfen sehr rationell arbeiten. Außerdem hatte er bei seiner rühmlich bekannten Qualitätsarbeit nicht über Auftragsmangel zu klagen.[20]

Wenn wir uns Gedanken darüber machen, wie Gottfried Silbermann zu seinem Vermögen gekommen ist, dürfen wir auch nicht außer acht lassen, daß er in den letzten drei Jahren seines Lebens noch zehntausend Taler für die Hofkirchenorgel zu Dresden bekommen hat. Wir wissen allerdings nicht, wieviel er von diesem Betrag für Material, Löhne usw. wieder ausgegeben hat. Vielleicht verfügte Gottfried Silbermann auch noch über alte Vorräte, so daß er keine großen Aufwendungen für die Materialbeschaffung hatte.[21]

Wir sind fest davon überzeugt, daß Gottfried Silbermann einzig und allein durch seine Arbeit und seine Kunst ein wohlhabender Mann geworden ist.[22] Auch seine eigenen Worte lassen keine andere Schlußfolgerung zu. In seinem Testament hatte er nämlich von „meinem mir von Gottes Seegens-Hand gegönneten Vermögen" gesprochen.[23]

Von dem fast sechzehntausend Taler betragenden Vermögen Gottfried Silbermanns müssen wir fünftausendfünfhundertundzwanzig Taler an „Passivis" abziehen. Der Geldwert des Silbermannschen Nachlasses betrug genau zehntausenddreihundertundsieben Taler, zwei Groschen und drei Pfennige. Unter den „Passiven" erscheinen folgende Posten:

288 Taler an Begräbnis- und Trauerkosten
323 Taler an Wirtschaftskosten[24]
28 Taler rückständige Miete für das Freiberger Wohn- und Werkstatthaus auf die Zeit von Michaelis 1751 bis Michaelis 1753
1630 Taler restliches Honorar für Zacharias Hildebrandt auf Grund des am 10. August 1750 mit Gottfried Silbermann abgeschlossenen Vertrages
107 Taler Forderung von Michael Silbermann für die Gottfried Silbermann in den Jahren von 1749 bis 1752 gewährte zeitweise Unterkunft und Verpflegung
818 Taler rückständige Löhne für Johann Daniel Silbermann und die Gehilfen Schön, Schubert, Oehme und Manner[25]
2319 Taler an Legaten[26]

Wir wollen nun den Nachlaß Gottfried Silbermanns betrachten, und zwar an Hand der von Notar Langbein aufgestellten „Inventur".

Das Vermögen Gottfried Silbermanns bestand überwiegend in sogenannten „Steuerscheinen von der Landesbewilligung de ao. 1749". Es handelte sich um Staatsanleihepapiere, die Gottfried Silbermann erworben hatte.[27] Die Steuerscheine waren 1750, 1751 und 1752 ausgestellt worden. In den Jahren 1754 und 1756 waren sie zahlbar, und bis dahin hatte Gottfried Silbermann Zinsen zu beanspruchen.[28] Die sechs Steuerscheine hatten einen Gesamtwert von neuntausend Talern.[29]

Nun wollen wir uns den Inhalt von Silbermanns Truhe etwas genauer ansehen. Der Bargeldbestand setzte sich aus den verschiedensten Münzsorten zusammen. Unter den Goldmünzen erscheinen eintausendachthundertfünfundsiebzig Taler in „Louis d'or". Gottfried Silbermann hatte sie in einem grauen Leinwandsack aufbewahrt. In einem seidenen gestrickten Geldbeutel befanden sich zweihundertneunundsiebzig Dukaten. Sie waren soviel wert wie siebenhundertsiebenundsechzig Taler.[30] Weiter finden wir einundachtzig Stück „rare" (= seltene) Dukaten, zehn holländische Dukaten, zweiundzwanzig Stück mecklenburgische Louis d'or,[31] dreihundert Taler in sechzig Stück Louis d'or und außerdem fünfhundertundachtzig Taler in Louis d'or und endlich noch fünfhunderteinunddreißig Taler in spanischen „Quadruples". Silbermanns Goldmünzen waren insgesamt viertausendvierhundertundzwölf Taler wert. Außerdem besaß Gottfried Silbermann Silbermünzen im Werte von eintausendfünfhundertvierundzwanzig Talern.

Er hat auch ein besonders schönes und interessantes „Goldstück" sein eigen ge-

nannt. Es hatte einen Wert von fast vierzehn Talern und wurde von Notar Langbein wie folgt beschrieben: „Ein Goldstück, worauf das Portrait Churfürst Augusti,[32] oben und unten gehenkelt, woran eine kleine echte Perle befindlich."[33]
Der wertvollste Gegenstand im Nachlaß Gottfried Silbermanns war „eine ganz goldene Tabattiere [= Schnupftabakdose] in einem schwarzen Chagrin-Futteral, inwendig mit rothem Sammet gefüttert". Sie hatte einen Wert von achtundachtzig Talern. An weiterem „Gold- und Silberwerck" waren vorhanden: ein großer goldener Ring mit drei großen und kleinen Diamanten im Werte von vierzig Talern, ein goldener Ring „mit Laubwerck", ein kleines goldenes Kreuzchen, ein kleines silbernes Schächtelchen, ein Paar silberne „Hembden-Knöpffgen", eine silberne „Erbs-Kette" mit dreiundfünfzig Gliedern, eine silberne Rauch-Tabak-Dose,[34] neun silberne Tischlöffel und ein silberner Degen.[35]
Nun wollen wir endlich auch einen Blick in Gottfried Silbermanns Kleider- und Wäscheschrank werfen. Seine wertvollsten und besten Kleidungsstücke waren „ein schieferfarbnes tuchnes Kleid nebst Veste und zwei paar Bein-Kleidern und wollenen Futter" im Werte von neun Talern und „ein Pfirsichblutfarbnes Kleid nebst dergleichen Veste und zwei paar Bein-Kleidern mit seidenem Futter gefüttert" im Werte von fünf Talern. Weiter finden wir: einen „blautuchnen Mantel", Filzstrümpfe, Pelzstrümpfe, Pelzhandschuhe, eine Pelzmütze,[36] vier Paar mit Molton gefütterte Schuhe, zwei Paar Pantoffel, zwei Paar alte „Bärlatschen", seidene, baumwollene und wollene Strümpfe und schwarze wollene „Camachen", einen Hut, einen „alten alltäglichen Rock nebst Veste und wollenem Futter"[37] und anderes.
Gottfried Silbermann war auch ausreichend mit Wäsche versorgt. Der Notar fand zum Beispiel vor: neun halbe Oberhemden, zehn Unterhemden, fünf Paar Manschetten, zwölf Halsbinden, fünf „Droddel-Mützen", Servietten, baumwollene Kraußen, „Schnupftücher" und allerlei Bettwäsche. An Betten selbst waren vorhanden: zwei „zweymännische" Deck- und Unterbetten, je vier einfache Deck- und Unterbetten, acht Kissen und eine Roßhaarmatratze.
Aber auch an Haus- und Küchengeräten herrschte bei Silbermann kein Mangel. In dem Nachlaßverzeichnis werden aufgeführt: zwei Dutzend Zinnteller, sieben Zinnschüsseln, drei Teekannen aus Zinn, sieben zinnerne Trinkkannen, eine Bratpfanne aus Kupfer, ein kupferner Kaffeekessel, zwei Zinnleuchter, eine zinnerne Flasche usw.
Bei der Durchsicht des Verzeichnisses über den anderen Hausrat fallen uns fol-

gende Gegenstände auf: ein zinnernes „Nachtbecken“, eine eiserne und mit Blech beschlagene viereckige Schatulle, drei seidene Geldbeutel, eine Schnupftabakdose „von Cocus-Nuß“, ein lederner Puderbeutel, vier lederne Stühle, ein viereckiger Tisch von Tannenholz, ein hölzernes „Spahn-Bette“,[38] ein Nachtstuhl, ein kleiner Spiegel in Nußbaumrahmen, ein spanisches Rohr (= Laufstock) mit Messing beschlagen,[39] eine Handkaffeemühle, ein Krauthobel, fünf Wasserfässer in verschiedenen Größen, eine blecherne Zuckerschachtel, zwei Paar „Meißnische blau und weiße Coffee-Schälgen“,[40] sechs alte Leuchter aus Draht, zwei Wärmeöfchen und anderes.

Den gesamten Nachlaß an Kleidungsstücken, Wäsche, Betten und Hausgeräten erbte Gottfried Silbermanns treuer Gehilfe Johann Georg Schön. Wo mögen nach dessen Tod all die Sachen geblieben sein? Wir wissen es nicht.

Abschließend bewegt uns noch die Frage, ob Gottfried Silbermann, als er von Freiberg nach Dresden ging, um die Hofkirchenorgel zu bauen, seine sämtliche Habe mitgenommen hat oder ob er einiges in seiner Freiberger Wohnung zurückließ. Nach dem an anderer Stelle zitierten Brief Johann Daniel Silbermanns befanden sich in Freiberg noch einige Sachen. Allerdings handelte es sich nach Johann Daniels Worten nur um „Mobilien von geringem Wert“. Wahrscheinlich sind darunter Möbel und ähnliche Einrichtungsgegenstände zu verstehen. Wenn wir den Worten des Universalerben glauben dürfen, scheint der berühmte Hof- und Landorgelbauer Gottfried Silbermann keine prunkvolle Wohnungseinrichtung besessen zu haben, wie es mancher von uns vielleicht erwartet haben mag.

1 Michael Silbermann war ein Sohn von Gottfrieds gleichnamigen Stiefbruder und der Bruder von Johann George Silbermann, der bis zu seinem Tode (1749) bei Gottfried Silbermann in Arbeit gestanden hatte.

2 Es handelte sich um „zwey zweymännische Feder-Betten“ und „drey einmännische Betten“. Dazu gehörten insgesamt sechs Ober- oder Deckbetten, sechs Unterbetten, neun Kissen, ein Pfühl und eine Matratze.

3 Dazu gehörten u. a. „neun Stück silberne Tisch-Löffel, zwei Dutzend zinnerne Teller, sieben zinnerne Schüßeln, drei zinnerne Thee-Kannen, eine zinnerne Flasche, fünf kleine zinnerne Trinck-Känngen, zwei große Trinck-Kannen, eine kupfferne Brat-Pfanne, ein kupfferner Coffee-Keßel, zwei zinnerne Leuchter, ein zinnernes Salz-Fäßgen, eine meßingene Blätt-Glocke [= Bügeleisen], 16 3/4 Pfd. Bley-Gewichte nebst darzu gehöriger Waage, ein großer und zwey kleine eiserne Bratspieße und dazu gehörige eiserne Füße“.

4 Ihr wurde angedeutet, „daß sie dafür stehen müße“, das heißt, daß sie dafür verantwortlich ist.

5 Die Aufsicht darüber wurde Zacharias Hildebrandt übertragen.

6 Michael Silbermann hatte sich ausdrücklich bereit erklärt, die Sorge für die Beerdigung (Curam funeris) zu übernehmen. Wie sich bei der Testamentseröffnung herausstellte, die vier Wochen

später erfolgte, hatte Gottfried Silbermann die Aufgabe, für seine Beerdigung zu sorgen, seinem Gehilfen Johann Georg Schön übertragen, falls der Erbe Johann Daniel Silbermann nicht anwesend ist. Michael Silbermann war auch ohne weiteres bereit, „die Wirtschafft die vier Wochen über zu besorgen". Wahrscheinlich tat er das in der Annahme, daß er ja sowieso Gottfried Silbermanns Erbe wird. Um so größer mag seine Enttäuschung gewesen sein.

7 Es handelte sich um eine „Minuten-Uhr in gedoppeltem Gehäuße", die einen Wert von zwanzig Talern hatte.

8 Damit ist der Hinterlegungsschein gemeint, den Gottfried Silbermann erhalten hatte, als er am 27. Juli 1751 sein Testament dem Freiberger Rat zur Aufbewahrung übergab.

9 Beim Studium der Akten bekommen wir einen Eindruck davon, wie gewissenhaft damals verfahren wurde. Zunächst oblag es dem Notar, den Oberlandbaumeister Schwarz und die beiden Justizbeamten, Oberamtmann Essenius und Amtmann Schreiber, von dem Todesfall und der erfolgten Versiegelung des Nachlasses in Kenntnis zu setzen. Da das aber „bey später Nacht nicht geschehen konnte", erfolgte es am Morgen des 5. August. – Nach der üblichen Stille von etwa vier Wochen wandte sich Notar Langbein am 3. September 1753 schriftlich an das Dresdner Amt. Er bat um Auskunft, wie er sich verhalten soll, wenn die Silbermannschen Erben „morgenden Tages" um Entsiegelung und Auslieferung des Nachlasses ansuchen. Langbein betonte, daß auch „die Jura [= Rechte] der Königlichen Cammer" wegen des mit Gottfried Silbermann geschlossenen Kontrakts über den Hofkirchenorgelbau zu beachten sind. Noch am selben Tage erhielt Notar Langbein vom Amt den Bescheid, „zur Zeit und bis auf unsere fernere Verordtnung mit der Resignation und Verabfolgung der Silbermannischen Verlaßenschaft innezuhalten". Langbein sollte die Erben auffordern, das Testament Gottfried Silbermanns beim Amt vorzulegen. Ebenfalls am 3. September erstattete das Dresdner Amt einen Bericht an das „Cammer-Collegium". Es sollte unter anderem entschieden werden, ob Gottfried Silbermanns Nachlaß, „bevor der accordirte Orgelbau zu Standte gebracht worden, in Ansehung des darauf geschehenen Vorschußes ohne dißfalls gemachte Sicherheit, unter die Erben zu vertheilen und zu verabfolgen" ist. Am 10. September wurde den Justizbeamten beim Amt zu Dresden schriftlich mitgeteilt, daß Silbermanns Nachlaß zwar „resigniret" werden kann, „davon aber zur Zeit und biß zu Unserer weitern Anordnung nichts verabfolgt" werden soll. Von diesem „allergnädigsten Königlichen Cammer-Befehl" wurden Johann Daniel Silbermann und Notar Langbein in Kenntnis gesetzt, als sie am 20. September 1753 „an gewöhnlicher Ambtsstelle" erschienen und eine beglaubigte Abschrift von Gottfried Silbermanns Testament übergaben.

10 Notar Langbein hatte vorher beim Amt „mündliche Instruction eingehohlet". In seinem Bericht schrieb er, daß er sich vormittags 11 Uhr in Silbermanns ehemaliges Quartier begeben habe. Das geschah wieder in Gegenwart von Zacharias Hildebrandt und Johann Georg Schön. Man prüfte zunächst die Siegel und fand sie „überall richtig und unverletzt" vor. Hierauf wurde die „Resignation bewerckstelligt", aus der Truhe dreihundertundzwanzig Taler entnommen und an Johann Daniel Silbermann zugestellt. Er versprach, darüber Rechnung zu führen. Der „Coffre" und die Kammer wurden hierauf wieder verschlossen und versiegelt.

11 Er bekam dafür sechzehn Groschen Gebühren. Der Wert des „Gold- und Silber-Wercks" wurde von zwei Oberältesten der Dresdner Goldschmiede-Innung taxiert. Die Taxierung der Orgelbauwerkzeuge hatte man zwei Ältesten der Dresdner Tischlerinnung übertragen.

12 Johann Daniel legte hierbei auch die von Premierminister Reichsgraf von Brühl signierte Registratur vom 27. Oktober vor, wonach der mit Gottfried Silbermann „getroffene Kontract [über die Hofkirchenorgel] nunmehro auf ihn transferiret worden" ist.

13 Hierin wurde hervorgehoben, daß Johann Daniel Silbermann erklärt hat, „hier im Lande verblei-

ben", also nicht wieder nach Straßburg zurückkehren zu wollen, so daß auch nichts von Gottfried Silbermanns Vermögen „nach Straßburg transportiret" wird. Deshalb könne es Johann Daniel Silbermann „unbedencklich als sein Eigenthum verabfolgt" werden, ungeachtet der „von seinen Vettern Michael und Christian Silbermann angebrachten protestation, so das Testament impugniren [= anfechten] wollen".

14 Es handelte sich um sogenannte „Steuerscheine" (Staatsanleihepapiere) im Gesamtbetrag von neuntausend Talern und zwei „Original-Consense" des Amtes Frauenstein vom 10. Mai und 7. September 1728 über zusammen fünfhundert Taler, welche Gottfried Silbermann an Johann George Süße, den Bürgermeister seiner Heimatstadt, „auf Grundstücke" ausgeliehen hatte.

15 Dazu gehörte folgendes: Das Originalprivilegium „als Hoff- und Land-Orgel-Bauer" von 1723; der Originalkontrakt über die Hofkirchenorgel vom 27. Juli 1750; eine Quittung über die für den Kontrakt bezahlten Gebühren von fünfundzwanzig Talern; der am 10. August 1750 zwischen Silbermann und Hildebrandt geschlossene Kontrakt; sieben Quittungen von Zacharias Hildebrandt über insgesamt dreihundertundsiebzig Taler, die er von Silbermann „in Abschlag auf die stipulirten 2000 Thaler bereits empfangen" hatte; dreiundvierzig Orgelbaukontrakte; drei Bündel Briefe u. a. von Oberlandbaumeister Knoeffel, Hildebrandt, David Schubert, Pisendel, Gräbner und Bach; vierzehn „Attestata", die Silbermann „von denen Stadt-Räthen und andern Orten, wo er Orgeln gebauet, zu seiner Legitimation" erhalten hatte; fünf Leipziger „Schreibe-Calender" für die Jahre 1749 bis 1753; ein Bündel Kopfsteuerquittungen; „Hauß-Mieth-Zinnß-Quittungen biß Michael. 1751" und endlich zwei Quittungen über eingekauftes Holz von den Amtsschreibern zu Freiberg und Grillenburg.

16 Es waren vorwiegend religiöse Bücher, die wir schon im Kapitel über Silbermanns Testament genannt haben.

17 Es handelte sich um ein ganz neues Klavier in hölzernem Futteral.

18 Damit beschäftigten wir uns bereits im Kapitel über Silbermanns Werkstatt.

19 Hat Oehme es als „Zufall" betrachtet, daß Gottfried Silbermann wenige Jahre vor dem Tode noch einen großen Orgelbauauftrag (Dresdner Hofkirche) bekommen und dadurch zehntausend Taler „eingenommen" hat? Schade, daß sich Oehme nicht etwas genauer ausgesprochen hat, denn in diesem Punkt ist die Phantasie mancher Biographen ganz besonders angeregt worden. Und das noch in unserem Jahrhundert! Man hat nämlich eine direkte Beziehung zwischen Silbermanns Vermögen und den angeblichen Kostbarkeiten der „legendären Straßburger Nonne" konstruiert. Gottfried Silbermann „habe den Versuch gemacht, eine Nonne des Margaretenklosters zu entführen. Der Plan wäre mißlungen und nur mit Mühe hätte er sein Leben und ein Kästchen mit Kostbarkeiten, das ihm die Geliebte über die Mauer reichte, retten können. Sie selbst fand nicht die Möglichkeit oder die Kraft, den letzten Schritt zu tun, und blieb zurück" (Ernst Flade). Hierbei bleibt allerdings die Frage, wie eine Nonne im Kloster noch im Besitz von Kostbarkeiten sein konnte, völlig offen. Flade schrieb dann: „Als Silbermann in die Heimat kam, war er ein vermögender Mann." Diese Behauptung müßte erst noch bewiesen werden. Wenn Silbermann vor dem Bau der Freiberger Domorgel vom Rat Vorschuß verlangte, um „ein und anderes an nötigem Werckzeug" anzuschaffen, dann sieht das gar nicht nach einem „vermögenden Mann" aus. Ernst Flade räumte ein: „Aber er kann sehr wohl in Straßburg in der Werkstätte seines Bruders genug Geld verdient haben, ohne daß es nötig wäre, die Pretiosen der Klosterfrau damit in Verbindung zu bringen."

Auch Rupp hat in seiner „Entwicklungsgeschichte der Orgelbaukunst" (1929) betont, daß Silbermann „mit reichlichen Ersparnissen ausgerüstet" in die Heimat zurückkehrte. Um das zu „beweisen", schrieb er: „In des Verfassers Jugend erzählte man noch in den Spinnstuben, Gottfried

Silbermann habe von der betreffenden Novize im Moment der entdeckten und mißlungenen Flucht ein Köfferchen mit Schmuck und Juwelen erhalten." Daß ein Mann wie Rupp den „Spinnstubenerzählungen" geglaubt und sie als „Quelle" benutzt hat, ist fast nicht zu glauben. Aber er ging noch einen Schritt weiter und schrieb: „Da dasselbe [Ereignis] von Silbermanns Schüler Oehme bereits 1776 [?] und Kantor Fischer [1800] in Briefen resp. Artikeln erwähnt wird, sind materielle Beweise für seine Existenz vorhanden." Das ist wahrhaftig ein kühner Gedankensprung, dem wir aber beim besten Willen nicht folgen können. Wo bieten Oehmes Worte auch nur den geringsten Anhaltspunkt für die „Nonnenentführung"?

20 Schon der Freiberger Kantor Fischer hat sich mit der Frage nach dem Ursprung von Silbermanns Vermögen beschäftigt. Er schrieb: „Sein Vermögen hatte sich durch die vielen und großen Baue stark vermehret." Diese Ansicht können wir uns ohne weiteres zu eigen machen.

21 Diese Vermutung scheint durch einen Brief Johann Daniel Silbermanns vom 14. Juli 1755 bestätigt zu werden. Hiernach waren reichlich fünf Monate nach Vollendung der Dresdner Hofkirchenorgel die von Gottfried Silbermann in Freiberg hinterlassenen „Vorräthe an Holtz und Zinn" noch vorhanden. Der Meister scheint so viel Orgelbaumaterialien besessen zu haben, daß sie auch durch den Bau des letzten großen Werkes nicht aufgebraucht worden sind. Denn Johann Daniel Silbermann hätte bei Bedarf bestimmt zuerst auf die Vorräte seines Onkels zurückgegriffen, ehe er selbst Material kaufte.

22 Gottfried Silbermann hat während seiner vierzigjährigen Tätigkeit einen „Gesamtumsatz" von mindestens zweiundvierzigtausend Talern erzielt, wenn wir die zehntausend Taler für die Hofkirchenorgel nicht berücksichtigen. Hinzu kamen noch die Einnahmen für Positive, Klaviere usw., deren Höhe wir aber nicht feststellen können. Das Vermögen Gottfried Silbermanns betrug rund sechzehntausend Taler. Ziehen wir von dieser Summe die zehntausend Taler ab, die der Meister erst in den letzten Lebensjahren für die Hofkirchenorgel erhielt, dann verbleibt ein Vermögen von rund sechstausend Talern. Das sind nicht ganz fünfzehn Prozent des Gesamtumsatzes. Durch diese einfache Rechnung dürfte glaubhaft geworden sein, daß Gottfried Silbermann sein Vermögen tatsächlich „verdient" haben kann, ohne daß wir irgendwelche „Zufälle" einkalkulieren müssen.

23 Etwa neun Jahre früher hatte Gottfried Silbermann dem Zwickauer Rat gegenüber erklärt, daß „ihn Gott ohnehin mit gantz ansehnlichem Vermögen geseegnet" habe. Und um diese Zeit mag es auch gewesen sein, als Oehme bewußt wurde, daß sein Meister ein „Capitaliste" ist: Oehme wurde 1718 geboren, und nach seinen eigenen Worten ist Silbermann sein „Lehrherr" gewesen. Oehme dürfte es spätestens um 1740 klar gewesen sein, daß Silbermann kein „armer Mann" ist.

24 Nach Schöns Aufzeichnungen sind vom 5. August bis 3. September 1753 fast einundvierzig Taler „in die Kost gegeben" worden. Johann Daniel Silbermann gab vom 4. September bis 8. Oktober des gleichen Jahres sechsundsechzig Taler „in die Haußhaltung". Diese Zahlen geben uns eine Vorstellung von der Kostspieligkeit des Haushaltes einer Orgelbauerfamilie. Wir wollen aus der von Schön geführten Rechnung nur noch einen besonders interessanten Posten herausgreifen: Am 8. August wurden acht Groschen ausgegeben, „den Hund zu scheeren"! Wir können daraus schließen, daß Gottfried Silbermann Tierfreund war und einen Pudel gehalten hat.

25 Johann Daniel Silbermann hatte allein 650 Taler zu bekommen, und zwar „Reise-Gebühren von Straßburg biß Freyberg" und „Salarium [= Gehalt] auf $1^1/_4$ Jahre". Wir können daraus schließen, daß Johann Daniel Silbermann im Frühjahr 1752 zu seinem Onkel gekommen ist und bei ihm gearbeitet hat. Schade, daß Notar Langbein die Reisegebühren und das Gehalt in einer Summe und nicht getrennt angegeben hat. Es wäre sehr interessant gewesen, wenn wir hätten

erfahren können, ob Gottfried Silbermann seinem Neffen oder Zacharias Hildebrandt mehr Lohn gegeben hat.

26 Davon erhielt Johann Georg Schön, der treue und langjährige Gehilfe des Meisters, allein zweitausendeinhundertundneunzehn Taler, und zwar zweitausend Taler in Form eines „Steuerscheines", und die übrigen einhundertundneunzehn Taler stellten den Geldwert der von Silbermann an Schön vererbten Wäsche, Kleider, Betten und Hausgeräte dar. Die restlichen zweihundert Taler an Legaten entfielen auf den Freiberger „Bettmeister" Elias Dietze, den Freiberger Petri-Organisten Klemm und Silbermanns Haushälterin Anna Magdalena Poltermann.

27 Es ist möglich, daß die Steuerscheine mit den zehntausend Talern zusammenhängen, die Gottfried Silbermann für die Hofkirchenorgel empfangen hat: Entweder hat der Meister die Summe in Bargeld erhalten und dafür Staatswertpapiere erworben, oder er hat anstelle von Bargeld die Wertpapiere bekommen.

28 Bei jedem Steuerschein befanden sich „darzu gehörige gedruckte Quittungen zur Erhebung der Zinnßen".

29 Ein Schein über eintausendfünfhundert Taler befand sich beim Rat der Stadt Freiberg. Gottfried Silbermann hatte ihn im Juni 1751 seinem Freund Johann Gottfried Krauße übergeben, als dieser bei seiner Anstellung als Stadtkämmerer eine Kaution hinterlegen mußte. Im Nachlaß Silbermanns befand sich eine Abschrift dieses Steuerscheins und das von Krauße am 7. Juni 1751 ausgestellte schriftliche „Bekänntnüß, daß Defunctus vor ihn die Caution gemachet" hat.

30 Ein Dukaten entsprach im Werte zwei Talern und achtzehn Groschen.

31 Eine solche Goldmünze entsprach im Werte fünf Talern.

32 Er regierte von 1553 bis 1586. Gottfried Silbermann besaß außerdem noch „des höchst seel. [!] Königs Portrait en Miniatur". Dasselbe zeigte ohne Zweifel August den Starken, der 1733 gestorben ist. Übrigens hatte das Miniaturbildnis nur die Größe eines Pfennigs!

33 Wir erinnern uns, daß Gottfried Silbermann 1726 beim Bau der Orgel zu Dittersbach vom Geheimen Kriegsrat von Kiesenwetter ein Goldstück „zum Recompens" erhalten hatte. Ob das im Nachlaß befindliche Goldstück mit jenem identisch gewesen ist, ist nicht nachweisbar.

34 Dieselbe hatte einen Wert von sechs Talern und fünfzehn Groschen. Ob Gottfried Silbermann Raucher war? Man muß es fast annehmen, denn der Notar hat im Nachlaßverzeichnis „einen silbernen Tobacks-Stopffer" und ein Pfund Rauchtabak im Werte von acht Groschen aufgeführt. Allerdings suchen wir vergeblich nach einer Tabakspfeife, was bei der sonstigen Genauigkeit des Verzeichnisses verwundern muß.

35 Der Wert der Löffel betrug vierzehn Taler, während der Degen auf sechs Taler taxiert wurde.

36 Wir haben gehört, daß Gottfried Silbermann sehr oft im Winter reisen mußte. Da mögen ihm seine Pelzsachen gute Dienste geleistet haben.

37 Diesen „alltäglichen Rock" hat der Meister offenbar getragen, wenn er zu Hause oder in der Werkstatt war.

38 Dieses „Spahn-Bette" ist zweifellos das Sterbebett des großen Orgelbaumeisters gewesen.

39 Manche Schriftsteller haben behauptet, daß Gottfried Silbermann seinen messingbeschlagenen Stock in den Kirchen, wo er eine Orgel bauen sollte, auf den Fußboden aufgestoßen hat, um aus dem Widerhall Rückschlüsse auf die akustischen Verhältnisse des betreffenden Gotteshauses zu ziehen. Für die Wahrheit dieser Erzählung kann sich der Verfasser nicht verbürgen.

40 Damit sind Kaffeetassen aus Meißner Porzellan gemeint.

Verzeichnis der Werke Gottfried Silbermanns

Die einzelnen Spalten enthalten folgende Angaben:

1 laufende Nummer
2 Ort (bei größeren Orten Name der Kirche in Klammern)
3 Jahr und Tag des Kontraktabschlusses
4 Verbleib des Kontraktes:
O = Kontrakt im Original erhalten
A = Abschrift (oder Entwurf) des Kontraktes vorhanden
– = Kontrakt nicht auffindbar
5 Jahr und Tag der Vollendung der Orgel
An dem genannten Tage erfolgte
Ü = die Übergabe
P = die Prüfung oder Examination
W = die Weihe der Orgel
6 Preis der Orgel bzw. im Kontrakt vereinbarte Summe (in Talern)
7 Zahl der Manuale und Stimmen
8 Auftraggeber bzw. Namen der Persönlichkeiten, die mit Silbermann den Kontrakt geschlossen haben
9 Namen der Persönlichkeiten, die die Orgel prüften
10 Bemerkungen
2S Ein S hinter der laufenden Nummer bedeutet, daß es von der betreffenden Orgel Schallplatten gibt („Bachs Orgelwerke auf Silbermannorgeln", herausgegeben vom VEB Deutsche Schallplatten Berlin).
(?) Die betreffende Angabe ist urkundlich nicht genau nachweisbar.
? Hierüber fehlt es an urkundlichen Belegen.

Bei den Werken der laufenden Nummern 39–45 handelt es sich um Positive, über deren Baugeschichte bisher keine Unterlagen aufgefunden werden konnten.

1	2	3	4	5	6	7
1	Frauenstein	[1]	–	1711 26. 7. P/W	[2]	I/15
2S	Freiberg (Dom)	1710 8. 10.	O	1714 13./ 14. 8. P 20. 8. W	1850 [3]	III/45
3	Pfaffroda	1714 (?)	–	1715 25. 12. W (?)	600	I/14
4	Oberbobritzsch	1715 (?)	–	1716 21. 5. W	?	I/13
5	Niederschöna	1715 10. 1.	O	1716 21. 11. Ü/P (?) 22. 11. W	525	I/14
6	Freiberg (St. Jacobi)	1716 28. 4.	A	1718 31. 1. P 2. 2. W	800	II/20
7	Großkmehlen	1717 11. 1.	A	1718 20. 11. P/Ü (?)	1000	II/22
8S	Freiberg (St. Johannis)	1718 11. 4.	A	1719 16. 7. Ü/W	550	I/14
9	Dresden (Sophienkirche)	1718 10. 12.	O	1720 15. 11. Ü/P 18. 11. W	2100	II/31
10S	Rötha (St. Georg)	1718 22. 12.	O	1721 8. 11. P/Ü 9. 11. W	1000	II/23

1) Über diese Orgel wurde kein Kontrakt geschlossen.
2) Die Bau- und Materialkosten beliefen sich auf rund 270 Taler.
3) Die Gesamtbaukosten betrugen rund 4160 Taler.

8	9	10
Rat zu Frauenstein	Dr. Immanuel Lehmann, Freiberg	1728 beim Stadtbrand zerstört
Rat zu Freiberg	Johann Kuhnau, Thomaskantor zu Leipzig, und Gottfried Ernst Bestel, Hoforganist zu Altenburg	
Caspar Heinrich von Schönberg (?)	?	
Rat zu Freiberg (?)	?	1915/16 völlig umgebaut
Martin Albert, Bürgermeister zu Freiberg, und Kirchgemeinde Niederschöna	Elias Lindner, Domorganist zu Freiberg	
Michael Weidlich, Kreisamtmann zu Freiberg (im Auftrage des Kurfürsten Friedrich August I.)	Johann Samuel Beyer, Kantor und Musikdirektor; Elias Lindner, Domorganist; beide in Freiberg	
Johanna Eleonore von Brause	Christian Pezold, „Capellorganist" zu Dresden	
Rat zu Freiberg	wie lfd. Nr. 6	1939 in den Dom übergeführt
Rat zu Dresden	Die Orgel wurde „durch viele anwesende Kenner dieser Kunst examiniret". Ihre Namen sind nicht bekannt.	1945 beim Luftangriff zerstört
Christian August Freiherr von Friesen	wie lfd. Nr. 2	

1	2	3	4	5	6	7
11	Rötha (St. Marien)	1721 12. 11.	O	1722 April (?)	200	I/11
12	Chemnitz	1721 18. 12.	A	1722 22. 12. Ü 25. 12. W	500	I/14
13	Reichenbach (Peter/Paul)	1723 18. 12.	A	1725 11. 5. P 13. 5. W	1500	II/29
14	Dittersbach bei Stolpen	?	–	1726 10. 11. Ü	400 (?)	I/14
15	Forchheim	1724 (?)	–	1726 23. 4. W	?	II/20
16	Oederan	1724 9. 6.	O	1727 25. 5. W	1000	II/24
17	Rochlitz (St. Peter)	1725 28. 5.	O	1727 18. 7. Ü 20. 7. W	575 4)	II/20
18	Lebusa	?	–	1727 (?)	?	I/14
19S	Helbigsdorf	1726 19. 5.	O	1728 18. 11. Ü	450	II/17
20	Püchau	1727 23. 12.	O	1729 15. 10. P	600 5)	II/20
21	Glauchau (St. Georg)	1727 (?)	–	1730 6. 6. Ü 11. 6. W	1200 (?)	II/27

4) Silbermann hat über die Kontraktsumme noch 60 Taler (für zusätzliche Stimmen) bekommen.
5) Für ein solches Werk forderte Silbermann sonst 800 Taler. Da Heinrich von Bünau nur 600 Taler bewilligte, stellte seine Gemahlin noch 200 Taler zur Verfügung.

8	9	10
derselbe	?	
Rat zu Chemnitz und Superintendent George Siegmund Green	?	1879 nach Auligk übergeführt, seit 1958 in Bad Lausick
Carl Metzsch, kurfürstl. Landkammerrat	Gottfried Ernst Bestel, Hoforganist zu Altenburg	1927 umgebaut, 1972 Neubau, nur Gehäuse original
Hans Christian von Kiesenwetter	Christian Pezold, Sophienorganist zu Dresden	
Gotthard Schubarth, Kaufmann in Leipzig	Heinrich Raphael Krause, Kantor zu Olbernhau	
Rat zu Oederan	?	um 1892 Originalgehäuse durch „neugotisches" ersetzt
Carl Erdmann Weidlich, Amtmann; Johann Caspar Loescher, Superintendent; beide in Rochlitz	Theodor Gerlach, Organist zu Rochlitz	1894 abgebrochen und durch „modernes" Werk ersetzt
?	?	
Kirchgemeinde Helbigsdorf (mit Einwilligung von Caspar Dietrich von Schönberg und Superintendent Wilisch)	Johann Samuel Beyer, Kantor in Freiberg (?)	
Heinrich von Bünau	Johann Gottlieb Görner, Nicolaiorganist zu Leipzig	nach dem ersten Weltkrieg abgebrochen
Rat zu Glauchau (?)	Das Werk wurde ohne Prüfung übernommen	

1	2	3	4	5	6	7
22	Reichenbach (St. Trinitatis)	?	–	1730 10. 9. W	900 (?)	?
23S	Reinhardtsgrimma	1729 (?)	–	1731 6. 1. W	800	II/20
24	Mylau	1730 21. 8.	O	1731 2. 12. W	800	II/21
25S	Crostau	1731 (?)	–	1732 Okt. (?)	?	II/20
26S	Freiberg (St. Petri)	1734 3. 8.	A	1735 31. 10. Ü/W	3000	II/32
27	Dresden (Frauenkirche)	1732 13. 11.	A	1736 22. 11. P/Ü 25. 11. W	4200[6])	III/43
28S	Ponitz	1734 12. 9.	–	1737 18. 11. W	1500 (?)	II/27
29	Frauenstein	1734 28. 12.	A	1738 2. 7. W	500[7])	II/20
30	Greiz	1735 18. 10.	O	1739 19. 6. Ü 21. 6. W	2000	II/31

6) Der Rat zu Dresden hat (auf Grund eines Antrages Silbermanns) noch 500 Taler nachbewilligt, so daß das Werk (exklusive Gehäuse) 4700 Taler gekostet hat.
7) Gottfried Silbermann hat seiner Heimatstadt 300 Taler „geschenkt", denn die Orgel hätte sonst 800 Taler gekostet.

8	9	10
?	?	1773 durch Brand zerstört
Christiane Elisabeth von Tettau und Agnes Catharina von Venediger	Emanuel Benisch, Kreuzkirchenorganist zu Dresden	
Christian Ludwig Edler von der Planitz	?	seit 1890 neugotisches Gehäuse
Christian Heinrich Graf von Watzdorff	?	
Rat zu Freiberg	Johann Christoph Erselius, Domorganist zu Freiberg	
Rat zu Dresden	Joh. Georg Pisendel, königl. Konzertmeister; Theodor Christlieb Reinhold, Kreuzkantor; Joh. Heinrich Gräbner, Hoforgelbauer; Christian Heinrich Gräbner, Frauenkirchenorganist; alle aus Dresden	1945 beim Luftangriff zerstört
Dorothea Elisabeth von Schönberg; Christiane Sybille Edle von der Planitz; Gottlob Heinrich Edler von der Planitz	?	
Rat zu Frauenstein	Joh. Christoph Erselius, Domorganist zu Freiberg	1869 beim Stadtbrand zerstört
Joh. Oswald Fickweiler, Hofrat zu Untergreiz; C. F. Junius, Rat zu Obergreiz	Joh. Gottfried Donati, Organist zu Greiz	1802 beim Stadtbrand zerstört

1	2	3	4	5	6	7
31	Zittau (St. Johannis)	1738 12. 2.	O	1741 1./2. 8. P 3. 8. W	7000	III/44
32S	Großhartmannsdorf	1737 (?)	–	1741 3. 12. Ü/W	600 (?)	II/21
33	Zöblitz	1737 (?)	–	1742 15. 7. Ü/W	800	II/20
34S	Fraureuth	1739 20. 3.	O	1742 2. 12. Ü/W	800	II/20
35S	Burgk/Saale (Schloßkapelle)	1742 (?)	–	1743 14. 4. W	600	I/12
36S	Nassau	1745 24. 8.	O	1748 4. 8. Ü/W	740[8])	II/19
37	Frankenstein	1748 (?)	–	1753 (?)	800 (?)	I/13
38S	Dresden (Kath. Hofkirche)	1750 27. 7.	O	1755 2. 2. W	20000	III/47
39	Conradsdorf	?	–	1714 Sept.	?	I/6
40	Tiefenau	?	–	vor 1730	?	I/9
41	Freiberg (St. Nicolai)	?	–	nach 1732[9])	?	I/5

8) Die Gemeinde stellte noch für 60 Taler Holzwerk zur Verfügung.
9) Das Werk war Privateigentum von Domorganist Erselius. Er stellte es 1753 der Nicolaikirche zur Verfügung.

8	9	10
Rat zu Zittau	Joh. Georg Pisendel, königl. Konzertmeister zu Dresden; Carl Hartwig, Musikdirektor zu Zittau; Joh. Christoph Erselius, Domorganist zu Freiberg; Joh. Friedrich Fleischer, Pauliorganist zu Zittau; Joh. Gottlieb Tamitius, Orgelbauer in Zittau	1757 (im Siebenjährigen Krieg) bei der Belagerung Zittaus zerstört
Carl Adolph von Carlowitz	Joh. Christoph Erselius, Domorganist zu Freiberg	
Kircheninspektion Zöblitz (?)	?	
Kirchgemeinde Fraureuth	Joh. Gottfried Donati, Organist zu Greiz	
Graf Heinrich III. Reuß	Joh. Gottfried Donati, Organist zu Greiz	
Superintendent Wilisch, Freiberg; Amtmann Gensel, Frauenstein	?	
Friedrich August von Schönberg (?)	?	von Johann Daniel Silbermann vollendet
Kurfürst Friedrich August II.	?	nach Gottfried Silbermanns Tod vollendet, 1944 ausgelagert, in jahrelanger Arbeit wiederhergestellt und 1971 wiedergeweiht
Rat zu Freiberg	Elias Lindner, Domorganist zu Freiberg	verschollen
?	?	1945 fast völlig zerstört
?	?	verschollen

1	2	3	4	5	6	7
42	Ringethal	?	–	?	?	I/6
43	Wegefarth	?	–	?	?	I/?
44	Etzdorf	?	–	1745 (?)	?	I/8
45	Schweikershain	?	–	1750 (?)	?	I/5

8	9	10
?	?	
?	?	verschollen
?	?	seit 1939 im Dom zu Bremen (BRD)
?	?	

Quellenverzeichnis

1. Originalurkunde Nr. 2683 (Staatsarchiv Dresden)
2. Das Erb-Register des Ampts Frawenstein ... 1581 (Staatsarchiv Dresden: Loc. 37930, Rep. XLVII)
3. Landsteuer-Register Nr. 869 von 1612 (Staatsarchiv Dresden)
4. Gerichtsbücher Frauenstein Nr. 59, 112 und 113 (Staatsarchiv Dresden)
5. Frauensteiner Stadtkaufbuch Nr. V (Stadtarchiv Frauenstein)
6. Frauensteiner. Ratsrechnungen von 1669, 1686 und andere (Stadtarchiv Frauenstein)
7. Tauf-, Trau- und Totenregister des 16., 17. und 18. Jahrhunderts (Pfarrarchiv Frauenstein)
8. Cantzley-Acta Zacharias Hildebrandten, Orgelmachern ... contra Gottfried Silbermannen, Hoff- und Landorgelbauern in Freyberg ... Anno 1724 (Staatsarchiv Dresden: Loc. 13845)
9. ACTA H. Zacharias Hildebrand, Orgelmacher, Klägern an einen, contra H. Gottfried Silbermannen, Hoff- und Land-Orgelbauern, Beklagten an andern theil, wegen eines von ihm ausgestellten nachtheiligen Reversus, und was dem anhängig betr. ... 1724 (Stadtarchiv Freiberg: Sign. Ib, IX, 24)
10. ACTA, des Orgelbauers H. Adam Gottfried Oehmens, allhier zu Freyberg, für Stimm- und Erhaltung der Orgelwercke in den Stadt-Kirchen gesuchtes Wartegeld betr. ... 1774 (Stadtarchiv Freiberg: Sign. II I 17)
11. Confirm. Privil. ... 1718–1724, XXXV. Band (Staatsarchiv Dresden)
12. ACTA, Das von Herrn Gottfried Silbermannen alhier zu Frauenstein neu verfertigte Orgel-Werck und was demselben allendthalben mehr anhängig betr. ... 1711 (Heimatmuseum Frauenstein)
13. Akten II/III/B II Nr. 5 (Archiv der Karl-Marx-Universität Leipzig)
14. ACTA, Den neuen Orgelbau in der Domkirchen zu Freyberg betr. ... 1710 (Stadtarchiv Freiberg: Sign. Aa II I 60 a)
15. ACTA betr. die Reparatur des Orgelwerckes bey der Kirche zu St. Jacobi allhier zu Freyberg ... 1715 (Stadt- und Bergbaumuseum Freiberg: Bibliotheksnummer 4813)
16. Akte: Die Erbauung neuer Orgeln in der St. Georgen- und St. Marien-Kirche zu Rötha (Pfarrarchiv Rötha: Sign. XIII 1)
17. Acta das Orgel-Werck in der Kirche zu St. Johannis allhie betr. (Stadtarchiv Karl-Marx-Stadt: Sign. IV II 31)
18. Acta, das nach dem großen Reichenbachischen Brandt Anno 1725 in der Kirchen zu St. Petri und Pauli erbauete neue Orgel-Werck betreffend ... 1723 (Pfarrarchiv Reichenbach/Vogtland: Sign. B 7 a)

19. Acta, die Baufälligkeit der in der Haupt- und Pfarr-Kirche zu St. Petri allhier befindlichen Orgel betreffend, Ergangen Anno 1724–1727 (Staatsarchiv Leipzig: Amt Rochlitz Nr. 261)
20. Acta, die Erkaufung und Reparatur einer alten Orgel, de Ao. 1704 und Erbauung einer neuen Silbermannschen Orgel zu Püchau, de Ao. 1727 betr. (Staatsarchiv Leipzig: Gutsarchiv Püchau Nr. 1948)
21. Akte: Die Erbauung einer neuen Orgel in hiesige Fürstl. Schloßkirche, 1733 (Staatsarchiv Altenburg: Domänenfideikommiß, Repos. F. VIII 7)
22. Acta, die Einweyhung der neu erbauten Orgel zu St. Petri betr. Ergangen auf der Superintendur Freyberg 1735 (Superintendenturarchiv Freiberg: Sign. II 12 35)
23. Akte, den Bau der Frauenkirche betr. (Stadtarchiv Dresden: Sign. B II 27)
24. Acta I. Den mit dem Königl. Pohln. und Churfürstl. Sächßischen Hoff- und Land-Orgelbauer, Herrn Gottfried Silbermannen zu Freyberg, geschloßenen Contract wegen einer in hiesige Stadt-Kirche zu fertigenden Orgel, II. Deren Übergebung und dergl. betreffend, de anno 1735 (Staatsarchiv Greiz: Sign. a C II Ae 17e)
25. Acta den neuen Orgelbau in der Stadt-Kirche allhier betr., 1735 (Staatsarchiv Greiz: Sign. a C II Ae 17)
26. Akte: Die in hiesiger Gräfl. Schloß-Capelle erbaute neue Orgel betr. Burgck Ao. 1743 (Staatsarchiv Greiz: Familienarchiv von Geldern-Crispendorf, Kap. 17, Kirche Nr. 1)
27. Akte: Die Erneuerung der Orgel in der Johanniskirche zu Zittau, 1737–1743 (Pfarrarchiv Zittau: Sign. I I 16)
28. Fraureuther Orgelbauakte (Pfarrarchiv Fraureuth: Sign. II Ea 3)
29. Acta, den Orgel-Bau zu Fraureuth betr. ... 1739 (Staatsarchiv Greiz: Sign. a C II C 8 Fraureuth Nr. 22)
30. Cammeracta Die Kosten zu Erbauung eines großen Orgelwercks in der neuen Königl. Schloß-Kirche zu Dresden ... 1750 (Staatsarchiv Dresden: Loc. 35825, Rep. VIII, Nr. 85)
31. Akte Sign. III Z 4 o Nr. 8 (Stadtarchiv Zwickau)
32. Acta Commissionis, Des verstorbenen Hoff-Orgelmachers Herr Gottfried Silbermanns Nachlaß betr. ... 1753 (Staatsarchiv Dresden: Amtsgericht Dresden Nr. 4609)

In dem vorstehenden Quellenverzeichnis sind nur die wichtigsten Quellen aufgeführt worden. Der Verfasser verweist auf seine Dokumentation „Gottfried Silbermann – Persönlichkeit und Werk“ (VEB Deutscher Verlag für Musik Leipzig, 1982), die alle gegenwärtig bekannten Quellen berücksichtigt.

Abbildungsnachweis

Willy Höppner, Seiffen (Erzgeb.): Abb. 1
Filmtechnische Anstalt Schumann, Dresden: S. 14
Walter Kiel, Frauenstein: Abb. 2, S. 117
Alfred Gössel, Sayda (Erzgeb.): Abb. 8, S. 15, 22, 49
Gottfried Eulitz, Radeburg: Abb. 3
Reinhard Thiem, Leipzig: Abb. 4
Deutsche Fotothek Dresden: Abb. 5, 7, 10, 11, 12, 17, 18, 19, 22, 24
Stadtarchiv Strasbourg (Frankreich): S. 58
Staatsarchiv Dresden: Abb. 9, 21; S. 237
Stadtarchiv Freiberg (Sachsen): S. 113, 118, 258, 259
Staatsarchiv Leipzig: S. 114
Johannes Lohse, Nassau (Erzgeb.): S. 115
Staatsarchiv Weimar: Abb. 13, 23; S. 197
Stadt- und Bergbaumuseum Freiberg (Sachsen): Abb. 15
Stefan Jehle, Dresden: Abb. 16
Kreismuseum Bad Liebenwerda: S. 260
Gert Breidenstein, Freiberg (Sachsen): Abb. 20
Johannes Stauda Verlag Kassel (aus: Faksimileausgabe der Topographia Germaniae): Abb. 6, 14

Literaturverzeichnis

1 Gottfried Silbermann – Persönlichkeit und Werk
(VEB Deutscher Verlag für Musik Leipzig, 1982)
2 Das Geburtshaus des Orgelbauers Gottfried Silbermann
(in: Sächs. Heimatblätter, Dresden; Nr. 1/1967, S. 37–41)
3 Gottfried Silbermanns letztes Werk – Ein Beitrag zur Baugeschichte der Dresdner Hofkirchenorgel
(ebenda, Nr. 3/1973, S. 129–133)
4 Eine Orgelbauurkunde aus dem Jahre 1584
(ebenda, Nr. 6/1975, S. 282–284)
5 Silbermannorgeln auf Briefmarken
(ebenda, Nr. 5/1976, S. 193–198)
6 Der Orgelbauer Andreas Silbermann – Ein Gedenkblatt zu seinem 300. Geburtstag und ein Beitrag zur Silbermannschen Familiengeschichte
(ebenda, Nr. 3/1979, S. 113–118)
7 „Seine Arbeit wird mit allgemeinem Beyfall begleitet ..."
Ein Gedenkblatt zum 300. Geburtstag von Gottfried Silbermann
(ebenda, Nr. 6/1982)
8 Musiker und Organisten um den Orgelbauer Gottfried Silbermann
(in: Beiträge zur Musikwissenschaft, Berlin; Nr. 2/1977, S. 83–98)
9 Zur Baugeschichte der großen Silbermannorgel im Dom zu Freiberg
(in: Jahrbuch der Musikwissenschaft, Leipzig 1978; S. 201–210)
10 Die letzten Tage Gottfried Silbermanns – Eine Betrachtung zu seinem 215. Todestag
(in: Glückauf, Nr. 10, 11/1968)
11 Aus dem Leben Gottfried Silbermanns
(in: Unsere Heimat, Marienberg; Nr. 3, 4, 5/1967)
12 Zur Geschichte der Silbermannorgeln im Kreis Marienberg
(ebenda, Nr. 8/1970)
13 Die „erzgebirgischen" Silbermannorgeln
(in: Jahrbuch Erzgebirge 1974, Stollberg; S. 55–63)
14 „Dich läßt Deine Kunst nicht sterben"
(in: URANIA, Nr. 12/1975)
15 Gottfried Silbermann in Greiz – Ein Beitrag zur Baugeschichte der 1802 zerstörten Silbermannorgel
(in: Heimatbote, Greiz; Nr. 4, 5, 6/1975)
16 Die „vogtländischen" Silbermannorgeln
(in: Kulturbote, Klingenthal; Nr. 12/1973 und 1/1974)

17 Nochmals: Die „vogtländischen“ Silbermannorgeln
(ebenda, Nr. 8/1977)
18 Gottfried Silbermann und das „Pianoforte“
(ebenda, Nr. 12/1977)
19 Die Silbermannorgel im Freiberger Dom – ein Gemeinschaftswerk
(in: Der Heimatfreund, Stollberg; Nr. 12/1977)
20 Die Königin der Musikinstrumente
(ebenda, Nr. 12/1978)
21 Dein Ruhm verwelkt nie – Eine Betrachtung zum 225. Todestag Gottfried Silbermanns
(in: DIE UNION, Dresden; Nr. 183/1978, Beilage)
22 Gottfried Silbermann – ein Bauernsohn
(in: Standpunkt, Nr. 3/1981, S. 80f.)
23 Wieviel Orgeln schuf Gottfried Silbermann?
(in: Sächs. Heimatblätter, Dresden; Nr. 1/1984, S. 27–29)
24 Frauenstein – Heimatstadt von 5 Orgelbauern
(in: Mitteilungen des Freiberger Altertumsvereins; 72. Heft 1992, S. 77–87)

Alle hier aufgeführten Veröffentlichungen stammen aus der Feder des Verfassers des vorliegenden Buches.
Bei den Publikationen 1 bis 10 und 23 handelt es sich um wissenschaftliche Arbeiten mit ausführlichen und genauen Quellenangaben.

Inhalt

1 Kleinbobritzsch, der Geburtsort Gottfried Silbermanns, von der Burgruine Frauenstein aus gesehen

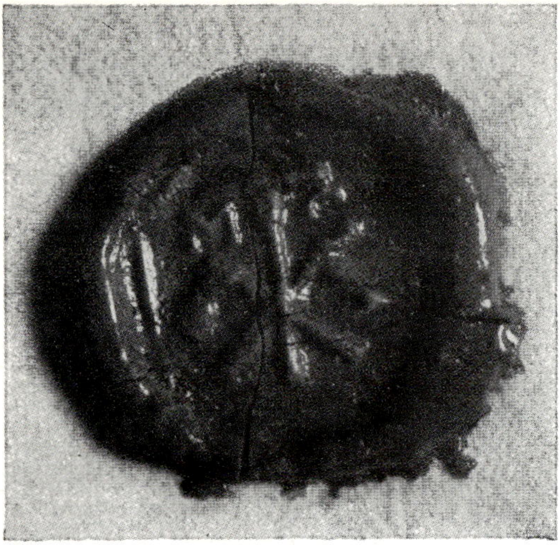

2 Siegel Michael Silbermanns aus einer Frauensteiner Ratsrechnung. Das Siegel zeigt drei verschiedene Zimmermanns-Äxte und die Buchstaben „M S". (Durchmesser des Originalabdrucks: 13 mm)

3 Geburtshaus Gottfried Silbermanns in Kleinbobritzsch bei Frauenstein

4 Gedenktafel am Geburtshaus Gottfried Silbermanns

5 Geburtshaus Gottfried Silbermanns um 1861 (nach einer Lithographie)

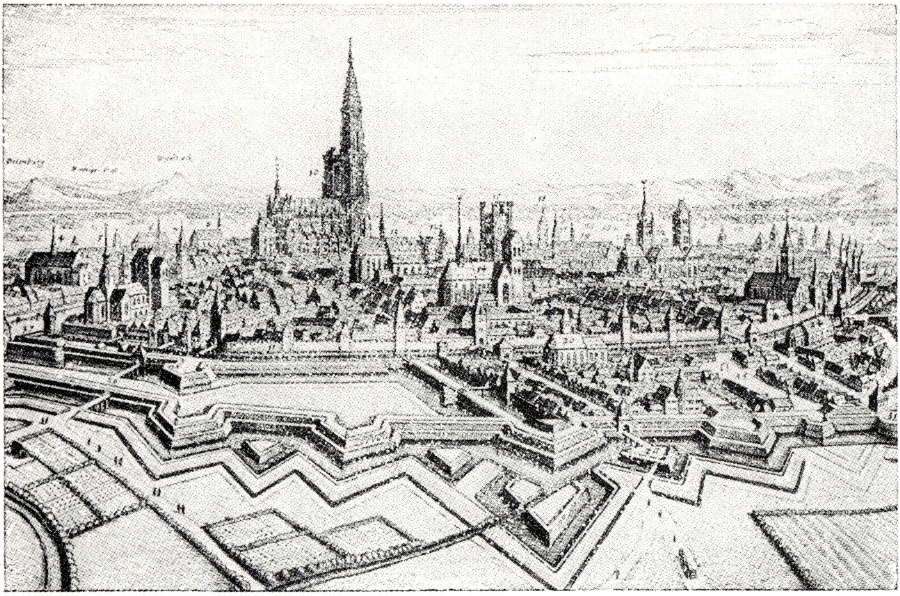

6 Straßburg im Elsaß, Gesamtansicht nach einem Stich von Matthaeus Merian um 1663. Hier lernte Gottfried Silbermann Anfang des 18. Jahrhunderts bei seinem Bruder Andreas die Orgelbaukunst

7 Frauenstein im Erzgebirge, die Heimatstadt Gottfried Silbermanns, nach einer Zeichnung von Rosenlöcher, um 1720

8 Wappen der Stadt Frauenstein aus dem Jahre 1694. Das Original mißt 59 × 70 cm und befindet sich im Heimatmuseum zu Frauenstein

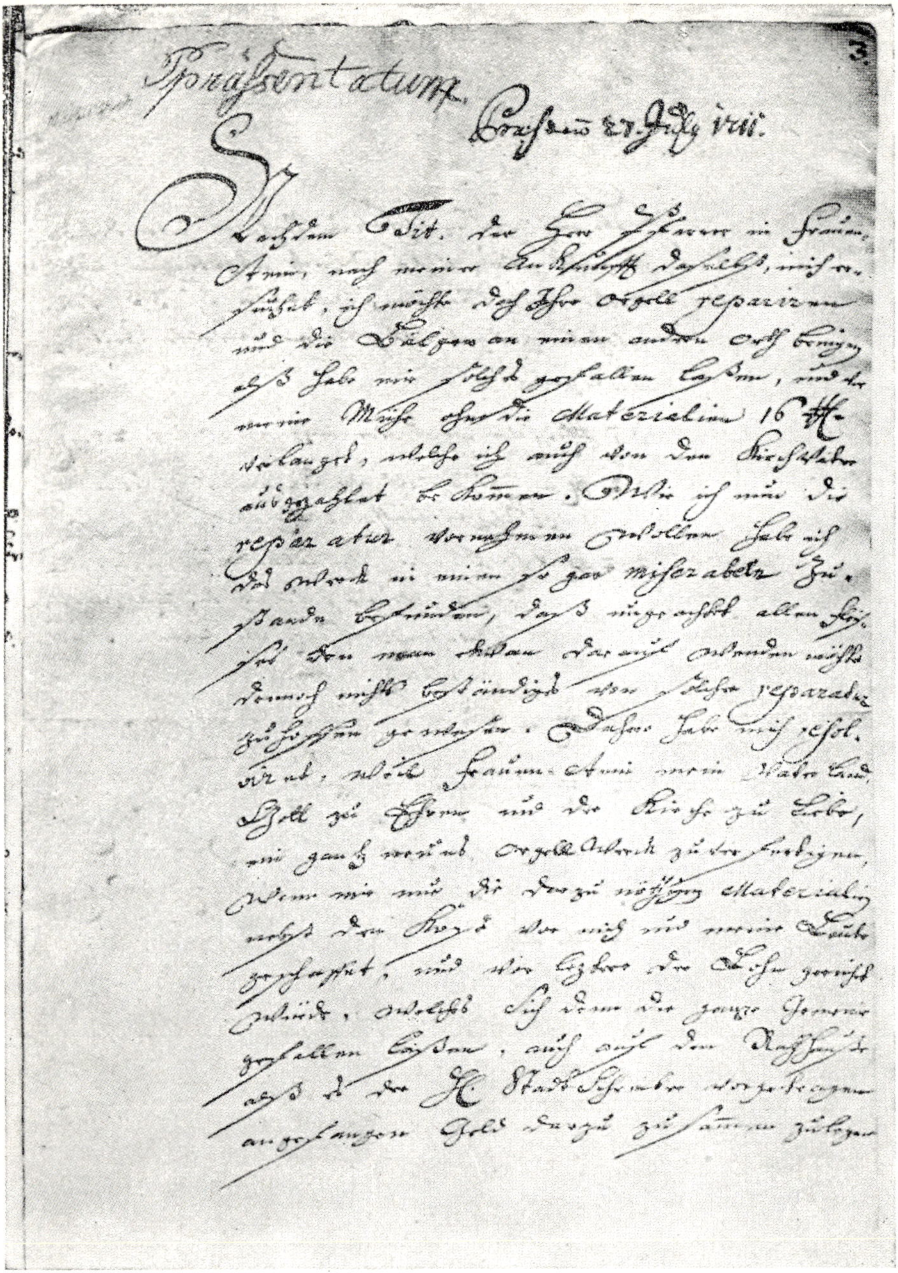

Praesentatum

Freyberg 27. July 1711.

Nachdem Tit. der Herr Pfarrer in Frauenstein, nach meiner Ankunfft daselbst, mich ersuchet, ich möchte doch ihre Orgel repariren und die Bälgen an einen andern Orth bringen, als habe mir solches gefallen lassen, und der meine Mühe über die Materialien 16 Thaler verlanget, welche ich auch von dem Kirchväter ausgezahlet bekommen. Als ich nun die reparatur vornehmen wollen, habe ich das Werck in einen so gar miserabeln Zustande befunden, daß ungeachtet allen Fleiß so ich daran wenden würde, dennoch nicht beständige [illegible] reparatur zu hoffen gewesen. Daher habe mich resolviret, weil Frauenstein mein Vaterland, Gott zu Ehren und der Kirche zu Liebe, ein ganz neues Orgelwerck zu verfertigen, wenn mir nur die darzu nöthigen Materialien nebst den [illegible] der mich und meine Leute geschaffet, und vor Lohn der Tischer gewiß würde, welches sich denn die ganze Gemeine gefallen lassen, auch auf dem Rathhause, als es der H. Stadtschreiber vorgetragen, angefangen Geld darzu zusammen zu legen

9 „Aufsatz" Gottfried Silbermanns vom Juli 1711 über die Erbauung seiner ersten Orgel zu Frauenstein

10 Spielschrank der großen Silbermann-Orgel im Dom zu Freiberg

11 Teilansicht des Pfeifenwerks der großen Silbermann-Orgel im Dom zu Freiberg

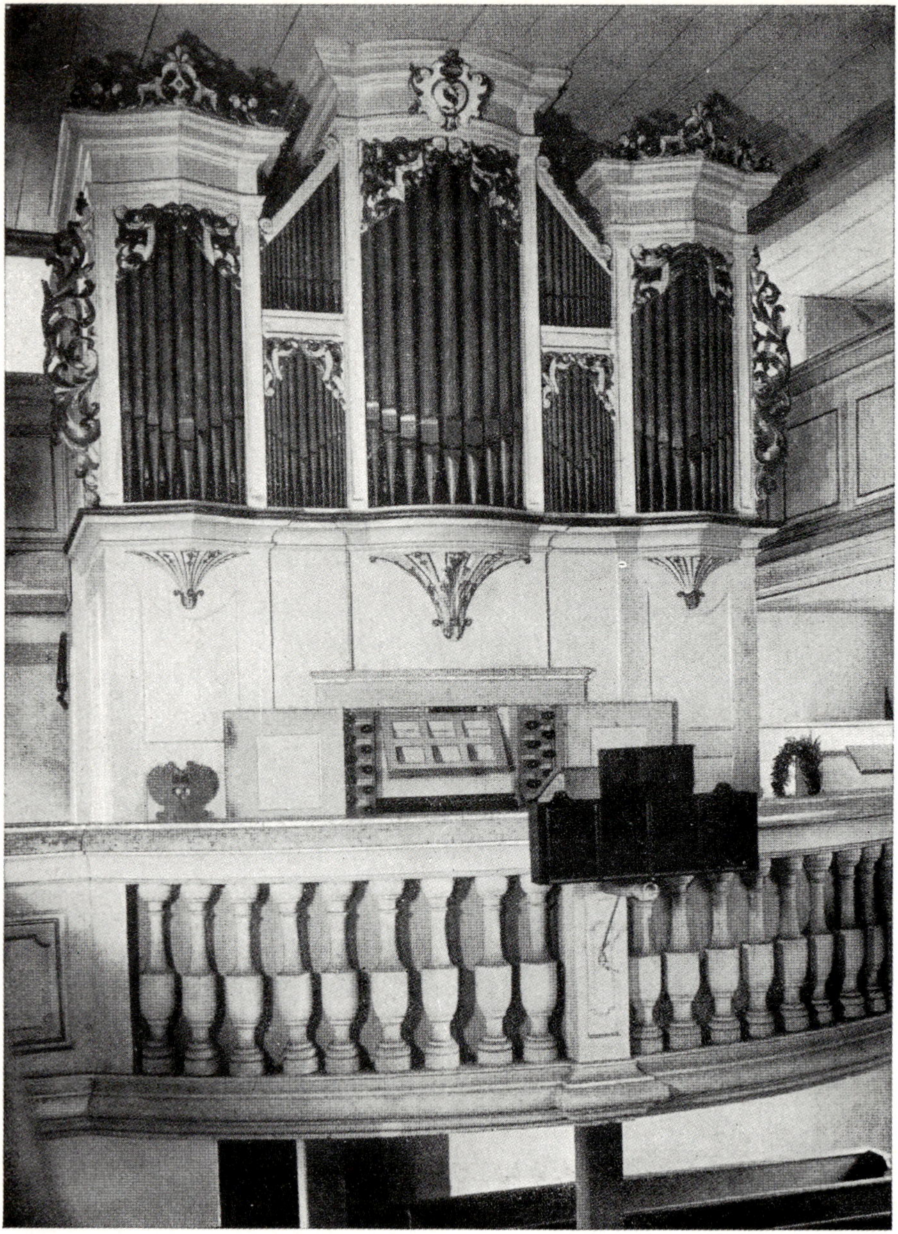

12 Silbermann-Orgel zu Nassau bei Frauenstein. Das Werk wurde 1748 vollendet und gehört zu den letzten des berühmten Orgelbauers

13 Siegel von Johann George Silbermann aus dem Jahre 1735. (Durchmesser des Originals: 15/13 mm)

14 Die Bergstadt Freiberg, nach einem Stich von Matthaeus Merian. Hier lebte und wirkte Gottfried Silbermann rund vier Jahrzehnte

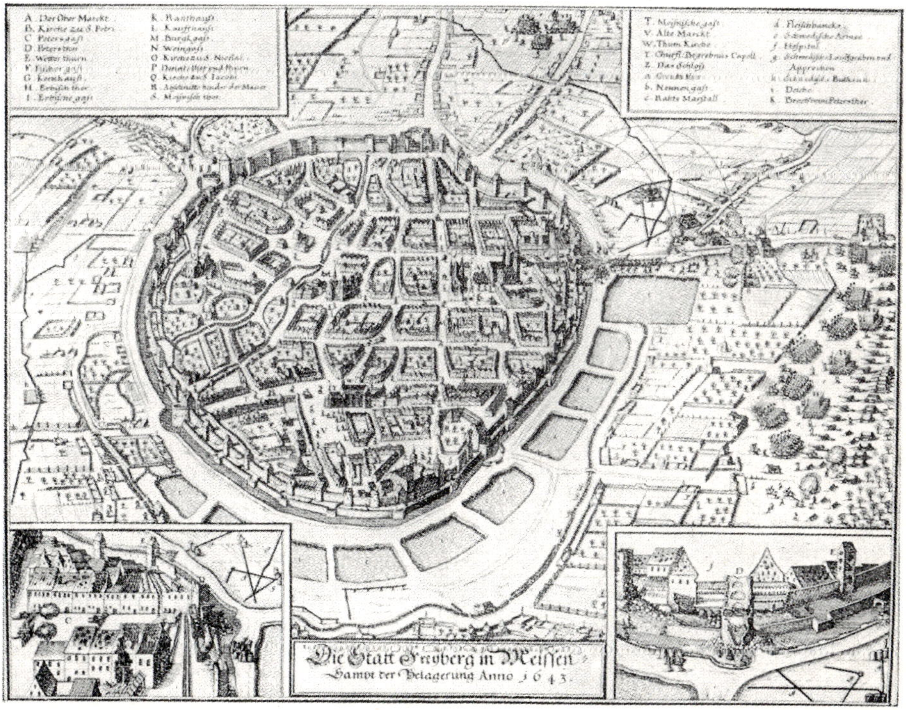

15 Das ehemalige Wohn- und Werkstatthaus Gottfried Silbermanns in Freiberg, Otto-Nuschke-Platz

16 Silbermann-Orgel in Niederschöna bei Freiberg. Das 1716 vollendete Werk gehört zu den kleinsten, die der Meister geschaffen hat

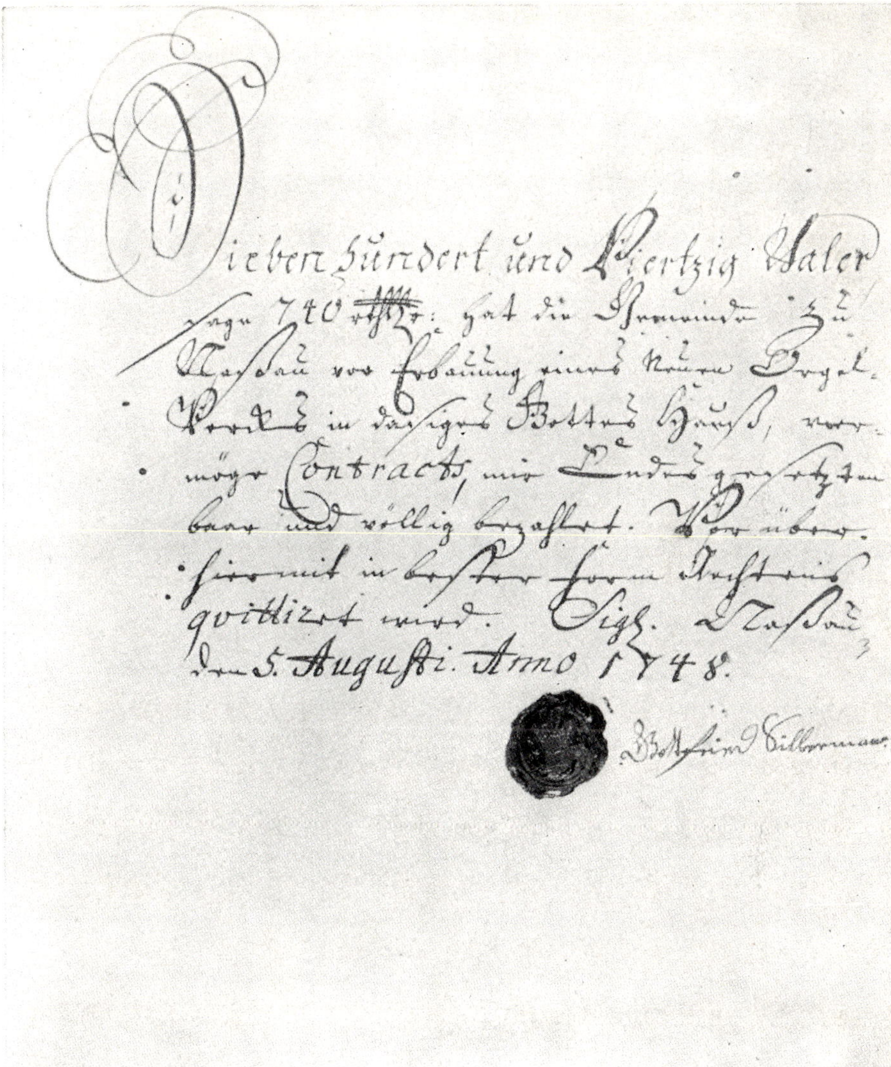
Sieben Hundert und Viertzig Thaler
sage 740 rthlr: hat die Gemeinde zu
Nassau vor Erbauung eines neuen Orgel-
Werckes in dasigen Gottes Hauß, ver-
möge Contracts, mir Endes gesetzten
baar und völlig bezahlet. Worüber
hiermit in bester forme Rechtens
quittiret wird. Sign. Nassau
den 5. Augusti. Anno 1748.
Gottfried Silbermann

17 Quittung Gottfried Silbermanns von 1748 über die für die Orgel zu Nassau empfangenen siebenhundertundvierzig Taler

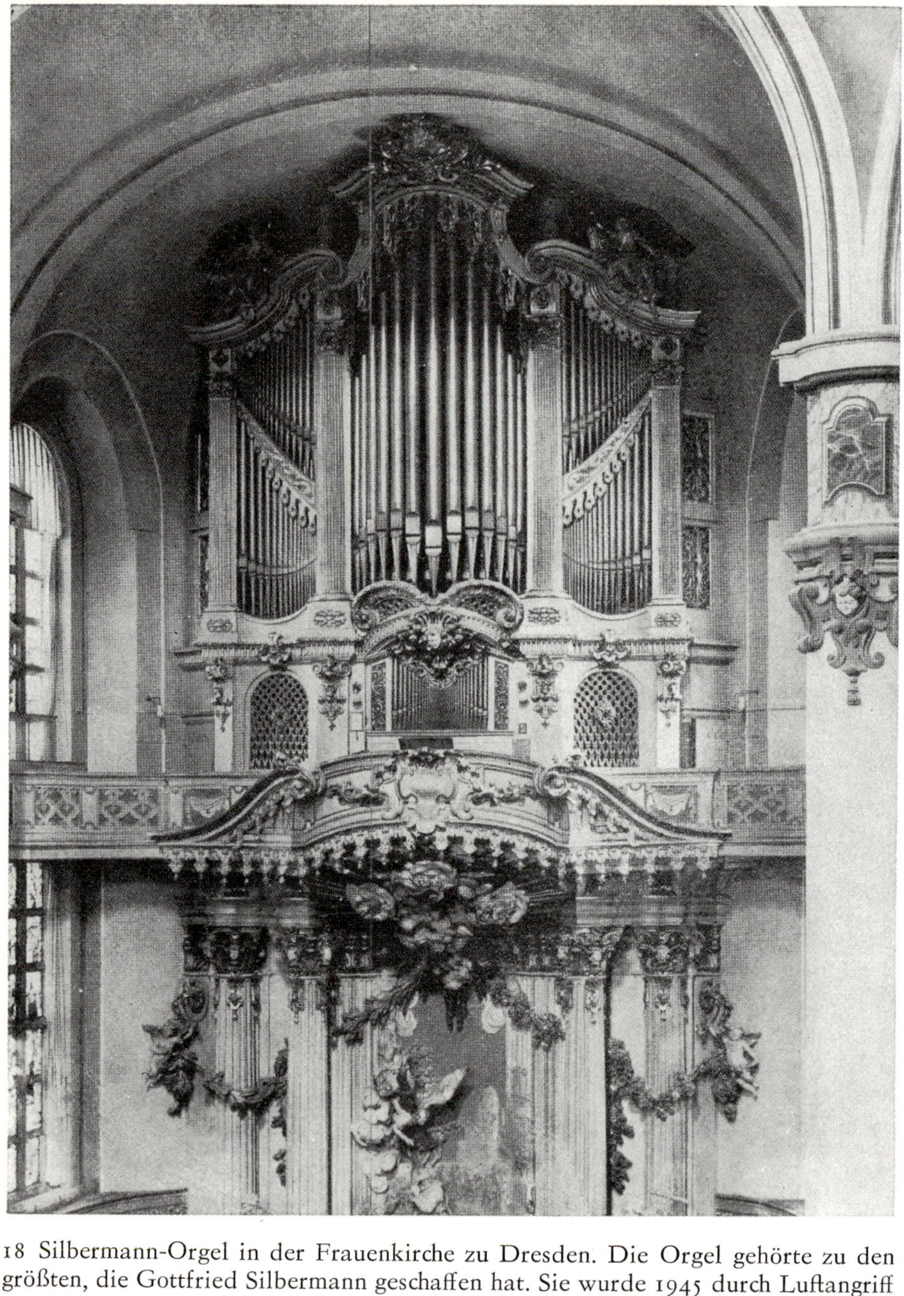

18 Silbermann-Orgel in der Frauenkirche zu Dresden. Die Orgel gehörte zu den größten, die Gottfried Silbermann geschaffen hat. Sie wurde 1945 durch Luftangriff vernichtet

19 Stadtkirche zu Frauenstein, nach einer Lithographie aus der ersten Hälfte des 19. Jahrhunderts. Das Gotteshaus mit der zweiten Frauensteiner Silbermann-Orgel wurde bei der Feuersbrunst im Jahre 1869 zerstört

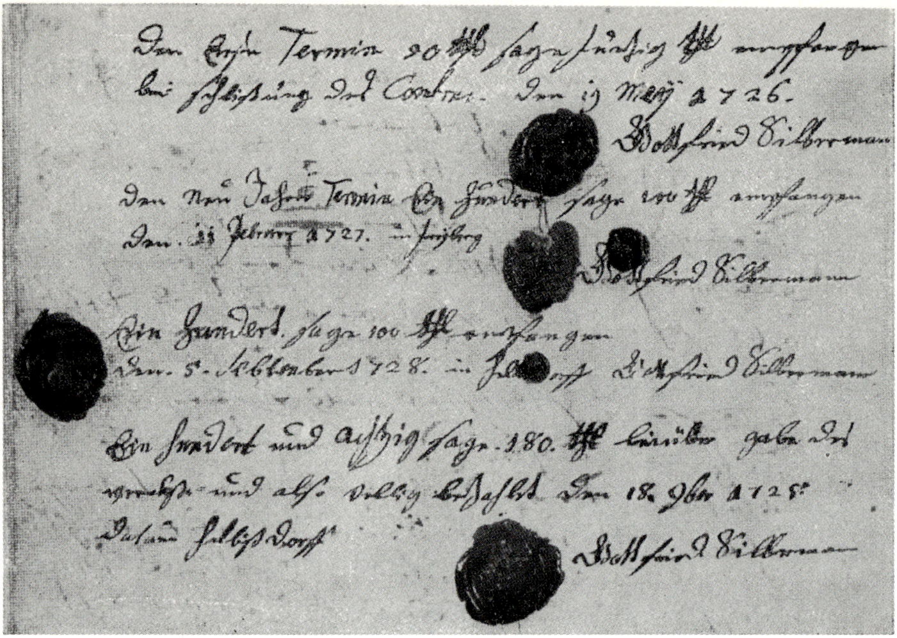

Den Ersten Termin 20 thl sage zwantzig thl empfangen
bei schließung des Contrac. Den 19 Marty 1726.
Gottfried Silbermann

Den Neu Jahrs Termin Ein hundert sage 100 thl empfangen
Den 21 Februar 1727. in Freyberg
Gottfried Silbermann

Ein hundert sage 100 thl empfangen
Den 5. Oktober 1728. in Helbigsdorf Gottfried Silbermann

Ein hundert und achtzig sage 180. thl [illegible]
[illegible] und also völlig bezahlet Den 18. 9ber 1728.
Datum Helbigsdorff
Gottfried Silbermann

20 Eigenhändige Quittungen Gottfried Silbermanns über die vier „Termine“ der Orgel zu Helbigsdorf

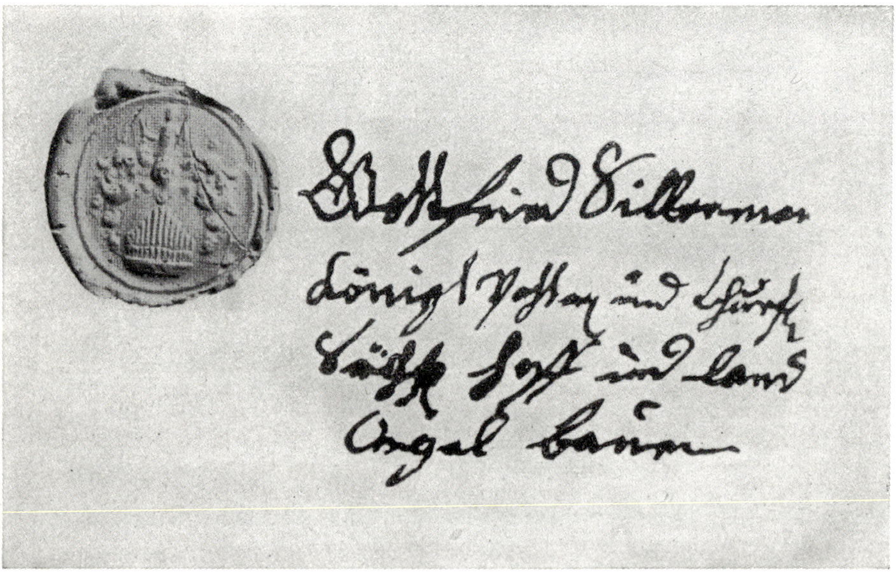

Gottfried Silbermann
Königl. Pohln. und Churf.
Sächß. Hoff und Land
Orgel bauer

21 Unterschrift Gottfried Silbermanns aus dem Jahre 1746

22 „Altes“ Siegel von Gottfried Silbermann (vergrößert). Der Meister benutzte es nur bis 1715

23 Siegel Gottfried Silbermanns (vergrößert). Der Meister benutzte dieses Siegel ab 1716 bis zum Tode

24 Riß der Hofkirchen-Orgel zu Dresden. Sie war das größte und letzte Werk Gottfried Silbermanns und wurde erst nach seinem Tode vollendet